目　录

部级领导干部历史文化讲座

大国精神

中华优秀传统文化积淀的珍贵精神财富

国家图书馆◎编

国家圖書館出版社

图书在版编目（CIP）数据

大国精神 / 国家图书馆编. -- 北京：国家图书馆出版社，
2017.10（2018.2重印）

ISBN 978-7-5013-6257-8

Ⅰ.①大… Ⅱ.①国… Ⅲ.①中华文化—文集 Ⅳ.①K203-53

中国版本图书馆CIP数据核字(2017)第241864号

书　　名　**大国精神**

著　　者　国家图书馆　编
责任编辑　王燕来　黄　鑫

出　　版　国家图书馆出版社（100034　北京市西城区文津街7号）
　　　　　　（原书目文献出版社　北京图书馆出版社）
发　　行　（010）66114536　66126153　66151313　66175620
　　　　　　66121706（传真）　66126156（门市部）
E－mail　nlcpress@nlc. cn（邮购）
Website　www.nlcpress.com→投稿中心
经　　销　新华书店
印　　装　北京中科印刷有限公司
版　　次　2017年10月第1版　2018年2月第2次印刷

开　　本　787×1092（毫米）　1/16
印　　张　26
字　　数　361千字

书　　号　ISBN 978-7-5013-6257-8
定　　价　68.00元

李学勤
追寻中华文明的起源

　　李学勤，1933年生于北京，就读于清华大学哲学系。1952至1953年，在中国科学院考古研究所参加编著《殷虚文字缀合》。1954至2003年7月，在中国科学院历史研究所（后属中国社会科学院）工作，历任研究实习员、助理研究员、研究员，1985至1988年任副所长，1991至1998年任所长。中国社会科学院学术委员会成立后，任第一、二届委员。第九届全国政协委员，第二至四届国务院学位委员会委员，中央文史研究馆馆员。现任清华大学历史系教授、出土文献研究与保护中心主任、国际汉学研究所所长。中国先秦史学会理事长，楚文化研究会理事长，"夏商周断代工程"专家组组长、首席科学家。曾任英国剑桥大学、美国加州大学（伯克利）等多所外国名校的客座教授及国内多所高校的兼职教授。

　　主要研究中国先秦史和古文字学，涉及甲骨学、青铜器研究、战国文字研究和简帛学等各方面。从20世纪50年代起，共发表学术论文500多篇，专著20余部。

今天我讲的题目是《追寻中华文明的起源》，我讲三个问题：第一个问题想谈一下关于文明起源研究的重要意义；第二个问题想谈一下作为探寻中华文明第一步的"夏商周断代工程"的缘起和成果；第三个问题想谈一下我个人的想法，就是怎么样来探寻中华文明的起源，探寻中华文明发展的道路。

先谈第一个问题，就是关于文明起源研究的重要意义。马克思的著作里面有一句名言：我们只知道一门科学，就是历史，历史可以分为自然史和人类史。我们体会马克思的意思，就是说自然科学的研究属于自然史的研究，人文社会科学的研究属于人类史的研究，而人类史和自然史是连续的，是整个的宇宙一直

银河系

到人类的发展过程。现在我们看起来，从宇宙的发展一直到人类的发展，有一系列的起源的问题，比如说，现在科学上大家努力探讨的一个问题就是宇宙的起源问题。在宇宙的起源问题之后，就是地球和地球所在的太阳系以及银河系的起源问题。在这个之后，还有在地球上生命的起源问题。在生命的起源问题之后，还有人类的起源问题。这些问题都是科学研究的重大问题。我想我们应该注意到在人类的起源之后还有一

个问题，就是人类文明的起源问题。文明的起源问题，应该说是和宇宙的起源、地球的起源、生命的起源、人类的起源一样，是科学研究的重大课题，也是从来为学术界所关注的。

什么是文明起源问题？文明起源问题就是人类在什么时候、什么地点、在怎么样的客观和主观的条件之下，摆脱了自然的动物状态，怎么从自然的动物状态，或者我们叫作野蛮的状态，进入了人类的文明社会。这样的问题对于研究人类历史的发展是极其重要的，而且对于今后人类文明的发展也是非常重要的。正如大家所知道的，马克思主义的经典作家，从马克思到恩格斯都非常关注文明的起源问题。马克思、恩格斯在他们晚年的时候，曾经参考了当时有关的一些研究成果，比如说俄国的科瓦列夫斯基的著作、美国的亨利·摩尔根的著作等等。大家知道亨利·摩尔根的名著就是《古代社会》，很早就已经翻译成中文，在中国有不少学者研究介绍。马克思、恩格斯参考了有关学者的研究成果，对人类文明的起源问题，也就是人类从野蛮到文明的变革做过精辟的论述。特别是在马克思逝世以后，恩格斯有一部名著，就是《家庭、私有制和国家的起源》。在这部著作里面，恩格斯专门讨论了从野蛮到文明的问题，而且从这个问题引导出了马克思主义国家学说的一系列重要观点。后来列宁在他的《论国家》等著作中对这个问题做了阐述。恩格斯在他这部经典著作里面举了很多具体的例子。他主要举了三方面的例子，第一个是古代的希腊，第二个是古代的罗马，第三个是古代的日耳曼。他根据对古代希腊、罗马和日耳曼历史的研究，对比了当时一些人类学的研究，然后讨论了怎么样来看待从野蛮到文明这样一个重大变革的问题，提出了很多重要的理论观点。

当时的欧洲，东方学和考古学还没有得到充分的发展，所以马克思和恩格斯在他们的著作里面很少提到现在大家都比较注意的，比如像古代的埃及，古代的两河流域，就是美索不达米亚，还有像古代的印度。他们完全没有提到古代中国，这也是当时的历史条件所决定的。可是到今天这个情况就不相同了，今天我们的中小学教科书里面只要谈到世界的古代历史，都是讲到世界上四大文明古国。四大文明古国就是刚才说的古代的埃及、古代的两河流域、古代的印度，还有古代的中国。

我们中国是在四大文明古国里面，幅员最大，当时人口也最众多的一个。而且中国不但有着悠久的古代文明，还有一点是和其他的几个文明古国以及与希腊、罗马不一样的，就是中国的古代文明不但历史悠久，而且绵延不绝，它是继续传流下来的。我们知道，在历史上古代埃及固然是文明出现最早的国家之一，可是古代的埃及和今天的埃及之间的关系非常曲折、非常遥远，今天的埃及与古代的埃及不管是在人种、还是在文化上都有很大的距离。古代的两河流域，包括那几个古国，苏美尔、阿卡德、亚述、巴比伦等等，这些古国和今天的伊拉克的关系也很少，它们的文明在很早很早以前，可以说在希腊、罗马时代就已经断绝了。就是希腊、罗马这样的文明兴起比较晚的古代国家，它们的文化后来到中世纪也中断了，所以后来才有文艺复兴，它们的文明都没有一直从古代传流到现在。只有我们中国的古代文明是绵延不绝，虽然中国的历史有这么多的风云变幻，有这么多的朝代改变，可是中国的文明是一直传流下来，一直传流到今天，这个应该说在整个世界人类历史上是很独特的。

另外还有一个特点，正如刚才我们已经介绍过的，就是中国地域广大、人口众多。今

甲骨文

天的中国人口占到世界上的五分之一，或者更多一点。在古代世界里面，中国也是一个地域广大、人口相对众多的国家，所以中国在当时的世界上的影响也是非常广泛。因此我们研究人类文明的起源，就不能不研究中国文明的起源。如果把我们中国文明的起源忽略掉，对于研究人类的起源应该说有所欠缺，不够全面地了解和认识。我们研究中华文明的起源，对于整个人类发展的历史也是一个重大的贡献，有助于有关文明起源的一些理论上的问题的探索。

对于我们中国人来说，应该说中华文明的起源问题还有它特殊的意义。正如各位所了解的，中国人，包括在世界上的华侨、华裔，都是以中国文明的历史悠久、它的绵延不绝、它的光辉灿烂而自豪

黄帝陵

位于陕西延安轩辕庙里的黄帝脚印石

的。我们中国有这么悠久的、这么光辉的文明历史，这一点也是我们中国人以及华侨、华裔凝聚力的重要因素。现在我们去科学地探究、说明、阐述中华文明的起源和它早期的发展过程，对于爱国主义教育，对于加强中华民族的自尊自信有着重要的意义。刚才我们谈到中国人都以中国的文明的历史悠久而自豪，这里面最有代表性的，社会上人人都知道的一句话，就是说我们有五千年的文明史，用另一句话来说，是我们是炎黄子孙。这两句话意思差不多，因为我们说是炎黄子孙，就是说我们的文明从炎帝、黄帝那个时代就开始了，而炎帝、黄帝那个时代距今，一般的理解就是将近五千年。所以我们说有五千年的文明史实际上和炎黄子孙这句话有着密切的联系。为什么我们这么说呢？有什么根据？这是有根据的，有着古书上明确的依据。

我们中国的历史书，过去按传统的说法，有正史、别史、杂史、小史，各种各样的史书。中国的史书在全世界是最丰富的，所以外国有学者说中国是一个历史的民族。中国传统叫作正史的，主要就是二十四史，二十四史的第一部，大家都知道是司马迁的《史记》，而《史记》的第一篇是《五帝本纪》，五帝的第一个就是黄帝。在《史记》里面关于黄帝的记载当然和世界上其他古代国家和民族的古史一样，带有很多的神话色彩，古代史书一定是这样的，可是里面也有很多今天看起来还是符合历史事实的记录。根据《史记》的记载，黄帝时期已经有了很多现在我们可以认为是文明的创造，所以现在我们每年祭黄帝陵，里面有一个匾，上面写着"人文初祖"。"人文初祖"这句话，就是说根据我们历史上的传说记载，黄帝时期是我们文明的开始，或者发皇的时代。而黄帝的时间，按中国史书上的传说来说就是5000年前左右。在辛亥革命的时候，那时候推翻清朝的统治，不再用清朝皇帝的纪年了，就曾经用过黄帝的纪元。当时有不同的看法，有几种数字，一般都在4600多年或者4700多年，所以说黄帝距今五千年左右，这个是有史书依据的。当然有史书的依据并不能得到现在学术界的公认，因为史书的记载有一些是神话传说，有一些经过后人的窜改，不一定都那样可靠。

郭沫若

那么究竟我们中国的文明是从什么时候开始，这个问题就不能只依靠历史上的文献记载，而要用现代的科学的方法来进行研究。实际上中国现代的学者一直都非常关心这个问题，中国文明究竟是在什么时候、在什么地点、通过怎么样的途径起源的？这个问题很多学者都非常注意。早在马克思主义传入中国以后不久，就有马克思主义的学者专门写出著作涉及这个问题。比如说在1929年的时候，郭沫若同志写了一本书，这本书被推为以马克思主义研究中国古史的第一部专著，就是《中国古代社会研究》。在这本书里面，一开头就提出来，说恩格斯所作的《家庭、私有制和国家的起源》是一部非常重要的书，可是这本书里面没有提到中国。郭沫若同志写这本《中国古代社会研究》，就是要以恩格斯的著作作为向导，把恩格斯所没有讲到的中国补充进来，发展马克思主义的历史理论。在郭沫若同志以后，特别是中华人民共和国成立以来，很多学者又在这方面做了探讨。

最近几十年，大家都知道随着我们国家学术事业的发展，我们的考古工作发展得特别迅速，有了一系列的、有些甚至震惊中外的考古发现。我们今天对于研究中国文明的起源，以及我们早期的历史，已经有了过去所不具备的材料积累，与此有关的自然科学和人文社会科学各方面的学科也都有了新的发展。现在我们用新的方法来研究和探讨中华文明的起源，条件可以说已经具备。这也是我们中国的有关学者的一个重要任务，我们有责任进行研究而且达到我们既定的目标。

在这里我想附带说一件事，在2002年的4月11日曾经召开一个会议，这个会议是由中国科学技术协会、中国科学院和中国工程院共同发起的一个国际研讨会，题目叫作《中国科学技术发展的回顾与展望》。在这个会上，中国工程院院长宋健同志有一个开幕词，标题叫作《研究历史，指点未来》。他说研究和借鉴历史，不仅是历史学家的任务，也是科学界、知识界的责任，历史上写着中国人的灵魂，也指示着中国将来的命运。宋健同志说：现在世界上有人不喜欢中国人研究自己的历史，这是没有道理的，他说清朝龚自珍讲过"绝人之才，灭人之国，败人之纲纪，必先取其史"。龚自珍是鸦片战争前的一个著名学者，他提到要想把一个国家彻底毁灭，一定要去掉它的历史，这一点后来梁启超也多有发挥，所以宋健同志引他的话，说我们和后人都应该小心，不要上当。我个人认为我们中国人应该研究我们自己的历史，科学地、实事求是地来探索我们文明的起源和它的发展过程，这样对于建设我们国家，建设社会主义精神文明都会有重要意义。这是今天我向大家讲的第一点，关于文明起源研究的意义。

下面我讲第二个问题，"夏商周断代工程"的缘起和它的主要成果。刚才我们谈到探索中国古代文明，它的起源和它的发展，新的条件应该说已经成熟了。我们国家的领导已经注意到这一点，而且我们实际上已经在这方面起步，做了一些工作，用新的方法，用自然科学和人文社会科学相结合的方法，去有计划、有步骤地探索中国古代文明。这样的工作我们在几年以前已经开始做了，这就是作为国家"九五"期间重点科技攻关计划项目的"夏商周断代工程"。

"夏商周断代工程"是在1996年启动的大型科研项目，在它开始设立的时候论证的文件里面就规定了，说"夏商周断代工程"是要为深入研究我国古代文明的起源和发展打下一个良好的基础。工程的目的是确定的，就是要为探索中华文明的起源做一个准备，打下一个良好的基础，所以这个工程可以视为系统探索中华文明起源和发展的起步。

什么是"夏商周断代工程"？我想这里可以用比较简单的话来概括一下，"夏商周断代工程"就是用自然科学和人文社会科学相结合的方式，多学科交叉，来研究中国历史上夏、商、周这3个朝代的年代学问题。大家知道夏、商、周是中国古代重要的3个朝代，当然它的时间距离刚才说的5000年的黄帝时代还是比较远的，可是这是中国古代文明最繁荣、最发达的时代。研究它的年代学问题，就是要对这个时代的古代文明和历史的研究给出一个时间上的尺度，就是说这些朝代从什么时候到什么时候，要给一个科学的证明。"夏商周断代工程"是从1995年秋天开始提出的，就是我们刚才提到的宋健同志，他邀请了在北京的一批专家学者，包括自然科学的和人文社会科学的，开了一个座谈会。他提出来，有没有可能利用我们国家在自然科学方面已经具有的一定的条件和优势，来支持一下人文社会科学方面的研究，特别是中国古代文明的研究。当时各方面的学者汇报了有关学科所进行的情况和条件，最后宋健同志就提出来是不是可以先进行年代学方面的研究，首先弄清楚夏商周时期的年代学，设立一个"夏商周断代工程"。经过一段时间的酝酿，在1995年的年末，由当时在国务院负责自然科学技术方面的宋健同志，还有另一位国务委员，就是负责社会科学和文物考古方面的，今天在座的李铁映同志，共同组织召集了一个比较大的会议。这个会议有7个部委级的单位领导，包括当时的国家科委，今天的科技部，还有国家自然科学基金会、中国科学院、中国社会科学院、当时的国家教委，现在的教育部，还有国家文物局、中国科协等7个单位的领导参加这个会议，邀请有关学科的，包括自然科学和人文社会科学的学者专家，共同讨论决定了这个项目的建立。这个项目被列为"九五"期间的国家重点科技攻关计划项目。到1996年春天，经过反复研究和准备，组成了由21位专家组成的专家组，提出可行性论证报告，最后在1996年5月16日正式宣布启动。

"夏商周断代工程"是一个大型的按照系统工程的原则组织的科研项目，这个项目一共设立了9个课题，本来设立了36个专题，后来由于研究工作的需要又滚动增加了一批，最后一共是44个专题，9个课题44个专题。参加的专家学者，包括自然科学和人文社会科学，不同学科的学者一共有约200人参加这个工程。这个项目在党和政府的亲切关怀之下，经过了5年的集体努力，9个课题44个专题陆续结题，达到了预期的目标。2000年9月，"夏商周断代工程"项目通过了由科技部组织的专家验收组的验收。同年10月，由工程的专家组公布了"夏商周断代工程"1996年到2000年的阶段成果报告简本。

"夏商周断代工程"，它的内容就是要研究中国历史上夏、商、周的年代。周实际指西周，东周的年代是清楚的，所以主要是夏代、商代和西周的年代问题。这个问题为什么重要呢？因为这是我们探讨中国古代文明过

商朝司母戊鼎

程之中最关键的问题之一。这个问题也不是现代提出来的，而是在古代就已经提出来了。为什么这样说呢？大家知道我们中国古代的确切年代，或者说年表，只能追溯到公元前9世纪的中叶。大家可以设想一下，我们从今年往上推，每一年都可以讲出中国以及国际上发生过的事件，整个的历史都可以一年年排出来。从今年来说，今年是2002年，我们国家第一次进入了世界杯，昨天我们中国国家足球队回到了北京，这是一个历史事件。去年在国际上发生了"9·11"事件，前年又有什么，一年一年都可以在历史上往上推。我们中国的历史，按这样往上推，可以推到什么时候？可以推到公元前841年，公元前841年以前就不行了。为什么这样？原因就是我们刚才讲到的司马迁的《史记》。司马迁是西汉武帝时候的人，他在当时编著的《史记》里面已经做了年表，把他所了解的历史一年年排出来。他的最早的年表叫《十二诸侯年表》。十二诸侯是选取了周以及一些重要的诸侯国，排成一个年表，这在当时是非常重大的创造。他的年表不是从东周开始的，而是从西周晚期，从西周晚期的共和元年开始。大家知道在西周晚期的时候曾经发生一个重大的政治事件，就是周厉王被国人赶走。周厉王是一个很不好的王，对民众的剥削特别厉害，实行暴政，依靠着一批坏

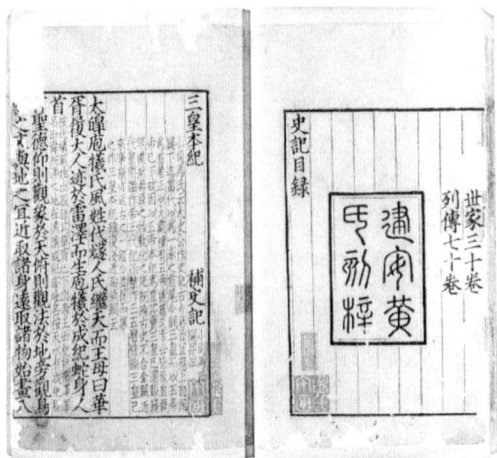

《史记》书影

人，大肆收敛，民不聊生。在这种情况之下，发生了"国人起义"，把他赶走了，把周厉王从当时他的首都，就是现在西安附近长安区，一直赶到山西去了。他被流放在那里，一直到死。这个时候周朝就没有王了，由两个大臣来执政，一个是周公，一个是召公，由周召二公来联合执政，这就是"共和执政"。"共和"这个词后来就被借用来翻译republic这个词，共和国的共和就是从这里来的。这一事件是有准确的纪年的，按公元来说，就是公元前841年。

司马迁为什么不往前编这个年表了呢？在他的书里面是讲得很清楚的，他不是没有看到有关更早时期的历史记载，而是看到很多种。他说他看到很多的书，这些书里面从黄帝以来皆有年数，可是互相不同，有各种不同的记载。司马迁是一个很严谨的人，他觉得既然是有不同，他不能够选定哪一种说法，因此他就存而不论，就不编成年表。这一点非常可惜，因为司马迁所看到的材料，很多是我们今天根本看不到的，他是西汉时候的人，很多他看到的东西今天已经不存在了，可是他的态度还是非常之好的。

有些人会提出一个问题，说中国人有这么悠久的历史，只能确切地上溯到公元前841年，这在世界上是不是很落后的？并不是这样，其实各个古代国家基本都是一样的，它越早的历史就越模糊，是必然的现象。比如说古代埃及的历史，如果确切一年年往上推，按照历史书的记载，也只能推到公元前7、8世纪。希腊的历史也差不多。中国推到公元前841年，就是公元前9世纪的中叶，已经是相当不错了，可是这究竟不能满足研究历史的要求。因此在司马迁死后就有学者要来补充，来解决司马迁没有解决的问题。最早做这个工作的是著名学者刘歆。刘歆是西汉末年的人，他不但是文史方面的学者，还是一个当时非常有成就的天文历算专家。刘歆是我们现在所知在司马迁之后第一个用当时新的方法来探索中国古代文明年代学的学者，他的结果都记录在《汉书》里。根据他的推算，武王伐纣，就是周朝开始的这一年，是公元前1122年。他的学说是有很广泛的影响的。可是不管是刘歆，还是从汉朝一直到清朝其他学者所做的许许多多的工作，有各种不同的说法，都不能令人满意。什么原因呢？我想各位都可以了解，因为所有这些学者他们所用的材料都是古书，一般说起来是越来越少，而不是越来越多，只有失传，很难有增加的。这种情况之下，他们要超过司马迁，要得到一个公认的结果，就很难了。所以只凭古书来研究就不能够超过司马迁的记载。当然他们弄清了一些问题，这里就不详细来说了。

从清代晚期以后，特别是到了20世纪，由于有了较多的青铜器的铭文，即金文，情况有了不同，特别是1899年发现了殷墟的甲骨文，提供了古书里面所没有的新材料。现代考古学在中国的发展使人们对古代有了不同的认识途径，根据这些材料，又有很多的学者来研究中国古代的年代学问题，取得了许许多多的值得注意的成果，有很多在今天看起来是非常珍贵、非常重要的进步。可是他们的工作仍然不能得到学者的公认，这是为什么呢？这个道理说起来也很简单。因为今天我们了解，对于古代文明的研究，即使像年代学研究这样很具体的问题，实际上不是一个学科的问题，而是需要自然科学和人文社会科学多学科研究的问题，涉及的范围非常广泛。任何一个学者专家，即使他在自己学科方面是最权威的、最前沿的，他仍然不可能对所有的这些有关学科都能够占领、都能够掌握，这做不到。过去研究中国古代文明，特别是年代学这样问题的学者专家，不管是中国的还是外国的，一般说起来，他们都是基本以自己的学科来进行研究的，最多也是和他邻近的一些朋友、一些同事，进行交流参考，不可能组织大规模的研究。所以这方面还有很多问题留下来，不能够解决，或者不能得到新的进步。

我们在筹备"夏商周断代工程"的时候，就特别体会到我们当前条件的特殊性，不但是20多年以来，考古新发现积累了有关中国古代文明的大量的新材料，而且我们有着社会主义的优越条件，可以比较顺利地来组织多学科的、大型的系统工程。这样我们就组织了"夏商周断代工程"。"夏商周断代工程"所涉及的学科超过10个，主要有4个门类，一个是历史学，包括历史文献学、历史地理学等。一个是考古学，还有古文字学，就是对甲骨文、金文以及其他古代文字的考释研究。一个是天文学，包括古代历法的研究。还有一个是科技测年，对于"夏商周断代工程"来说，主要的是 C^{14} 年代测定，是用现代科技手段的测定方法。这样就进行了多学科、多角度、多层面的研究。

各位可能会提出这样的问题，你们究竟是采取怎么样的途径来研究？9个课题，44个专题，各自有具体的研究途径，如果一一介绍呢，那太烦琐，不太实际。请允许我用不很恰当的方法做一个比喻，使大家了解到我们基本上采取怎么样的途径。大家是不是可以设想一下，我们的项目就像一个车间一样，有两条生产流水线，它的目的是要产生古代的年代。大家知道我们要求的是用数字来表示年代，就是说得出的成果不管精确到什么程度，是要用公元前多少年来表示出来。我们说生产线可以生产出这些数字。有怎么样的两条生产线呢？

大盂鼎是西周康王时期的著名青铜器，
内有铭文长达291个字

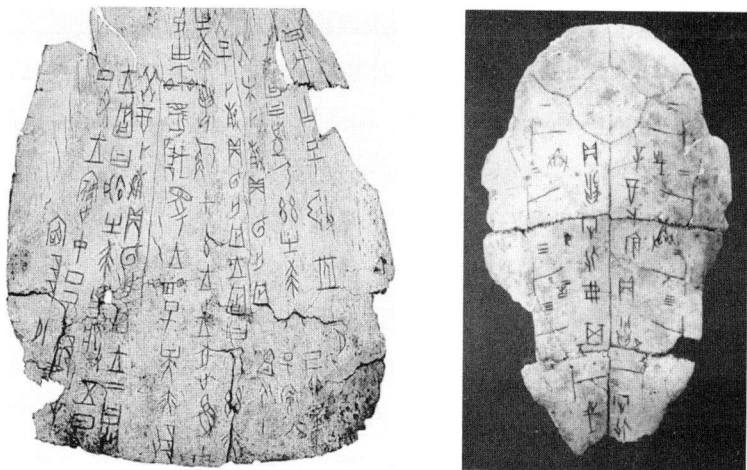

甲骨文

第一条生产线是关于文字记录。文字记录又可分两大类，第一类是古书里面有关年代的记载。中国的古书传世的特别多，里面有很丰富的记载，当然有不少我们现在可以采用的记录。对于这些文献记录，我们进行普遍搜集，建立了电脑资料库，从里面选择出有意义的一些材料来。对于每一个有意义的材料都要进行历史学、文献学的审查、验证，用我们的话说叫作可信性的研究。要研究这条材料是不是可信，能不能使用，如果能使用的话，能使用到什么程度，对这方面进行文献学的研究。在这样研究以后，这个材料才可以使用。文字记录还有一类，不是在古书里面，就是刚才介绍的出土的材料，比如说青铜器上有青铜器的铭文，殷墟和其他地方的甲骨上面有甲骨文，诸如此类的材料。对于这些材料首先要进行考古学的鉴定，这些材料属于考古学上的什么时期等等，要弄清楚。在弄清楚这些问题条件之下，对于上面的文字进行研究考释。换句话说，经过这些过程，搜集了古文字和古书里面有关的，特别是有关天文历法方面的材料，把材料交给天文学家进行研究和计算。大家知道古代很多天文材料可以用现代天文学的方法进行推算，达到很准确的程度，比如说像日食、月食这类推算都非常准确，还有历法的材料也可进行排比推算。经过天文历法推算之后，就得出一系列数字。这条生产线就是这样，经过历史学、文献学、古文字学、考古学、天文学等研究，得出一系列数字。

还有一条生产线，是没有文字的，是对一些典型的考古遗址进行研究。为什么叫典型考古遗址呢？"夏商周断代工程"研究夏、商、周这3个朝代，而这3个朝代根据史书记载，它的都城所在的若干地点我们是知道的。在这些地方，我们发现了一系列的考古遗址，有些遗址很可能就是史书里面的夏、商、周王朝和它们诸侯国的都城。大家知道都城的遗址是最有代表性的，就像现在我们说研究中国现代的文化，很多方面要看我们首都北京的文化，道理一样。所以选择已经做过考古工作的一系列的典型遗址，对于这些遗址要首先进行考古学分期的研究。有些考古学家已经做过很多工作了，"工程"对这些工作进行核对和补充，还要进行一些必要的补充发掘。实际上我们在"工程"过程中也有不少很重要的发现，就不详细汇报了。对于这些遗址经过了考古学的分期，然后要取一些系列的测年标本，不是一个标本，而是取一系列的标本，进行系统的C^{14}测定。我们用的C^{14}测定方法是两种，一种是常规的测定方法。对于一些有必要的标本，则用加速器质谱计的方法，对小量的标本来进行测定。不管是用常规的C^{14}测定方法，还是用加速器的测定方法，其结果都可以得出一系列的数字。这样的话也是一条生产线，也产生一些数字来。这第二条生产线也是多学科的，有考古学的、有核物理等的方法。把两条生产线得到的数字综合起来进行研究，制定一个年表，这就是我们的基本工作。

"夏商周断代工程"的具体的目标是怎么样？这一点我们在制定可行性论证报告的时候已经做了估计。1996年开始工作的时候，我们考虑到按照历史的规律，时代越近的可以研究得比较清楚，时代越古的就比较模糊，就不那么清楚。我们制定了四个目标，从后边往前面说：在西周晚期的共和元年，就是公元前841年以前的各个王，都要提出一个比较准确的年代。大家知道西周时期第一个王是武王，然后是成王、康王、昭王、穆王、共王、懿王、孝王、夷王，然后就是刚才说的厉王，对于每一个王，给一个比较准确的年代，从公元前哪一年到哪一年。我们说比较准确，不能够保证是绝对准确，可是尽可能准确。商朝我们一般把它分成前后两期，商朝中间的时候有一个王是盘庚，他迁都到殷，殷就是今天河南省北部的安阳。盘庚迁殷是商朝的大事，迁殷之后的首都就是现在的殷墟，就在安阳小屯一带。这个遗址已经过70多年的发掘，发现了十几万片的甲骨。根据甲骨文的材料，加上史书的记载，我们可以研究商代后期的年代。盘庚死后传给他弟弟小辛，然后再传给他弟弟小乙，小乙的儿子是武丁。盘庚、小辛、小乙这3个王没有甲骨文可以确定，可是武丁以后都有，武丁然后是祖庚、然后是祖甲、然后是廪辛、然后康丁、然后武乙、然后文丁、然后帝乙、帝辛，帝辛就是纣王。对于这些王也要求给一个比较准确的年代，这个准确就没有西周那么准确，差一点了。至于盘庚以前那就不行了，盘庚以前的商代前期，我们要求给一个比较详细的年代框架，大概商前期从多少年到多少年，中间给一系列的考古年代。对于夏代只能给一个基本的年代框架。

经过5年的努力，"夏商周断代工程"达到了这样的目标，我们编出了一个《年表》，这个年表已经公布，现在已经为新版的《辞海》以及一些书所使用。可能各位会问，你们做出的《年表》究竟可信性怎么样？是不是在这里可以这样估计，根据专家组的验收，我们是达到了刚才讲的这几个目标，可是我们自己知道，我们做的只是在20世纪的末叶，我们这200个人的努力所能达到的，还有很多地方有不足之处，需要进一步的努力。事实上在我们公布以后，有不少学者，包括国外的学者，给我们提了很好的批评意见，有利于我们今后的研究。这就是我谈的第二个问题，关于"夏商周断代工程"的缘起和它的基本成果。

下面我谈第三个问题，简要地来探寻一下中华文明起源的研究道路。上面我已经向各位汇报过了，2000年已经告一段落的"夏商周断代工程"是为深入、系统地研究中国古代文明的起源和发展打下一个基础。所以在2000年秋天，在"工程"通过了验收，公布了结果之后，根据领导的指示，我们就筹备组织一个新的项目，"中国古代文明起源及其早期发展"。这个项目预期规模更大，所以需要一定的组织工作。经过请示和研究，我们在"十五"计划里面列入一个叫"中国古代文明起源及其早期发展预研究"的项目。我们准备做3年，想通过一些试点性的研究，为大型的、更多学科的研究做准备，工作已经开展。这个"预研究"和"夏商周断代工程"有类似之处，继续了"夏商周断代工程"的研究途径，仍然以自然科学与人文社会科学相结合，以考古学为它的中心领域，多学科交叉地研究。当然这回就不限于年代学了，所涉及的自然科学以及人文社会科学的学科也更多。

在"预研究"这个阶段里面考查的年代的上限早于夏代。根据"夏商周断代工程"的年表，夏代的开始是在公元前21世纪的中间，我们定的一个估计的数字是公元前2070年。从考古学来看，夏代不是中华文明的起源。中华文明在这以前还有一段相当长的历史，所以我们想把考查的年代再往前推1000年，就是推到公元前3000年。这个考查的范围是从两个角度来考虑的，第一个是从现有的考古材料来看，有关的文明因素大约都开始在公元前3000年或再晚一点。第二个从我们国家的古书里所记载的传说来说，黄帝时代大约也在公元前3000年左右，这刚才已经说过了。可是在"预研究"中，为了集中力量，我们更强调公元前2500年到公元前2000年这一段，换一句话来说，就是公元前第三千纪的后一半，而不是前一半，这一段用历史传说来说大约就是尧舜那个时代。在考察的地区方面，也想集中力量，从夏商周的中心地区出发，把重点放在山西的南部到河南的西部。这个地区，晋南豫西，不管从考古上来说，还是从历史文献记载来说，都是中国古代文明的核心地区。当然我们也同时参考其他地区，甚至于边远地区的发现。

刚才我们谈从考古学上来看，中国文明的因素，多是在公元前3000年左右开始，是根据目前在考古学、历史学界流行的一些理论学说来说的。在20世纪60年代的后期，在国际上曾经有讨论文明起源、国家起源问题的一个热潮。今天，关于古代文明问题常常要讨论有几个文明因素，也就是说衡量文明起源的标准。比如说我们发现一个考古文化，怎么看它是属于文明，或者不是文明？它是一个文明的社会，还是一个原始的非文明的社会？现在在历史学、考古学上流行的有几个标准：第一个标准是说在这个时代应该有城市，而不是一般的简单的聚落。人类社会很早就出现了聚落，因为人是群居的，就会形成一些聚落。这些聚落有时候只是原始的农村或者是游牧人的聚居地，它还不是城市。城市不一定有城墙，可是要有一定的规模。在目前一般认为居民要达到5000人左右，才能算作城市。第二，应该有文字。文字恐怕是衡量古代文明的最重要的标准，虽然不是绝对的，但是最主要的标准，没有文字很难说是文明社会。第三，外国的学者常常提到一个说法，要有大型的礼仪性的建筑。就是说这个建筑物不是为了一般的使用，而是为礼仪性的目的来建筑的，而且规模不能小。宫殿就是这样的一种建筑，因为它不是为了一般的居住，而是为了统治者举行一定的仪式来使用的。宗庙也是，宗庙是为了神、祖先来居住使用的，是祭祀行礼之地，所以也是一种礼仪性建筑。还有比如说埃及的金字塔，它是一种大墓，美洲的金字塔则是一种举行宗教仪式的神坛。这些特殊的建筑物反映了社会的分层和等级的出现。西方的学者对于古代文明一般流行这3个标准，而中国和日本的学者常常还要强调一个标准，就是冶金术，有金属器的存在。古代的金属最早的主要就是铜，铜器的出现。刚才说的城市、文字、大型的礼仪性建筑，还有冶金术，这是目前考古学、历史学界衡量古代文明的最主要的几个标准、文明的因素。当然只有一种因素，还不能说是文明社会，一般认为要有两个以上的因素，才能算一个文明社会。

这种文明因素的分析，这种理论，最早的出现是在20世纪60年代，在美国召开的关于古代两河流域的一个研讨会上，经过英国剑桥大学学者格林·丹尼尔的《最初的文明》传播普及开来，这本书在西方成为考古学生的必读的参考书。

现在我们已经发现不少中国古代的城址，当然对它的人口的研究还是不够的。可是如果我们按照常识的理解，较大规模的城在什么时候开始有呢？现在我们知道在仰韶文化的晚期已经开始了。比如在河南郑州有一个西山古城，这个古城属于仰韶文化的大河村类型，它的始建距今已经超过6000年。这个古城继续到龙山时代。在南方也有大溪文化的古城，在湖南。更多的古城，是出现于龙山文化，或相当龙山文化的其他文化，包括内蒙古、山西、山东、河南、湖北、湖南、四川，在四川成都周围，发现龙山时代古城就有6处之多，每一个古城都有很大的规模。所以可以说中国在龙山时代，换句话说在公元前3000年到公元前2000多年的这段时期里面，古城已经很多。有些地方甚至可以说是古城林立，不仅四川，山东尤其如此。武松打虎的景阳冈经过初步探测就是一个古城遗址，这一点还有待于最后证实。所以说，在公元前3000年到公元前2000年这个范围之内，中国古代城市的出现已经是很明显了。

文字也是如此。关于中国古代文字起源当然是有争论的，可能大

仰韶文化代表——少女头像

仰韶文化遗址

仰韶文化龙形图案

家还能回忆起在"文革"后期的时候，郭沫若同志曾写过一篇文章，讲仰韶文化的一些刻画符号是中国最早的文字，那些问题还有争论，可是无论如何，像大汶口文化、良渚文化出现的一些符号，如果说跟文字没有关系，恐怕就不好讲了。大汶口文化有符号的陶器，时代大约在公元前2500年左右。良渚文化的陶器上和玉器上的，时代跨度是在公元前3000到公元前2300年多一点。各地有关这类符号的发现已经很多了，我们现在的"预研究"已经准备在几个主要有关的省里面，把已出现的符号，不管是和文字有关或者是关系遥远的，全部搜集起来，提供给大家研究。

中国的礼仪性建筑最主要的应该是大墓。中国的大墓不像埃及金字塔那样一望就可以看见，中国的大墓基本是在地下，可是它发掘出来规模是非常惊人的。比如刚才我们说的大汶口文化已经有一些大墓，里面随葬大量的陶器、玉器等等。这些材料都很清楚地说明了当时社会上等级分化是非常明显的。

我们冶金术的出现也是很早的。现在我们知道的中国最早的一件铜的器物，是在西安附近的临潼姜寨发现的。这个遗址离秦始皇陵很近，近于半坡博物馆。在姜寨这个地方，在一个仰韶文化的房基上面发现了

马家窑出土的陶罐

良渚文化遗址出土的玉器

出土于大汶口的人面纹玉佩饰

大汶口文化晚期白陶鬶

一个半圆形的铜片。经过分析，这个铜片是黄铜，大家知道黄铜是含锌的铜基合金。过去认为黄铜只有到历史时期才有，汉朝时候有人拿黄铜假充黄金。我们的科学家做了实验，证明以含锌的铜矿，用古代土方法就可炼出黄铜。我们最早的一件青铜器发现在甘肃东乡的一个遗址叫林家，属于考古学上的马家窑文化，也是在一个房子遗址里面出土一个小铜刀子，这个铜刀相当规整，经过鉴定，证明是用两块范拼起来铸造的，成分是青铜，含锡的铜基合金，它的时代是在公元前3000年上下。现在我们可以有根据地说公元前3000年我们已经开始有了青铜器。到夏代的时候，青铜器就普遍使用了。

这些文明因素的发现，应该说还是不完整、不系统的，因为我们很多的发现，是在这个遗址发现一种，那个遗址发现一种，这个省发现一些，那个省发现一些，由于我们的地区广大，还有我们考古学的历史还不够长，所以很多的材料都有待于将来的发现。可是从现有这些文明因素来看，作为一个综合的论断来说，中国古代文明起源的时间是相当早的，这一点作为一种趋势性的论断应该说是成立的。

我们讲在探索中国文明起源的工作过程之中，对有关的文明因素做深入、系统的探讨，是有必要的。可是这些有关文明起源的学说、观点，主要是西方考古学和历史学研究的成果，我们还需要结合中国考古发现的实际来进行检验、研究、补充和发展。这些方面的工作是很重要的，也是具有理论性的。我们今后探寻中国古代文明起源的一系列问题，总的来说，就是通过以自然科学和人文科学多学科结合的方式，进行系统的研究，包括理论的研究。这个工作一定是长期的，需要投入大量的人力、物力。

最后我还想介绍一位学者的意见，作为我向各位汇报的结束，同时也再回到中华文明起源研究的重要性上来。我想介绍的是一位在美国的华裔学者，就是去年逝世的张光直教授。张光直教授是台湾人，实际上是生在北京的，他的父亲过去在北京大学做日语教授。他在抗战胜利以后回到台湾，在台湾大学毕业之后到美国留学，后来担任美国哈佛大学人类学系的主任，主持工作多年。他曾经多次回到祖国大陆来，还与中国社会科学院考古研究所联合在河南商丘进行发掘，取得了很多的成果。张光直是美国科

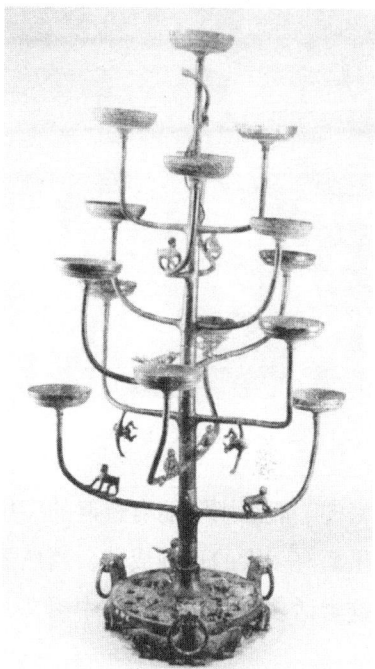

战国时期十五连盏灯

明代《天工开物》中的铸鼎图

张光直

学院的院士，也是台湾"中央研究院"的院士，担任过台湾"中央研究院"的副院长。他认为，从野蛮到文明的变革有不同的道路、不同的形态，而中国的形态与西方的，特别是古代希腊、罗马的形态不一样，"中国文明起源形态很可能是全世界向文明转进的一个主要形态，而西方的形态实在是个例外。因此社会科学里面的自西方经验而来的一般法则不能有普遍的应用性。"张光直的这个论点是不是正确，里面有多大的正确成分，当然需要今后长时间的验证。可是无论如何，这番话表明他认识到了中国文明起源的研究有高度的理论价值。

李学勤

清华简与先秦思想文化

一、简及历史上的几次重要发现

简是中国先民在发明纸以前主要使用的书写载体，其制作方法是将竹（没有竹的地方用木）劈削成窄条状，再以丝绳编连成册。河南安阳殷墟出土的甲骨文已有"册"字，字形正像编连的简册，可知商代已经有简。从那时一直到魏晋以后，简才逐渐被纸代替。特别要说明的是，每一根竹简的长度不一，最短的有十几厘米，最长的可以达到五六十厘米，这样的竹简非常轻薄。所有的简都是用墨笔书写的，说刻成的乃是误解。

大家知道秦始皇兼并六国之后，曾颁布《挟书律》，采用了丞相李斯的建议，焚烧"诗书百家语"。凡是不合秦的政治统治的书籍都要焚毁。令下三十天不焚，就是重罪，"偶语《诗》《书》者弃市"。秦的政策，对文化的传流打击甚大，许多先秦典籍因之失传了。幸而有一些竹简书籍，由于不同原因藏匿起来，或者埋藏地下，逃过了秦火，被后人发现。关于古代竹简，历史上曾经有过两次重要的发现，这两次发现对中国学术的发展、文化的发展起着至关重要的作用。

一次是在西汉景帝末年（约前141，或说武帝时），在今山东曲阜孔子后裔宅壁中发现大量书籍，有《尚书》《礼》《论语》《孝经》等，可能是为避秦火而隐藏

秦始皇

的。这些竹书均用战国古文书写，称为古文经，与当时学官的今文经不同。这次发现引发了中国学术史上著名的今古文之争。

又一次是在西晋武帝咸宁五年（279），在今河南汲县一座战国墓葬里出土了大批竹书，经整理有75篇。其中有魏国人作的史书《纪年》，最为重要，其他还有《穆天子传》等等。

《穆天子传》书影

以上两次竹书的发现，对中国学术发展都有非常重大的影响，余波所及，至今未衰，还有不少有关问题仍在讨论。1925年，著名学者王国维在一次演讲中，便把孔壁、汲冢称为学术史上最大的两次发现。

孔壁、汲冢的竹书早已佚失，原物看不到了。在近年，战国时期竹书的成批发现，重要的有两次：其一是1993年湖北荆门郭店一号墓出土的一批竹简，这批竹简大概有800支；其二是1994年上海博物馆自香港抢救收藏的竹简。这两者都是战国时的楚简，内容主要是儒道两家的思想性著作，有重要的学术意义，但性质与上述孔壁、汲冢尚有不同。

二、清华简的入藏及初步整理

2008年7月，清华大学经校友捐赠，入藏了一批战国竹简。由于这批简的内容特别珍贵重要，得到了中央领导的关注和学术界的重视，媒体也作了广泛报道。

这批简运抵清华大学的时间是2008年7月15日，时值酷暑，学校已经放假，本打算暂时采取一种维护性的保护措施，待学校开学后再开展保护研究工作。但是经过仔细检查，发现竹简经历较长时间流散，一些简已经开始发霉，经化学分析，证明有霉变损坏的危险。校方对此非常重视，决定立即组织专家清理保护。大家放弃假期，全力投入，在白手起家的条件下建成符合要求的实验室。经过繁重而又细致的抢救工作，使竹简得以良好保存。这第一阶段的工作，到2008年10月中旬才结束。

2008年10月14日，清华大学邀请了北京大学、复旦大学、吉林大学、武汉大学、中山大学、香港中文大学和国家文物局、中国文化遗产研究院、上海博物馆、荆州博物馆的11位学者专家，召开"清华大学所藏竹简鉴定会"。鉴定会对于这批简的重要性做出了充分的肯定，专家们初步的观察鉴定结论已颇具震撼性。"简中有《尚书》和编年史书等'经史'文献，受到普遍重视。""这批竹简内涵丰富，初步观察以书籍为主，其中有对探索中国历史和传统文化极为重要的经史类书，大多在已经发现的先秦竹简中是从未见过的，具有极高的学术价值。""从竹简形制和文字看，这批竹简应是楚地出土的战国时代简册，是十分珍贵的历史文物，涉及中国传统文化的核心内容，是一项罕见的重大发现，必将受到国内外学者重视，对历史学、考古学、古文字学、文献学等许多学科将会产生广泛深远的影响。"

第二阶段的工作，是2008年11月到2009年1月，中心内容是在竹简不脱水的条

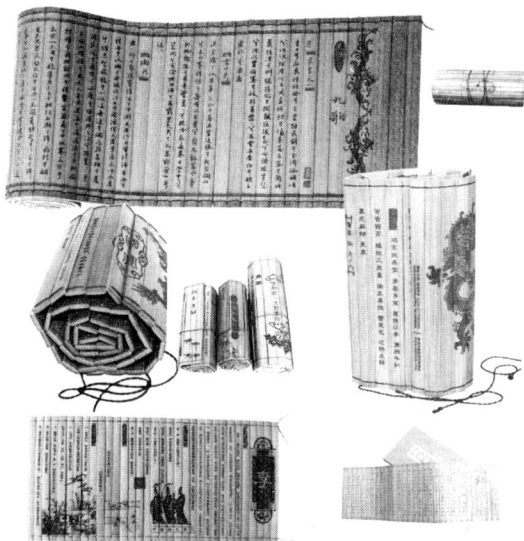

竹简

件下，对全部简进行拍照，以保存简的原貌。工作人员克服了种种困难，完成了这项具有创造性的工作任务。在这一过程中，对简进行了清点，结果是共2388枚（包括少部分残片）。同时，委托北京大学有关单位对无字竹简残片做了AMS法（Accelerator Mass Spectrometry加速器质谱测年技术）C^{14}年代测定，结果是公元前305±30年，即战国中期后段，与考古学、古文字学做出的判断吻合。

第三阶段的工作，从2009年3月春季学期开始，我们利用新拍成的数码照片，对全部竹简逐次审读，然后尽可能进行缀合和编排。现在知道，清华简的内容非常丰富，属于经部的，《诗》《书》《礼》《乐》都有，而以《尚书》一类文献最多。大约包括文献63篇（由于有的篇还可划分，数量还可能增多一些）。

2009年4月13日，我们在《光明日报》简单介绍了最早编联复原的一篇《尚书》体裁的简书《保训》，记周文王临终遗言，引起学术界热烈讨论。

在《保训》发表后，我们还在报刊介绍过一篇《耆夜（咤）》，简中记载周武王八年戡耆（过去都以为文王时事）得胜返周，饮酒赋诗，其中有武王、周公诗的全文。尤其是周公所作《蟋蟀》，见于《诗经》的《唐风》，引发学者强烈兴趣。

如果说清华简《尚书》类各篇堪与前面提到的孔壁古文《尚书》媲美，清华简中的《系年》就可同汲冢的《纪年》相提并论。《系年》简一共有137支，记述西周初年至战国早期的历史，有许多过去不知道的内容，对研究周代，特别是东周的历史，极为重要。比如关于周公东征，关于共和行政，关于秦国起源，等

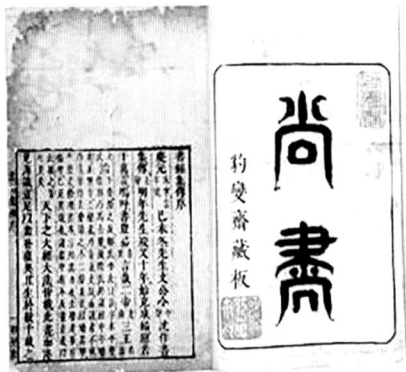

《尚书》书影

等，都足以改变传统的观点。

还可以举出一篇《楚居》，记述的是楚国起源的传说、历代楚君的世系，以及建都的一系列地点，不少也是前所未知，一旦公布，将成为研讨的热点。

三、清华简的发现对先秦思想文化的影响

（一）公元前221年，秦朝统一六国，所谓先秦是指秦朝建立之前的历史。清华简里面有很多《尚书》类的材料，《尚书》是有关夏商周的历史文献汇编，从唐尧、虞舜讲起。开头第一篇是《尧典》，《尧典》就是唐尧，第二篇是《舜典》，就是虞舜，所以《尚书》是从唐尧、虞舜开始的一个历史文献汇编，记录了当时一些重要的历史事件。现在，我们主要是通过司马迁的《史记》来了解先秦的历史，而司马迁则是根据《尚书》《诗经》等经典著作编纂的《史记》。秦始皇焚书以后，大量先秦著作被毁，许多史料是司马迁本人都没有看过的。所以，清华简《尚书》的发现，其重要意义就在于弥补了先秦史料不足的历史缺陷。

（二）目前，有一些学者（包括一些外国学者）认为，中国的历史应该从商朝算起，而且不是从商朝的开始算起，而是从盘庚迁殷以后开始算起，换句话说中国的历史大约从公元前1300年左右开始。在此之前的历史全部都是后人编造的神话，没有历史依据。事实并非如此。众所周知，任何一个古代文明，其早期的历史都有一个共同特点，即神话性。古代埃及如此，古代希腊也如此，无论是《荷马史诗》还是《旧约圣经》，大多是描述神的活动，而非人的活动。中国的历史也是一样，每每讲到炎帝、黄帝，总带有很多神话的色彩。但我们不能因为有神话成分而否认历史的存在。所以，当前中国的历史学界、考古学界所做的一个重要课题就是探究中华文明的起源，即"中华文明探源工程"。我们要给五千年的文明史寻找确切的科学依据。清华简的发现

有助于了解上古历史，我们期望清华简能告诉我们中华文明五千年源远流长的真相。

（三）一直以来都流传着一种错误的观点，即从孔子以来，中国才有学术。这个观点是不对的，《孟子》一书中对孔子的最高评价是"孔子之谓集大成"。此后历代帝王把孔子奉为"大成至圣先师"。所谓"集大成"，是对前代的学术、思想、文化进行总结，加以发展。现在从清华简和其他传世的文献结合起来研究，可以确知，孔子之前有很多的学术思想。所以早在孔子之前，中国就有了学术。

（四）郭沫若先生《先秦天道观的发展》这一名文，曾指出从商朝到周朝，在天道观上有一个根本性的改变。商人迷信鬼神，这一点从甲骨文中就能看出来，甲骨文的所有内容都与占卜有关。周人在克商以后，以商朝的覆亡为鉴，强调天命无常，天命是可以改变的，有德自有天命。这些思想在清华简有关篇章中有更多的体现，进一步证明西周的传统思想在很大程度上是孔子儒学的依据和基础。

（五）众所周知，《诗》《书》《礼》《乐》《易》《春秋》被称为"六经"。中国乃礼仪之邦，从传统文献来看，礼乐制度是在周公时期形成的，但是秦火之后，《乐经》失传，仅剩"五经"。但是清华简中有好几篇与西周初周公"制礼作乐"有关，如《周公之颂诗》《周公之琴舞》等，记载了当时的乐诗，这很可能与秦火后亡佚的《乐经》有一定关系。中国传统久远的礼乐制度从这里可以寻求出根源。

（六）春秋时期，国家走向分裂，这一时期学术文化的发展极其迅速。通过《左传》《国语》等文献记载，可以看出春秋早期政治、经济、文化的发展依然有限。经过中期之后，无论是在经济上、政治上、文化上，都有一个比较大的迅猛发展，这些发展主要表现在几个比较大的诸侯国，如晋国、齐国、鲁国、楚国等。所以诸子百家实际上是从春秋晚期开始的。春秋晚期出现几位重要的学者，如孔子、老子、孙子等，他们打破了春秋之前"学在官府"的学术格局。传说老子是周的守藏史，但《老子》一书则是他离职之后的著作，所以可以看作是老子的

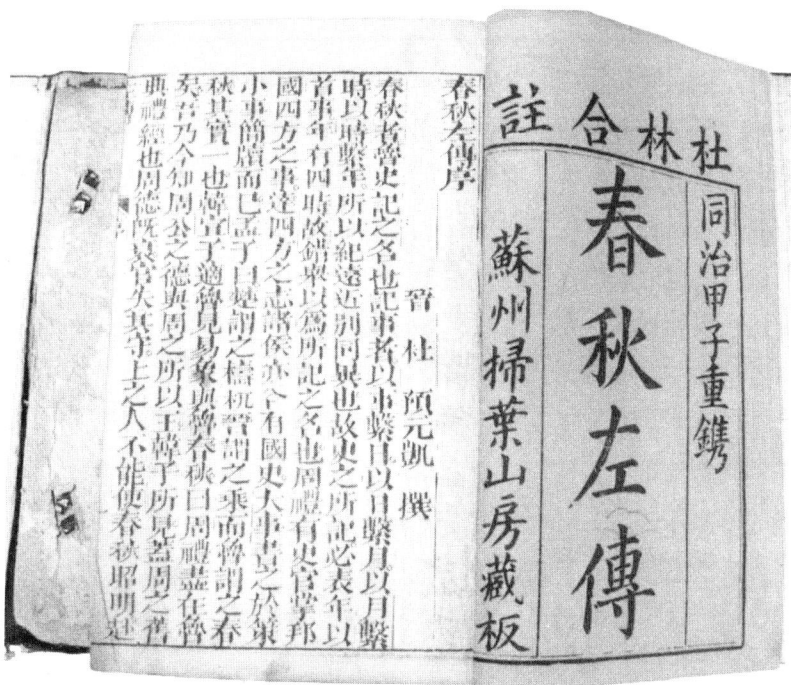

《春秋左传》书影

个人学术活动，与职务无关。孔子也是如此，他在民间创办私学，专门致力于学术教育的活动，曾先后培养了"三千徒弟子，七十二贤人"。所以，诸子百家时代是从春秋晚期开始的。

（七）通过郭店简、上博简和清华简，我们可以看出，诸子百家里面起突出作用的是儒、道两家。特别是在郭店简和上博简里面，主要是儒、道两大学派的内容。儒、道两家的著作在当时流传最广，这与当时的政治形势有关。孔子生于鲁国，弟子多邹、鲁缙绅之士，儒家学派是从华夏地区开始流传的。孔子周游列国，把儒家思想带到了其他国家。而老子学说则在南方流传甚广，从考古发掘来看，湖北、湖南等地发现的竹简里面有很多道家著作。战国以后，学术分期发展。战国初期，儒墨两家对立，互相攻击，后来两者都分裂了，儒分为八，墨分为三，皆自谓真孔墨。孔墨对立推动了当时学术的发展。战国中期，出现了法家、纵横家、名家等学术派别，其中法家影响较大。法家早期的一些代表人物有的是从儒家分离出来的，有些则是从道家分离出来的。例如韩非、李斯都曾是荀子的学生，秦始皇统一中国以后，二人开始推行法家政策。又如申不害、慎到等人，原本研学黄老之术，但后来都成为法家的代表人物。战国中期才真正开始了百家争鸣的局面，在这个局面里面，儒、道两家的优势并未失去。儒、道并行的局面，到汉朝以后依然存在。汉朝初年，政局依然动荡，出现了吕后专政等一系列的政治问题，在这样一个继承、恢复时期，汉朝统治者采纳黄老学派的思想，无为而治。汉武帝时期，政权进一步巩固了，董仲舒建议推行"罢黜百家，独尊儒术"，儒家定为一尊，但道家依然存在。从历史来看，道家的一些基本经典，特别是《老子》一书，流传甚广。直到佛教传入之后，才形成了儒、释、道三教并存的学术格局。

（八）清华简从文字特点分析，肯定是楚简，郭店简和上博简也是楚简，且均属于公元前300年左右的战国中期后段。这使我们看到，自西周以来被贬斥为蛮夷的楚国，这时也已深受中原华夏文化的影响，渐入中华文明主流轨道，而且对这一文化传统做出自己的贡献。这是当时中国各个民族互相融合、文化彼此交流的大趋势所造成的，进一步证明中国自古是多民族、多地区的统一国家，灿烂辉煌的文明传统为各民族、各地区人民共同缔造。这不仅是一个政治观念，更是基于考古工作而得出的一个重要的学术观念，这个观念对于认识中华文明的起源和发展，起着非常重大的作用。

问：我们常说中国的历史是上下五千年，而西方人认为中国有文字记载的历史是从殷墟甲骨开始的，所以中国的文明史是3000多年的历史，与古埃及5000年的历史相比，要短一些。那么文明史、有文字记载的历史，与传说、神话在科学上的分界线在什么地方？是不是有文字记载的历史一定要有考古的证据支持才能够得到确认？

李先生：什么叫文明？文明与文化不同，有了人类就有了文化，而文明应该是有标准的。从马克思主义的理论来说起，文明最根本的一点是要有阶级对阶级的分化和统治，应该有国家机构的建立。从考古学来说，文明有三个标准：其一，要有城市，这个城市要有一定的规模，一般来说，居住人口达到5000人才能称之为城市。其二，要有复杂的礼仪性建筑，这个礼仪性建筑不是为生活所需，而是威权的标志，比如埃及的金字塔，它是埃及法老权力、地位的象征；又如希腊神庙，它代表一种宗教，是阶级统治的象征。其三，要有文字，这是最主要的标准。经过多年考古学的发现和研究，这些文明的因素，中国远在商朝以前，都已经逐渐具备了。现在所发现的北方最大的城市遗址就是著名的陶寺遗址，在山西中南部的襄汾，时代在龙山时代晚期，与传说中尧舜的年代相当。甲骨文是中国已发现的古文字中时代最早、体系完整的文字，时代在商代晚期。甲骨文是非常发达的一个文字系统，大概有4500个文字，这样庞大的文字系统需要很长时间才能形成，所以中国的文明史应该还可以向前追溯，具体结果还有待考古的进一步发现。

汤一介
中国传统文化对当今人类社会之贡献

汤一介（1927—2014），原籍湖北省黄梅县。1951年毕业于北京大学哲学系。曾任北京大学哲学系教授、中国哲学与文化研究所所长，博士生导师。1990年获加拿大麦克玛斯特大学荣誉博士学位。1983年曾任美国哈佛大学访问学者，此后又曾任美国俄勒冈大学、澳大利亚墨尔本大学、香港科技大学、加拿大麦克玛斯特大学、香港城市大学等校客座教授，纽约州立大学宗教研究院研究员。1996年任荷兰莱顿大学汉学院胡适讲座主讲教授，1997年任香港中文大学钱宾四学术讲座主讲教授。

其他学术兼职有：中国文化书院院长、中国哲学史学会顾问、中华孔子学会副会长、中国东方文化研究会副理事长、中国炎黄文化研究会副会长、国际价值与哲学研究会理事，第19届亚洲与北非研究会顾问委员会委员、国际儒学联合会顾问、国际道学联合会副主席；曾任国际中国哲学会主席（1992—1994）及该会驻中国代表，南京大学、东南大学、山东大学、兰州大学、首都师范大学、北京理工大学等大学兼职教授。

在讲这个题目之前我想先强调两点，一是"中国传统文化对当今人类社会之贡献"只能是讲它某一方面，不可能全面都讲到。二是中国传统文化不仅对当今人类社会可以有贡献，而且对当今人类社会也有非常大的负面的影响。现在把它分成八个问题来讲。

第一点，经济全球化对世界文化的发展将会产生重大的影响。经济全球化并不一定会消除不同国家、民族之间的冲突，在某些情况下还有可能加剧不同传统文化的国家、民族之间的冲突甚至战争，这个问题在当前已经非常明显。比方说科索沃地区、中东地区，甚至于美国最近和阿富汗、和伊拉克的种种问题，都和文化有一定的关系。因此关于文化冲突与文化共存的讨论正在世界范围内展开，是增强不同文化之间的互相理解和宽容而引向和平，还是因为文化的隔绝和霸权而导致战争，将影响21世纪人类的命运。

自从第二次世界大战结束以后，由于殖民体系的相继瓦解，文化上的"西方中心论"正受到严重质疑，民族与民族，国家与国家，地域与地域之间的文化上的交往越来越频繁，世界已经成为一个不可分割的整体。我们可以看到，目前世界文化发展出现了两股不同方向的有害的潮流，某些西方国家的理论家从维护自身的利益或者传统习惯出发，企图把反映他们继续统治世界的价值观强加给其他民族，仍然坚持"西方中心论"。例如1993年美

亨廷顿

巴米扬大佛

国哈佛大学亨廷顿教授提出来"文明的冲突"理论，就可以看到这一点。他的理论引起了广泛的讨论和批评，他的观点可以说是以美国为中心的一种文化霸权主义的表现。稍微补充一点，就是亨廷顿发表了"文明的冲突"以后，1996年他出了一本书，是关于文明的冲突和世界文化的，书名叫《文明的冲突与世界秩序的重建》，他对他原来发表的文明冲突的那篇文章有一定程度的修改。他给中文版写了一个序言，承认了世界政治的多极化和文化的多元化，他在这一点上有相当大的改变。但这本书，如果你仔细读的话，可以看到它里面还隐含着对美国的失落非常惋惜，他仍然希望美国将来有一天还成为世界的领导，他还是这样来考虑问题的。但是，在他那本书里，已经有了一定程度的改变，就是他承认政治的多极化和文化的多元化。

与此同时，某些取得独立和复兴的国家，抱着珍视自身文化的情怀，形成了一种返本寻根、固守本土文化、排斥外来文化的回归传统文化的部落主义，他们无视千百年来各民族之间的文化交往，要求返回或者保存并且发掘没有受到外来影响的、以本土话语阐述的原汁原味的回归民族传统文化的部落主义——"原教旨主义"。比方说，阿富汗的塔利班政权，可以说是这种"原教旨主义"的代表，它把巴米扬大佛都给炸掉了。

2001年"9·11"事件以后，这两种有害的思潮可以说正在严重地违背着人类社会的发展和生存的要求，如何使这两股相悖的潮流不至于发展成大规模的对抗，并得以消除，实在是当前需要引起重视的大问题。在这种情况下，我们必须既要反对文化上的霸权主义，又要反对文化上的部落主义。要反对文化上的霸权主义，必须以承认和接受多元文化为前提，必须充分理解和尊重人类各种文明、各个民族、各个群体甚至每个人的多样性和差异性；反对文化上的部落主义，必须是以承认和接受多少世纪以来各个民族之间的文化交往和互相影响是文化发展的里程碑为前提，批判排斥一切外来文化的狭隘心理。因此，人们应该以一种新的视角来观察当前不同文化之间的关系，并建立起一种新型的文化上的多元化的格局。

杜维明

第二点，关于"新轴心时代"的问题。人们预期着"新轴心时代"的到来。这个"新轴心时代"的问题的提出，大概是在不同的地方和不同的国家几乎同时提出来的，大概是1998年到1999年这个时间段里提出"新轴心时代"的观念。在美国，比方说哈佛大学的杜维明教授就在1999年做了一次关于

雅斯贝尔斯

"新轴心时代"的演讲。在欧洲，也有学者提出了"新轴心时代"的观念。在香港有一个《二十一世纪》杂志，一共有3期发表了关于"新轴心时代"问题的讨论。各个国家包括中国的学者都讨论这个问题。我也是在1999年费孝通教授主持的一次会议上，提出这个"新轴心时代"的观念来，所以大概都是在1998年到1999年这个时候提出来的问题。

众所周知，"轴心时代"的观念是德国哲学家雅斯贝尔斯首先提出

来的。他认为在公元前500年前后，在世界各地出现了伟大的思想家，比方说在中国出现了老子、孔子这样伟大的思想家，在印度出现了释迦牟尼，在西方当时是犹太教的先知，实际就是现在包含在《圣经》中间的《旧约》那一部分，后来在希腊就出现了苏格拉底、柏拉图这样的大思想家。

这些文化传统经过2000多年的发展已经形成了人类文化主要的财富，而且这些不同地域的文化原来都是独立发展出来的，并没有互相影响。因为当时中国和印度并没有交往，跟欧洲就更没有交往，都是独立发展起来的，而且都是大体上同时发展起来的。雅斯贝尔斯还有一句话，我觉得非常重要，他讲"人类一直靠轴心时代所产生的思考和创造的一切而生存，每一次新的飞跃都回顾这一个时期并被它重新燃起火焰"，这

柏拉图

个论断在历史上已经有多次可以得到证明了。比方说，在欧洲的文艺复兴，当时就是把目光投向它的文化源头古希腊，文艺复兴要回归古希腊，因而使得欧洲的文明重新燃起了光辉，对世界产生了重大的影响。中国的宋明理学（也称新儒学），是在印度佛教的冲击之后，再次回归到先秦的孔孟，从而把中国本土的哲学提高到一个新的水平。因此我想，从某种意义上说，当今世界多种文化的发展，正是对2000多年前的"轴心时代"的一次新的飞跃。我们能不能这样看，21世纪或者从20世纪后半叶开始，是对2000多年前"轴心时代"的新的飞跃？我们是不是可以说，当今人类社会的文化正在或者即将进入一个"新的轴心时代"呢？我认为从种种的迹象也许可以这样讲。可以说，人类文化正在进入或者即将进入一个"新的轴心时代"。大概至少有三个理由可以来说明这一点：

1. 第二次世界大战以后，由于殖民体系的瓦解，原来的殖民地国家和受压迫民族有一个很迫切的任务，就是要从各个方面确立自己的独立身份，哪个国家独立了，它就要确认它自己国家的独立身份，而民族的独特文化正是确认其独特身份的重要支柱。我们知道，第二次世界大战以后，马来西亚为了强调民族的统一性，坚持以马来语为国语。昨天我还碰到马来西亚来的一些朋友，我问他们："你们官方文件是用什么语，是用英语还是用马来语？"他们说官方文件还是用马来语，民间交流也是用马来语，只是我们华裔人和马来族人交往的时候，除了用马来语以外还用英语，他们还是用马来语，坚持以马来语为国语。以色列建国后，决定把长期以来仅仅应用于宗教仪式的希伯来语重新恢复为日常用语。亨廷顿有一句话说得很对，他说"任何文化和文明的主要因素都是语言和宗教"。任何文化或者文明的主要因素是什么呢？就是语言和宗教。一些东方国家的领导人和学者为了强调自身文化的特性，提出了以群体为中心的亚洲价值，以区别西方以个体或者个人为中心的所谓世界价值。这个辩论曾经在李光耀和韩国的前任总统金泳三之间发生，前任的韩国总统认为西方价值就是世界价值，李光耀说应该有个东方价值，东方价值是以群体和家族为中心的，西方是以个人为中心的。亨廷顿也认识到了这一点，他认为非西方文明一般正在重新肯定自己的文化价值，就是西方文明也在重新肯定自己的文化价值，这是他在《文明的冲突与世界秩序的重建》这本书上讲的。

2. 由于经济全球化、科技一体化，信息网络的发展把世界连成一片，各国各民族的发展将不可能像公元前五六百年前那个轴心时代各自独立发展，法国的汉学家于连·弗朗索瓦有一本书叫作《为什么我们西方人研究哲学不能绕过中国》，他说"我们选择出发，也就是选择离开，以创造远景思维的空间。在一切异国情调的最远处，这样的迂回有条不紊。人们这样穿越中国也是为了更好地阅读希腊。尽管有认识上的断层，但由于遗传，我们与希腊思想有某种与生俱来的熟悉，所以了解它，也是为了发展它，我们不得不割断这种熟悉，构成一种外在的观点。"他认为你要想将西方文化看得清楚，看得全面，你就要离开西方，你要到中国看西方，很可能它的特点，优点、缺点都能够看得清楚。其实在我们中国早就有这种思想，比方说苏东坡的那首诗："横看成岭侧成峰，远近高低各不同，不识庐山真面目，只缘身在此山中。"看一个东西你要离开它，才能看得更清楚，你要是仅仅在我们自己文化中看自己的文化，常常有的时候看得不是很清楚，你要是跳出它也许看得更清楚，这就是现代西方所谓的"他者"的观点，我们从第三者的观点来看另外一种文化，可以看得更清楚一些。那么在这种情况下如何保持自己的文化特点，传承自己的文化命脉，无疑是必须认真考虑的问题。我们知道经济可以全球化，科技可以一体化，但是文化不可能单一化。人类社会发展到今天，任何文化不受外来影响是不可能的，也是不可取的，但是只有充分发挥其原有文化的内在精神才可以更好地吸收外来文化，以滋养本土文化。如果能把你自己文化的内在精神发挥得很充分，那么吸收外来文化的力量就越强。正如费孝通先生所说"要吸收西方新的文化而不失故我之认同"，要吸收西方新的文化一定不要失掉对自己的认同，对自身文化的认同。这就是说，在吸收外来文化的时候必须维护我们自身文化的根基。因此21世纪影响人类社会的文化发展，必将既是世界的又是民族的，这跟2500年前很不相同，2500年前孔孟要解决的问题是中国自己的问题，西方要解决的问题是西方自己的问题，今天中国文化要解决的问题不仅仅是中国的问题，而且要解决世界的问题，所以它一定是既是民族的又是世界的。

3. 就当前人类文化存在的现实情况看，已经形成了或正在形成在全球意识关照下的文化多元化发展的新格局。我们可以看到也许21世纪将由四种大的文化系统来主导，就是欧美文化、东亚文化、南亚文化、中东北非文化（也就是伊斯兰文化）。这四种文化不仅都有着很长的历史文化传统，而且每种文化所影响的人口都在10亿以上，当然还有其他文化也会影响21世纪人类社会发展的前途，例如拉丁美洲文化、非洲文化等等。但就目前情况看，这些文化的影响远远不及上述四种文化来得

雅典巴特农神庙遗址

大。亨廷顿《文明的冲突与世界秩序的重建》这本书中有这样一段话："至少有十二种主要文明，其中七种文明已经不复存在（美索不达米亚文明、埃及文明、克里特文明、古典文明、拜占庭文明、中美洲文明、安第斯文明），五个仍然存在（中国文明、日本文明、印度文明、伊斯兰文明和西方文明）。"比我上面说的四种文明多一个日本文明，因为我的归属还是把它归在东亚文化的范围里面。那么人类社会如果希望走出当前的混乱纷争局面，特别是要批判文化霸权主义和文化部落主义，在文化上不仅要面对这个"新的轴心时代"，而且必须不断地推动在不同文化之间、不同传统文化的国家和民族之间的对话，使每种文化都能够自觉地参与解决当前人类社会所面临的共同问题。

第三点，中国传统文化如果希望在解决人类面临的重大问题时发挥积极的作用，必须有文化上的自觉。对自己的文化应该有个自觉，不仅对自己的文化有个自觉，而且应该对世界文化发展的趋势有一个自觉。文化自觉，也不是我提出来的，费孝通教授最早提出文化自觉的问题。他考察了一些少数民族，比方说，北部的鄂温克民族和赫哲民族，这些民族很难保证它的文化继续发展下去，比方有的原来是靠打鱼为生，但是现在鱼的资源没有了，打鱼为生就很难继续下去，就不得不改成务农或者是放牧。所以他就提到文化自觉非常重要，跟这个社会的变迁有密切的关系。他先提出这个问题，我觉得非常有意义。那么所谓文化的自觉是指生活在一定文化传统的人群对他自身文化的来历、形成过程以及它的特点和发展的趋势等等能做出认真的思考或者反省。反观一个多世纪以来中国文化在西方文化的冲击下，几乎失去对自身文化的认同。比方说它的来源，它的来历，它的形成过程，它的特点和发展的趋势，我们有点茫然，不知道怎么回事，它一直徘徊在如何认识西方文化和如何认识中国文化之中。我们到底怎么来看西方文化，怎么来看中国文化？全盘西化和本位文化的论战不断，这个从20世纪初，大概1915年开始吧，这种全盘西化和本位文化的论战就开始了，一直不断，对这一段历史的总结将为我们的文化自觉提供极为丰富、极为宝贵的经验。

应该说现在中华民族正处在一个伟大的民族复兴阶段，因此我们必须给中国传统文化一个恰当的定位，认真发掘我们古老文化的真精神的所在，以便我们把我们优秀的文化贡献给当今人类社会，认真反思我们自身文化所存在的缺陷，以便我们更好地吸收其他国家和民族的文化的精华，并在适应现代社会发展的总趋势下给中国传统文化以现代的诠释。这样，我们的国家才能真正走出困境，真正走在世界文化发展的前列，与其他各种文化一起共同创造美好的新世界。这就是说我们必须有个文化的自觉，要知道我们的文化的起源、演变、优点、缺点和它将来发展的趋势，那么这样我们才能够真正知道中国文化在世界文化中到底能够起什么作用。文化自觉如上所说包含着多方面的问题，但是其中最重要的问题应该是看看我们的文化传统能否为解决当今人类社会存在的最重大的问题提供有积极意义的资源，以促进人类社会健康和合理的发展。我们知道中国文化是当今人类社会多元文化中的一元，而这个一元又实际上包含着多元，因为我们是个多民族的国家。费孝通教授认为，我们的国家是多元一体。中国文化和其他国家民族的文化一样在历史上曾经对人类社会发生过重大影响，它既有能为当今人类社会发展提供积极的有价值的资源，又有不适应甚至阻碍当今人类社会发展的消极的方面，我们不能认为中国传统文化可以是包治百病的万能药方，因此我们对待中国传统文化的态度应该是充分理解其内在精神的同时，在和其他各种文化的交往中取长补短，吸取营养，充实和更新自身，适应当今人类社会发展的要求。人们常常说当今人类社会所面临的重大问题是和平与发展的问题，"9·11"事件以后，美国的所作所为威胁着世界的和平，刚刚结束的在南非约翰内斯堡举行的"联合国可持续发展世界首脑会议"说明环境问题已经威胁着人类的生存。这就是说在21世纪人类要生存和发展必须实现和平共处，也就是要解决好人与人之间的关系，扩而大之就是要解决好民族与民族、国家与国家、地域与地域之间的关系。我想孔子的仁学和道家自然无为的思想可以为这方面提供某些积极的有价值的资源。人类要共同持续发展就不仅要解决好人与人之间的关系，而且还要解决好人与自然之间的关系，儒家天人合一的思想和道家崇尚自然的思想可以为解决这方面的问题提供十分有意义的借鉴。

第四点，儒家的仁学为协调人与人之间，当然包括民族与民族、国家与国家、地域与地域之间的关系提供了有积极意义的资源。大家都知道1993年在湖北荆门地区出土了一批楚国的竹简，这些楚国的竹简据推断是公元前300年以前的。郭店楚简中有一篇文章叫《性自命出》，《性自命出》中有一句话"道始于情"，这儿的"道"是说的"人道"，不是说的"天道"，因为你从通篇文章看它讲的是"人道"，人与人的关系的原则，或者说社会关系的原则，它和"天道"不同，"天道"是指自然界运行的原则或者宇宙运行的原则。这句话是什么意思呢？它是说人与人的关系是从感情开始建立的，这是孔子仁学的基本的出发点。孔子有个弟子叫樊迟，樊迟问孔子什么叫作"仁"，孔子讲"爱人"。这种"爱人"的思想到底有什么根据，是从什么地方来的呢？《中庸》这篇文章中引用孔子的话说："仁者，人也，亲亲为大。""仁"是什么呢？就是人自身，自身的一种品德。"亲亲为大"，就是爱你自己的亲人是最根本的出发点。仁爱的精神是人自身所具有的，而爱自己的亲人是最根本的。但是"仁"的精神不能停止于此，所以郭店楚简中说"亲而笃之，爱也。爱父，其攸爱人，仁也"。爱你自己的亲人，这只是"爱"，爱自己的父亲，扩而大之爱别人才叫作"仁"。他还有一句话，"孝之放，爱天下之民"，孝的放大，你要爱天下的老百姓，不仅仅是爱你自己的亲人，要爱天下之民，这就是说孔子的仁学是要由"亲亲"，爱自己的亲人推广到仁民，就是要仁爱老百姓，这就是说要"推己及人"，要"老吾老以及人之老，幼吾幼以及人之幼"，才叫作"仁"。做到"推己及人"并不容易，必须把"己所不欲，勿施于人"，"己欲立而立人，己欲达而达人"的"忠恕之道"作为为人的准则，达到这个"仁"的准则。朱熹的《四书集注》将"忠"解释为"尽己"，尽己为忠，尽自己的力量去做叫作"忠"；"推己"为"恕"，你把你自己的仁爱之心推广出去，这才叫作"恕"。如果要把"仁"推广到整个社会，这就是孔子说的"克己复礼为仁，一日克己复礼，天下归仁焉。为仁由己，而由人乎哉？"自古以来，把"克己"和"复礼"解释为两个平行的方面，我认为这是

孔子讲学图

不对的。我认为这不是对克己复礼的好的解释。费孝通先生有一种解释，他说："克己才能复礼，复礼是取得进入社会成为一个社会人的必要条件，扬己和克己也许正是东西文化差别的一个关键。""扬己"就是表扬自己，只说自己如何如何好，"扬己"和"克己"也许正是东西文化的差异的一个关键。因此照我想，所谓"克己复礼为仁"，应该是说你只有在克制自己的基础上的复礼才能叫作"仁"。这就是说，要克服自己的私欲以便合乎礼仪制度、规范。为什么呢？因为"仁"是人自身的内在的品德，所以儒家讲"爱生于性"，爱是产生于人的本性的，"礼"是规范人的行为的外在的礼仪制度，它的作用是为了调节人与人之间的关系，使得人和谐相处，所以《论语》中讲"礼之用，和为贵"。叫人们遵守礼仪制度必须是自觉的，必须是出乎内在的爱人之心的，这才符合"礼"，才符合"仁"的要求。所以孔子说"为仁由己，而由人乎哉？"做到仁爱，是靠你自己，靠你自己的内在精神的发挥，哪儿是别人强加给你的？对"仁"和"礼"的关系孔子有非常明确的说法，他说："人而不仁如礼何？人而不仁如乐何？"没有仁爱精神的礼乐是虚伪的，是骗人的。所以孔子认为有了追求"仁"的自觉的要求，并把这种仁爱之心按照一定的规范实现于日常社会之中，这样社会就会安宁了。所以他讲"一日克己复礼，天下归仁焉"，大家都能够克己复礼的话，那么天下就可以互相仁爱了。这种把追求"仁"的要求作为基础的思想，把它实践于实际生活之中，就是《中庸》所讲的"极高明而道中庸"。所谓"极高明"就是要求我们追求哲学上的最高原则，就是仁爱的仁，你要追求哲学上的最高的要求，你就必须有仁的品德。"道中庸"是要求我们按照一定的规则把这种仁爱之心实现于日常社会之中。而"极高明"和"道中庸"是不能分成两截的，你有了很高的仁爱的精神，你必须把它实现在社会生活中间，这两者是不能分开的，这就是中国传统文化中所讲的最高的理想"内圣外王之道"。所谓"内圣"就是你要有最高的道德修养，然后你要把它实现来治国平天下。中国传统认为只有有道德，只有人格最高尚的人，才是"内圣"，最适合做王。而道德人格高尚的人不能只是独善其身，还必须是兼济天下，所以《大学》中把"修身、齐家、治国、平天下"连成一个系列。修身是为了什么？是为了齐家、为了治国、为了平天下。我认为孔子和儒家所讲的对于一个国家的治国者，对于现在世界上的那些发达国家特别是美国的统治集团不能说没有积极的意义。治国平天下就应该行仁政，行王道，不应该行霸道。如果说孔子的仁学充分讨论了人与人的关系，那么孟子进一步讨论了人与天的关系。在中国古代"天"这个概念非常复杂，最早产生于商、周时代。"天"有上帝的意思，比方说"皇天上帝""受天有大命"等等。到了孔孟的时代这种意思逐渐淡化了，但是并不是说完全没有了，"天"还带有目的性、能动性、有机性。但是无论如何，"天"已经包含有自然界的意思了，孟子说："尽其心者，知其性也；知其性，则知天也。"就是发挥人的内在的恻隐之心等等，那么你就可以知道人的本性是善的，知道人的本性之善就可以知道天是生生不息的，它有使人、物生长养育的功能，所以《周易》讲"天行健，

泰山孔子庙

君子以自强不息"，天是一个刚健的大流行，这样君子就应该自强不息。朱熹说得更明白，他说"仁"是什么呢？"在天地则盎然生物之心，在人则温然爱人利物之心"，从天讲，"仁"表现在什么方面呢？它表现为有生物之

台北孔庙

心，它生养万物，因此人就应该爱人利物，不应该违背这个天的道理。"天心"就是说，自然界的要求本来是仁爱的，是生生不息的，人心也不能不仁，人心和天心是贯通的，就是说儒家的这套仁学作为一种哲学学说实际上是一种道德的形而上学，这个形而上学不是和辩证法相对的那种形而上学，而是传统的形而上学，就是讲超越的，所以《中庸》讲："诚者，天之道也；诚之者，人之道也。"天道，作为超越"人事"的宇宙的运行规律，是真实无妄的，本来如此的，因此人道，就是人与人的关系也应该是真实无妄的、信实无欺的，自觉地按照天道的要求来做事。所以儒家认为，人不仅仅不应该欺人，也不应该欺天，就是说不应该违背天的规律。而现在的统治者，特别是推行霸权主义的美国统治集团的领导者，不仅欺人，而且欺天，按照中国传统思想来看，这样的统治者不仅要受到人的惩罚，而且要受到天谴。孔子这套仁学的理论虽然不能解决当今人类社会存在的人与人的关系的全部问题，但是作为一种建立在道德形而上学基础上的律己的道德要求，作为调节人与人之间关系的一条准则，使人们和谐相处，无疑仍然有现实意义。要使人与人之间的关系和谐相处并不是一件容易的事，为此孔子提出来"君子和而不同，小人同而不和"的主张，他认为以"和为贵"而行仁政的有道德有学问的君子应该能够做到在不同中间求得和谐相处；而不讲道

德、没有学问的人往往强迫别人接受他的主张而不能和谐相处。这就是说，孔子把"和而不同"看成在人与人之间出现分歧的时候，处理事情的一条原则，这一条原则对于解决不同国家与民族之间的纠纷应该是非常有意义的。特别是不同国家与民族之间因为文化上的不同，例如宗教信仰不同、价值观念不同等等引起的矛盾冲突，把"和而不同"作为解决纷争的原则应该是非常重要的。

第五点，老子的自然无为思想是防止人与人之间矛盾冲突的一种智慧的学说。如果我们说孔子是一个仁者，那么老子应该是一个智者，他是非常有智慧的。老子《道德经》一书中，"道"是他基本的概念，而"自然无为"是道的基本特性。王充在《论衡·初禀》中说"自然无为，天之道也"。"自然无为"是什么，就是天的道理。今天人类社会之所以存在种种纷争，无疑是由于贪婪地追求权力和金钱所引起的，那些强国为了私利，扩张自己的势力，掠夺弱国的资源，实行强权政治，正是世界混乱无序的根源。某些掌握了权力的领导者、统治者利用手中的权力进行权钱交易，贪污腐化，使国家政治混乱，社会风气败坏。老子提倡"自然无为"就是说不要做违背老百姓自然之性的事，这样社会才会安宁、天下才会太平。因此"自然无为"的基本内容，老子认为是"少私寡欲"，少一点自私自利之心，少一点欲望。老子认为治理国家主要应该让老百姓安居乐业，休养生息，他说"治大国若烹小鲜"，你治理一个大国就像烤小鱼一样，如果你老去翻腾它，那个小鱼就翻坏了，翻烂了，所以不能老去折腾老百姓。《汉书》有所谓"文景之治"，为什么会出现"文景之治"呢？因为汉文帝、景帝实行清静无为、与民休息的政策，让老百姓自己来管自己，因此生产发展了，社会安定了，所以老子讲"为无为，则无不治"，用无为的办法来治理国家，那就无不治，就能把国家治理好。他还引用了古人的一句话说："我无为而民自化，我好静而民自正，我无事而民自富，我无欲而民自朴。"就是说统治者按照无为的原则来做事，那么老百姓就会自己教化自己；统治者能做到不折腾老百姓，那么老百姓就会自己走上正轨；统治者如果不多方压榨老百姓，那么老百姓就会自己富足起来；统治者如果能没有私欲，那么老百姓自身也就会要求朴素。如果我们给它以现代的诠释也许有一点意义，这样就不仅对一个国家内部的安定，而且对世界各国之间的和平共处无疑有一定价值。我想我们可以这样来给它一个新的诠释，就是说：在一个国家中间，对老百姓干涉得越多，社会越难安定；在国与国之间，对别国干涉得越多，世界必然越加混乱。在一个国家中，统治者越要控制老百姓的言行，社会越难走上正轨；大国和强国，动不动以武力或以武力相威胁，世界就越是动荡不安和无序。在一个国家中，统治者没完没了地折腾老百姓，老百姓的生活就更加困难和穷苦；大国、强国以帮助弱国、小国的名义而行掠夺之实，弱国和小国就越来越贫困。一个国家中统治者贪得无厌的欲望越大，贪污腐化就大为盛行，社会风气就越加败坏；发达国家以越来越大的欲望争夺世界的财富和统治权，世界就一定会成为一个不道德的世界。据此，我认为"无为"也许是对一个国家内部的统治者和对世界各国的领导者的一副清凉剂，它是可以使人类社会能够自化、自正、自富、自朴的较好的治世原则。在《道德经》中，这类无为而治的思想很多很多，比方说它认为圣人应该像"道"一样"生之畜之，生而不有，为而不恃，长而不宰，是谓玄德"。也就是说，圣人应该像道的自然无为一样，让万物自己生长，自己繁殖，生养了万物，不据为自有，推动万物发展而不以为自己尽了力，领导万物而不对它宰割，那么这样是最高的德行。圣人怎么样才能做到无为而治呢？老子讲"圣人无常心，以百姓心

老子

为心"，理想的统治者没有自己固定不变的愿望，而应该以老百姓的意愿作为自己的意愿。这说明老子比较懂得使社会安定必须是顺民情，顺乎老百姓的要求。顺民情也就是要顺老百姓的自然之性，所以老子又说：圣人"以辅万物之自然而不敢为"，圣人只是辅助万物自然而然地生长发展，他不敢做什么违背万物自然发展的事。如果能这样，统治者虽然处在统治者的地位，老百姓却不会感到压力，即使走在老百姓前面，老百姓也不会感到有什么妨碍，这样老百姓就会拥护他。老子说："是以圣人处上而民不重，处前而民不害，是以天下乐推而不厌。"老百姓之所以遭受饥饿，往往是由于统治者收税太重，老百姓之所以难以治理，往往是由于统治者干涉太多，老百姓之所以会用生命冒险，往往是由于统治者对老百姓搜刮得太厉害。这就是老子所讲的"民之饥，以其上食税之多，民之难治，以其上之有为，民之轻死，以其上求生之厚，是以轻死"。统治者要想把国家治理好，要老百姓安居乐业，就必须少私寡欲，少一点自私，少一点欲望，他应该做到不要去夺取那些不应该属于他的东西，不要为满足自己的欲望而损害他人。因此老子认为罪过没有比诱人的贪欲更大的了，祸患没有过于不知道满足的了，罪恶没有过于贪得无厌的了，知道满足的人永远满足，这就是他讲的"罪莫大于可欲，祸莫大于不知足，咎莫大于欲得，知足之足，恒足矣"。老子还讲："天之道，其犹张弓欤？高者抑之，下者举之；有余者损之，不足者补之。天之道，损有余而补不足。人之道，则不然，损不足而奉有余。""天道"，自然的规律就像拉弓一样，高了一点你把它压下一点，低了一点你把它抬上一点，就可以命中靶子了。治天下应该是有余的你让它减少一点，不足的你给它补足一点，这个是天的要求；可是人恰恰相反，人常常是损不足来奉有余，本来就很少了，你还更多的拿走它来给有余的，那就不好了。老子这种思想不能说对我们今天的江河日下的社会风气没有意义。当然，2000多年前的老子思想不可能解决当今社会存在的种种问题，但是它的智慧之光对我们应该有重要的启示，我们应该做的事就是如何把他的思想中的精华加以发掘，给它以现代的解释，使之有利于人们从古代思想文化的宝库中得到某些经验教训。

第六点，儒家的"天人合一"的思想为解决人与自然的关系提供了一个有意义的思路。西方的文化在近三五百年之间曾经对人类社会的发展产生了巨大的影响，使人类社会有了长足的前进。但是，时至今日，我们已经看到由于人类对自然的无量开发和无情掠夺造成了资源的浪费，臭氧层变薄，海洋毒化，环境污染，生态平衡的破坏等等，这种可怕的现象已经严重地威胁着人类自身生存的条件。所以1992年，世界1575名科学家发表了一个宣言，叫作《世界科学家对人类的警告》，宣言开头就说："人类和自然正走上一条相互抵触的道路"。造成这种情况不能不说和西方哲学"天人二分"的思想有一定的关系。罗素在他的《西方哲学史》中讲道："笛卡尔哲学……他完成了或者说接近完成了由柏拉图开端而主要因为宗教上的理由经基督教哲学发展起来的精神、物质二元论……笛卡尔体系提出来精神世界和物质世界是两个平行而彼此独立的世界，研究其中之一能够不牵涉另一个。"就是说你研究物质可以不研究人，研究人可以不研究物质，或者你研究天可以不研究人，研究人可以不研究天。这就是说，西方哲学曾经长期把精神和物质看成各自独立的、互不相干的，因此它的哲学是以人和自然的外在关系立论，人和自然是一种外在的关系，没有内在联系，或者说，它的思维模式是心物为两个独立的二元。然而中国哲学在思维方式上与它有根本的不同，中国儒家认为研究天、天道或者自然的规律不能不牵涉到人，研究人也不能不牵涉到天。早在先秦已经讨论了这个问题，因为我们发现的《郭店楚简·语丛一》已经讲："《易》所以会天道人道也"，我觉得这句话非常重要。我们现在认为《易经》是中国哲学或中国文化的一个源头，它是非常重要的，这句话说《易》这本书是讲会通天道和人道所以然的道理的书。在对《易经》做哲学解释的《系辞》中就明确地讲："《易》之为书也，广大悉备，有天道焉，有人道焉，有地道焉。"就是说《易》这本书是广大无所不包的，它包含天的道理，人的道理，地的道理。《易传》还有一篇叫作《说卦》，《说卦》里讲："昔者圣人之作易也，将以顺性命之理。立天之道曰阴与阳；立地之道曰刚与柔；立人之道曰仁与义。兼三才而两之。"《易经》是顺乎性命的道理，所以用阴阳来说明天道，用刚柔来说明地道，用仁义来说明人道，把天、地、人统一起来看，表现为乾坤。因为《易经》实际上就是两画，一画是不断的，一画是断的，实际上它是用这两画来作为代表的，所以到了宋朝，张载说："三才两之，莫不有乾坤之道。"所谓"三才"实际上就是表示乾坤，刚柔也是表示乾坤的，阴阳也是表示乾坤的，仁义也是表示乾坤的。而且他说："《易》一物而合三才，天人一。"《易》讲的是一回事，把三才合在一起，"天人一也"，天人是统一的，这是一种"天人合一"的思想。"天人合一"的思想到宋朝就更明确了，程颐曾说："安有知人道而不知天道者乎？道一也。岂人道自是一道，天道自是一道？"照儒家看，不能把天和人分成两截，更不能把天、人看成是一种外在的对立关系，不能研究一个而不牵涉到另外一个，所以朱熹讲："天即人，人即天。人之始生，得之于天也；既生此人，则天又在人矣。"这个"即"是离不开的意思，天离不开人，人也离不开天。"人之始生，得之于天也"，人开始产生的时候是从天来的，是从自然中间产生人。有了人怎么样呢？天又在人，只有人能够体证天的道理，也就是说天的道理要由人来彰显，如果没有人如何体现天的活泼泼的气象？王夫之的《正蒙注》讲："抑考君子之道，自汉以后，皆涉猎故迹，而不知圣学为人道之本。然濂溪周子首为《太极图说》，以究天人合一之源，所以明夫人之生也，皆天命流行之实，而以其神化之粹精为性，乃以为日用事物当然之理，无非阴阳变化之秩序，而不可为。"他的意思是说，我们考察学者的学说，从汉朝开始，他们只是抓住了先秦学说的一些外在的表现，他们没有能够得到圣学的人道的根本，不知道《易经》是人道的根本，只是到了宋朝初年的时候，周敦颐开始提出了《太极图说》，他探讨了天人合一的道理，阐明了人开始产生的时候是天道变化所产生的结果，在天道变化中，把它的精粹部分给了人，使得人成了有人性的，所以人道的"日用事物当然之理"，就是天道"阴阳变化之秩序"，就是说人道的道理和天道的道理是一致的，是统一的，不能随便违背的。王夫之的这段话是对儒家天人合一思想，也是对《易经》所说的"所以会天道人道者也"比较好的解释。因为人道本于天道，人是天的一部分，讨论人道不能离开天道，同样讨论天道也必须考虑到人道，这是因为天人合一既是人道的日用事物当然之理，也是天道的阴阳变化的秩序。张载在解释《易经》的时候说："儒者因明致诚，因诚致明，故天人合一。"他用儒家的"诚明合一"来解释"天人合一"应该说很高明，"诚"是"天之实理"（自然界的实实在在的道理），"明"是人性中最有智慧的能力，因此天人是合一的。我们讨论天人合一是把它作为一种思维模式来讨论的。西方的思维模式是天人二分的，他们研究一个方面可以不研究另外一个方面，我们的思维模式是研究一个方面必须研究另外一个方面。我们今天研究天人合一是把它作为一种思维模式来研究的，是要说明人和自然存在着一种内在的统一关系，我们必须把人和自然的关系统一起来考虑，不能只考虑一个方面而不考虑另外一个方面，因此我们说天人合一作为一种思维模式对今天解决人和自然的关系应该说有它正面的积极意义。我们对古代思想的研究并不是说古代的一些哲人的思想可以直接解决现代社会存在的问题，但是他们的思考方式和某些命题，比方说天人合一作为一个命题，可以对我们有所启发，我们可以沿着他们思考的路子去针对今天社会存在的问题发展他们的思想，使之对今天人类社会做出重要的贡献。

第七点，道家崇尚自然的思想对当今保护自然有着十分重要的积极意义。1983年夏天在加拿大蒙特利尔召开了"第十七届世界哲学大会"。这次大会有一个非常大的特点，过去世界哲学大会都没有中国哲学讨论组，从这次大会开始有了一个中国哲学讨论组，这样就引起世界各国很大的兴趣，因为过去讨论中国哲学都是在东方组里面讨论，没有单独的讨论组，这次我们组成了一个单独的讨论组，所以像大会的主席，还有很多西方哲学家都参加了这个组的讨论。在这个会上，国际现象学会的会长、女哲学家田缅尼卡有一个发言，她讲："西方哲学常常在不知不觉中受惠于东方，像莱布尼兹之重视普遍和谐的观念就是一例。"我对莱布尼兹没有太多的研究，我查了好多书，像哲学史的书，没有直接找到他关于普遍和谐的观念受到中国的影响的记载，但他确实有普遍和谐的观念，因为他的学说是叫作"单子说"，他认为每一个单子都是一个和谐的整体，它跟宇宙的和谐是一体的，不分开的，他是这样来讲的。这个思想我没有找到它是来源于中国的直接的证据，但是中国这个思想早就有了。从佛教讲，佛教有"一即是多，多即是一"，它的例子就是月映万川，在江、河、湖、海中映出来的都是一个完整的月亮，而不是一个分割的月亮。月映万川的思想到了宋儒就变成了"理一分殊"的思想，理是同一个道理，它表现在各个事物中不同，人有人的理，物有物的理，但是理是一个。"理一分殊"的思想是不是对莱布尼兹有影响，不知道，但是理是一个。莱布尼兹确实有普遍和谐的思想，中国也有这种思想，甚至于田缅尼卡也有。田缅尼卡认为：当前中国哲学比西方哲学幸运，没有走上西方哲学分崩离析的道路。她提出，当前西方哲学至少有三点可以向东方学习：第一，崇尚自然；第二，体证生生；第三，德性实践。我想这是她的亲身体会，因为我们今天看西方哲学，它确实是一个分崩离析的局面，就是说它的学派很多，我们很难找出来西方哪一个学派今天成为西方主流学派。19世纪末20世纪初，

莱布尼兹

尼采哲学"上帝死了"兴盛了一段时间。后来很快"实用主义"出来了，"实用主义"出来以后就是"新实在论"出来，"新实在论"出来以后就是"存在主义""结构主义"，"结构主义"以后又有"解构主义"，"解构主义"以后是现在的"后现代主义"和"超后现代主义"等等，它是不断地在更替。所以常常开玩笑说西方哲学是各领风骚三五年，没有很长的时间，都是很快就过去了。所以他们体会，当前西方哲学没有中国哲学幸运，因为西方哲学已经走上分崩离析的道路，找不出一个主流哲学的思潮来。所以田缅尼卡说当前西方至少有三点可以向东方学习。"崇尚自然"哪儿来的，主要是老子的思想；"体证生生"是哪儿来的，是我们《易经》的思想，《易经》讲"生生之谓易"，这个宇宙的变化是不断发展着的；"德性实践"，西方的道德哲学、伦理学有一个非常大的问题，就是西方的道德哲学、伦理学是理论，它并不一定要实践，中国完全不一样，它的理论一定要实践，修身一定要齐家、治国、平天下，这是一系列的。中国讲知行合一，知就必须行，知而没有行的话，就不是真知。王阳明讲："知是行的主意，行是知的功夫，知是行之始，行是知之成。"它们是统一的，德性一定要实践，德性不能不实践，这是中国的传统。崇尚自然是老子道家的思想，老子从对宇宙自身的和谐认识出发，提出"人法地，地法天，天法道，道法自然"的理论，可以说他揭示了一种应该遵循的规律，人应该效法地，地应该效法天，天应该效法道，道的特性是自然而然的，或者说道以自然为法则，也就是说人归根结底要效法道的自然，应该顺应自然，以自然为法则，所以老

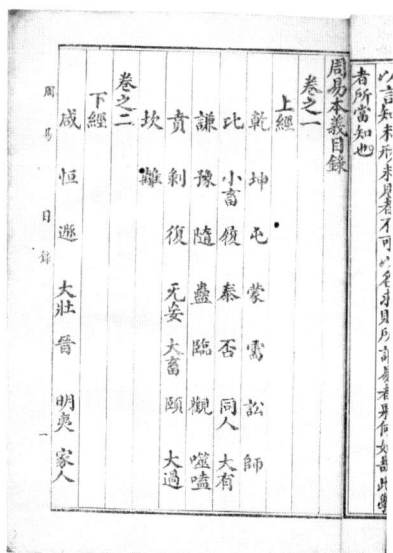

《周易》书影

子说："圣人以辅万物之自然而不敢为"，圣人只能辅助万物的自然之性而不敢做更多的事情。为什么要效法道的自然而然呢？这是因为老子认为人为和自然是相对的，人常常违背自然，破坏道的自然规律，人违背自然，人就会受到惩罚，所以老子说："道之尊，德之贵，夫莫之命而常自然。"道之所以受到尊重，德之所以受到重视（所谓德是什么意思呢？就是道所具有的本质，也就是说自然无为，道有这样一种性质，道的性质是自然无为），就在于它们对万物不命令它们做什么，只是顺应它们的自然之性。所以照老子看，人就更加的不要去破坏自然，人之所以不应该破坏自然，是基于道法自然这一个基本思想。比老子更晚一点的道家的代表人物庄子，提出了一个观念，叫作"太和万物"，意思是说天地万物本来存在着最完满的和谐关系，因此，人应该"顺之以天理，行之以五德，应之以自然"，就是说人应该顺应天的规律，按照五德来规范自己的行为，以适应自然的要求。为此，《庄子》这一部书特别强调人应该顺应自然，比如他讲"顺物之自然""应物之自然"。他认为最高明的统治者，也就是圣人，应该是通情达理而顺应自然，他说："圣也者，达于情而遂于命也。"他还有一段话讲："天有六极五常，帝王顺之则治，逆之则凶。九洛之事，治成德备，监照下土，天下戴之，此谓上皇。"就是天有东、西、南、北、上、下六合，五常即五行，就是金、木、水、火、土，帝王顺着它就能治理好，违背它的道理就会发生混乱。九洛就是九州的意思，当时所谓九州就是天下。天下的事情就能够成功德备，监照人间，天下就会拥护他，这样做是皇帝统治的最高境界。照庄子看，远古的时代人和自然本来是和

庄子

谐的，"古之人……莫之为而常自然"。古时候那些人他们不做什么，经常是顺应自然的。在《庄子》的《应帝王》里有一个故事，我觉得很有意思，它讲："南海之帝为倏，北海之帝为忽，中央之帝为浑沌，倏与忽相遇于浑沌之地，浑沌待之甚善，倏与忽谋报浑沌之德，曰：'人皆有七窍以视听食息，此独无有，尝试凿之。'日凿一窍，七日浑沌死。"就是说南海的帝和北海的帝去拜访中央之帝，中央之帝叫浑沌，浑成一团了，浑沌对他们很好，他们要走的时候，觉得对浑沌应有所报答，怎么报答他呢？他们就想人都有七窍，眼、耳、口、鼻……七窍可以视、听，可以吃饭等等，浑沌没有七窍，我们不如给他凿一个七窍。"日凿一窍，七日浑沌死"，我觉得这是2000多年前庄子对人类发出的警告。地球本来是个很完整的东西，如果你要无量地开发它，今天凿一下，明天凿一下，最后把它凿成一个死寂的东西，人就没法生活。这个故事看来极端了一点，但是表现的思想无疑是非常深刻的，就是说你对地球不能无量的开发，无序的开发，这是非常重要的。因此，当今人类社会应该从老庄的道家思想吸取智慧。崇尚自然实际上也是表达了一种人与自然的关系，从思维模式上说，它和天人合一有共同点，就是人跟自然是一体的，是不能分开的。就这点说，可以说天人合一，崇尚自然，是中国传统文化的一种同一的思维模式，它表现了与西方把人和自然看成是对立的很不相同的思想，把人和自然看成"相即不离"，它是不能离开的，它是从人与自然有一种内在的联系的角度来考虑问题的。

第八点，对古人的思想必须是取其精华而去其糟粕，这是毛主席讲的，当然非常对，但是精华与糟粕也不是那么容易分辨的。曾经有一个时期我们把孔孟、老庄的思想都看成是糟粕，现在我们从他们的思想中间发现有不少仍然对今天人类社会有积极意义。这是由于当时我们认识上的偏差，这在人类思想史上往往也是不可避免的。但是在社会的发展中，这种偏差总是应该纠正过来。现在我们已经不会那么简单、片面地看问题了。即使是古代思想中的精华部分也必须给它以现代的诠释，使它适应现代社会生活的需要，做到古为今用。从历史上看，孔子的《论语》，对它的注解一共有3000多种，这是日本学者林泰辅的统计。据元朝道士杜道坚的统计，对老子的《道德经》的注释也有3000多种，虽然今天很多已经散失了，但是几百种还是有的。各朝各代的注释都有所不同，这是为什么呢？这就是受到社会变迁的影响，特别是哲学思潮变化往往更是随时代而变迁。我可以举个例子来说明这个问题，就是注释常常是不同的，一代一代都不大一样。如汉朝，由于儒家经典成为国家考试的科目，因此有章句之学的兴起，一章一句都要做注解，每一句话都要做注解，由于章句之学的兴起，所以当时我们的训诂学、文字学、音韵学就发展起来了。汉朝章句之学非常烦琐，据《汉书·儒林传》载，"五经"每一个经典的注解常常达到百余万言，经书都是几万字，他一注就是几百万字，太多，一个儒家的经师注释《尧典》就注释10万言，《尧典》注释10万言干什么？没有必要。可是到魏晋时候，风气有了非常大的变化，因为清谈的风气兴盛了，当时有一种说法"通人恶烦，羞学章句"，就是通达的人讨厌烦琐，把章句之学看成一个很羞耻的事。当时对经典的注解，如对《周易》《老子》的注解都是简单而有很高哲理性的。魏晋人注释经典多半都是非常简明的，他们提倡"得意忘言""辨名析理"这样一些思辨的方法。每一代对经典的注释都在变化。我们今天就应该适应我们这个时代来对古代的经典做新的诠释，不能老是按照他们的诠释来做。从古到今，我们就有"六经注我"和"我注六经"这两种诠释经典的方法，汉朝实际上是"我注六经"，完全根据六经的字句来注六经，可是到了魏晋往往是用"六经注我"，用六经来解释自己的思想，所以大慧禅师就说，人家读郭象《庄子》的注，都说是郭象注《庄子》，实际上是《庄子》注郭象，郭象用《庄子》来注他自己。这些古代思想家的哲学思想不仅包含着不适应现代社会生活变迁的要求的东西，实事求是地说都包含着某些错误的东西。其实不仅古代哲学家如此，可以说任何哲学家、任何哲学体系都包含着哲学上的内在矛盾，不会是非常圆满的。罗素在《西方哲学史》中有一段话我觉得说得不错，他说："不能自圆其说的哲学决不会完全正确，但是自圆其说的哲学满可以全盘错误。最富有结果的各派哲学向来包含着显眼的自相矛盾，但正是为了这个缘故才部分正确。"正因为这样，思想才会进步。比方说，从西方看休谟的问题没有解决，谁解决？康德帮他解决，康德没有解决，黑格尔帮他解决，黑格尔留下矛盾，马克思又给他解决一点。马克思其实也有很多矛盾，翻开马克思的《共产党宣言》看，他自己就有矛盾，他有一句话非常不切实际，他说："要和传统的所有制彻底决裂，和传统的思想彻底决裂。"怎么能彻底决裂呢？你不能彻底决裂，应该像毛主席说的"取其精华，去其糟粕"，你要彻底决裂就等于把人类原来的东西全都要抛弃掉了，根本不可能的。我非常欣赏恩格斯在他的《反杜林论》一书的附录中讲的一段话，他说："黑格尔以后，体系说不可再有了。十分明显，世界构成一个统一的体系，即有联系的整体。但是对这个体系的认识是以对整个自然界和历史的认识为前提的，而这一点是人们永远也达不到的，因而，谁想要建立体系，谁就得用自己的虚构来填补无数的空白，即是说，进行不合理的幻想，而成为一个观念论者。"我觉得这个看法非常重要，你想构成一个完满的无所不包的体系是不可能的，因为自然界和人类社会都是发展的，很多问题你没有碰到，你怎么能都给它解决呢？没有所谓放之四海而皆准的绝对真理，那么怎么办呢？有些哲学家想构成一个完整的体系，就一定要用自己的虚构来填补空白，就是说要进行很多不合理的想象，而成为一个观念论者，观念论者实际上就是唯心论者。无论孔子的儒家思想还是老子的道家学说都包含着不适应现代人类社会要求的内容，也存在着其内在自相矛盾的地方，包含着若干错误。我们讲它有好的东西，可以经过我们来分析它，给它以现代的诠释，对我们现代有用，不是说它就没有问题，而我们要继承的并且给以现代诠释的主要是那些可以对我们今天仍然有价值的部分，我们要继承并且必须给它以现代的诠释才能对我们今天有用。

　　儒家的仁学和道家的道论可以说形成了一种互补的形式，儒家注重的是积极治世，因为它要修身、齐家、治国、平天下，要求用它的道德理想来治国、平天下，因此它对人的心性做了充分的分析讨论，它是讲人的问题的。道家注重的是消极的应世，要求人应该以顺应自然、少私寡欲的超世理想来应世，因此它对人类在自然中应占的地位做了比较充分的讨论，人只是自然的一部分，你不要夸大，把人看成是什么都能干的，那是不行的。从以上分析看，我们也许可以说儒家思想是一种建立在修德、敬业基础上的人本主义，它是要修自己的道德，它要敬业，它要做事，建立在这个基础上的人本主义，可以在提高人的内在品德方面贡献于社会；道家思想是一种建立在减损欲望基础上的自然主义，减损人的欲望，它可以对人们顺应自然、回归自然本性方面贡献于人类社会。儒家的仁论和道家的道论以及他们的天人合一和崇尚自然、与自然融为一体的思维模式，同样会对今天人类社会有着重要的启发意义。中国传统文化不仅在调整人与人之间的关系和人与自然的关系上都起着不可忽视的作用，而且其哲学的思维方式也会对21世纪的哲学发展有重要意义。其实，现在西方哲学有着非常大的变化，至少从现象学开始，它已经讲心物不能二分，主观和客观不能二分，认识任何事物的时候都是主客交融的，总是主观来看客观，而且主体从不同的侧面看客体的话，就可以有不同的结果，所以离开了主体对客体就无从讲认识。当然，我们看我们自己的文化，也得"一分为二"，如果夸大儒家思想的意义，它的人本主义将会走向泛道德主义，这是很麻烦的。儒家讲修身、齐家、治国、平天下，当然，修身是应该齐家、治国、平天下，但是底下一句话非常有问题，儒家讲"自天子以至庶人，壹皆以修身为本"，所有的事情都是靠修身这是不行的，因为一个社会绝对不是靠修身就完全能够解决问题的，也就是说不能只靠道德完全解决问题，还要靠法制，还有经济问题，都靠修身能够齐家、治国、平天下吗？显然是不够的。所以它底下那句话是不对的，夸大它的人本主义思想可以走向泛道德主义，认为一切都是道德可以解决的，那是绝对不行的。我去的西方国家也不是特别多，不过也到了一些地方，像北欧有些国家比较平稳，社会比较稳定，它至少有两点非常重要：一点是基督教，一点是政治法律制度。基督教是管理道德方面，是社会的功能，尽管有些人不进教堂，但是基督教确实是在生活中有非常大的影响。国家有一套比较完善的政治法律制度。政治法律制度和教会的这一套配合起来，才能使社会比较稳定，不是说光靠道德就能解决一切问题。所以如果把儒家思想夸大了，它就可以走向泛道德主义。如果夸大了道家的崇尚自然的思想、顺应自然的思想，它的自然主义将会走向无所作为。我们不能无量开发自然，故意地破坏自然，但是不能不利用自然，如果你不利用自然，人怎么前进，怎么进步呢？所以要完全按照道家自然主义的话，夸大自然主义，就会走到无所作为的地步。同样，如果中国哲学家不认真吸取西方哲学重知识系统、重逻辑分析的精神，从西方哲学那个他者来反观自己的哲学问题，那么就难以克服一定程度上的直观性，也很难开拓出一个更高的层面。比方说"天人合一"这个学说，今天看起来天人不能分开是很好的，但是这种思维方式也会妨碍了中国科学的进步，老从天人不能分开来考虑，因此就没有去对客体做具体的分析，就缺乏把客体作为一个认识的对象来进行研究，所以中国的认识论和逻辑学不发达。实际上是应该先把天人分开来研究、分开来考虑之后再把它们合起来，看出两者之间的统一关系，那才是比较理想的。今天我们已经认识到这个问题了，我们把它合在一起，从思维模式上讲是不错的，但是并没有首先把客体作为一个对象来进行研究，所以我们科学不能发展起来。所以向西方学习是必要的，但是我们要立足于我们自己的传统，因此我们必须给儒家和道家思想一个适当的定位、一个新的解释，使它成为具有现代意义的哲学。但是我们应该清醒地看到中国传统文化只能对当今人类社会存在的某些问题起一定的作用，它不可能解决人类当今社会存在的一切问题，而且我们甚至于可以说任何哲学都是有它的局限性的，都不可能解决人类当今社会存在的一切问题。中国文化要想在21世纪走在人类社会的前列，就必须充分发挥其自身内在的活力，排除自身文化中过了时的、可以引向错误的方面，在和其他民族的对话中，大力吸取其他各种文化的先进因素，使我们的文化"日日新，又日新"而不断适应现代社会的要求，在解决"和平与发展"问题和世界哲学发展的问题上做出贡献，迎接中华民族的伟大复兴，这才是中华民族真正的福祉。

张岂之
传统文化与优秀民族精神

　　张岂之，1927年生，江苏省南通市人。1946—1950年就读于北京大学哲学系，主攻中国哲学和中国思想史。1950年进入清华大学文学院读研究生，主攻中国近代思想文化。1994年为清华大学、西北大学双聘教授、博士生导师。曾任西北大学历史系主任、西北大学副校长、校长，现任西北大学名誉校长、西北大学中国思想文化研究所所长，华中科技大学历史研究所所长。曾任中国历史学会副会长、中国孔子基金会副会长，中国社会科学院历史研究所、南京大学中国思想家研究中心等院校兼职研究员或教授。曾任陕西省政协常委、全国政协委员等。

　　张岂之先生长期从事中国哲学和中国思想史的研究，1988年获国家级"有突出贡献专家"称号，为专史（中国思想史）博士生导师。目前为教育部大学文化素质教育指导委员会顾问。自著和主编有《儒学·理学·实学·新学》《中国近代伦理思想的变迁》《中国传统文化》《中华人文精神》《中国思想史》等专著，发表学术论文近百篇。

一、中国传统文化的主题

有关"中国传统文化的主题",表述的文字不能多,几百字描述一个主题,就不称其为主题了。而且涵盖面要宽,确实能够把传统文化的方方面面,用这个主题包涵进去,基本上没例外,这样才能站得住脚。还要力求符合历史实际,不是用今天的理解加到古代文化上去。经过了若干年的研究,我得出这样的看法,如果要用文字语言来表示的话,这个主题很简单,就是探讨天道和人道的关系,这就是我们中国传统文化的主题。什么是天道?就是讨论天地的来源和自然的法则。还有人道,人道就是人自身的和人类社会的道理。朋友们也许会提出这样的问题:探讨天道和人道的关系,那你为什么不提一下就是"天人合一"呢?我的看法是,"天人合一"只是天道和人道关系的一种看法,一种很有价值的看法,但不能用"天人合一"来代替中国传统文化的大主题,因为还有其他方面。例如,古代除了讲"天人合一"以外还有"天人相分",天和人既相分又统一。这种观点也有很深刻的理论思维的意义。我不赞成用"天人合一"作为中国传统文化的主题,"天人合一"只是这个问题中的一种答案,还有其他的答案,如"天人相分"等等,还因为历史上"天人合一"多种多样。在座的朋友们都很熟悉,西汉时期,董仲舒适应当时大一统的国家的需要,提出天人感应说。我的老师侯外庐先生一直都认为这是神学的命题,它也是"天人合一"中的一种观点,一种理论体系。不去区

董仲舒

别"天人合一"这一理论里的不同情况，认为这就是中国传统文化的主题，我觉得有些不妥当，也有些不全面，所以我的看法是天道和人道的关系是传统文化的主题。政治文化、制度文化、观念文化等等都和这个主题有关系，它的涵盖面很宽，把传统文化的各个方面都可以概括进来。紧接着提一个问题，为什么是这样一个主题，而不是其他的主题。和古希腊比较起来，它就不是这样一个主题，它的主题很可能就是恩格斯所讲的存在和思维的关系主题。存在和思维的关系的主题套用在中国文化上就有点套不进去了。要从各自民族的具体的历史实际出发，这是由中国的历史所决定的，而且是由中国历史跨进文明社会的特点所决定的。中国由原始社会走向文明社会，我们这条路的走法，它的特点和希腊的不一样，有我们自己的特点，这个特点，我想稍微列举一两条。一个特点，中国有很长的农耕的历史。现在考古学里有一个分支，叫作农业考古，农业考古告诉我们，距离今天7000年，在江南某些地区就有稻米了。农业考古不是凭想象的，要看地下发现的东西，要看有没有稻米、稻谷的种子。实际的东西，是历史的直接见证人。在今天的浙江省余姚，有一个河姆渡村，在河姆渡村的东北发现了一个遗址，1973年开始发掘，后来考古学家给了一个名字，就叫河姆渡文化。在考古学上是一

河姆渡文化遗址

河姆渡文化遗址中出土的黑陶盆

种新石器时期的文化，实际上也属于仰韶文化。考古学家认为，在河姆渡发现的遗址距离现在7000年左右，已经发现这里适合种植稻子。在座的同志估计都到过古城西安，到西安以后，有一个地方大家是必须要看的，就是半坡遗址，距离今天西安城东

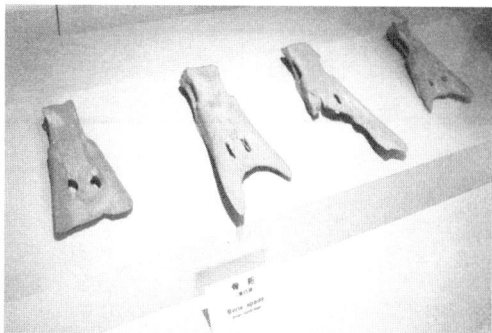

河姆渡出土的翻土用的工具"骨耜""木耜"及其他农耕器具等物件

面不是很远，半坡遗址整个的规模、当时我们的先民住的什么房子、用的什么陶器，大家看得一清二楚，距离今天6000年。遗址中发现了几斗谷子，我们北方人叫谷子，谷子磨过以后，把谷子的皮去掉，就成了我们今天的小米。我们还可以看到，半坡遗址的很多土颜色发黑，为什么发黑呢？考古学家研究，当时种小米用烧荒的办法，烧荒以后土壤比较松软，便于种谷子。例子不止以上两个。考古学得出一个结论，距离今天6000年到7000年，南稻北粟的农业基本格局已经基本形成。原始农业靠天吃饭，因此要解决一个天和人的关系，要研究天道和人道的关系。天道和人道成为传统文化的主题不是偶然的，是由中华民族有悠久的农耕历史所决定的。历史就是这样，历史唯物论就是这样，有人现在觉得历史唯物论不吃香了，我觉得历史唯物论是我们解决若干历史问题的一把最好的钥匙。

中国究竟什么时候进入文明社会？距今已有5000多年。司马迁《史记》中写有《五帝本纪》，即黄帝、颛顼、帝喾、尧、舜，一开始就写黄帝，并说黄帝死后葬于桥山，但没有说桥山在哪里。历代都到今陕西省黄陵县的桥山去祭祀黄帝，认为黄帝死后就葬在这里。黄帝和炎帝被称为"人文初祖"，中华儿女称为"炎黄子孙"。这些和弘扬民族精神有密切关系。在《周易》这部古籍里这样说：君子必须懂得

两门学问，一门学问是天文，了解时间的变化、季节的变化，把农业生产搞好。与此相称的，还要了解人文。"人文"这个词并不是从西方翻译过来的，首先出在《周易》这本书里。懂得人文，"以化成天下"，是说懂得社会制度、懂得做人的基本准则。做一个文明的人，就必须懂得人文，提得很好。我们的祖先很早就主张学天文，这和农业生产有关；学人文，

黄帝轩辕氏

黄帝

人自身的道理、社会制度的道理，这两方面缺一不可。中国古代最辉煌的时期是春秋战国时期。春秋时期是公元前770年到公元前476年，战国是公元前475年到公元前221年，是中国历史上思想文化最活跃的时期，也叫作"百家争鸣"的时期。究竟有多少个学派？司马迁的父亲司马谈说有六家，而班固的《汉书·艺文志》里讲有十家，这两者不矛盾。儒家，孔子开创的；墨家，墨子开创的；道家，老子开创的；阴阳家，以邹衍为代表；还有法家，我稍微说一句，法家并不是讲"在法律面前人人平等"，那是近代意识，法家主要是讲君主如何实行统治之术；还有名家、小说家、纵横家、杂家、农家，共十家，非常丰富。这十家相互辩论、相互学习、相互驳难、相互吸收，它们都为中国的文明做出了贡献。《尚书·尧典》里就有"文明"一词。文明指什么呢？文明就是指治国者的道德品质、才能就像太阳一样光芒四射，叫作"文明"。文明是和野蛮对称的，文明多一分，野蛮就少一分，文明进一尺，野蛮就少一寸。在春秋时期，有一个大的论争，论争"文野之分"，要把文明和野蛮区别开来，当时的先进人物都打着文明的旗号来反对野蛮。荀子说："不敬文，谓之野；不敬文，谓之瘠，君子贱野而羞瘠。"（《荀子·礼论》）什么是历史？我想给历史做这样一个界说，恐怕大家是赞同的。今天我们所了解的历史，就是人类创造文明的历程。中国的

历史，就是中华民族创造文明的漫长历程。5000多年的文明史是中华民族，各个民族共同创造的历史。人们在历史的过程中创造文明的经验和教训就叫作文化。人们在历史过程中要创造文明、建立文明、推进文明，在这个方面积累的经验我们就叫文化，这是正面的。但是文化里也有糟粕，也有教训，那种神秘主义，那种和时代不协调的东西，如迷信、愚昧等等，就是文化中的糟粕。所以文化离开文明这个总的目标就说不清楚了。党的十六大的报告指出文化和政治、经济同等重要，就叫作交融论，理解今天的国际事务，必须要有文化、政治、经济相互交融的观点，分析问题才能看得清楚，这很有启发意义。总之，我觉得中国传统文化的主题可以这样去表述：讨论天道和人道的关系。

附带地提一下，中国的文化和中国的地理环境可能有关系。打开中华人民共和国的地图一看，在北方，有辽阔的蒙古高原，大沙漠戈壁，还有阴山，把辽阔的蒙古高原分成了两部分，一部分叫内蒙古，内蒙古就称为漠南，清朝历史上的漠南就指这个，还有外蒙古，称为漠北。东北有兴安岭和蒙古草原相隔，东边就是太平洋，北边东西向就有外兴安岭，把我国辽阔的东北和千里冰封的西伯利亚分隔成两个区域。再看看西北，西北古代称为西域，今天的新疆和巴尔喀什湖以东、以南的中亚地区就称为西域。再看西南边界，西南边界有青藏高原和云贵高原。东南一万余公里的海岸线，古人一走到东南，到海岸线旁边就认为陆地到

河南濮阳出土的距今6400多年由蚌壳摆塑而成的"中华第一龙"

此就走到尽头了，没有陆地了，都是滔滔海水了，当时的地理知识也还不是很多的。这样一个地理环境究竟说明什么？这样一个地理环境用三个字来表示：内聚性，不是向外扩张的。再看一下希腊的地图，和希腊做一下比较，希腊临海，推动商业就要向外面寻找自己的出路，开拓自己的事业。但是中国的地理环境是内聚的，在中原四边的少数民族，他们各种重大的政治、经济和军事等等活动，都是向着中原的方向，即向黄河与长江中下游流域发展。这种地理环境因素，产生了中华民族几千年来不断内聚的总体趋势。我重申一下我的观点，中国传统文化的主题可以用这样的文字表述，天道和人道的关系，"天人合一"只是里面的一种观点，不能代替中华民族传统文化的全部内容，因此我们需要把这个问题再展开一下。

二、传统文化的几个理论模式

我想下面的四个模式大体上可以把中国文化的理论模式都概括进去了：

第一种理论模式，就叫作"天道自然，人道无为"的理论模式。这就谈到道家的一个基本观点，给予中国传统文化深刻影响的，就在这八个字上。在中国历史上，道家的创始者老子是春秋末期人，距今2500多年，已被渲染成为半神半人。实际上，他是中华民族的真正具有智慧的人，真正具有理论思维的哲人。老子姓李，名耳，楚国苦县人，即今河南鹿邑人。他长期给东周王室管理图书，当时的图书是竹简，纸张还没有发明，他有机会阅读大量的竹简，文化修养很高，对自然的研究很深刻。表现他的思想的有一部书，究竟是他本人写的，还是后世学者写的，看法不一样，我们可以存而不论，不必在考证方面耽误大家的时间，他的书叫作《老子》或《道德经》。《道德经》有很多学者研究，不是成书于春秋末期，而成书于战国时期，韵文体，就5000字。它中心的思想是什么？我想用这样的文字来表述，是比较适当的：

人道应该向天道学。现在利用这个机会，我向在座的朋友们介绍《道德经》这本书，大家在工余之暇要读读。原因呢，是它可以提高自己的文化品位，而且帮助我们开阔自己的

太极八卦图

胸怀，如果大家不信的话，可以试验一下。注本很多，究竟读哪一个注本呢？我想就读国家图书馆馆长任继愈先生的译本就可以了，他把老子的《道德经》翻译成现代汉语，叫作《老子今译》，附有原文，我们主要看原文，某些地方不懂的话，适当地参照一下。读《老子》不能够陷在这个公式里去：它是唯物还是唯心，不探讨这个问题，中国哲学、理论思维不探讨这个问题，它的主题不是存在和思维，它的主题就是天道和人道，你看它如何解决这个问题，解决得怎么样。老子对天道的分析有深刻的理论思维，他对天道用了一个主要范畴，这个范畴就叫作"道"。在老子五千言里，直接谈到道的地方很多，一共出现74次。为了说明道，老子用了两个范畴、两个概念，一个叫作"有"，一个叫作"无"，"有"和"无"构成了道。什么是道？古代原来的意思是道路，但是后来把它哲学化了，道是有和无，有和无结合起来就是道。有和无又是什么含义？"无"不是什么都没有，"无"指的是整个的空间，老子称它为"无"。古人特别是在农业生产中，就要观察空间，看天，天距离地就是空间，空间怎么表述呢？就叫作"无"。"无"还有一个含义，还不能少，用今天的概念来表述它，就叫作不确定性。大家看看空间有什么东西，多长，多短，什么颜色，体积有多大，那是不确

定的，空茫茫一片。所以《老子》里的"无"有两个含义，一个是空间，还有一个是不确定性。什么叫"有"？"有"就指万物的最初的形态。"有"究竟是怎么产生的？我们的祖先，在2500年以前就敢于探讨这个大问题，自然怎么形成的？世界怎么形成的？敢于探讨，而且敢于回答，用老子的观点看，就叫作"无中生有"。无中生有，有是万物的最初形态，是从空间产生的，是从不确定性中产生的，从不确定性中产生的一些有具体形态的东西。观察非常深入，用最简短的文字表现最深刻的道理。究竟产生的过程怎么样？老子这本书里有这样的话"道生一"，最简单的东西；"一生二"，有对立物了；"二生三，三生万物"，就这么生长出来的。2500年前，老子提出的万物生成论到今天还站得住脚，后人，包括西方的科学家只能在这个框架内增加一些实证科学的具体内容，推翻不了。"道生一，一生二，二生三，三生万物"，那怎么产生呢？你能把产生的具体过程来说一下吗？老子说可以，老子书里有四个字，"道法自然"，道产生万物是自然而然地产生的。老子书里的自然和我们今天讲的这个名词，整个自然界，是不同的，是个形容词：自然而然，"道生一，一生二，二生三，三生万物"，万物是自然而然地形成。这种理论思维在2500年以前，成为一个理论，而且用文字表述出来，我是研究历史和历史文化的，我以此为骄傲。中华民族是一个具有深刻理论思维的民族，决不像西方人讲的，中国没有哲学。中国是没有像西方那样的思辨哲学，但是中国有和农业生产密切结合的自己的哲学体系、自己哲学的特殊的用语、自己特殊的理论思维。要让我们的年轻人慢慢懂得这些，而且爱好我们的文化。万物就是这样生成的"一生二，二生三，三生万物"，"道法自然"，深刻，简洁。天道有什么特点，老子又归纳为天道无言，自然而然地，太阳把温暖送给万物，它不讲你看我多了不起，我多伟大，我把所有的温暖都给你们了，离开了我的温暖，没有一个东西能够存活。天不这么讲话，天道无言，天道不和其他东西去争的，不需要，每天晚上太阳落山了，进入黑夜，第二天太阳又从东方升起，普照大地，时而又下雨了，润湿大地，这就是天道。天道广大无边，囊括一切，所以老子书里有八个字"天网恢恢，疏而不失"，囊括了一切，这就是天道，天道，自然而然。所以书的中心思想是人道应该学习天道，人道应该以天道为本，老子敢于提出一个老大难的问题，天道是运行的，古人都这样看。天道如何运行？老子书里用五个字解释，"反者道之动"，反，向相反的方面运动，这就是天道运动的实际情况，老是向相反的方面去运动，因此就导引出物极必反，任何东西发展到顶点必然向相反的方向去运动，2500年前，物极必反这么大的一个命题就摆在中华民族子孙的面前，发现物极必反的规律在人类文明史上的贡献是非常卓越的。面对物极必反的情况，人应当怎样做？老子说"弱者道之用"。人就应当脱离事物现象，深入到本质方面去看问题。怎么深入？老子提出一个问题，世界上什么东西是最强大的？有人回答几个人都抱不住的大树是最厉害的，最强大的。老子说其实不然，一阵大风来了以后，很可能把树就吹倒了，它不是最强大的。世界上唯一的一个最强大的东西，要看本质的，而不是表面现象，老子说那是什么呢，就叫作"水"。水有什么特点呢？老是从西向东流，我们两条母亲河，长江和黄河，老是日日夜夜从西向东流，母亲河的水使我们古代哲人产生了很多灵感，有很多鲜明的论题。孔子和老子同一个时期，春秋末期，看到水以后感叹道"逝者如斯夫，不舍昼夜"，你看水的生命力真强，不断地流动，白天流，夜里也流，生命力旺盛，孔子已经感悟到了。在老子看来，水是最坚强的，何以最坚强，他就比喻了，是自甘于卑下的地位，水不想到高处去，水到了高处以后没有办法流动了，它认为处于一个卑下的地位对它保持旺盛的生命力最有效。由此就引申出来，怎么来治国？治国就像水一样，甘于卑下的地位，"圣人以百姓之心为心"，就能立于不败之地，如果不是这样，"圣人"自高自大，水就断流了，自己的生命力也就结束了。甘于卑下，表面是弱者，和百姓在一起，其实是强者，这就是老子所说的"反者道之动，弱者道之用"的本意所在。这种性格，老子给了个名字，就叫作"无为"，表面看起来好像不做什么，也不和人争什

《老子今注今译》封面

么，但是它实质上最坚强，"无为而无不为"，它能够永远立于不败之地。这用在治国上，就是老子所倡导的：让老百姓安静地生活、生产，不要干扰他们，不要折腾他们。我们看老子的书，很受他的感染，这就是我们中国哲学，中国的理论思维。人道向天道学，就是人做任何事情的时候都自然而然的，不要去勉强，水到渠成就是人道学习天道的最好办法。老子说治国有三宝，第一宝要有爱心，叫慈爱心，天下大众都有慈爱之心，这样才产生勇气，有了爱以后产生勇气；第二宝，个人要节俭，节俭以后天下的财富才能够聚集起来，不至于浪费掉；第三宝，就叫作不敢为天下先，我不认为自己的一切都比别人的好，就叫作不敢为天下先。为什么不能自认为一切比别人好呢？因为只有这样，才能得天下之英才而用之，人家才会跟着你做事情，如果你认为自己就是一切天下先了，是最完美的人，用人怎么用啊？人家就离你而去了。道家的思想，小而言之，对调节个人心态，克服人生道路上的烦恼等等都有很大用处。

对于老子这一套理论思维，他的门徒战国中期的庄子，提出疑问了，人道向天道学，说起来容易，做起来很难，甚至于做不到。《庄子》这本书内容就比较多了，要读起来很难，里面充满了具有深刻人生意味的寓言故事。陈鼓应教授有一本书叫《庄子今注今译》，把很多注解汇集起来，而且翻译成现代白话，中华书局出版的，朋友们可做参考。我想举三个《庄子》中的寓言故事，我觉得很有趣味。我们中华民族是一个思维很开阔的民族，不是一个很拘束的、思想不活泼的民族。庄子说人道向天道学很难，难在哪里呢？人老想去改造自然，老是以自己的意愿、自己的面目去改造自然。庄子讲，中央之帝叫"混沌"，没有七窍，混混沌沌，南帝和北帝商量说，"混沌"平时对我们很不错的，有恩于我们，我们应该报答他。"混沌"没有耳朵，听不到美妙的乐曲，没有眼睛，看不到美好的世界，他又没有嘴巴，品尝不了美味佳肴，太痛苦了，我们要报恩，怎么样报法？他们决定每天在"混沌"的身上打一个洞，结果是"七日混沌死"。人老是想按照自己的面目去任意地改造自然，最后把"混沌"、把大自然也搞坏了，那怎么办呢，这问题提出来怎么办？到战国时期，荀子就回答了，人改造自然是必要的，但要节制一些。什么时候打鱼，有个季节，老百姓不能随便到山里面去砍伐森林，要变成法令，而且什么时候种庄稼，什么时候收获，什么时候冬藏，都按季节来办事，就是有条件地、和谐地来改造自然。庄子所担心的不是就解决了吗？这也很有道理。用党的十六届三中全会的精神来看，其中很重要的一点是和谐发展，就是人和自然协调发展。《庄子》里还有一个故事，在《齐物论》里说有个老头，叫狙公，养了一大群猴子，猴子不劳而获，狙公这个老者要给它们喂吃的，喂橡子，怎么喂呢？"朝三暮四"，早上喂三升，晚上喂四升，猴子很愤怒，不够吃，吃不饱，狙公说好办，现在我们改变一下，"朝四暮三"，早上给你四升，晚上给你三升，满意啦？猴子听了高兴得不得了。下面庄子话锋一转，庄子讲，"名实未亏"，"名"是数量，"实"是橡子，"未亏"，没有改变，朝三暮四是七升，朝四暮三也是七升，没有任何改善，在这种情况下，"喜怒为用"，一会罢食，一会又欢呼雀跃，猴子多么可笑呀！它一点理性都没有。我们看这个，要掩卷而思了，庄子究竟想说什么？他说的是，有一些人，实际上离开了理性的轨道，和猴子一样愚昧。战国中期，他看到人世间很多愚昧的事情，有感而发，所以庄子还是很强调理性的，用理性来观察一切，也许就不会像猴子那样。庄子更为深刻的地方就在于，他从哲学上感受到了人这个主体在另外的条件下就变成客体了。他在《齐物论》里说了一个故事，他说庄生睡着了，梦见自己成了一只蝴蝶，在花丛中间飞来飞去，十分自由和快乐，一会儿就醒了，不知道是庄生梦蝴蝶，还是蝴蝶梦庄生，搞不清了。我们看完以后，又掩卷而思了。这个故事，有很深刻的哲学道理，"我"是一个认识的主体，时而"我"又是一个被认识的客体，这就叫作"角色转换"。人在一生的过程中间要有许多角色的转换、转化，而且在角色转换的过程中要做得很好，才能够符合自然规律，生活才能够有它自己的质量。

第二种理论模式，就叫作"知性知天"的理论模式，知道了人性就知道天性了，儒家基本上是这样认为的。战国中期，孔子的第四代门徒孟子说，什么是人性？人性就是人特有的素质。他把人性提到很高的地位，没有人性，他用了四个字，叫作"衣冠禽兽"。我们看《孟子》这本书，文字犀利，辩论性很强。何以见得人性就是善的，他把人性归纳成为四种。第一种，恻隐之心，爱心，人如果没有爱心，没有一些同情之心，不能算人。第二种，人有羞恶之心，羞耻之心。第三种，辞让之心，谦让之心。第四种，是非之心。这"四心"对不对？我们后人不加评论，他认为这是先天的，把先天的好的素质要发挥出来。怎么发挥呢？要实践，要经历生活的磨难。因此，战国中期的孟子把他以前的历史做了一个归纳，归纳成八个字："生于忧患，死于安乐。"从夏商周三代，一直到战国中期，凡是做大事情，有成绩的人都和这八个字有关系，这是人生哲学最完整的八个字。忧患使人生机勃勃，造就人，使人有创造性，忧患并不可怕。安乐使人意志消沉，使人不求进步，使人醉生梦死。"生于忧患，死于安乐"八个字，历代相传不衰。2003年3月份，温家宝同志当选国务院总理，紧接着举行记者招待会，大家可能都看了实况转播，外国记者问他，"你有什么特点？""欣赏哪些话？"他两次提到"生于忧患，死于安乐"。温家宝同志是天津南开中学毕业的，他在6年的中学阶段对语文很有兴趣，读了不少的名著，把孟子的"生于忧患，死于安乐"和自己的实践联系起来，和马克思主义理论联系起来，因此我们今天就看到这样一位亲民的总理。还要提一下，在中国近代历史上很有成就的一些大家，例如诺贝尔奖的得主杨振宁，他给清华的青年老师讲，中学时期，他的父亲让他读《孟子》，这本书对他做人、进行科学研究、创造发明大有好处。还有杨振宁先生的好友，我国两弹元勋邓稼先同志，读北京崇德中学的时候，后来在西南联大的时候，也有人文修养。杨振宁曾经写过一篇很感人的文章，名《邓稼先》，文章中说，他曾问邓稼先：中国原子弹的制造，听说没有外国人参加，是不是这样？邓稼先这样回答，我还需要调查一下，等我调查周全以后把结果再告诉你。后来，杨振宁从北京到上海，有人在锦江饭店宴请他，一个服务员给他送了一封信，打开一看，是邓稼先给他的信。杨振宁自己的文章里讲，信上话不多，就是这样几句话：经过调查研究，中国原子弹的制造确实没有外国人参加，这个消息是准确无误的。看了以后，杨振宁控制不住地眼泪直流，究竟什么原因呢？是为中华民族自豪而流泪，还是老朋友实事求是的作风使人感动？我想，各种感情都有。杨振宁说中国优秀的文化培育了邓稼先这样一个像农民一样朴素的、真诚的科学家。我们看了以后非常受感动。中国的优秀文化，刚才提到孟子的生于忧患而死于安乐，确实对很多人都有很大的教育意义。中国传统文化有个特点，表述方法没有那么多的理论前提、逻辑分析等等，简明的几句，把人生哲理、自然哲理给勾画出来了。例如刚才讲的孟子"生于忧患，死于安乐"，只要人类历史存在，这八个字永远不会衰竭，永葆青春。什么是"天"？孟子讲知道人性就知道天性，现在我们比较一下孟子讲的天道和人道，是把人道作为主题，人道推上去就知道天道是什么，就是知性知天，他是这样一个理论模式。宋代那些大儒，发表自己的思想见解大体都是这种模式，这种模式我觉得也有它很多好处。这种模式的好处在我们中国传统文化，在我们中华民族的民族精神里面就体现这一点：个人不是单个的个人，个人的得失、是非是和天地相呼应的，一下子责任很重大了，顶天立地，因此，我必须要善待我自己的一切，所以孟子讲"养天地之正气"，做一个顶天立地的人，就在这里。它不是单个从人的本身来说，这又是一种理论模式。

第三种理论模式，"天道有常，人道有本"的理论模式。这种模式以荀子作为代表。在战国末期，荀子写过一篇文章，叫作《天论》，专门谈天，很有勇气。战国时候楚国的大诗人屈原写了一首长诗，叫作《天问》，什么是天？有多少柱子把天举着？使天塌不下来？等等，气魄很大。提出好多和天有关系的问题，没有人敢回答，也回答不了。一直到唐朝，大思想家、文学家柳宗元，写了一篇文章《天对》，"对"就是回答。朋友们如果有兴趣，假期有休息的时间，可以把屈原的《天问》和柳宗元的《天对》两个本子一起看。看了以后，我们也是感慨万千。荀子不是写《天对》，而是写《天论》，究竟什么是天？四个字，"天行有常"，天地运行有常规，天地自然运行有它的规律，有它的法则，就是四个字，概括得非常深刻。"不为尧存"，天地运行的法则不以人的意志为转移，尧是五帝里的一帝，不会因为尧的仁慈而改变它的运行规律。"不为桀亡"，夏桀，残暴的君主，也不因为他坏，天地运行的法则就改变了，天行有它自身的法则。"天行有常"这四个字有千斤重的分量。人怎么办呢？他不是简单谈人道要学习天道，他也不是简单地谈知道人性就知道天性，他是说根据天行有常的法则，人应该参加到自然的变化中间去，利用自然的变化为人类服务。怎么来服务呢？要把农业生产搞好，还要节约，在这种情况下，天不能使人吃不上饭，善待自然，利用自然的法则来为人类服务。人不是自然的附属物，人只要把农业的根本抓住，而且又很积极，那么天不能使人贫困，便可人人都有饭吃，《天论》的中心思想就这么一个。在2000年前提出有什么意义呢？哲学上有很大的意义，他认识到了，不管是清楚的还是模糊的，人不仅仅是自然界中的一个物，而是从自然界分离出去和自然界相对立的一个认识的主体，他有着认识主体的思想，这在中华民族理论思维的发展史上是一个很大的进步。人可以认识规律，可以在规律法则允许的范围之内为人类服务，所以人和自然是不能够画等号的，人道完全向天道学是不行的，完全由人性推出天性也不行。所以他的观点是"天行有常，人行有本"，在理论思维方面又深入一步。我们后来把他的理论也概括为天人相分，天是天，人是人，不能说成一个东西，光讲"天人合一"，而不把荀子的天人相分也给予足够的估计和评价，恐怕是不行的，所以我不大用"天人合一"。天人相分最后的目的是天和自然、人和自然和谐发展。但和谐发展必须通过人的实践才能达到，没有实践就做不到"天人合一"，"天人合一"不是自然而然地合一的，更加深刻。荀子还有一点东西是非常好的，就是《荀子》里的《劝学篇》提出的概念，今天

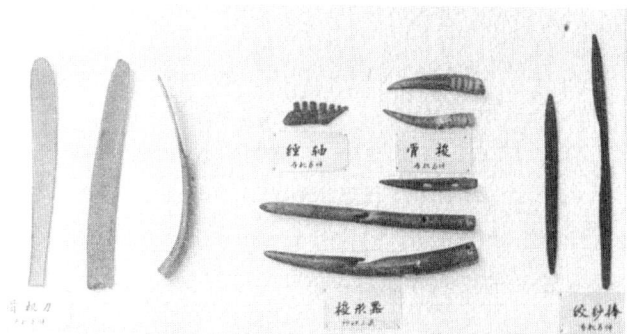

浙江余姚河姆渡遗址出土的织布工具

来讲，仍然有非常重要的科学意义，就是"积"的概念。很多土积累起来，"山"就形成了，很多水积累起来变成了海，把很多好事情积累起来就成为道德。通过什么过程来积累呢？通过行的过程，实践的过程来积累，这样就把普通人变成了圣贤，圣贤不是天生的，而是在实践中逐步形成的。荀子在我们中国传统文化的历史上也占有很高的地位，这是第三种。

第四种理论模式，叫作"天道变化，人道自强"的理论模式。天道是变化的，人道要适应天道的变化就要自强不息的理论模式。这也表现了我们中华民族的精神。把自强不息作为中华民族的精神很有必要，非常恰当。这里我们不能不讲《周易》了，尽管它的主调我们不赞成，而且占卜这一类东西和理论思维也是有很大距离的。但是它认为自然界有八种自然现象，八种自然现象是天、地、雷、风、水、火、山、泽，基本上把自然现象都概括进去了。相对八种自然现象的有八卦，乾、坤、

湖南马王堆出土的《天文气象杂占》，成书年代约在公元前223年楚国灭亡之前

震、巽、坎、离、艮、兑八卦，这是一个发明创造，八种自然现象配合成八种卦式，以二进位数，八卦，八八六十四卦。德国人莱布尼茨讲，中国的八卦，就是八八六十四卦，哪一卦都有说明，中国人运用二进位制是最拿手的，现在我们计算机计算的基础就是二进位制。这里体现人生的真理是什么？战国时期很多读书人研究，八八六十四卦里最基本的东西是什么？抛开占卜的方面，人生在这里应当吸取什么？当时很多儒者写了论文，进行研究并编了一本书《易传》，也叫作《易大传》，解释了《周易》里面的一些道理。已经过世的学者高亨先生对这个很有研究，他把《易传》里面的一些思想观点加以注解，叫作《周易大传今注》，已经出版了，朋友们有兴趣的话可以翻一翻。另外，《易大传》里有十传，十传里有系辞，讲八卦的最重要的含义在哪里，把《系辞》翻一翻，对《周易》大致上就了解了。《周易》值得我们注意的地方，是把世界上所有纷纭复杂的现象归结为两个东西，一个叫阴，一个叫

阳，而阴阳最初的形态，在中国文化里，就是天道。在农业生产过程中，向阳的那一面就叫作阳，背阳的那一面叫作阴。所以一座山，向阳的那一面，农业生产搞得好，背阳的那·面没有阳光照射，生产就搞得不好。《易传》的贡献就在于把世界上所有纷繁复杂的现象归结为阴、阳两个基本因素，这两个基本因素对中国人的影响很大，所有的东西，所有的运行，所有的表现都是阴阳交错而产生的，后来中医就立足在这个基础上。这个世界是怎么从阴阳产生的，有一个公式，这个公式我们不探讨了。但这个公式

伏羲八卦图（先天图）

提出来，对后来中国的自然科学发展恐怕有限制性，老局限于这个公式里，就缺少实证科学的基础。这个公式怎么讲呢？天地还没有分以前，天还没有高高在上，地还不是低低在下，这时的自然界称为"太极"；太极产生了两仪，什么是两仪呢，就是天地，也就是阴阳；两仪又生了四象：老阳、老阴、少阳、少阴；四象又生了八卦，乾、坤、震、巽、坎、离、艮、兑；八卦又产生了凶吉，了解了凶吉以后，哪些事情该做，哪些事情不该做，一目了然，就引出了宏伟的事业。太极生两仪，两仪生四象，四象生八卦，八卦生凶吉，凶吉引出人类的宏伟事业，这样一个公式。这个公式有个很大的缺点在哪里呢？我们一定要客观地评价我们的前人，这种公式用中国古代的名词来讲，叫"象数学"，象数

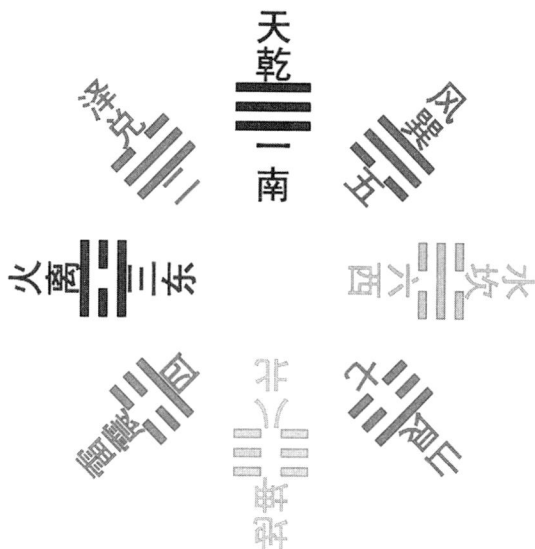

有很多迷信的东西，象数脱离实证科学，不需要实证，只需纳入这个公式，太极生两仪，两仪生四象，什么东西都能理解，过于公式化，阻碍了中国古代探讨自然现象及自然科学的发展，没有实证科学作为基础是它的弱点。但是另外一面，这个公式里面所讲的都是二进位数，因此用这个公式套用人世、自然就提出新的问题。二进位数里，从阴阳，然后到四象，然后到八卦，就说明中国古代辩证思维相当丰富，看问题不是单一的，而是从正反方面，从阴阳方面，从兴衰方面去看。所以《易传》给我们留下的这个公式一直影响我们中国人的头脑。宋代象数学得到很大的发展，它的两重性，一方面使得我们离开实证科学，另一方面使我们的辩证思维得到发展，辩证思维非常深刻。例如《易传》里面往往用一句话来解释深刻的道理，例如乾卦，乾卦那么多的经文，究竟讲的什么道理？《易传》里面回答这个问题，例如对什么是乾卦，《易传》曰："天行健"，天运行，健，永不停息，就三个字把乾卦的整个内容都概括起来了。这是我们2000多年前一批儒者，研究乾卦，得出的集体智慧的结晶，接着说"君子以自强不息"，君子以天道作为榜样，自强不息，这就是我们中华民族的精神。天道和人道统一起来，天就是不停地运行，人就应该自强不息，不要怕失败，不要怕挫折，要不断地开拓创新。什么是坤卦？三个字，"地势坤"，坤卦讲的是大地，用大地作为坤卦的一个表现来说明，大地的形势就是坤卦。有什么特点呢？朋友们看，所有东西都在大地上，庄稼在大地身上，房屋在大地身上，万物都在大地身上，大地包容量很大。厚，有一个很厚实的东西，我们人生活在上面，这就是坤卦。相应地，人应该怎么做？"君子以厚德载物"，我们就应该像大地一样，我们的道德、能力、知识就应当像大地一样把许多事物都包容下，中华文明正是这样。《易传》的解释很深刻。1921年，梁启超先生应邀到清华学堂做学术报告。他说，我今天给清华的莘莘学子讲《易传》里的两句话，一句话是"自强不息"，一句话是"厚德载物"，大家就以这两句话来自勉自立，来开拓创新，发展我们自己的事业，成为清华的校训。这个校训既反映了民族精神，又反映了个人的奋斗进取精神，既表现了继承祖国优秀文化，又要开拓创新，而且没有停顿，不断地积累知识，不断地丰富积累，心胸很广大，前进力度越来越大。

四种理论模式都是先秦时期的。公元前221年，秦始皇统一六国，根据司马迁《史记·秦始皇本纪》的记载，他是第一位统一国家的皇帝，所以叫作始皇帝，他设想秦朝后面的二世、三世、四世乃至千世、万世而无穷。封建社会是中国的政治历史又一个特点，我们不回避封建专制主义，和春秋战国时期是不大一样的。在封建专制主义的政体之下，对这四种模式，又要利用，又要改造，要纳入到封建主义的框子里去。例如到了清朝，乾隆时期修《四库全书》，为适合清朝统治者的需要，对所辑书籍大加删改。而乾隆时期的文字狱更令人可怕。某些方面可以说是盛世，有些方面恐怕也不能说是盛世。但是，在封建专制主义的政体之下，我们还有一些民族的精英，用鲁迅先生的话来说，就叫作"民族的脊梁"，他们继承了先秦时期的四种理论模式，加以发展。因此到这里我们就需要归纳一下。第一个特点，中国优秀的传统文化，不是神学。中国优秀传统文化有个特点，叫作"人学"，就谈"人"，四个理论模式都是谈的"人"，不是谈的神，而且把神排斥了。例如老子所谈的什么人呢？是懂得自然而然道理的人；孟子所谈的是顶天立地的讲道德的人、有浩然之气的人；荀子所讲的是有实践经验的人；《易传》里面讲的是发展的人、自强不息的人。中国文化中，在人的问题上没有原罪性的东西。什么叫原罪？生下来就带有罪恶降临在人世了，再怎么样锻炼也不能进入美好的世界。中国文化里有没有原罪性呢？老子没有说哪个人有原罪就不能成为懂得自然之理的人，哪怕是小孩子，老子很欣赏小孩子，小孩子最纯真，他最喜欢，如果纯真得像孩子一样，则天下大治。儒家，例如孟子，他说有没有原罪？没有，人们发了善性，可成为圣贤。荀子认为人性恶，经过学习，去恶从善，也可以成为圣贤。儒家有四个字，"圣人调情"，不健康的感情要调整过来就行了，不是等于没有感情；"君子制情"，君子要克制自己不健康的感情，使感情能够符合道德的约束和要求；"小人纵情"，小人放纵自己的感情，那就不行了。对这三类，提倡第一类、第二类。这是第二个特点，我们没有原罪性的一些东西。第三，优秀传统文化里，在天道、人道的主题上面，各种理论模式都承认人应该是有信念的，人应该有信仰，人应该有精神支柱，用今天的话来说，人应该有价值取向，不能浑浑噩噩。这个信念是多种多样的，老子就讲，人道学天道就是信念，这是人的最高境界。孔、孟、荀也提倡人要有信念。这个信念到了宋代，范仲淹表述的很好："居庙堂之高则忧其民，处江湖之远则忧其君，是进亦忧，退亦忧。然则何时而乐耶？其必曰：先天下之忧而忧，后天下之乐而乐欤"。这是民本主义，老百姓为本，虽然还不是近代的民主思想，但在封建专制主义下也有这样的思想，被民族的脊梁所继承，所发展。后来在封建社会的发展进程中，各种理论模式观点都离不开这四种最基本的理论形态。外来的宗教传到中国，例如佛教从印度传入中国，和中国本土文化融合起来，成为中国佛学，这是很有趣的。

三、民族复兴与优秀传统文化

关于这个问题，我分三个问题来讲：

第一个问题，民族的伟大复兴与优秀传统文化。党的十六大报告一开始，江泽民同志就提到民族伟大复兴，到结尾的时候又讲民族伟大复兴。我统计了一下，谈民族伟大复兴近十次，可见这个问题很重要。孙中山先生作为民主革命先行者讲的是"振兴中华"，民族复兴和这个一脉相承。民族复兴，大致有三种含义：第一，是我们国家要振兴，要现代化。对于中华民族来讲，提民族振兴，非常自然、非常符合逻辑、非常符合历史实际。被外国侵略者压迫了100多年，我们为什么就不能提出民族复兴、民族振兴呢？这是共同愿望，现在具体道路已经找到，民族复兴正在逐步地实现，所以提出民族复兴这个口号有深厚的历史根源，又有重大的现实意义，也是团结海内外中华儿女的最合理、最有力的一个战略口号。第二，中华民族要自立于世界民族之林，和世界其他民族处于平等地位，中华民族历史上曾有100多年与世界其他国家没有平等地位，老是屈辱的，所以1949年第一次政治协商会议开幕词里，毛泽东讲中国人从此站起来了，意义重大，很重要。第三，要为人类文明多做贡献。有的报刊上讲，什么是民族复兴呢？就是要恢复汉、唐雄风。汉代，中华民族的文明处在世界最前列，唐代也是如此。但是，今天我们的文化复兴，我觉得不是一个恢复汉、唐雄风的问题，把汉朝那些文化全部搬到今天来也不行，搬不来；唐朝那一套文明全都搬来，也不能。所以文化复兴包含这样几个意思：一方面我们要宣传优秀的民族文化，对我们的民族文化不能全盘否定，但是它的不足，它的糟粕，我们也不去宣传它。要发展的，如果不发展、不继承，我们国家要有文化复兴是不可能的，这是基础。第二个方面，我们要向全人类优秀文化学习，对我们有用的，对我们有借鉴意义的，全人类的优秀文明都要学习。怎么学习呢？就在先进文化指导下学习，很明确。先进文化是社会主义建设过程中，我们的建设经验、实践经验的一种理化结晶。民族的文化没有发展、没有创新，光抓住我们自己优秀传统文化那么一点，或西方优秀传统文化那么一点，恐怕不够。这一方面有待于努力，创造出和我们时代完全相符的，我们时代的先进文化，这个任务已经提出来了。

第二个问题，就是科学技术的发展与优秀传统文化。这个问题今天很突出。21世纪，信息科学、生命科学、材料科学的发展给人类的生活带来巨大的变化，引起观念上有哪些变化，很难预料。我们从少年身上都已经看到，上网为学习提供了很多方便的条件，但是有个担忧，如果引导不好的话，小孩子迷恋于网上游戏、聊天，就有可能引到邪路上去。这个问题究竟怎么解决？2000年8月5日，江泽民同志在北戴河请了几位世界上著名的科学家谈话，谈话的主题就是讲信息科学和生命科学的发展，提出了很多问题。诸如人自身的尊严问题，克隆人的问题，健康的遗传问题，生态的平衡问题，还有环境的保护问题，还有隐私问题等等。江泽民同志在那次座谈会上就讲，如何区别网上哪些信息是真实的，哪些信息是歪曲的，科技本身难以做到这一点。在科学技术迅猛发展的今天，究竟和传统文化的关系怎样，值得讨论，不光是价值观念的问题。在西方，20世纪有很多新的伦理学产生了，比如科技伦理、环境伦理、法律伦理，这些都是过去没有的新兴的科学，还没有完全移植过来。这样的情况，我们就不得不联想到，如果青少年对优秀传统文化，特别在做人方面，记住一些内容，记住一些名言，懂得里面一些深刻的道理，上网以后，痴迷的程度就会减少，而且他把做人放在第一位，就会减免网上被欺骗、引诱的危险性。我们中学教材里优秀传统文化的分量很小，有些中学生到外国去读中学，据媒体披露效果并不好。所以面对新的科学技术，我们也要学习，而且力争走在世界前列，其中有一个不可少的东西，我们已经有了几千年在做人方面、研究社会和自然方面已成型的东西，我们为什么不拿来对青年进行教育，让他们多一些理论的武器，更准确地学习世界的先进科学技术？我们做得还不够。在21世纪初，谈我们民族精神和优秀文化，不能不谈到科学技术的迅猛发展以及和优秀传统文化的关系问题，值得研究。

第三个问题，经济全球化与民族优秀传统文化。这个问题报刊上研究比较多，我国已经加入了世界贸易组织，西方的出版物、电影、大片等等越来越多。我作为一个教育工作者，有这样的看法：西方大众文化进来了，不要太担心，凭这些东西把中国的青年人完全西化，不大可能，其中有健康的东西，还可以吸收进来，消化成为我们自己文化的内容。20世纪80年代开始的时候，大家也担心开放以后，外面进来一些东西，对我们本土文化冲击很大，那怎么办，经过20年的考验，看来担心是不需要的，另外一种文化完全代替我们中国自己的文化看来是不可能的。到2003年，学界很多朋友在很多座谈会上都有这样一个体会，对世界文化，包含西方文化，我们了解得并不多，对西方，比如美国的政治、经济、哲学了解得还是比较少的。对人类文化了解得越多，有了比较，对本国的民族文化会更加珍惜，在借鉴和研究上会更有深度，更有感情。另外一方面，对本国的主体文化研究得越深，对西方文化越有鉴别力，哪些是健康的，哪些是不健康的，哪些取，哪些舍，越有鉴别力，越能准确地吸收它的优点，弥补自身某些方面的不足。必须要有这个根基，没有祖国优秀传统文化的根基，完全向外面学，缺少鉴别力，就可能走一些弯路。在这个问题上，从理论上概括出以上两句话，可能是我们当前搞历史文化的一些学者的共识。21世纪初，我们遇到的这些问题都是过去没有遇到过的。党中央提醒我们要与时俱进，就是说在新的问题、新的情况下怎么看祖国的优秀文化。只有正确对待传统文化，扬长避短，才能真正实现中华民族的伟大复兴。

刘梦溪

百年中国：文化传统的流失与重建

刘梦溪，1941年生，现为中国艺术研究院中国文化研究所所长、研究员、文艺学和艺术学两学科博士生导师；《中国文化》暨《世界汉学》杂志主编。近年主要从事中国文化史、近现代学术思想和文化批评的研究。已出版《传统的误读》《中国现代学术要略》《红楼梦与百年中国》《学术思想与人物》《庄子与现代和后现代》等著作多种。

我所说的百年，是指清朝末年、民国初年，也就是清末民初，一直到今天这一历史时间阶段，大体上相当于20世纪的100年。具体时间应该是1895年前后至20世纪末年。讲一讲这一历史时期的社会与文化的变迁。也可以说，是对这100年的社会历史变迁过程作简略的文化解读。就切入角度来说，这是一个文化社会学的问题。

一、百年中国的文化问题为什么从晚清讲起

首先在理念上，如果我们研究中国的思想和文化，"三晚"最重要：一是晚周、二是晚明、三是晚清。晚周——东周时的春秋战国时期，那是中国历史上鲜有的"百家争鸣"时期，孔、孟、荀、韩、墨、老、庄等中国最早的第一流的思想家，就产生于那个时期。那是中国的思想源头，是学术的经典时期。就世界历史而言，那是世界历史的轴心时代。晚明——明清鼎革，那是一个文化冲突非常剧烈的时期。以汉族为中心的华夏文化经历了一次血和火的洗礼。再没有比剃发易服更令一个有千年以上文化传统的民族更难堪的了。所以顾炎武有"亡国"和"亡天下"的说法。"亡文化"就是"亡天下"。晚清——对中国的历史演进来说，就更重要了。那是中国社会从传统走向现代的转折点，是东方文化和西方文化的撞击点和交汇点，是中国历史、文化与社会的大转变时期。

文化学家和历史学家都非常重视"历史时刻"这一概念。"三晚"都是中国历史上最重要的历史时刻，是研究中国思想、文化、社会、历史的最关键的历史时期。

其次在事实上，中国历史、文化和社会结构，到了晚清，真正开始了大变局。不是说以前没有变化，而是说以前的变化和晚清都不相同。到了晚清，中国历史的脚步不能照原来的样子走下去了，延续几千年的

统治秩序不能照原来的样子维持下去了，本民族的文化传统和固有的社会结构遇到了前所未有的挑战。

（一）"西人"与晚清的"大变局"

晚清时期的开明的官吏、先觉醒的知识分子，已经直觉地感悟到了这种社会与历史的变化，他们称这种变化为历史的大变局。下面试举几例，看看晚清的一些政治敏锐人士是怎样看待这种历史的大变局的。

李鸿章（直隶总督、北洋大臣）说："合地球东西南溯九万里之遥，胥聚于中国，此三千余年一大变局也。"又说："今则东南海疆万余里，各国通商传教，往来自如，麇集京师及各省腹地，阳托和好之名，阴怀吞噬之计，一国生事，诸国构煽，实为数千年来未有之变局。"

徐继畬（福建巡抚）说："南洋诸岛国……明以前皆弱小番部，朝贡时通。今则胥变为欧罗巴诸国埔头，此古今一大变局。"

王韬（著《弢园尺牍》、学人）说："居今日而论中州大势，固四千年来未有之创局也。"又说："合地球东西南溯九万里之遥，胥聚于我一中国之中，此古今之创事、天地之变局，所谓不世出之机也。"

丁日昌（苏州布政使）说："西人之入中国，实开千古未创之局。"

曾纪泽（出使英法大使）则说："泰西之轮楫，旁午于中华，五千年来未有之创局也。"

郭嵩焘（广东巡抚、出使英法大使）也说："西洋之入中国，诚为天地一大变。"

世铎（礼亲王）："窃思庚申以来，夷人恣意横行，实千古未有之变局，亦天下臣民所共愤。"

薛福成（《庸盦全集》作者、学人）："近数十年来，火轮舟车无阻不通，瀛寰诸国互为比邻，实开宇宙之奇局。"

郑观应（著名实业家）："今泰西数十邦叩关互市，与我中国立约通商，入居内地，此乃中国一大变局，三千余年来未之有也。"

张自牧（驻英国二等参赞）："今夫数千年来未经见之事，数万里不相知之人，一旦盘踞于腹心之地，往来于堂闼之间，此古今运会一大变局也。"

（上述诸人关于"大变局"之言论，请参见王尔敏著《中国近代思想史论》第386至394页，台北商务印书馆1995年初版）

我们从上述言论可知，当时的官员和知识分子中的政治敏感者，已经认识到中国的晚清社会发生这种大变化、出现千古未有之大变局，最主要的标志，是"西人"大规模地进入了中国。

"西人"进入中国，本不自晚清始。汉代——佛教传入，可以叫"西天"。明代——天主教入华，那是"西教"。晚清——可以称作"西潮"。但汉的"西天"和明朝的"西教"，与晚清的"西潮"均不相同。

佛教进入中国（西汉末年、东汉初年），是静悄悄地进入的（通过西域传入），起初是作为黄老方术的一种；后来也引起过争论（沙门不拜王者论），甚至出了好几个主张灭佛的皇帝，但都阻挡不住佛教在中国的传播。主张灭佛的皇帝远没有信佛、佞佛的皇帝多。佛教经历了漫长的中国化的过程，终于出现了最适应中国人心性的禅宗。宋代的思想大合流，是融佛入儒的结果，所以产生理学。然后是佛教的民间化和世俗化。佛教终成为中国传统思想文化的一个重要分支。佛教传入中国的过程，是中国文化吸纳、消融外来文化的显例，是华夏民族文明的伟大之处。它的特点是充实主体，融化客体，思想再生，铸造新文明。

明代的西教，即天主教，一般以明朝万历十年（1582）意大利人利玛窦来华为标志。西方的传教士带来了天文、历法、数学、火炮制造等西方的科技，也把中国的文化反馈回欧洲，对中西文化交流起到了早期的带领作用，但在宗教传播方面，始终表现为与中国文化的冲突。利玛窦曾经尝试着让天主教适应中国文化的特征，他的努力获得相当成功，后来由于罗马教廷的干预，引发了所谓"礼仪之争"，两种文化的冲撞占据了主要位置。但这次"西人"的进入中国，增加了双方的初步了解，就中国一方而言，自己文化的主体位置丝毫未发生动摇。

所以如此，是由于汉、唐、明直至清中叶，中国的国力是强盛的，"西人"带来的是文化，不过是"以文会友"，所以宾主分明，客人就是客人，无论如何成不了主人。

晚清就不同了。道光、咸丰以后，中国的国力日趋衰弱，社会问题严重，统治集团腐败。在这种弱势的情况下，"西人"来了，不再是"身怀绝技"的传教士只身远游，而是开着军舰、手持枪炮的大队人马前来叫阵。主人的态度也不是开门纳客，紧闭的大门是被人家用"坚船利炮"打开的。于是，有了1840年的鸦片战争和1842年的《南京条约》，香港被割让出去；有了1860年的第二次鸦片战争和《北京条约》，英法联军且于1860年9月9日火烧了圆明园。

此时之"西人"已经反客为主，中国文化的主体位置、国家的主权地位，遭到根本动摇。

（二）"夷务"和"洋务"

当"西人"列队扬威前来叫阵的时候，中国一方也想出了一些对付洋人的办法。当时最流行的话语是"夷务"，如何处理"夷务"，成为关乎国家根本利益的大问题。开始的态度是要"御夷"，也有的官员声称应"剿夷"，结果行不通，于是便想出包括"以民制夷""以商制夷""以夷制夷""师夷之长技以制夷"等等方法，但都没有多少效果。不过朝野上下形成的比较一致的看法，就是知道自己落后了，应该自强。所以晚清有长时间的"自强运动"。看到洋人技术先进、武器精良，意识到自己要有近代工业、要有洋枪洋炮，于是开始了"洋务运动"。"夷务"因此变成了"洋务"。其标志是1861年1月20日（咸丰十年十二月初十）清廷开始设立"总理各国事务衙门"。而在此前，处理外事没有专门机构，一般都由"理藩院"处理。

奕䜣、曾国藩、李鸿章、沈葆桢、左宗棠、张之洞、丁日昌等晚清大吏，是早期"洋务运动"的积极倡导者。特别是李鸿章，他是清季办洋务的最主要的代表人物。"觅制器之器"就是李鸿章开办洋务之始提出来的主张。在这一思想的指导下，中国最早的制造机械、枪炮的工厂江南制造局，也为李鸿章一手所经办。但1894年的中日甲午战争，李鸿章倾毕生心血建立的北洋舰队全军覆没，宣告了洋务运动的破产。而且不是败在力量悬殊的"西人"手下，而是败给了同属东方的近邻、一向被称作"蕞尔小国"的日本。中国的面子丢大了，全国上下一片沸腾。

李鸿章

（三）中日甲午战争

中日甲午战争的悲剧性，不单是败在一个小国的手下，因为日本经过了明治维新，小国已经变成了强国。它的深层悲剧在于：不该战而与之战而且战败。翻检一下中日甲午战史，可以看到：战前、战中、战后，中方的应对策略，处处中日本的圈套。日本制造各种借口，想一举消灭北洋水师。李鸿章知道北洋水师不是日本的对手，本来想避免战争，但由于翁同龢为首的清流主战派挟光绪皇帝给李鸿章施压，李的具体布防措施也一再发生错误，还是不由自主地走上应战不敌的道路。

甲午战争的前三年，1891年，李鸿章在奏折里说：北洋有新旧大小船舰共25艘（大船只有镇远号、定远号等6艘），还要增加多只船舰，才能构成战斗序列。朝廷没有理会李鸿章的请求。甲午战争的当年，1894年，李鸿章又上奏折，要求添换新式快炮21尊，如果办不到，镇远、定远两舰的快炮12尊，无论如何应该购买，仍未获准。实际上自光绪十四年（1888）开始，北洋水师就没有添加任何装备，原因是购买军械的银子被慈禧太后移做修颐和园用了。

甲午战争八月打起，七月李鸿章上奏折再次陈述：中国的几艘大船，即镇远号、定远号、济远号、经远号、来远号、致远号和靖远号，只有镇远号、定远号是铁甲船，可用，但时速仅15海里，而日本可用快船有21艘，9艘是新船，时速20至23海里。双方海上力量对比悬殊。李鸿章因此明确表示："海上交锋，恐非胜算。"因此甲午战争的失败，李鸿章固然有责任，难辞其咎，翁同龢、李鸿藻、张謇、文廷式等清流主战派，实际上也有误国之责。我们看当时的史料记载，翁同龢等为"摧折"李鸿章，可以说是无所不用其极。所以甲午战败后，朝野上下责备于李鸿章的，亦不乏明智之士从另一角度责难他明知不堪战却不能顶住压力，没有"犯颜直谏"。

史学家陈寅恪的祖父陈宝箴和父亲陈三立，就曾在《马关条约》签订后致电张之洞，呼吁联合全国的督抚共同请求将李鸿章斩首。陈宝箴说：

> 勋旧大臣如李公，首当其难，极知不堪战，当投阙沥血自陈，争以死生去就，如是，十可七八回圣听，今猥塞责，望谤议，举中国之大，宗社之重，悬孤注，戏付一掷，大臣均休戚，所自处宁有是耶？（陈三立《湖南巡抚先府君行状》，《散原精舍文集》卷五）

后来黄秋岳在回忆这段往事时写道：

> 盖义宁父子，对合肥之责难，不在于不当和而和，而在于不当战而战，以合肥之地位，于国力军力知之綦审，明烛其不堪一战，而上迫于毒后仇外之淫威，下刻于书生贪功之高调，忍以国家为孤注，用塞群昏之口，不能以死生争，义宁之

责，虽今起合肥于九泉，亦无以自解也。（黄濬《花随人圣盦
摭忆》第214页，上海古籍书店1983年版）

所以，一百年前的中日甲午战争的悲剧在于：不是不当和而和，而
在于不当战而战。

中日甲午战争是1894年打起来的，第二年1895年签定《马关条
约》。其直接结果是北洋舰队的覆没——这固然令人哀痛、非常重要；
比这更重要、更令人哀痛的是割让台湾，把我们的第一宝岛送给了日本
人。1895年日人占领台湾，直到1945年归还中国，日本占领台湾整整50
年。直到今天这100年前的结果还在影响着我们。我们常听到这样的说
法：台湾问题是国共两党内战的遗留问题，是我们的内政，这样说并不
错。但日本侵略者占领、统治台湾50年，同样是今天形成所谓台湾问题
的一个历史因由。李登辉们的出现，显然与日本的统治、奴化、豢养，
有直接关系。

光绪时期的《强学报》和《时务报》

我想向各位提醒一点，在我国由传统走向现代的历史上，有过三次现代化的努力：第一次是清朝政府迫于列强的侵扰所做的初步现代化尝试，特别是洋务派的30年的辛勤积累，通过1894至1895年的中日甲午战争，被日本强行打断了；第二次是民国政府的现代化努力，由于1937年日本军国主义的全面侵华战争，被再一次打断；我们现在正在进行中的现代化进程，是中国共产党领导的现代化，也是中国近现代历史上的第三次现代化努力，已经取得了令世界瞩目的成果，但我们的现代化进程还没有完成。我不知道今天有没有必要提出：我们这次的现代化进程，还会被打断吗？

光绪皇帝载湉

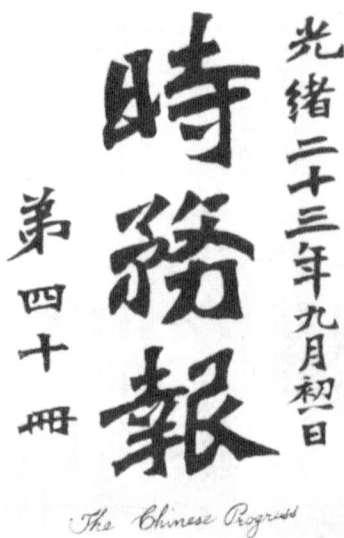

《时务报》

（四）戊戌变法和慈禧政变

甲午战争的另一结果，是激起了全社会的改革浪潮。自1840年以来受西方列强的欺负、侵凌，已不堪忍受。现在又败在了东方的"蕞尔小国"日本的手下，这个国家还有脸面在世界上立足吗？而日本所以变得强大，是由于经过了明治维新、走上"脱亚入欧"的历程。中国只有变革维新一条路了。

所以1895年甲午战败之后，全国一致的呼声是改革、变法、维新、自强。光是购买洋枪洋炮不行了，还要变革制度。光是指望自上而下的"自改革"不够了，还需要借助社会舆论。康有为发起的"公车上书"就在这一年。以变法自强为宗旨的"强学会"也成立于这一年。1896年，改革派的喉舌《时务报》在上海创刊。1897

慈禧七十寿辰

年，《国闻报》亦创刊。湖南则有《湘报》《湘学报》。各种学会如雨后春笋般在各地兴起。总之从1895年秋天到1898年秋天，全国到处都刮起了改革之风。湖南在巡抚陈宝箴和其子陈三立的带领下走在改革的最前面。梁启超、黄遵宪、谭嗣同、皮锡瑞、唐才常等改革派人士，一时齐集湘省，而尤以时务学堂和南学会创办最具影响力。

1898年农历四月二十三日，光绪皇帝发表《定国是诏》，开始了近代史上有名的"百日维新"。康有为、梁启超成了变法维新的主角。严复翻译《天演论》也在这一年。百日之内，光绪皇帝颁发的改革谕令有180多条，七月二十七日一天就颁布11条维新谕旨，包括建立京师大学堂——北京大学的前身。但这一年的八月初六，慈禧太后发动政变，囚禁光绪，杀谭嗣同等"六君子"于京城菜市口，通缉康、梁，轰轰烈烈的戊戌变法宣告失败。1898年是农历戊戌年，"百日维新"所以也叫戊戌变法，慈禧政变称作戊戌政变。

变法改革有渐进和激进的区别，变法过程中一直有两种思想的争论。例如张之洞、陈宝箴、陈三立、黄遵宪等，就主张采取渐进的方式，康、梁、谭嗣同等则主张用激进的方式。戊戌政变的发生，实是激

武昌起义的部分军队和大炮

进变革所致。晚清本有帝党、后党，清流、浊流之分，激进变革的结果，诱发了慈禧太后和光绪的矛盾，致使中国历史上最轰轰烈烈的一次变法，以失败并且流血而告终。但戊戌变法是近代历史的一个大事件，不是几句话可以讲得清楚的。戊戌变法之后的历史事变就更有戏剧性了——1899年，慈禧大规模清剿"康党"，想废掉光绪未果。义和团开始起事，与"西人"矛盾激化。包括日本在内的"外人"，都反对慈禧的政变，他们袒护流亡到海外的"康党"，这样一来越发激起慈禧对"洋人"的仇恨心理。

1900年，慈禧改变对义和团的态度，由剿灭变成利用，直至向西方诸国宣战，致使八国联军攻陷北京、慈禧挟光绪出逃，演出近代史上又一次洋人占领中国都城的悲剧。1901年，清廷与十一国公使团"议和大纲"签定，是为《辛丑条约》。李鸿章在这一年病死。

1902年即光绪二十八年十一月底，两宫还京。慈禧出逃时，身无长物，回来时装载箱笼的车辆有3000之多。因李鸿章的推荐，授袁世凯为直隶总督兼北洋大臣。

1904年2月9日，日俄战争在中国领土上打起，至第二年秋天方结束，结果日本占领了更多的中国领土。同年，为庆祝慈禧太后70寿辰，清廷赦免戊戌在案人员，除康、梁、孙中山，全部赦免。

1905年，废除科举。孙中山领导的同盟会在这一年成立。

1908年，农历十月二十一日光绪死，二十二日慈禧死。光绪38岁，慈禧73岁。光绪之死，是晚清史事的一个未解之谜。

戊戌变法之后，1901至1911这10年，清朝的权力中枢做了些什么？过去讲这段历史，戊戌变法之后接着就讲辛亥革命，对中间的10年研究得不够。其实1902年慈禧回銮以后，除了继续惩治维新党人，同时也开始了一次特殊的变法维新举动，特点是变革机构、不变革思想。再就是所谓"准备立宪"的活动。晚年生活在台湾的近代史学者郭廷以教授，把这一时期的改革叫作"反动后的新政"。

1911年10月，辛亥革命之武昌起义成功。1912年1月1日，中华民国临时政府在南京成立，孙中山就任临时大总统。2月12日即宣统三年十二月二十五日，清帝逊位，享受优待条款"仍住故宫、待遇不变"。同时孙中山把总统职位让给袁世凯，2月15日，袁世凯任"新举临时大总统"。延续3000年的封建帝制终于结束，中国历史揭开了新的篇章。

以上是我讲的第一个问题——简述百年中国的文化问题为什么从晚清讲起，以及清末民初的一些最重要的历史人物和历史事件，对晚清到民国的社会与政治变迁的大体轮廓稍作梳理，特别说明中日甲午战争是近代历史的一个重要转折点。因为百年中国的文化传统的流失与重建问题，正是在这样的社会背景下发生的。

二、中国传统文化的特质及其在晚清社会所遭遇的危机

（一）"文化传统"和"传统文化"

我们在探讨中国传统文化的特质之前，需要对"文化传统"和"传统文化"两个概念稍作区分，这是两个不同的概念，在使用时不宜混为一谈。

"传统文化"，是指传统社会的文化。一般把周秦以降直至清朝最后一个皇帝退位，也就是1911年辛亥革命之前，称作传统社会；辛亥革命后，中国社会的现代形态逐渐凸显。当然无法用1911年把传统与现

代作一截然划分，文化与社会的变迁比政治事变要复杂得多。宽泛一点看这个问题，也许讲清末民初是中国传统社会向现代社会过渡的转折时期，在语义和事实上比较恰当。总之晚清以前的中国文化可称为中国传统社会的文化，也就是传统文化。

传统文化的内容，取决于我们对"文化"一词如何定义。

人类学家对"文化"一词的解释是多种多样的，美国人类学家克罗伯（Kroeber）和克拉孔（Kluckhohn）在他们20世纪50年代合著的《文化：关于概念和定义的检讨》一书中，列举出160多种西方学者关于文化的定义。20世纪70年代以后，符号学盛行，对文化的定义就更多了。我个人使用的定义，是自己在研究中尝试着抽绎出来的看法。

我倾向认为，文化应该指一个民族的整体生活方式及其价值系统，这是广义的用法；狭义的用法，可以指人类的精神生产及其成果的结晶，包括知识、信仰、艺术、宗教、哲学、法律、道德等等。因此广义地说，中国传统文化就是指中国传统社会中华民族的整体生活方式和价值系统。

（二）中国传统文化的特质

那么中国传统文化都有些什么特质呢？

1. 历史悠久。中国传统文化的历史，自夏、商、周三代的夏朝算起，有4000多年，所以号称5000年的历史文明。从周秦算起，有3000多年。世界有四大文化圈：古希腊罗马文化、阿拉伯文化、印度文化和中国文化，其中中国文化是世界最古老的古文明之一。

2. 中国传统文化是一不间断的同时也是在较少变化的传统社会形态框架内生存的文化系统。梁漱溟先生在《中国文化要义》中说："百年前的中国社会，如一般所公认是沿着秦汉以来，两千年未曾大变过的。"秦汉到晚清都是封建制度的社会，说传统社会形态没有发生根本的变化，或较少变化，应该能够成立。但这不妨碍不同历史段落的文化有不同的特色。如殷周时期的青铜器文化、秦汉的制度文化、唐的多元繁荣的文化、宋的思想、明代的城市生活、清的学术等等。就文化的形上形态的学术思想而言，不同历史阶段都有不同类型的高峰期，如春秋战国时期的子学、两汉的经学、魏晋南北朝的玄学、隋唐的佛学、宋代的理学、明朝的心学、清代的朴学等。

3．中国传统文化是一多元文化形态。就其发生来说，是多元的。过去说中国文化是黄河文化。现在学术界的看法，长江文化是与黄河文化不同的一源。就其族群的构成来说，是以华夏文化为主体，同时包括众多民族的文化。就文化思想来说，儒、释、道三家主要思想学说，呈多元互补之势。

4．中国文化是富有包容性的文化，它的同化的功能很强。孔子说："夷狄之入中国，则中国之。"各民族之间的融合，文化是最好的溶解剂。中国文化对异质文化的吸收和消化能力是惊人的，明显的例证是对佛教的吸收。华夏民族不排外，即使穷乡僻壤，也懂得尊重外来者的文化习俗。中国文化精神的指向总的是主"和合""中和"，而不具有强烈的攻击性和侵略性。

5．就生活形态来说，中国传统社会主要是一农耕社会，所以其文化精神的表现，正面说有吃苦耐劳、生生不息的特点；负面说常常表现为自给自足的心理、缺少冒险精神、重农轻商等等。中国传统社会长期抑商，所以商品经济不够发达，这是中国传统社会的一个症结。晚清与外人打交道陷入被动，国力不强固然是主要原因，缺少商品意识和市场观念，也是问题的一个重要方面。早期欧洲人来华，并不为的是侵吞中国的领土，他们的直接目的是开拓世界市场，如果清中叶的统治者应对得法，也许发展不到后来的那种惨况。

6．中国传统社会属于宗法社会的性质。以家族为本位，家国一体，是传统社会形态和文化形态的重要特征。家不仅是生活单位，而且是生产单位。家庭成员一般不远离家庭。孔子说："父母在，不远游。"如果一个家庭的成员长时间出离在外，就叫"游子"，"游子"如同幽魂离开躯体，其身份是很悲哀的。"游子"和"他乡"因此成为传统社会文学的一个方面的主题。传统社会的家庭不只是一家一户的家，还要扩大、辐射出"家族"。因为家庭中以父亲为主轴，父的父是祖父，父的兄是伯，父的弟是叔，父的姐妹是姑；母亲方面，母的父是外祖父，母的兄弟是舅，母的姐妹是姨；父亲的兄弟姐妹生的孩子，又构成堂兄弟、堂姐妹系列；母亲的兄弟姐妹生的孩子，构成表兄弟、表姐妹系列。祖、父、兄、弟、伯、叔、舅都会娶妾，又会生育，于是又衍生出庶出的一大群，于是便有了嫡、庶的问题。而且每一支系都有固定的名称。这和西方是完全不同的。所以中国传统社会的家族可以变得非常庞大，像《红楼梦》里的贾家那样。大的家族有族长、有管家、有佣工、有保安巡逻人员、有统一的祭祖活动，对有过失的家族成员可以刑讯处罚、甚至处死。俨然是一个"准"国家。

中国古代理念上（不是说事实上）没有"社会"这个概念，"家族"成为社会的基本单位，或者说家族的分布和联结网络就相当于社会，它是以血缘为纽带，而不是靠契约来维系。家族还有传宗接代的功能，娶妾的直接目的就是对家族传宗接代功能的补充。因此能生育的妇女，在家庭中的地位是比较高的，往往会得到特别的照顾。家的横向辐射是家族，纵的联系就是世系。传统社会常把"家族"和"世系"并称，叫"家族世系"。因此传统社会非常重视家谱，谱牒学是一项专门的学问。宋代的范仲淹曾呼吁，要切实保护宗族的利益，因此宋朝有义庄之设，明清两代更为普遍，使聚族而居成为风气，常常一个村庄只有一个姓氏，甚至"六乡一姓"的情形，也并不少见。西方人类学家重视"族群"的概念，在中国主要表现为"家族"。

甚至中国传统社会很少使用"国家"这个概念，经常使用的是"家国"。有的研究者说，中国传统社会只讲"忠君"，不讲"爱国"。至少中国古代并没有"爱国"这个概念。但重视"天下"。"天下"包含"社稷"和"苍生"两部分内容。"社稷"原意是对土神和谷神的祭祀，后来用来指国家政权。和社稷连用的是"江山"，"江山"指疆土、国土。社稷和江山加起来，相当于国家。"苍生"本义是指长得很乱的草木，后专指百姓。总之，在中国传统社会"社稷加江山等于国家；社稷加苍生等于天下。"这个公式是我个人总结出来的，却觉得颇能反映中国传统社会政治结构的特征。

顾炎武说："天下兴亡，匹夫有责。""匹夫"指单独的男性个人，而且是很普通的男性个人，如果是念过书的男性个人，就叫"匹士"了。值得注意的一点是，顾炎武说"天下兴亡"，没有说"国家兴亡"。也许"天下"既包括国家政权又包括老百姓？

7. 儒家思想是中国传统社会的主流意识形态，国家的政治结构和家庭网络主要靠儒家学说编织而成，因此儒家思想是中国传统文化的核心价值。具体地说，"三纲五伦"就是这一核心价值的主要道德规范。"三纲"是对君臣、父子、夫妇关系的行为规范，第一项关乎国，第二、三项都是关乎家，可见"家"在中国传统社会的重要。"五伦"指君臣、父子、夫妇、长幼、朋友的关系。孟子说："父子有亲、君臣有义、夫妇有别、长幼有序、朋友有信。"孟子称这"五伦"及其规范为"人伦"。后来汉代又有"六纪"之说，包括诸父、兄弟、族人、诸舅、师长、朋友，对"五伦"作了外延性的扩大，其实就可以规范所有人与人之间的关系了。"师长"和"朋友"，是家族以外的取项。传统社会重教育和教化，师的地位很高，这是从孔子开的头。各级官吏实际上也担负着教化的任务。即使是王者，也需要有师。天、地、君、亲、师，师的排序仅次于君、父。师的含义不仅指直接的授业启蒙者，科举考试时代考取的进士，也称录取他的考官为师，考官视他录取的生员为门生，同榜进士则称同年。所以传统社会就是以家族为中心的一面大网，"三纲五伦"或"三纲六纪"是这面大网的纲，通过纲常伦理来维系家庭和社会的秩序。史学家陈寅恪甚至认为，"三纲六纪"就是中国文化的基本定义。他说："吾中国文化之定义，具于《白虎通》'三纲六纪'之说，其意义为抽象理想最高之境。"

"三纲六纪"所规定的伦理规范和语词概念，有越来越细化的趋势。光是孟子讲的"义"和"信"，觉得还不够完善，所以又发展、衍生出一系列对应性的重要伦理概念。君臣关系使用"忠"、父子关系使用"孝"、夫妇关系用"义"、朋友关系用"信"。特别是"孝"，更居于核心位置。《孝经》上说："孝始于事亲、中于事君、终于立身。"把君、父完全连接在一起，所以古代文本语言，常常以"君父"和"家国"并提。当然这些是道德规范，同时如陈寅恪所说，也是最高境界的文化理想。所以传统士人的最高理想，是"修身、齐家、治国、平天下"。至于能否真正做到，是另一回事。但我有一个理念的同时也是经验的看法，就是如果了解了儒家思想及其道德规范、了解了家庭和家族的构成和来龙去脉，我们大体上就可以了解中国传统社会和传统社会的文化。《红楼梦》所以重要，就在于它对传统社会的家族构成和文化结构作了一次总解剖。

8．中国人的自然观、对自然的态度，是主张"天人合一"的，相信"人与天地万物为一体"。这点许多学者都有过论述，我主编的《中国文化》还专门就这个问题作过讨论。"天人合一"的思想可以使人与自然不那么对立，很适合现在的环保主张。但也有专家认为，中国人的这种哲学思想，是传统社会缺少系统的科学、科技不发达的原因。

"天人合一"这个命题，包括天和人两个方面，实际上说的是两个对立体彼此的关系。既然是两个方面、两个对立体的关系，就有孰强孰弱、谁占的成分大、以谁为主的问题。在中国传统社会，"天人合一"这个命题是"天"的势力大，还是"人"的势力大？是天为主导还是人为主导？在观念上，恐怕是要人往天那边靠而不是相反，所以古代有"顺天""听天命"等说法。当然这个命题也有要提升人的境界的意思，所以冯友兰讲"天地境界"。但要求太高，不容易达到。孔子讲的"五十而知天命"，已经是很高的境界了，也只是说应该知道能够做什么、不能够做什么，人的一生能够成就到怎样的程度，是天命决定的，不可强求——这就是孔子的意思，如是而已。

9．中国传统社会有最完整的文官制度，这在世界文明史上绝无仅有。文官制度和科举考试有关，科举考试制度是中国独有的。唐代以诗取士，后来考八股文增加试帖诗，所以传统社会的文官大都会写诗。文官制度的最高表现是宰辅制度。相权对皇权有一定分解作用，他可以让皇帝少犯错误。

10．关于中国文化背景下的宗教信仰问题，总的看中国人对宗教的态度比较马虎。孔子说：祭神如神在。那么不祭呢？难道神就不存在了？宗教的态度是不允许对信仰的对象作假设的。佛教中国化之后演变为禅宗，宗教的味道已大为减弱。民间化、世俗化的佛教，随意的成分也很强。道教是自然宗教，操作性强、信仰的力度不是很坚实。中国人对待超自然的力量，信仰的成分不如崇拜的成分大，但崇拜不是宗教意义上的信仰。在中国人的眼里，天是至高无上的，是最大的神。但对天是崇拜而不是信仰，因为天并不总是能满足人的愿望。对祖宗也是崇拜而不是信仰。拜天祭祖是中国人的最高礼仪，近似宗教仪式，但绝不是宗教仪式。

11．中国传统社会有发达的民间社会，朝野、官府和民间界限分明。儒释道三家的思想，儒家学说成为占统治地位的思想，道家和佛教主要在民间。因为有发达的民间社会，有儒释道三家思想的互动互补，中国传统社会反而有较大的思想空间和精神空间。

12．中国传统社会的不同历史时期，都有不同风格的艺术与文学。古人的文章写得很好，记述不同的事情有不同的文体，诗学尤其发达。书法艺术很独特，中国文化的精神可以在书法中找到。

13．中国传统社会还有一些比较特异的社会现象和文化现象，比如阉官制度，有太监；施行变相的"一夫多妻制"，即妻妾制度，男人可以娶妾；女人裹小脚等等。这些有的恐怕就是传统文化中不那么好的东西了。

我仅仅是为了讲述问题的方便，把中国传统文化的一些标志性的现象列出了13项内容，远不能概括于万一。这些可以说是中国传统文化的特异现象，但中国文化也有另外的特质，我无法在一次演讲中穷尽。

我们可以看出，传统社会的文化，也就是中国传统文化，是有好有不好的，不能一概而论。

（三）文化传统和传统的更新

如果说到文化传统，就是另外的概念了。

文化传统是指传统文化背后的精神连接链。并不是所有的文化现象都能够连接成传统。有的文化现象只不过是一时的时尚，它不能传之久远，当然不可能成为传统。按照美国社会学家希尔斯的观点，传统的含义应该指世代相传的东西，即从过去传衍至今的东西，且至少应该传衍三代以上。文化传统当然存在于传统社会的文化现象之中，但它更多地是指这些文化现象所隐含的规则、理念、秩序和所包含的信仰。能够集中地体现具有同一性的规则、理念、秩序和信仰的文化现象，就是传统的文化典范。我们面对一尊青铜器、一组编钟、一座古建筑或一个古村落，人们有时也说看到了中国文化的传统，其实这样说并不准确，实际上看到的是传统的遗存物，这些遗存物所蕴含的规则、理念、秩序和信仰，才是传统。但能够留存至今的遗存物本身同时也是一种文化典范，里面藏有该民族文化传统的一系列密码。

对于文化传统来说，信仰的因素非常重要。因为传统之所以被称为传统，往往由于这些传统有一种神圣的感召力，希尔斯把这一现象叫作传统的克里斯玛（Charisma）特质（可参见希尔斯的《论传统》一书），即传统所具有的某种权威性和神圣性。可以说，如果没有信仰的因素掺入，能否形成真正的传统，都是有疑问的。即使缺少信仰的成分，也必须融进崇拜的精神，才能凝结为传统。中国传统社会用儒家思想编织起来的纲常伦理，对家庭的结构和文化传承来说就是一种具有权威性的传统，其中的崇拜的成分大大超过信仰。

但传统不是一个凝固的概念，在连接和传衍中它会发生变异，会不断被赋予新的内容。例如儒家思想，在先秦、两汉、宋、明、清，都有所不同，都有新的成分添入。希尔斯说，对传统而言，"增添是一种最常见的形式"。事实上，只有后来者不断为既存的传统增添新的内容和新的典范，传统才更充实、更有价值，才有可能不着痕迹地融入现在，成为活着的传统。但新增入的成分在大多数情况下只能处于边缘状态，而且会招致固守既存传统人士的反弹。除非已经进入传统变异的另一情境，即固有传统和新成分实现高度融合，人们已经无法分清楚传统构成的新与旧，甚至以为新成分原来是旧相知，传统就成为既是现在的过去又是现在的一部分了。

　　文化传统在传承的过程中，不仅需要增添新的内容新的典范，而且需要对异质文化的吸收和融合。传统往往不是单一的，而是一种综合。对不同质的文化传统的吸收和融合，可以使固有传统因注入新的血液而勃发生机，并变得更健康、更有免疫力。唐代文化气象博大、心胸开阔、仪态轻松，就和大胆吸收西域文化、旧传统中融入了异质的新成分有直接关系。其实这一过程就是传统更新的过程。这一过程一般是缓慢的、渐进的、不知不觉的，因此也可以看作是一种文化的濡化过程。这种濡化过程一般不会引发激烈的冲突，也不破坏既存的文化秩序。但这需要充当异质吸收的文化主体强大、有自信力和包容精神。汉朝和唐朝的时候，中国文化的主体是具备这种条件的，所以有佛教的传入、有和西域文化的交流。

　　到了晚清，国家处于被东西方列强瓜分的境地，有亡国灭种的危险，民族文化的主体性完全弱化，失去了与西方文化平等对话的条件，更不要说文化的濡化了。张之洞算是有心

英法联军焚烧后只剩下残垣断壁的圆明园

人，提出"中学为体，西学为用"，说到底也不过是"应变"的一种方式而已。其实处于晚清时期的中国社会与文化，与当时西方的社会与文化，彼此之间有好大一个时间差，西方已经是建构了现代文明的社会，中国还没有从几千年的传统社会里转过身来，双方没有站在同一水平线上。这种情况，不可能有中国文化传统对西方异质文化的正常吸收，必然爆发激烈的文化冲突，冲突的结果大家知道，是中国文化打了败仗。

（四）中国的"近代"何以开始得那样晚

所以如此，是因为我们几千年的文化传统里面，没有为走向现代准备好充分的社会与文化的机制。或者说，根本就没有这种机制。我说的是"社会与文化的机制"，没有笼统地说中国文化本身。因为这是学术界的一个有争议的问题。为什么西方早在16世纪就有工业革命，就开始了近代的进程？为什么我们的"近代"开始得那样晚？到1840年鸦片战争人家打我们才开始"近代"？

宋朝和明朝，城市经济比较发达，手工业和商业相当繁荣，有的研究者论证已经有了资本主义的萌芽，认为如果没有外来势力的入侵，自己也会缓慢地发展到资本主义社会。说明朝的中叶开始有了资本主义生产关系的一些萌芽，历史材料可以找到一些证据；但如果说将来可以自己发展到资本主义社会，则只能是学术上的一种假说，因为后来的历史发展没有给予验证。事实是中国始终没能发展到资本主义社会。与此相关的是，中国传统文化里面能不能自己开出现代的民主的花朵，这是学术界另一个争论问题。

学术界没有争论的是，与西方相比，中国传统社会历史演进的速度实在太慢。仅是一个封建社会的时代就走了3000多年。我以为有两个因素，是中国传统社会发展缓慢的原因。

一是在中国历史发展的关键时期，生产力比较低下的具有游牧特点的少数民族占据中原并统治全国，典型的有两次，一次是宋朝之后的元朝、一次是明朝之后的清朝。两次都曾造成经济与社会的大的破坏。

元朝时间短，只有97年，这里先不去说它。清朝267年，有的研究者喜欢讲"康乾盛世"，但在所谓"盛世"之前，清朝从1644年入关到康熙二十二年平定三藩，有近半个世纪的时间都是在圈地、劫掠、战乱中度过的，其对生产力的破坏可以想见。

就是所谓"盛世"时期，问题也堆积如山。满汉矛盾是个大问题，乾隆时期，任用官吏，督抚中没有一个是汉人。再就是大兴文字狱。何况对外交往的"闭关"，就是"盛世"统治者的决策。乾隆五十八年（1793），英国政府派马嘎尔尼来中国，想以给乾隆皇帝祝寿的名义，与中国建立稳定的商务关系。带了许多礼物，据说价值13000英镑。两广总督郭世勋奏报，说英国人听说皇上八旬大寿，特来"叩祝"，并带礼品"进贡"。既然是"进贡"，当然可以接见。但对觐见时如何行礼，发生了争论。中方坚持，一定要行"三跪九叩"大礼。英方不同意，说只有对上帝才能下跪，对英国国王也才行单膝下跪吻手礼。马氏农历七月十五到京，争论一个多月，最后中方妥协，同意屈一膝觐见。对所提的贸易要求，清廷一律拒绝。但据说马嘎尔尼在承德行宫谒见乾隆时，还是行了双膝跪地之礼，不知他为什么临时发生变化。所以有人作诗说："一到殿廷齐膝地，天威能使万心降。"

而当清代中期的统治者正陶醉于"盛世"的"繁华"之时，西方发生了什么事情呢？

1687年（康熙二十六年），牛顿发现万有引力定律；1709年（康熙四十八年），英国的达比发明焦炭炼铁技术；

觐见时给中国皇帝单膝下跪的英国特使马嘎尔尼

1764年（乾隆二十九年），英国哈格里夫斯发明珍妮纺织机；1769年（乾隆三十四年），瓦特发明蒸汽机；1776年（乾隆四十一年），北美《独立宣言》发表；1789年（乾隆五十四年），法国大革命成功。西方的科技革命带动的社会与文明的进步，可以说是一日千里般突飞猛进。

但中国还在为外国使臣要不要行跪拜礼争论不休。

到晚清，中国在近代科技文明方面与西方相比，已经落后差不多300年。我很诧异：现在我们的史学家，为什么要花那样多的力气去歌颂所谓的"康乾盛世"？即便是"盛世"，又和今天的我们以及我们的现代化建设有什么关系？《红楼梦》在写贾家的富贵的时候，总是说"瞬息的繁华"，说"外面的架子虽未甚倒，内囊却也尽上来了"。我总疑心作者不光是讲贾家，恐怕也是在批评那个清朝统治者的"盛世"。中国失去与外部世界平等对话、良性地吸收异质文化的机会，就是从康熙和乾隆的"盛世"开始的，是他们闭关锁国种下的祸根。

中国传统社会发展缓慢的另一个原因，是农民起义造成的改朝换代。推倒了前一个王朝，换上后一个王朝，一切又照原样重复一遍，历史并没有真的前进。农民起义实际上是传统社会的自我调节器。正面地看，农民起义对统治集团吸取教训减轻对农民的剥削程度，有一定的作用。但如此循环的结果，使得传统社会的生产关系不容易发生改变，新的社会因素不容易诞生。

当然中国传统社会发展缓慢还有其他一些综合因素，比如皇权过重，统治者虚骄、妄自尊大等等。还有更主要的，是长期只知有中国，不知有世界。等到江河日下、国将不国的时候，总算知道有世界了，还是囿于传统，放不下架子。

曾纪泽在光绪初年出使英法之前，先写信给法国使馆，提出要求：说他此行带眷属，但他的妻子只可以与西国的女宾往来，不能与男宾"通拜""通宴"，尤其不能行握手之礼。他说此事与中国"名教攸关"，希望对方能"委屈商酌，立有一定规矩"。林畏庐有一首诗叫《瞌睡汉》，其中说："华人只争身份大，铸铁为墙界中外。挑衅无非在自高，自高不计公家害。"本来已经接受了地球是圆的说法，仍然认为中国是在地球的"中央"，其他国家不过是"四夷"。中国的关着的门户刚被打开的时候，有人甚至认为，英国人是鹰嘴、猫眼、腿长，只能站立、不能奔跑；眼睛呈绿色，畏惧日光，中午的时候不敢睁眼。中外通商，西方人买中国的商品，以丝绸、茶叶、大黄为主。于是有人说，大黄和茶叶关系洋人的性命，一旦没有了这些东西，洋人的肠子就会堵塞、眼睛就会瞎掉。知道了有世界，还不肯正视，用臆想蒙骗自己。这样的文化，能不发生危机吗？

我们常说的中国文化，就包括中国传统文化和文化传统两部分。中国古代并没有中国文化这个直接的概念。只有到了晚清，西方文化大规模进来了，与之相比较，才有中国文化之说。换言之，"中国文化"这个概念，是晚清知识分子自我反省检讨传统的用语，它既包括传统社会的文化现象，又包括传统文化背后的精神连接链即文化传统。现在我们使用中国文化这个概念，已经把传统文化和文化传统、古与今、传统和现代，都连接在一起了。

三、现代文明体系的建构与文化传统的流失和重建

中国的20世纪的100年，或者说自晚清到民国以来的百年中国，是中国固有的文化传统发生危机并逐渐解体的过程，也是现代文明体系建构的过程。这是一个混合着血和泪的极端痛苦的过程，中华民族为此付出极大。

换句话说，晚清时期的中国是被人家拉着拖着打着骂着羞辱着蛊惑着走上一条"情非所愿"的路。说"情非所愿"，是因为每一步都是人家逼出来的，是"应变"，不是自觉自愿地改变。这种情况除了国力虚弱、封建制度作祟，是不是还有国民性问题？也就是说在文化上是不是还有更深层的原因在起作用？

（一）五四运动与反传统思潮

晚清变故迭起，亡国灭种的危险摆在每个中国人的面前，当时先进的中国人把保国、保教、保种放在第一位，来不及系统探讨中国打败仗的深层文化原因。1911年清帝逊位，到1916年，称帝不成的袁世凯也死了，国内陷入军阀混战局面。而国际上，1914年开始了第一次世界大战。正是在这样的历史时刻，中国的先进文化人和知识分子，有了畅所欲言、反思传统、检讨文化问题的时间和空间。

1915年，陈独秀创办《青年杂志》，第二年，改名为《新青年》，这是当时先进的文化人系统检讨传统文化、批判旧传统、提倡新文化的大本营。与此同时，章士钊在日本创办《甲寅》周刊，鼓吹现代政治思想。1917年俄国十月革命成功，又有了新的推动力。同年，蔡元培出任北京大学校长，聘请陈独秀担任文科学长，不久胡适也应蔡先生之邀到北大任教。1917年胡适的《文学改良刍议》和陈独秀的《文学革命论》，相继在《新青年》发表，大力提倡白话文、反对文言文，提倡新道德、反对旧礼教，高举起文学革命的旗帜，新文化运动轰轰烈烈地开展起来。

他们的方法之一，就是以西方文化作为参照系，来检讨、反思、批判中国传统文化。他们对传统的检讨，是无所顾忌的；他们的反思，是不怕揭丑的；他们的批判，是不留情面的。后来学术界总结五四文化运动的精神，历史学者和思想史学者一致认为，五四文化运动带有彻底的不妥协的反封建的性质，这样评价确实符合当时的历史真实。

而且五四精英们在批判传统的时候，为了矫枉，不惜过正。原来不是讲中国传统文化历史悠久吗？现在则讲尧、舜、禹根本没有其人，"禹不过是一条虫"。家庭和家族不是传统文化形态的核心吗？现在说"家庭是万恶之源"。儒家思想不是传统社会占统治地位的思想吗？现在说儒家思想是最要不得的思想，应该"打倒孔家店"。本来用白话取代文言，已经是重大的文学革命的举措了，但还是有人提出应该废掉中国文字。尽管蔡元培说，这是用石板条压驼背的办法，其向传统挑战的

《青年杂志》封面　　　　　　　　　　《甲寅》封面

态度也是够激烈够激进的了。

其中最激烈的是鲁迅，他在1918年5月号《新青年》上发表的《狂人日记》，提出几千年的中国历史是"吃人"的历史。后来还说中国历史上只有两个时代："想做奴隶而不得的时代"和"暂时做稳了奴隶的时代"。又说："所谓中国的文明者，其实不过是安排给阔人享用的人肉的筵宴。所谓中国者，其实不过是安排这人肉筵宴的厨房。"《京报副刊》请他给青年开一个必读书目，他的建议是："我以为要少——或者竟不——看中国书，多看外国书。"五四时期形成的反传统的潮流，其锋芒之锐利、规模之宏阔、对传统打击之沉重，为中国历来所未有，也为世界历史所少见。

应该说明，对本民族的文化传统进行检讨和批判，是传统更新的必不可少的步骤。中国的魏晋时期、明末清初，都曾有过知识人士检讨传统、批判传统的举动。魏晋的检讨传统，有的也很尖锐，例如孔融说儿子和父亲的关系，是由于父亲有情欲，才生出儿子，谈不到有什么

"亲"。至于母亲，不过是儿子暂时寄存的一个瓶子，从瓶子里出来，双方就脱离了。明末的黄宗羲、王夫之、顾炎武、唐甄等思想家，对皇权和科举制度的批判，也有相当大的规模，史学家称当时是"天崩地解"的时代。但这些批判传统的言论，是在传统的主体性呈强势的情况下发生的，对传统有调适的作用。

五四精英们所做的，不是一般地对固有传统的检讨和批判，而是对几千年的传统文化和文化传统作一次总清理，是全面系统地攻击中国文化传统的一切规则、理念、秩序和信仰，包括力图摧毁集中藏有传统文化密码的一些文化典范。他们想彻底和传统决裂、想彻底抛弃造成中国落后的封建传统这个难堪的"包袱"，然后好走一条新的路。

他们认为可以引导自己走向新路的，只有西方文化。

可以说当时的文化界已经到了饥不择食的地步。举凡欧洲文艺复兴以来的理性主义、工业革命以来的科技成果、18世纪的启蒙学说、19世纪的写实批判主义文学思潮、日本的明治维新、德国的社会主义学说，以及哲学上的实证主义、政治上的无政府主义等等，都成为当时的先进人士检讨和批判中国固有传统的参照系、理论武器和实施的药方。

陈独秀在《答佩剑青年》一文中说："吾人倘以新输入之欧化为是，则不得不以旧有之孔教为非；倘以旧有之孔教为是，则不得不以新输入之欧化为非，新旧之间绝无调和两存之余地。"胡适说："新文化运动的根本意义是承认中国旧文化不适宜于现代的环境，而提倡充分接受世界的新文明。"后来他又直截了当地说："我是主张全盘西化的。"

人们很容易凭感觉推断，认为传统是不会断的。但是，如果在特定的历史时期，比如中国的清末民初到五四时期，一些具有克里斯玛（Charisma）特质的人物，即那个时代的具有权威性的人物，并且不是一个人，而是一大批时代精英，比如陈独秀、胡适、李大钊、鲁迅、傅斯年、吴虞、钱玄同等，一起站出来挑战传统、向传统发起总攻，在整个社会形成风潮，纵使传统不致被折断，也必然大大地被削弱，使"传统失去为其延传所必需的拥护"。

五四新文化运动高高举起的两面旗帜，是德莫克拉西（Democracy）和赛因斯（Science）"两位先生"，即民主和科学。他们的激烈反传统，也是想为德、赛两先生的通行无阻铺平路基。五四新文化运动彻底的反对封建专制的精神、彻底的反对帝国主义列强欺凌的精神，将永载史册。直到今天，我们仍需要这种精神，而且深感科学和民主的可贵。

但五四之后的20世纪中后期，科学主义形成一种新的思潮，在日常生活和学术领域有压倒之势，这当然是一种社会进步。可是科学不是万能的，在社会生活以及人文精神创造的一些领域，科学有时会显得无能为力。在涉及人类的细微情感问题时，科学有时会插不上嘴。男女之间的爱情，靠恋爱双方的爱的信息传递，用爱来交换爱，而不是靠抽象的科学分析。科学是要把问题说清楚，爱情的特点恰恰是说不清楚。宗教与信仰问题，也不合于科学的旨趣。诗歌、音乐等艺术与文学的创作和欣赏，天分、体验和情感比科学要重要得多。甚至一些陋习和不良嗜好，比如赌博和吸食毒品，法律和科学也不能完全从根本上解决问题。王国维曾写过一篇文章叫《去毒篇》，他认为解决这两个问题，对有文化的阶层可以通过艺术，对没文化的阶层，宗教能解决相当一部分问题。

科学主义对传统文化和文化传统也是有杀伤力的。如果用科学作标准，古代的许多东西都要不得了。孔子、老子、庄子、屈原、司马迁、杜甫、程朱、王阳明，都谈不上什么科学。朱子提倡的读书方法，是"虚心涵泳、切己体察"八个字，也不好用科学来衡量。唐代的司空图写的《二十四诗品》，雄浑、冲淡、典雅、旷达，列了一大堆，都跟科学没有关系。中国的写意画，也无所谓科学。中医，望气切脉，至今科学难以解释得通。20世纪的许多学者都不相信中医。鲁迅不相信，连家世显赫的大史学家陈寅恪，他的曾祖、祖父都擅长中医，他还是不相信。但中医的治疗效果不容置疑。完全用科学来解释传统文化，有时难免遇到困难。

所以科学是一把双刃剑，一方面对引导人们走向现代文明可赋予理性和方法，另一方面虽不一定割断传统，却足以让人们失去对传统的温情。以西方文化为主要参照系的五四的反传统和后五四时期的科学主义的盛行，使得本民族的文化传统大面积流失，应是不争的事实。

（二）"大传统"和"小传统"

五四反传统主义所打击的主要是传统文化的核心价值，即封建专制制度和维护封建制度的以"三纲五伦"为代表的儒家伦理，也就是封建礼教。儒家伦理、封建礼教是弥漫于整个传统社会的，牵连所及，打击的面实在无法计量。但文化传统有大传统和小传统之分。人类学家一般把占据社会主流位置的文化形态及其传衍，叫作大传统，把民间文化和民间信仰的世代相传，叫作小传统。大传统被时代精英检讨、反思、添加、融合的概率比较多，而且受制于最高统治者的政策，因此相对变易得比小传统快一些（我说的是相对，无论哪一种传统，只要是传统，就是一种惰性力，就不容易变化）。

小传统则表现为地区与族群的风俗和习惯，是长期形成的，往往由一种集体无意识来维系，因此变易得就相当缓慢。就是说，小传统更具有超稳定的惰性力，改变起来不仅缓慢，而且困难得多。五四先进人物把家庭和家族骂得一塌糊涂，但五四时期和五四以后，中国的家庭和家族照样运转，看不出有什么根本性的变化。当然觉醒的青年离家出走，或追求爱情，或留洋，或投身革命，是后五四时期文学作品常见的主题，但悲剧往往发生在出走者的身上，家庭并没有因之发生太大的变化。遭到五四精英痛批的"孝"这种家庭伦理的核心道德，在1949年以前以及以后的长时期，仍然是维系家庭血缘纽带的基本规范。

对小传统的大破坏，是五四过了50年之后的所谓"文化大革命"。这是一次以"革"文化"命"为目标的彻底摧毁传统的非理性的运动。五四反传统基本上是理性的运动。理性地反传统，是思想和思想的冲

祭祖

突，主要打击的是传统社会主流意识形态大传统。非理性地反传统，是
情感的发泄，直接遭殃的是民间文化、民间习俗和民间信仰，使小传统
遭到大的破坏。古人说："礼失，求诸野。"这是说当主流文化形态因
社会权力结构的变迁而发生变化的时候，官方已经不再流行的礼仪秩
序，还可以在民间找到。原因就在于民间文化和民间信仰，比大传统更
具有稳定性。小传统和过去连接得更紧密，传统文化的密码在小传统里
埋藏得更深邃。大小传统的关系，是互动互补的关系。如前面所说，特
别有家庭的网络在伦理上把民间小传统和大传统连接到了一起。没有大
传统，小传统得不到礼仪习俗的思想资源；没有小传统，大传统失去辐
射全社会的功能，主流文化的根基就会不牢固。

（三）文化传统流失的原因

如果一个民族的大传统被彻底清算而又不及时修补、小传统遭到根
本的破坏却不知道破坏的严重程度，这个民族的文化传统就流失得差不
多了。

本来由于中国人在信仰这个终极关怀问题上，宗教情感比较薄弱。这不能说是我们的缺点，只能说是特点。宗教情感薄弱的结果，我们从来没有宗教战争。宋儒看到了这一点，所以特别强调"敬"这个范畴，认为"居敬""持敬"是为人行事的关键。20世纪的大思想家马一浮因此提出"主敬"的思想。他说："'礼仪三百、威仪三千'，一言以蔽之，曰'毋不敬'。""敬"这种规范，可以提升人的类似于宗教信仰的庄重和庄严的精神境界。但"敬"作为一种道德规范，还是不如宗教信仰来得坚实。由于信仰的原因，我们的文化是比较松散的，传统也是比较松散的。我有一个观点，我认为中国传统文化的历史虽然悠久，但不容易凝结为传统；有了传统，又不容易传衍。传统社会的官员和知识分子，对儒家思想的接受，主要是理性的认知，而且有实用的成分，因为要做官，就得熟悉儒家的修身、齐家、治国、平天下。但就儒家传统的传衍来说，官员、知识人士反而常常打折扣。

陈寅恪的祖父湖南巡抚陈宝箴有一次在湖南南学会演讲时说：

> 孔子之教，自为至中至正，而后世之真能效法以传其教者，复有几人？韩退之曰：孔子之道，大而能博，门弟子不能遍观而尽识也。故学焉而各得其性之所近，原远而末益分。孟子亦只言，宰我、子贡，智足以知圣人。在当时，及门弟子且然。然则所传述圣人之一体者，特子夏之儒耳。就以儒论，今之服儒服，冠儒冠，而能行儒行者，几人？
>
> （参见拙作《陈宝箴和湖南新政》，载《中国文化》第19、20期合刊）

所以传统社会大传统的传衍，并不是那么顺利，实际上从汉到清经过无数次变易，孔子也成了"圣之时者也"；倒是小传统传衍稳定而少变易。但"文革"把小传统彻底破坏了，连每个家庭对传统文化遗存的零星收藏都大部分付之一炬了，更不消说鼓励子女揭发父亲、妻子揭发丈夫、学生揭发老师、同事揭发同事、朋友揭发朋友、街坊揭发邻里。稍带一点传统意味的道德，全部荡然无存。

中国的传统不要了，外国的传统也不要了。"封资修"三字概括得多么全面，"封"当然是指中国的过去的遗留，"资"是外国的西方的遗留，"修"是外国的东方的遗留。要把这些遗留全部彻底扫除干净。试想，我们还能剩下什么呢？剩下的是，女人穿男人的衣服、中学生穿农民的衣服、知识分子穿工人的衣服、工人穿军人的衣服。传统社会把"易服色"看成是文化礼仪变迁的大事，中国六七十年代，实际上是全民大"易服色"的历史时期。五四时期的反传统，是学问与知识的清理，纵使批判得过了头，也是有识之士的愤激。六七十年代的反传统，是无知者对传统的毁坏。

请大家想一想，在这样的历史背景下，我们的民族还能保留下什么传统呢？

1644年清兵打进北京，第二年南下打下南京，于是发布"剃发令"，要求所有的汉人接到命令十天之内，必须剃发留辫，口号是"留头不留发，留发不留头"。所以有人说，明朝的灭亡是亡文化，就是指这点说的。从此以后，华夏民族就没有属于自己的衣冠了。你能够承认清代的那种怪怪的服饰、再加一条大辫子，是很好看的打扮吗？是中国文化的标志吗？唐宋装好看，日本吸收去了。我们现在没有了我们自己的传统民族服装。我们的文化传统清代就开始流失了。

"文革"时的乱穿衣，不仅是文化传统流失的表现，而且是失掉传统的表现。也许"文革"初期大规模地破坏民间小传统犹嫌不足，1974年又添加一次"批孔"运动，对传统社会的大传统再一次发起总攻，直称孔子为"孔老二"，说他是历史上的开倒车的"反动人物"。

所以，当今的中国，我们中国人身上保留的本民族传统文化的痕迹是越来越少了，少到几乎看不见。香港中文大学校长金耀基先生是专门研究传统和现代化的社会学家，他在谈到中国文化的现代命运的时候有一句名言，他说："20年代不想看，80年代看不见。"确实如此。

（四）中国为什么"与自身脱离"

2003年的8月3日，法国《费加罗杂志》刊载联合国教科文组织驻中国代表汉学家让—吕克·多梅纳克的一篇文章，其中写道：

中国传统文化令人迷惑。对于一个经常接触中国传统文化的人来说，这种文化有时会给人以垂死的印象，有时又会让人感觉到他的活力。这种矛盾现象产生的原因何在？现在是什么使得中国与自身脱离？

文章还说：

> 只要到北京的任何一条街道走走，你就会明白这一点：中国人每个星期都在对城市过去的遗迹、对所有让人感觉是这个国家活遗产的东西进行着改造。能够逃过改造的只有那些官方公布的受到保护的古迹。此外还有大规模的社会破坏。

这位汉学家最后写道：

> 中国的传统文化在走向没落吗？现在人们更多看到的是，房地产、官僚主义、致力于现代化有关的愚蠢行为同重新找回儒学过去的前民主主义之间在进行斗争。要消灭一种历史，必须真有消灭这一历史的愿望。也许正是中国的广袤无垠保护了自己，中国确实拥有恢复清醒头脑的机会。

我觉得联合国这位汉学家官员还是有点客气，或者说他所受的教育使他不愿失去作为客人的宾礼。他询问："是什么使得中国与自身脱离？"这个问题提得好，今天我讲的内容，就想探讨这个问题。只是我的看法，我们"恢复清醒头脑的机会"可能不多了。因为以前许多摆在我们面前的机会我们都轻松地放弃了，现在还能够抓住吗？

我住北京40多年，我作为学人我想我知道什么是北京的好。但北京城市建设的不尽如人意处，实在比比皆是。我不反对有最现代化、最前卫的建筑耸立于北京，但一些特殊的街区，还是应该有传统文化的特征。我说的传统文化，不一定就是清朝的文化。北京虽然是元明清三代帝都，但元朝的时间短，文化发展的层次不是很高。明代在北京压根就没展开。清代最长，但文化偏执。我们应站在整个中国文化的大背景下来观照北京。20世纪50年代初期，有围绕梁思成建筑思想的争论。毛泽东不赞成梁的穿西装戴草帽的设计。其实梁思成是有道理的，总带上了中国建筑文化的特点。建国门内长安街段，交通部、长安大戏院承袭了梁的风格，还是比较好看。可是又说不行了，因为什么什么"同"主张这种风格，所以我们跟什么"同"不能相同。其实只要说得对，管它是什么人的意见，我们都可以同意，不必因人废言。

（五）文化传统的重建问题

我们自晚清到五四以来，就面临一项不能绕开的任务，就是需要更新和重建我们的文化传统。因为你既然觉得原来的传统有毛病、不那么好，那只有想办法去改造它、建设它、完善它，使它变好。因为你不能真正做到抛弃传统，你也无法重新选择自己的文化传统。因为你是中国人，你是华夏子孙，即使住到外国去，你的华夏血统也改变不了。

尽管20世纪20年代到40年代，中国混战、内战和外战占去了绝大部分时间，但那些20世纪的文化大师还是做了不少重建传统的努力。1921年梁漱溟的《东西文化及其哲学》的发表以及引起的东西方文化的论战，就是一例。1935年王新命、何炳松等十教授发表《中国本位的文化建设宣言》，是又一例。他们在《宣言》中慨叹："在文化的领域中，我们看不见现在的中国了。"对重建民族文化传统做出切实努力的，是新儒家对儒家传统的新诠释。梁漱溟、熊十力、马一浮，以及冯友兰、张君劢、方东美、牟宗三、唐君毅、徐复观是新儒家的代表人物。他们直承宋明的理学和心学，在中国文化的"花果飘零"之际，薪尽火传，试图重建儒家的学统和道统。但他们也每每苦于传统儒家只能自我升华为"内圣"，却开不出"外王"来，即在现代生活中能够发用。

　　清末民初到五四以来的批判传统和现代文明的建构过程，一直隐含着、存在着两个不容回避的问题：第一、如何重新诠释文化传统的价值。第二、实际上有一个民族文化的认同问题。

　　第一个问题比较好理解：要重建传统，就必须重新衡定固有传统的价值，通过重新诠释使传统得到再生。第二个问题似乎费解：难道作为中国人，对自己的民族文化还要提出认同的问题吗？然而确实存在这个问题。因为清末民初到五四、再到后来，骂自己的文化、骂自己的国家、轻贱自己的民族，一切都唯西方是举，只知有西，不知有东，已经成为时尚、成为潮流。那么作为中国人，你的文化认同究竟在哪一方呢？直到今天，这两个问题也没有得到解决。不仅没有解决，反而显得更加迫切了。

　　当今的世界，现代化的浪潮，使游戏规则国际化、经济全球化、市场一体化，中国如想在世界舞台上保留住自己的位置，更需要她的忠实的儿女学会如何适应国际环境，如何整合自己、健全自己、发展自己，而不是消灭自己。这就需要有中国传统文化的根基。不然的话，你将不知道自己是"谁"，行动的时候，不知道是"谁"在说、"谁"在做。

　　五四精英、20世纪的文化先进，他们虽然不留情面地批判传统，但他们又是受传统熏陶的有十足的中国文化味道的从业人员。胡适之攻击传统可谓激烈，但他整理国故成绩斐然，个人的新旧道德都少瑕疵。他的太太是小脚，而且是父母包办的婚姻，他们终生厮守，在他担任驻美大使期间，太太也随同前往（当然后来知道，他长期与一位叫韦莲司的美国女画家保持着深深的情感，保持了50年之久）。令人忧虑的是六七十年代成长起来的现在的中青年一代，长时间处身于大小传统齐遭毁坏的环境，没有机会接受传统文化典范的熏陶，他们身上的文化含量累积得不够，难免精神气象显得单薄而不够从容不够厚重。至于如今的少年和儿童，教他们的老师大都是民族固有文化的缺氧者，流俗的电视文化、浅薄的搞笑、逻辑错乱的"脑筋急转弯"，占据了他们大部分的课外时间。他们错把猪八戒、孙悟空当作中国的文化传统，以为"康乾盛世"比现在还要好。春节觉得没意思，喜欢过圣诞；中秋节不好玩，喜欢在感恩节吃火鸡，虽然不知道感谁的恩。如今的生活时尚，是一切层面都追求和国际接轨，五四时期的"西化"主张反而成了光说不练的小儿科了。

刚卸任的台北市文化局长、很有名的女作家龙应台，不久前写了一篇极好的文章，题目叫《紫藤庐和星巴克之间》，她说：

> "现代化"是很多开发中国家追求的目标；"全球化"是一个正在急速发生的现实，在这个现实中，已开发国家盘算如何利用自己的优势，开发中国家在趁势而起的同时暗暗忧虑"自己不见了"的危险。那么，"国际化"是什么呢？按照字义，就是使自己变得跟"国际"一样，可是，谁是"国际"呢？变得跟谁一样呢？

龙应台长期住在德国，她为欧洲传统保护得完好感到震撼。她说她满以为会到处看见人的"现代"成就的骄傲展现，但是不断撞见的，却是贴近泥土的默不作声的"传统"。

现代化和传统的重建，都不应该是表面文章，而需要扎扎实实地做，需要非凡的创造力，需要用文化搭建和传统衔接的桥梁。改革开放以来，随着国家经济实力的增强，在现代化建设过程中，实际上并行一个恢复记忆、连接传统、重建传统的过程。不能说我们在这一方面没有成绩，但由于长期与传统文化脱节，似乎一时还不能完全找到与传统衔接的最佳途径。"病笃乱投医""事急乱穿衣"的现象，每每有之。人们看到的，大都是比较浅层的模仿或没来由的怀旧，而缺乏民族文化传统的深层底蕴。何况一些影视作品不着边际的"戏说"，尤其"清宫戏"的泛滥，把刚刚开始的重建传统的努力，弄得不明所以以致失去准绳。

龙应台说："传统的气质氛围，并不是一种肤浅的怀旧情怀。当人的成就像氢气球一样向不可知的无限的高空飞展，传统就是绑着氢气球的那根粗绳，紧连着土地。它使你仍旧朴实地面对生老病死，它使你仍旧与春花秋月冬雪共同呼吸，使你的脚仍旧踩得到泥土，你的手摸得到树干，你的眼睛可以为一首古诗流泪，你的心灵可以和两千年前的作者对话。"她说得非常好。她是针对台湾的情况说的，我看对我们完全合用，而且更加合用。因为台湾文化传统的传承与连接比大陆要好一些，至少没有遭到我们这么多的破坏。

文化传统的更新与重建，是民族文化血脉的沟通，如同给心脏病患者做搭桥手术，那是要慎之又慎的。总之如龙应台所说，"传统不是怀旧的情绪，传统是生存的必要"。如果我们走到、做到龙应台所期待的那种境界，传统就活在我们中间了，我们每个人既是现代的又是传统的，它的优秀者必成为蕴含传统味道的现代人。

至于文化传统的重建，我们到底应该怎样具体实施、采用一些什么样的办法，当然可以列出一些可以着手的方面，例如中小学课程的内容设置、家庭成员的言传身教、文本的经典阅读、文化典范的保护和开放、礼仪文化的训练和熏陶，等等等等。特别是礼仪，可以帮助人们恢复对传统的记忆。但重建我们的文化传统，创新和想象力非常重要。没有缘于传统的创新，重建传统不过是一句空话。缺乏想象力，会不伦不类、闹出许多笑话。除此之外，还需要有心人。

但比这一切更重要的是——我们的领导者、国家栋梁、文化从业人员、大多数民众，要有重建传统的愿望，要对我们民族几千年的文化传统有一份敬意与温情。

李伯谦
夏文化探索与中华文明研究

　　1937年3月生，河南荥阳人。1961年7月北京大学历史系考古专业毕业，留校任教，主讲田野考古、商周考古、中国古代青铜器。历任商周考古教研室主任、系副主任、主任兼赛克勒考古与艺术博物馆馆长，考古文博院院长，2000年任教育部人文社会科学重点研究基地中国考古学研究中心主任，1998年发起成立北京大学古代文明研究中心并任主任至今。

　　主要从事中国青铜时代考古，先后参加过河南安阳殷墟、偃师二里头、北京房山琉璃河、湖北黄陂盘龙城、江西清江吴城、青海乐都柳湾、山西曲沃曲村、北赵等遗址的发掘和研究。著有《中国青铜文化结构体系研究》等专著，发表学术论文60余篇。1996年被国务院任命为"九五"国家重大科技攻关项目"夏商周断代工程"首席科学家兼专家组副组长，2000年至2003年任国家"十五"科技攻关项目"中华文明探源工程预研究"主要负责人，参与了夏商周年表的制订和中华文明起源与形成研究工作。现为中国考古学会常务理事、中国殷商文化学会副会长、中国河洛文化研究会副主任。

一、研究夏文化的意义

我想要讲这个问题，首先就要明确一下，夏文化探索在中国古代文明形成研究当中的意义，也就是为什么要研究这个问题？过去我们常常讲，中国是五千年文明古国，但是这样一个结论，在世界范围内来看，并没有得到公认。我们现在看到国外的那些历史书，只要涉及中国古代的历史，几乎全是从商朝开始的。在商朝以前，他们不认为中国是一个文明国家，因此研究中国古代文明的起源、形成、发展，包括夏文化的探索就成为我们世世代代学者们很关心的一个学术问题。这样一个问题与当前我们建设社会主义的先进文化，探讨我们今后发展的道路是密切相关的。要解决这样一个问题，中国究竟什么时候开始形成文明了，这个文明分为几个发展阶段，每个阶段有什么不同的特点？最关键的就是要把夏代弄清楚，也就是夏代有没有，夏代是什么样的一个社会，这就是夏文化探索的最重要最核心任务。以上说的是第一个问题——夏文化探索的意义。

二、夏文化探索课题提出的
历史背景

第二个问题，是要说一说夏文化探索课题提出来的历史背景。在20世纪初，随着"五四运动""新文化运动"的兴起，大量的西方哲学思想冲击到中国的思想界、学术界。因此在那个时候，对史书上对中国古老历史的记载究竟靠得住靠不住，就提出了疑问。因为大家知道，在以

夏王启

前我们读司马迁的《史记》，都知道有《五帝本纪》，《夏本纪》《殷本纪》《周本纪》，之后，又加上"三皇"，所以说"三皇五帝夏商周"，就是过去我们所知道的中国的文明史。但是从20世纪20年代，在西方的这种思潮的冲击之下，对这样一种传统的历史观开始提出了极大的挑战。20世纪20年代初，以顾颉刚为首的疑古学派提出，过去的这种传统的历史观是靠不住的。1922年，那时顾颉刚还是北京大学哲学系的学生，他和文学系的傅斯年一些人住一个宿舍，都是20多岁，思想非常活跃。那时候，胡适也刚刚从美国留学回来不久。在北大做教授。他是西方的这种思想的代表人物，他很支持这种在学生当中兴起的新的思潮，即疑古思潮。顾颉刚最有名的一句话就是过去的历史都是"层累地造成的历史"。所谓"层累地造成的历史"就是后来一代一代给它加上去的。时代越后，把历史拉得越长；时代越后，把历史搞得越详细。他说这怎么可能，当时没有搞清楚，你难道说时间越晚，你搞的就越清楚吗？所以说他说过去的历史是层累地造成的，都是靠不住的。他们的疑古思潮是从怀疑古书开始的，对先秦时期的古书，他们一本一本去研究，研究的结果，几乎都说基本上是靠不住的，都是后来添加上去的。

疑古思潮，从现在来看，我想应该一分为二来看。当时在"新文化运动"的推动之下，对过去传统的封建文化、封建的一套思想体系发起冲击，主流应该说还是对的，对解脱几千年以来形成的封建思想体系的束缚，起到了很重要的推动作用。这种观点一提出来，尽管当时他们都还是学生，但是在学术界，就像扔了一颗原子弹一样，反应非常地强烈，这就形成了疑古思潮和固有的传统历史观的大论战，固守原来的传统历史观的主要是北大的一些老的先生、老的教授，支持的都是年轻人，包括胡适、钱玄同这些有名的人物，都是支持顾颉刚他们这一派的。

顾颉刚他们从1926年开始，把他们的这种围绕中国古代历史的讨论和辩论编了一本书，叫作《古史辨》。顾颉刚写了一个五六万字的前言，把他怎么样提出这样一种疑古的思潮，为什么要提出这样的思潮，及他们所做的工作，洋洋洒洒写了出来。《古史辨》第一册是1926年出版的，到1941年一共出了七册，把他们提出疑古思潮一直到后来的研究成果汇集到一起。旧的历史观不行了，那么究竟怎么样来恢复和研究中国古代历史？你说那个不行了，那么究竟什么行，怎么去研究中国古代历史，这就提出了一个很尖锐的问题。

1924年辩论正激烈的时候，一个叫李玄伯的教授，他写了一篇文章，提出现在看来只有走考古学之路了。因为只有通过考古学，从地下挖出来实实在在的东西，你才能够说服人，你才能够重建中国的古史。文章一发表，立刻得到了顾颉刚他们的响应。顾颉刚紧接着也写一篇文章表示赞同这个主张。他说，您讲的对，应该走考古学之路。他自己本来准备把古书辨伪的工作告一段落以后，就要做考古的工作。但是一个人的精力有限，后来他没有真正地进入到考古学的领域，但是这个方向，通过辩论已经确定下来了。

为什么在这个时候会提出来走考古学之路呢？这就要牵涉到考古学这个学科的诞生，以及它怎么样从西方传到了中国这样一个问题。考古学我们说的是以现代田野调查、发掘为特征的这样一种考古学，并不是中国古老的金石学。中国古老的金石学是在书斋里面的学问，士大夫们有些钱，然后就收藏这种传世的文物，然后自己来研究，一直到清代，这是传统的研究中国古代遗留下来的文物的一个学问。但是我们现在说的考古学不是这个，

《古史辨》封面

它是从田野调查、发掘来的，是锄头考古，所以考古学也叫作锄头考古学，是通过这样的一种途径，来获得研究历史的材料的。这个学问大概是1840年前后首先在欧洲兴起的，19世纪的中叶才开始在西方兴起。

近代考古学的兴起是工业革命的产物。工业革命兴起以后，开矿山、修铁路、必然就会碰到一些古代遗留下来的东西，对于这些东西怎么办，怎么样把它科学的收集起来、把它发掘起来，就提出这样一个问题，因此在这个时候，考古学就诞生了。考古学的最基本的方法，是借鉴当时已经比较成熟的地质学的地层学和生物学的分类学来的，地层学和类型学。所谓地层学，就是要按照埋藏的先后顺序，把它分层，一层一层地揭示出来，这样才能够知道谁早谁晚、谁先谁后，才能够把这个次序理清楚，这就是地层学。类型学也叫分类学，因为挖出来的东西很多，陶器、铜器、金器、银器等等，这么多质地、形态、花纹不同的遗物，怎么样进行分类？先按照质料分类，然后再根据它的造型分类，根据纹饰的不同分类，就形成了考古的类型学。

考古学1840年前后在欧洲兴起，很快就波及了其他国家。我们国家是从20世纪的20年代和疑古思潮的兴起几乎同时传到了中国，标志是1926年李济先生到山西夏县西阴村去做发掘。李济先生当时是从清华大学去美国留学的。他学的本来不是考古学，学的是人类学，但是他听过考古学的课。因此他回来以后，就到山西夏县西阴村发掘，发掘的是一个新石器时代的以彩陶为特征的遗址。

为什么当时有一批年轻人会到国外去学考古学？那是看到了在20世纪初，很多外国人到中国来，到处去收购、盗掘中国的文物，是受了刺激，因而一种爱国之心油然而生，他们决心学成回来自己干。紧接着在1928年，当时的中国政府在南京成立了中央研究院。中央研究院的院长是曾经做过北京大学校长的蔡元培先生。中央研究院成立之后，设立了中国历史语言研究所。蔡元培就请傅斯年先生来出任历史语言研究所的所长。傅斯年先生在北大上学的时候和顾颉刚住一个宿舍，尽管不是一个系的，但是住在一起，天天就是谈疑古的事。他留学德国，也是接受了很多先进的西方文化的学者。回来以后，出任中国历史语言研究的所长，同时在他的所下面成立了一个考古组，就请李济先生当考古组的组长。成立当年的12月份，考古组就到了河南安阳的小屯去发掘殷墟。这是自考古学从西方兴起，并在20世纪20年代传入中国以后，1926年、1928年由中国的学者和学术团体来主持的两次重要的发掘。这是以田野调查为特征的现代考古学传入中国以后，中国考古学诞生的标志。

由此可见，当时提出来走考古学之路，重建中国的古史，是有其历史背景的。这时因为考古学在中国已经诞生了。所以李玄伯提出来走考古学之路就立即得到了学术界的响应。夏文化探索课题就是在这样的历史背景下提出的。由这个背景可以看出来，它不是凭空来的，不是谁的脑子一热就提出来的，而是跟当时的社会的发展、思想文化的发展密切相关的。

三、夏文化探索历程的回顾

现在我们讲第三个问题即夏文化探索的历程。大家知道1928年开始发掘河南安阳小屯殷墟。到1931年的时候，在发掘过程当中，就发现了一个叫作三叠层的地层关系。所谓三叠层，就是最下面一层是以彩陶为特征的文化层，压着这个有彩陶的一层，是黑陶和灰陶为特征的文化层，上面一层就是相当于商朝的灰陶为特征的文化层，这叫三叠层。这个三叠层的发现，是中国考古学形成以后，在方法论上一个重要的突破，这是由谁来完成的工作呢？是梁思永先生，是他在发掘的时候确认的。梁思永是梁启超的小儿子，大儿子梁思成是著名的建筑学家。梁思永是学考古的，他学考古不是他开头就愿意学的。梁启超给他写了多封信，告诉他一定要学考古学。他说我们中国有五千年文明史，但是没有得到确认，现在来讲，我们应该用最先进的方法，用科学的思想来研究我们中国的古史，所以说你要学考古学。梁思永就是这样在美国哈佛大学学的考古学，回来以后就在殷墟做工作，就发现了三叠层。

考古学的一个重要支柱，就是地层学。它分出来三个层不一样，这可是不得了的大事。以前的发掘不是这样的，是20厘米挖一层，20厘米挖一层。其实古代的文化层的形成不是那么水平的，你可能把不同时代形成的文化层搞到一块儿，那就搞乱了。梁思永受过科班训练，他不是按深度分层，而是按土质、土色的不同分层，所以他发现了这个三叠层。对三个不同层次出土的文物，它的时代、它的性质怎么认识，这就提出一个问题。所以说我们要回顾夏文化探索的时候，必须要知道殷墟的三叠层的发现。最下一层有彩陶，彩陶大家知道，就是仰韶文化，仰韶文化的最典型的特征就是陶器上画彩，这叫彩陶。由于这一层在最下面，时代最早，所以徐中舒先生就说"有彩陶的仰韶文化，就是我们中国的夏代的文化"，叫作夏文化。徐中舒是清华研究院毕业的学生，清华研究院大家知道，这是由著名的王国维、陈寅恪、赵元任和梁启超四位导师为骨干成立的一个研究院，它招了一批学生，尽管时间不长，但培养了很多学生，徐中舒就是这儿毕业的一个学生。他说梁思永挖到的这个彩陶为特征的仰韶文化，就是夏文化，比商朝早，比殷墟早，这是第一次从考古学上提出来哪一种遗存是夏文化，这是1931年的时候，徐中舒提出来的观点。对不对，以后我们再评论，但是我们回顾这个历程的时候要知道，这是从考古学上最早提出来的。

第二个是范文澜先生，我想恐怕在座的都会知道他，因为他写的《中国通史简编》，大家都会看过，他是我们党内最著名的以史学为主要研究方向的历史学家。他的《中国通史简编》是1947年在延安出的，那时候还没有完全解放。他的《中国通史简编》第一册提出来龙山文化是夏文化，跟徐中舒仰韶文化是夏文化的观点不一样。

所谓仰韶文化、龙山文化我也得说一下，仰韶文化首先是发现在河南省的渑池县的仰韶村。这个遗址最早不是中国人发现的，是瑞典地质学家安特生1921年发现的，他是当时的北洋政府聘请的矿业顾问。但是他很喜欢古代的东西，他利用找矿的机会，到处去调查，去搜罗古物，然后就进行发掘。1921年他第一次在河南渑池发现了这个遗址，做了发掘，发掘结果见有彩陶，这是仰韶文化。所谓龙山文化，最早是在山东省章丘县龙山镇发现的，大概也是1931年，这是由当时中央研究院下面的历史语言研究所的考古组的同仁们发现的，其中也包括梁思永在内。发现以后，看到那个遗址出的东西都是黑颜色的陶器，光而亮的黑色陶器，而且有些陶器的器壁非常的薄，叫作蛋壳陶，这就是龙山文化。后来大家把这种凡是跟它类似的黑陶为特征的文化都叫作龙山文化。当然后来就觉得这个范围太大了，也不合适，就区分出来山东龙山文化、河南龙山文化、甚至湖北龙山文化等等。总而言之在1947年的时候，范文澜先生就把山东的以黑陶为特征的龙山文化说成是夏文化。为什么他这么说？因为先秦文献中讲到夏人尚黑，喜欢黑颜色，所以他说这就是夏文化，这是第二个观点。

第三个观点主要是1949年以后新一代的考古学家们提出来的，像安志敏先生，他是裴文中先生的学生；安金槐先生，这是河南省60年代至80年代在河南省考古学界非常活跃的一位考古学家。他本来在河南大学学的历史，也不懂考古学，但是在1949年中华人民共和国成立以后，随着基本建设的开展，也需要这样一些人才。所以在1952年，由当时的文化部、中国科学院和北京大学联合办了四期考古工作人员训练班，他是第一届的学员，其他还有吴汝祚、李仰松等先生。他们觉得说山东龙山文化是夏文化，地域不合，而河南省发现的类似这种黑陶的文化遗存，应该是夏文化，这是第三种观点。

仰韶文化遗址

仰韶文化时期彩绘陶器

后来在河南进行考古调查和发掘过程当中，在所谓的河南龙山文化和我们已经知道的商文化之间有一种文化，当时是叫作洛达庙类型遗存。洛达庙是登封的一个小村子，当时李学勤先生说这个可能是夏代的遗存，但没有展开论证，只是有这样一个说法。然后就是1959年，由徐旭生领导的夏墟调查，夏墟调查揭开了新的夏文化探索的序幕。

前面我们回顾了夏文化探索的历史，但真正说在科学意义上夏文化的探索是从1959年徐旭生领导的夏墟调查开始的。徐旭生这位老先生早年留学法国，学的是哲学。回国以后，曾经在北京大学做过教务长，后来又做女师大的校长，在北平研究院工作。中华人民共和国成立以后，中央研究院和北平研究院合并入中国科学院，他就到了考古研究所。徐旭生先生最重要的一部著作，是《中国古史的传说时代》，这是30年代到40年代他的一个研究成果的结晶，非常有名的一部著作。1959年，当时他已经70多岁了，带着一批人到河南西部和山西南部去做调查，找夏墟，找夏朝的都城，真是壮心不已！1959年在河南西部做调查的时候，就在现在的偃师市二里头村发现了一个比较大的遗址，在三四个村子下边都能捡到陶片，他对这些陶片看了看，觉得这很可能是商朝的，这个遗址可能是叫作西亳的商朝的都城，徐旭生先生是研究文献出身的。所以他考证半天，他觉得这个地方按文献记载来讲，应该是商朝的都城西亳所在地。由于这个发现的重要性，当年科学院的考古研究所就开始了二里头遗址的发掘。我认为，二里头遗址的发掘是在真正科学意义上探索夏文化的开始，一个标志。

从1959年开始至今快半个世纪了，工作还在继续，新的发现不断地涌现。但是要记住这个开始，徐旭生先生能够从书斋走到田野，而且目的明确要找夏代的都城，真是了不起的学术气概！从1959年到1977年，经过十七、八个年头的工作，二里头的发掘有不少新的发现。在这期间，河南省文物工作队在登封又发掘了告成王城岗遗址，王城岗遗址的发掘也很重要，发现了一个小城，这个小城很小，100米乘100米这样一个小城。但是那个地点重要，那个地点按照文献记载是禹居阳城、或者说禹都阳城的所在地。禹，就是大禹治水的那个禹，所谓"禹传子、家天下"，到他的儿子启建立了夏朝。主持发掘的安金槐先生认为，这很可能是夏朝最早的遗存，甚至是它的都城所在地。由于重要，在1977年的时候，就在那个地方开了一个现场会，这个现场会夏鼐先生参加了，夏鼐先生是当时的科学院考古研究所的所长，他主持了这个会。夏先生早年留学英国学的考古学。夏先生是中国史、世界史、考古学都很精通的一个学者。中华人民共和国成立前夕回国，后来就做了考古所的副所长、所长，社科院的副院长。他在会上提出来夏文化的定义，他说你们都说是夏文化，甲说这个是夏文化，乙说那个是夏文化，那么究竟什么是夏文化？我们要有个规范的定义，科学的定义。夏先生说"夏文化是夏朝时期夏族创造和使用的文化"，这样一个定义出来以后，得到了与会学者的认同，对后来夏文化探索，起到了指导的作用。

在1977年这个时候，二里头遗址的发掘，按照地层和它发掘出来不同层的器物的变化分了四期，即一、二、三、四期。学术界围绕这四期，形成了几种不同的观点，有的学者认为二里头的一、二期是夏文化，三、四期是商文化，这是最主要的一种观点；另外一种观点说一、二、三、四期全是夏文化。当然除了这两种完全不同的观点，还有其他一些观点。比如有的说二里头的一期是夏文化，二、三、四都是商文化；还有的说一、二、三是夏文化，四期是商文化。这些不同的观点，在1977年这个会上，都亮出来了，但是没有得到解决，谁也说服不了谁。紧接着，1983年在偃师发现了一个城，叫作偃师商城，这个偃师商城的发现对于夏文化的研究，起到了一个很大的推进作用。偃师商

二里头遗址

城是在二里头遗址的东北方向，大概是16华里的样子，隔了一个洛河，不太远，这个城是商朝的城，是商代早期所建立的一个城。过去徐旭生调查二里头的时候，他不是说是西亳吗？现在偃师商城发现了，好了，学者们就认为，二里头不是西亳，但是刚发现的这个商城应该是西亳。这种说法现在已经在学术界得到了广泛的认同，我自己也是很支持偃师商城是西亳这样一种说法的。由于偃师商城是西亳这样一种说法的确定，就对什么是夏文化找到了一个基点。

我们知道，二里头文化即夏文化的分布的范围是很大的，主要是在河南省的西部，以及山西省的南部这个区域之内，而二里头遗址，则是夏朝晚期一个都城所在地，即文献上讲的夏都斟。现在在它的都城的旁边十几华里远发现一个商朝的城，这个商城称之为西亳，而西亳又是商汤建国以后所建立的一个都城。那既然大家承认偃师商城是西亳，那么早于偃师商城的二里头的那些一、二、三、四期，当然就是夏朝时期的遗迹、夏朝时的遗存了。

以前没有找到这么一个基点，现在我们找到了，这是非常关键的。在它的都城旁边找到另外一个都城，而那个都城是把它灭掉的商人建的都城，那当然比该城早的二里头遗址，自然就是夏文化遗存、夏代都城。所以说偃师商城的发现大大推进了夏文化的研究。到这时，以前的几种观点的争论逐步发生变化了。原来主张二里头是西亳的很多学者，现在他们又亲手挖出来了一个商朝的都城遗址，而且认为偃师商城是商汤灭夏以后建立的一个都城，当然比它早的二里头遗址，那就是夏代的遗存，因而他们就放弃了原来主张的二里头遗址是西亳的观点。这就是说，一、二、三、四期都是夏文化这种观点，就成了主流的、得到越来越多人认可的一种观点了，这是偃师商城的发现对夏文化的一个推进。

但是夏朝按照文献的记载，按照司马迁《史记·夏本纪》的记载，夏朝有17个王14代，从禹开始到桀灭国，它的年代加起来有多长？古书上有两种说法，一种是431年，一种说法是471年，这两种说法并不矛盾，为什么并不矛盾？因为我们知道根据文献记载，夏朝建国以后，到启的儿子太康就失国了，被东方来的后羿把他赶走了，出现了一个"后羿代夏"的政治事件。从后羿代夏又经过了寒浞，寒浞是跟着后羿来的人物。这个家伙不怎么样，把后羿的妻子霸占了。后羿死了以后，他又生了两个儿子，叫浇和豷。夏人这一支，从太康到弟仲康，仲康到相，相再到儿子少康，经过了好几代，到少康的时候，才灭了浇和豷，恢复了夏的政权，叫作"少康中兴"。431年这个说法是没有把后羿代夏的40年算进去。另外一种观点认为，应该把它加上，加上就是471年。夏王朝有471年的说法我觉得是对的，尽管有那么一段波折，但是他的统系没有彻底的断，只不过他是跑来跑去。可是二里头的一、二、三、四期加起来，总共才二百五、六十年。所以说二里头遗址一、二、三、四期并不能涵盖整个夏朝时期的文化，比它早还应该有那么一段是夏朝建立以后的遗存，都城也不在这个地方。二里头只是最后的一个都城，因此围绕着夏文化的探索，在确认了二里头遗址的一、二、三、四期都是夏文化的基础之上，必然会提出一个问题，它不够数，那么早期的夏文化有没有，在什么地方？

1986年我继田昌五先生之后曾经写过一篇文章，说二里头文化不是最早的夏文化，它是"少康中兴"以后到夏朝灭国的这个期间的文化。这个观点出来以后，对探索早期的夏文化就成了一个学术界很关心的课题，所以在此之后，围绕着夏文化的研究，又开始转移到了一个新的焦点，下面我们会提到。

在这里，我要特别提到"夏商周断代工程"与夏文化研究的关系问题。大家知道，1996年国家启动了国家九五重大科技攻关项目"夏商周断代工程"。这是由李铁映同志和宋健同志两位当时的国务委员联名提出来的一个建议，后来国务院采纳了他们这个建议，上马了这样一个研究项目。它的目的是要研究夏朝、商朝、西周的三代的年代。但是你要研究年代，特别是夏，你就必须确认，从考古学上确认什么是夏朝的遗迹，夏朝什么时候的遗迹，没有这个，你的年代从哪儿来的，那不是虚的吗？因此夏商周断代工程与夏文化研究直接相关，起到了很大的推动作用。夏商周断代工程，围绕着夏的年代问题开过专门的会议，在郑州、在偃师都开过会，就是召集研究夏文化、早商文化的有名的学者，不同观点的学者来开会讨论究竟怎么认识二里头，怎么认识偃师商城等等。夏商周断代工程组织的这些会议，对夏文化的研究，作了一个总结。第一明确了二里头文化一、二、三、四期都是夏文化；第二，二里头文化不是最早的夏文化，最早的夏文化要在比二里头文化要早的河南龙山文化当中去寻找。

从这个结论可以说，第一承认夏朝存在，第二，明确了早期夏文化探索的主要对象是河南龙山文化，第三提出来了夏朝的基本年代框架，即夏的始年大约是公元前2070年，到1600年商汤灭夏，夏朝大约有400多年的历史，这是夏商周断代工程的一个贡献。

在夏商周断代工程进行期间，为了探索早期的夏文化，在1999年的时候，我们就开始注意去寻找比二里头早的夏朝的遗迹，这就必须提到河南新密的新砦遗址。新密就是原来的密县，现在叫新密市。新密新砦遗址在1979年科学院考古所赵芝荃先生曾经做过试掘，他认为新砦其中有一期比二里头要早，是由河南龙山文化向二里头文化的过渡，但是这个观点没有得到确认。1999年由我主持的北京大学古代文明研究中心开始重新发掘，当时我们想如果有新的发现，有希望，可再列入断代工程的一个课题。

二里头遗址绿松石龙

从1999年到2000年做了两次发掘，发现两个大层，下边一层是属于河南龙山文化晚期的堆积，盖着它的就是我们称之为新砦期的，或者叫新砦文化的这么一层，再上边才是二里头文化的遗存。也是有三层，中间这一层，就是说我们叫作新砦文化的这一层，特别丰富，如果你下决心把这些碎片对一对，可拼对、复原很多完整的器物，我们根据它的特征，就可以探讨它的时代、它的性质、它和其他文化的关系等等，所以这个发现非常重要。重要在哪儿？第一，这个时期的新砦文化，它的年代范围经过C^{14}的测定，是公元前的1900年到公元前的1800年之间，时间很短，不超出100年的时间，基本是在这个框框之内。说到碳十四，我需要多说几句话。碳十四是生物体中所含的一种元素，一般和大气中的碳十四元素处于平衡状态，但是生物体，植物也好，动物也好，如果死了，它所包含的那个C^{14}，就逐步逐步地衰减，年代越久远衰减得越多。一个美国人叫比利，1948年前后，他发现了这个规律，他说根据这个规律可以测定古代留下来的那些遗迹的年代。也就是说年代越久，它包含的C^{14}元素就衰减得越少，大约5730年减少一半，有这么一个规律。因此根据这样一个规律，测定以后，看一看它的碳十四含量，就可以推算它死时的年代。这就是碳十四测定年代的方法依据。这种方法在60年代末，70年代在中国的学术界，比如说科学院考古所、北京大学，已经采用了。那么根据C^{14}的测定，我们发现的这个新砦期遗存，它的年代范围是多少呢？大约是公元前的1900年到公元前1800年。大家想一想，我们知道断代工程定夏朝开始在公元前的2070年，是前21世纪，而你这个1900年那就是前19世纪，离最早的夏文化还是不够，这是我们可以看出来的。尽管它比二里头早，但是它还不够，还不够最早的那个夏朝的年代，这是我们通过发掘和研究得出来的第一个观点。

第二个观点，我们看到这些东西，只要是搞考古的人，对这一段比较熟悉的人一看就知道，里边包含了很多东方来的因素。东方因素是指山东西南部、河南的东部这一块，很多东西一看跟它很像，而和传统的我们中原这一块有区别，尽管中原这一块的传统是为主的，但是有相当一部分因素是从东方来的，这就印证了我们提出来的后羿代夏的观点。

就是说后羿代夏时的这种遗存，这个遗迹我们找着了，这个阶段正好是处在后羿代夏时期，其中的东方因素就是后羿代夏留下来的东西。这就把夏文化的研究又向前推进了一步。由于有这些发现，我们很快就把这个课题由北京大学古代文明中心的一个课题转入了断代工程一个新的课题。

同时，为了解决早期夏文化的问题，我们在断代工程进行过程当中，还设了一个子课题，就是对登封王城岗遗址的重新发掘。我刚才讲过，王城岗是登封告成镇的一个小村子，当地老乡就把那个村叫作王城岗，这王城岗怎么来的，可能还是有历史渊源。在1977年，夏先生主持在那儿还开过会的。但是由于那个时候发现的城很小，东西城墙100米，南北100米。当时安金槐先生说，这是禹居阳城，谁也不相信，说你那么小的一个城，那怎么称得是城怎么是阳城呢？不可能。但是我们总觉得这个问题没有解决，所以在断代工程中我们又设了一个课题，重新进行发掘。但是考古工作你知道，它不是说一下子就能够见效的，尽管断代工程的时候我们开始做了。但是还是经过了几年，就在断代工程快结项的时候，在这个地方又发现了一个城，比那个100米乘100的那个小城要大得多的城。这个城北城墙断断续续还能看到一些，但大多在地下了，发掘出来了一些，它的护城壕还在，东西是600米长，然后往南拐了，往南我们又清理钻探出来100多米长，但是再往南就没有了，没有了不是说它原来没有，而是颍河把它彻底冲垮了。在这里我们可以看到，有八米的高差，所以那个城墙从它的根基到上边城墙彻底都被颍河冲毁了。但是如果根据北城墙的长度复原，如果是个方的城的话，它至少是一个三十多万平方米的古城，这是在河南省发现的龙山文化那个时代最大的城。而且对这个古城的年代我们也进行了测定，非常有意思，它测定的年代是公元前2000年前后，比新砦要早，要早差不多七八十年。这个年代和根据断代工程几个学科推出来的那个夏代的始年非常的接近。因此我们说，这是拿出了实实在在的证据，证明这个地方确确实实是禹居阳城、禹都阳城的阳城所在地。

　　而且就在王城岗的东北，大概也是十几华里的地方，发现过一个战国时期的韩国的城，出土的有"阳城仓器"陶文，证明在战国时期，人们是把这个地方叫作阳城的。因此文献记载的禹居阳城是在河南省的登封告成镇是正确的。所以说重新发掘王城岗发现的30多万平方米的这个城，从它的地理位置、从它的年代，都证明它确确实实是禹居阳城的阳城。

　　回顾这样一个过程，我们可以看到，如果从1931年徐中舒先生提出来仰韶文化是夏文化开始到现在，整整经过七十多年，我们才敢说，夏文化确确实实是找到了。这就是河南龙山文化晚期遗存、新砦文化以及二里头文化，时间是从公元前21世纪到公元前16世纪，而且它最早的都城阳城和最后的都城斟鄩一早一晚的两个都城也找到了。

四、探索夏文化的途径和方法

　　从夏文化探索历程的回顾，我们领会到，探索夏文化不是随心所欲的，而是有一定的科学方法的。那么从考古学上来探索夏文化，科学的途径和方法是什么呢？怎么样才能得出科学的结论呢？我们认为上述结论的得出，是严格遵循了四个方面的原则，从四个方面分析，最后确定这些遗存就是夏文化。这不是心血来潮，也不是随便瞎说，而是有它的方法论的支持和科学依据的。

　　这四个方面，一个方面就是年代学。我们说作为探索夏文化对象的这个考古学文化的年代，要和根据文献推定的夏朝存在的年代基本相当，如果年代差得很远，那当然就不行了。所以说你找到的这个东西，你说它是夏文化，那首先就问它的年代怎么样，看它的年代和根据文献记载推定的夏朝存在的年代，大体上能不能相对应，这是第一条。

　　第二个方面，就是看作为探索夏文化对象的考古学文化的分布范围，和根据文献推定的夏时期、夏族活动的地域是否基本一致。如果时代相同，但是地域差了很多，也不能说就是夏文化，这是第二个方面。

第三个方面，就是你找到的作为探索夏文化对象的这个考古学文化，要有和同时期周邻地区的考古学文化不同的特征，要有自己的特点，而且要和文献记载的夏人的某些风俗习惯，能够挂起钩来，有联系。

第四方面，就是文化关系。就是说，作为探索夏文化对象的考古学文化，和同时期周邻其他的考古学文化的关系，要和文献记载的夏族和其他族的关系有相应之处，有一致之处。

年代、地域、文化特征、文化关系，这四个方面你都能做得比较圆满的话，那你才能说，你发现的这个考古学文化，就是夏文化，就是夏朝夏族的人创造和使用的文化。这四个方面不是一开始就有的，是逐步总结的结果。四个方面，紧密相连，缺一不可。

五、何种考古学文化是夏文化

我们发现这么多考古学上的遗存，那么究竟哪一种是夏文化呢？尽管结论前面我说了，但是我们还是要再回头看一看，做出的这样一个结论有没有道理，能不能够成立。

根据以上四个标准来判断，第一个我们看看，仰韶文化是不是夏文化，显然不是了，为什么呢？因为仰韶文化年代太早了。我们知道，仰韶文化距今7000年前后到5500年前后，大概是这么一个时间的考古学文化。而夏朝，根据文献记载推定的夏朝年代大约在公元前二千年前后，差得太多了。不仅年代差得太多，而且仰韶文化分布的范围也很大，仰韶文化主要分布在陕西、河南、山西、甘肃、湖北北部，范围很大。这与文献记载的夏族活动的地域，也不能完全契合，所以说仰韶文化不是夏文化。尽管徐中舒先生当时提出来仰韶文化是夏文化具有开创的意义，但它毕竟不是一个科学的结论，经不起推敲。

第二个山东龙山文化。山东龙山文化也不是夏文化，为什么？山东龙山文化分布的范围是山东省和江苏省的北部这一块，是以蛋壳黑陶为特征的。而根据文献记载夏族的活动地域主要是在河南省的西部和山西省的南部，尽管有一些文献也提到，山东、浙江、四川，但是都靠不住。这是徐旭生先生在他的《中国的古史传说时代》中讲的。所以说山东龙山文化，尽管年代和我们讲的夏文化的年代差不多，但是分布的地域不行，所以说它也不是夏文化。

第三个，陶寺文化不是夏文化。陶寺文化我要简单说一下，陶寺是山西省襄汾县的一个村子，这个遗址在20世纪70年代，社科院（原来是科学院）考古所就在那做发掘，发现了一些遗迹和贵族的墓葬，出土了很多有意思的文物，特别是这几年还有新的发现，发现了小城和大城城墙，发现了贵族的一个墓区，还发现了观象台等等，过一会儿我还会提到它。在夏文化讨论过程当中，曾经有一种观点，认为早期夏文化是在陶寺。当时提出来它是夏文化主要依据的材料是陶寺发现的那一批贵族墓地，可是现在经过研究，那一批贵族墓地年代比较早，早于4300年，大概是4500年这个时候的，这个年代尽管很接近夏朝开始的年代，但是还是要比夏朝开始年代早很多，而且从地域上来看，襄汾所在的临汾地区这一块，不是早期夏族活动的地域。只是到夏朝的中晚期，夏朝的势力才推进到这个地方，所以说从年代从地域，尽管很接近，但是不是。

第四个，河南龙山文化后冈类型不是夏文化。河南龙山文化的后冈类型是指安阳、新乡地区发现的一种龙山时期的遗存，和登封王城岗的时间差不多，但是从地域上来看，这个地方不是夏人活动的主要地区。因此，新乡、安阳这个地区的龙山文化，也不应该是夏文化。

第五个，河南龙山文化的造律台类型不是夏文化。造律台是河南省永城县的一个地方，位于豫东地区。那个地方也发掘过一个龙山时期的遗址，是中央研究院历史研究所考古组发掘的。造律台类型的遗存，跟登封王城岗龙山文化城时代基本是差不多的。但是地域不行，这个地方按照文献记载是和东方的夷人的活动范围相交错的，主要不是属于华夏族活动的地域。所以说它也不是早期的夏文化，它的特征和登封王城岗

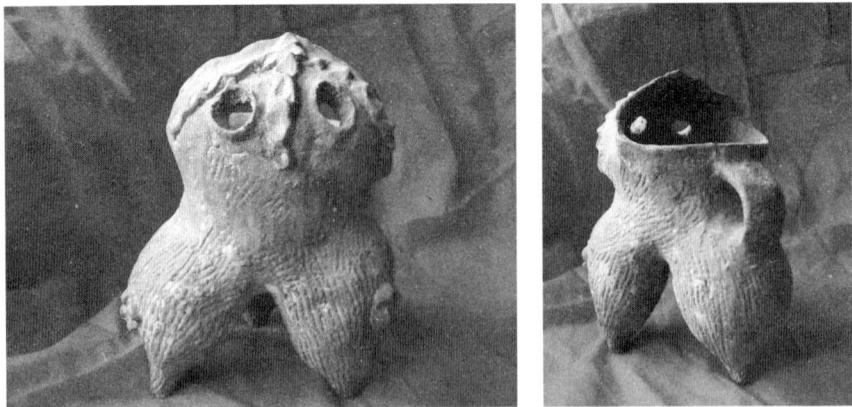

龙山文化袋足鬲

龙山文化也不一样。

第六，河南龙山文化的三里桥类型也不是夏文化。三里桥类型是在洛阳西边现在以三门峡为中心的地区发现的龙山时期的文化，这个地区尽管年代差不多，但是地域上也不是夏族活动的中心所在，所以说也不是。

第七，河南龙山文化王湾类型晚期为早期的夏文化。王湾是洛阳东面偃师县的一个小村子，在那儿发掘的龙山文化遗存称之为王湾类型河南龙山文化。登封王城岗发现的龙山文化大城，还有小城，都是属于这个文化的，叫作王湾类型河南龙山文化。它的年代、分布地域、文化特征都能够和文献记载对得上，所以我们说这个才是早期的夏文化。而比它晚一些的，以新密新砦遗址为代表的新砦文化，是后羿代夏时期的夏文化。现在问题就来了，你既然说是后羿代夏，那你怎么还说它是夏文化呢？文献上讲，后羿是"因夏民以代夏政"，是依靠夏的老百姓推翻了夏王，那个夏王太康，表现得不太好，所以老百姓不认可他。因此从主流来看，尽管有多方面来的因素，但是主流还应该是夏文化，所以新密新砦发现的新砦文化，是后羿代夏至"少康中兴"这个特殊时期的夏文化。

第八，二里头文化是"少康中兴"以后一直到夏朝结束时期的夏文化。通过六七十年的探索，总结出来四条标准，用这个四条标准回头来再看一看发现的这么多和探讨夏文化有关的遗存，究竟哪个是夏文化，我们说只有三个是。一，河南龙山文化王湾类型是早期的夏文化，登封王城岗的30多万平方米的龙山时期的城，就是禹居阳城的阳城，这是一个结论；二，以新密新砦遗址为代表的新砦遗存或曰文化，是"太康失国""后羿代夏"这个期间的夏文化；三，以二里头遗址为代表的二里头文化是"少康中兴"到夏桀灭亡这个时期的夏文化。用这四个标准来判断，其他都不是，只有这三个是。这是我们回顾夏文化探索近70年历史所得出来的最重要的结论。这个结论和20世纪20年代疑古思潮刚刚兴起的时候，顾颉刚先生曾说禹是一条虫，简直是不可同日而语。这确确实实是经过几代考古工作者努力的结果，是一个科学的结论。夏朝是存在的，夏朝存在的年代就是大约公元前2070年到公元前1600年。

你说夏文化找到了，那么夏文化有哪些遗迹和遗物呢？是否可以介绍一下让大家看一看呢？

六、夏文化的遗迹和遗物

我们不太可能到现场看，但是我们在这儿看看这些图像，你就会有印象了。首先有发现的城址。

第一个就是登封王城岗的龙山文化城址，禹居阳城的阳城。这个图像因为是黑白图像，大家可能看不太清楚，东北角这个地方，是原来发现的那个100米乘100米的小城，这个小城被大城打破了，时代比较早。中间部位，是后来发现的大城，北城墙

二里头出土的绿松石

陆陆续续在现在地面上还可以看到，经钻探发掘，北城壕有600米长，西城墙探出来100多米，再往南被颍河冲垮了。东面未发现城墙，是被五渡河冲坏了还是以五渡河为界，不清楚，南城墙当然和西城墙南半段一样都被颍河冲垮了。如果做个复原的话，它应该是一个差不多方形的城，面积有三十多万平方米，是河南发现的龙山文化城址中最大的。

第二个，新密新砦龙山到新砦期或者叫新砦文化的城址。从图像大家可以看到，城址的北面和西面都临着河。这有两个城圈，里面被包着的是河南龙山文化晚期的，比王城岗龙山文化城还晚一些，外面二次夯筑的是新砦文化时期的。有些学者根据文献"启居黄台"的记载，认为黄台就在附近，推测这个龙山城应该和"启居黄台"的那个黄台有关系，但现在还没有最后结论，这还是一个要经过很认真的讨论、研究的问题，当然时代应该跟这相当的。这个城也不小，也是30多万平方米。晚于它的新砦文化时期的城，可能是后羿代夏时期修建的。这是我们探索夏文化的时候，发现的两个比较早的城址。

第三个，偃师二里头宫城遗址。现在的明清北京城有宫城，有紫禁城，有外郭城三圈城墙。如果追溯它的源头的话，就可以追溯到二里头发现的宫城。所谓宫城，就是环绕宫殿群筑起来的城，宫城之内都是盖的宫殿，是当时的王居住的地方，所以叫作宫城。二里头的宫城是前年刚发现的。

二里头发掘了几十年，还是有很多问题没有探索清楚，还要继续做工作。宫殿基址和宫城的发现，说明它确确实实是当时的政治中心，是夏王居住的地方。宫城内发现多组宫殿基址，一号宫殿和二号宫殿材

中国最早的宫城遗迹——二里头宫城遗址

料都发表了。

一号宫殿很大，台基长100米，宽100米，先建夯土台基，再在这个夯土台子上边建宫殿，宫殿坐北朝南，两边有迴廊，前面有门署，中央是个大庭院。二号宫殿规模略小，但结构更严谨，它也是先夯筑台基，再在上面建宫殿，二号宫殿有前、后两个院落，是前朝后寝的格局，两边也有厢房，前面也有门署，而且在后面那一排宫殿基址的下边发现了一个比较大的墓葬，因此推测它是宗庙的所在地，是祭祀的地方，祭祀的对象就是埋在宫殿基址下边的那个人，至于那个人的身份是什么，因为墓葬被盗了，也说不太清楚。但是墓葬的规模比较大，还有大片硃砂。

第四个，郑州大师姑二里头文化城址。这是2002年新发现的。从图像上大家可以看到，该城址北、东、南三面城墙基本规整，西城墙呈东北、西南走向，有一条河从中间穿过，将城墙拦腰斩断。这座城东南距郑州市区约40华里，位置非常重要，为什么重要？目前对这个城的性质，学术界意见很不一致，有的说这是夏王朝的一个城，有的说这不是，是当时和夏朝同时存在的另外一个国家的城等等。但是从它发掘出来的东西判断，它应该是夏王朝建立在东方的一个重要的具有军事意义的城址，它的年代和二里头文化偏晚阶段相当，显然是为了防止东方来的敌人对它侵略和骚扰建的城，跟二里头来比，二里头是都城，当然它就是次一级的城了。

第二项就是宫殿基址。二里头遗址发现的宫殿，前面介绍二里头宫城时已经说过，这里就不再重复了。现在大家看到的是比二里头宫殿早的，前年在新砦发掘出来的一个很长很长的基址，一百多米长，宽度倒是不宽，一百多米长的建筑遗址，而且是半地下的，究竟它的性质是什么，到现在还不清楚，还要继续做工作。从新砦到二里头的宫殿，可能有一个发展过程。从二里头发现的宫殿群来看，它已经有了中轴线和左、右对称的设计观念，这和后来商、西周时期的宫殿建筑的规划是一脉相承延续下来的。

第三个方面是墓葬。二里头时期发现了一些墓葬，但是迄今为止还没有发现王这个级别的墓葬。有一些小型贵族的墓葬是发现了，我们可以看出来，墓葬中有陪葬的东西，陪葬的东西里面有铜器，有绿松石镶嵌铜牌饰，有铜铃、有铜爵、铜斝，而且有玉器等等。也有一些小的墓葬，只随葬陶质的盉、爵、盆等等，是仿铜的礼器，当然，能使用仿铜陶礼器，死者的身份也不会是一般的平民，可能是低级的贵族。现在我们要特别介绍一座新发现的墓葬，这个墓葬不算很大，但是在这个不算很大的墓葬当中，却出现了一件东西，特别的奇怪。大家一眼就能看出来，这是一条用碎绿松石粘贴并用玉块镶嵌而成的龙的形象，压在龙身上还有一件铜铃。龙，有人认为是夏族崇拜的图腾，但是也有不同意见。总而言之，这是第一次发现，而且是在小型墓葬中，那么可想而知，如果发现了夏王的墓葬，那它的规模肯定要大得多。

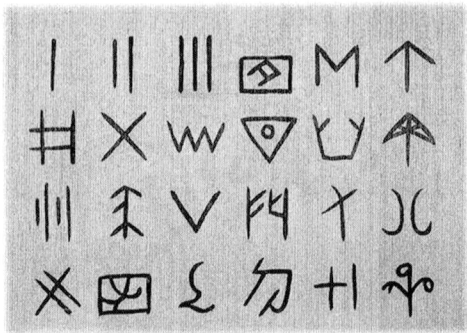

二里头出土的陶文

第四方面，我们再看青铜器和玉器。夏朝的青铜器，样数不算太多，主要是爵和斝，都是酒器，爵是喝酒的，斝是温酒的，盉是装酒的，还有鼎，可以煮肉吃。此外有铜牌子，上面有松绿石镶嵌的图案，背面有钮，串起来以后可以挂在什么地方，还是附属在什么物件上，究竟怎么用，还不知道，还有铜铃和兵器铜戚、铜戈、铜刀等。造型简单，没有花纹或者有很简单的花纹。

除了青铜器之外，还发现了玉器，有玉戈、玉璋、玉钺、玉刀、玉柄形器等。玉戈、玉钺、玉牙璋都是象征权力的一种仪仗，是权力的象征物。国王的王字，吉林大学林沄教授考证就是由古代的兵器钺演变来的。

第五方面，我们看看陶器，发现的文物，大量的是陶器。大家看到有三条腿的鼎、罐、甗、盆等，都是实用器。但今天我要特地讲一讲在河南巩义市花地嘴遗址发现的，属于新砦文化的两件东西，我们权且叫它壶吧！新砦文化中有从东方来的因素，这就是典型的东方的因素，这两件东西可不是一般的陶器，它绝对具有礼仪性质，体型高大，腹部用朱砂画出兽面纹，又叫饕餮纹。它显然是用于重大祭祀场合的一种礼器。

第六方面，是刻画符号和早期文字。夏代，在陶器上边发现了刻画符号和早期文字。这是在二里头文化当中发现的，有些刻

河南"龙山文化大璧"

画符号像个字，在甲骨文当中就有类似的已经是个字了。其中有一些刻画符号是做标记的。不过很遗憾，没有发现甲骨文。那么有没有可能发现，这种可能性不能排除，因为在郑州，在商朝早期的国都亳，就曾经发现过两片甲骨文，有学者认为是习刻文字。所以说比它再早一个时期的夏朝有甲骨文也应该是可能的。

总结以上六个方面的发现，有城、有宫殿群、有青铜器、有玉器、有陶器，还有刻画符号和文字。由此，我们就可以进到下面一个问题，从夏文化看夏代社会。

七、从夏文化看夏代社会
——一个有较高发展程度的王权国家

夏代社会是一个什么样的社会？我们用一句话说，它是一个有较高发展程度的王权国家，它已经进入了文明时代，而且是已经有较高发展程度的王权国家。我们可以从五个方面来分析。

第一个方面，看看它的经济。夏代的经济形态是以农业为主的经济，农业与手工业已经分化，手工业内部也有了分工，但农业是基础。考古发现了大量的生产工具，镰刀、斧头、铲子，都是石头做的。同时还有铜器，有了铸铜、制玉、烧陶等单独的手工业，所以说，它的农业和手工业有了一定分工，手工业内部也有了一定分工。没有分工就不可能有文明，文明产生于分工，这是马克思主义的观点。

第二个方面就是明显的贫富分化与阶级分化。这个体现在什么地方？体现在多个方面，从居址看，像新砦那个100多米长的基址，虽然现在我们不知道它的具体用途，但决非一般的住所。二里头我们比较清楚，有包括一号宫殿、二号宫殿，一直到六、七号宫殿在内的一个宫殿群，宫殿外边还有个宫城。从墓葬看，有贵族的墓葬、小贵族的墓葬、贫民的墓葬，还有被砍了头的随便扔到灰坑里的不称其为墓葬的墓葬，它们的规模大小悬殊，随葬器物的多寡和质地也有明显的区别。种种情况表明，当时的贫富分化和阶级分化不但已经存在而且相当严重。

第三个方面，是政治中心与王权的存在。二里头、新砦、王城岗这些大型聚落，从几十万平方米到百多万平方米，有的中心还有设防的城堡，城堡内还有宫殿，还有贵族墓葬，它不是政治中心是什么？那些玉戈、玉钺、玉戚、玉牙璋已经不是实用兵器，不是王权的象征是什么？

第四个方面，就是常备军

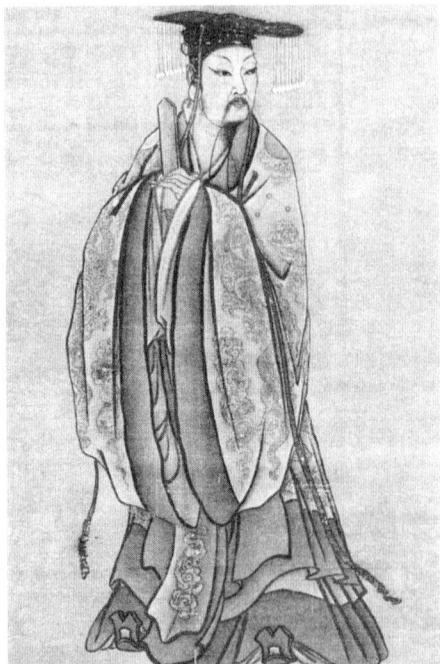

夏禹王立像

的存在。在发现的青铜器当中，有青铜做的兵器戈、戚等。过去氏族社会，它没有专职的军队，没有常备军，跟谁打仗，大家一块去，年龄到了18岁，成人了都得去。使用的兵器就是平时种田的农具都是石器。现在产生了一批人，他的职业就是打仗，所以说只有在这个情况之下，才能够生产专门的青铜兵器，那反过来说呢？青铜兵器的存在，也就证明有了常备军的存在。

第五个方面，是有了艺术、宗教、文字。一批人从广大的体力劳动者当中分化出来，成为脑力劳动者。陶器上各种动物、包括龙、蛇、蛙等的刻画图像都是基于某种目的的艺术创造，画有兽面纹的朱砂壶以及陶器上的刻符与文字，表明宗教祭祀和文字也已产生。从其刻绘的复杂和设计的周密，已可看出它不会是一般人的创作，而是出于专业人士之手。从这几个方面来看待夏代的社会，从经济基础到上层建筑，从它的政治到它的文化，各个方面来考察，它都是一个文明的社会，而且是已经有了较高发展程度的一个王权国家。

八、中国古代文明起源、形成研究的新起点

以上我们对夏文化探索做出了一个结论，就是夏朝存在，夏朝是一个文明国家，夏朝是个王权国家。那么这个结论，对于我们今后来探讨中国文明的起源、形成和发展有什么意义呢？首先我认为它是一个新的起点。为什么呢？因为以前探讨中国文明的起源、形成、发展不是从这儿开始的，是从1928年发掘安阳小屯殷墟开始的。因为在那个时候，在人们的观念当中，商朝还是传说时代，包括我们很尊敬的郭老郭沫若，他就认为商朝还是个氏族社会呢，可见那时候的观念，还停在那样一个认识水平。殷墟的发掘确实是了不得的。殷墟发掘从1928年到1937年抗日战争爆发，挖了15次，这15次有4大发现。第一发现了王陵，就是商王的陵墓在洹水北岸；第二是发现了宫殿建筑基址，几十座宫殿建筑基址发现了，就在小屯村附近；第三个发现是甲骨文，据不完全统计有10

万片之多；第四个是大量的青铜器。最有名的就是司母戊大方鼎，875公斤重当然还有玉器。有了殷墟的这些发现，才知道原来商朝后期是那么一个有高度发展的国家，高度文明程度的国家，不是传说时代了。不仅商朝晚期不是传说时代了，商朝早期也不是。因为在河南郑州，发现了郑州商城。郑州商城的面积有五十多万平方米，现在在它的外边又发现了外郭城，比它大得多，而且也发现有贵族墓葬，有很多青铜器，还发现了两片甲骨文。根据学者们研究，郑州商城是商汤灭夏前后建立的国都称为亳，灭夏后又在夏王朝的国都的旁边，建了一个西亳，来监视夏遗民。由于这些发现，商朝的历史也由传说变成了可信的历史。以前的起点是在那儿，现在不同了，如果说，刚才总结的夏文化探索得出的结论，得到公认的话，它就成为我们今后进一步探索中国文明起源、形成、发展的一个新的起点，所以我认为它的意义是非常重大的。

第二点我想说的是，通过这个探索的过程，可以说找到了一条正确的探讨我们国家文明起源形成的途径和方法，这就是要把历史文献学、考古学、天文学、现代科学技术等不同的学科结合起来进行研究。这是夏商周断代工程在研究方法上一个最大的贡献，夏商周断代工程是由多个学科、多方面的专家共同承担的，一共有30多个单位，200多名学者，涉及了六七个不同的学科。今后我们探讨中国文明起源、形成和发展，也应该走这样一条道路。

第三点想说的是，我们还应该在马克思主义的理论指导之下，根据我们自己的实践，来开展理论的探讨。过去我们比较忽视理论的探讨，我们发现了很多材料，总应该把它提升一下，要提升就应该有理论的探讨。这个理论探讨不是想入非非，我们还是要坚持在马克思主义理论指导下，来开展理论探讨，来总结出我们中国文明起源形成发展的途径、规律、动力和特点。这只有我们自己来做，靠国外的学者是做不了的。在我看来，这是正在进行的中华文明探源工程能否取得成功的关键。

中华文明探源工程是夏商周断代工程的继续，但它的规模更大，范围更广，参加的学科和学者更多，我相信通过联合攻关，在不太长的时间内一定会取得突破性的成果。那么，从以前的研究以及当前的研究情况来看，对中国古代文明的起源、形成和发展会有什么新的认识呢？对此，我只能作一些粗线条的梳理，有些可能是大胆的推测。首先中国文明的起源、形成、发展，是一个相当长的过程。过去中国考古学会的理事长苏秉琦先生，他曾经讲过这么几句话，我想转述一下。他说我们中国有一百多万年的根系，这指的是旧石器时代，从一百多万年的猿人到一两万年前的现代人，不同阶段的人类化石都有发现，绵延不绝；有一万年的文明起步，指的是从旧石器时代发展到了新石器时代，农业发明了，定居出现了；开始向文明迈步了；有五千年的文明古国，苏先生心目中的古国，就是辽宁红山文化的坛、庙、冢和浙江良渚文化的大型祭坛、贵族坟山为代表的凌驾于氏族社会之上的那种东西；两千多年的帝国，指的就是秦始皇统一中国以后的帝国，一直到清代。根据苏秉琦先生讲话的精神和多年来大家对中国文明发展过程研究的成果，我认为中国文明的发展有三个阶段，第一是古国阶段，什么叫古国阶段？是以宗教祭祀活动为特征的这么一个阶段，以辽宁发现的红山文化、浙江发现的良渚文化为代表，距今5500年到4500年，这是古国阶段。我把它叫作神权国家，一切都围绕着祭祀来开展活动，因此谁掌握了祭祀权，谁就是最高的人物，所以说巫师，就是当时最高的首长，红山文化有三大发现，坛、庙、冢，坛是祭坛，庙是女神庙，冢是专门埋葬氏族首领的坟墓。我们发现，祭坛与祭祀天神、地祇有关；女神庙供奉的应该是地母神或生育之神，而冢的主人可能是最高职位的巫师，他全随葬玉器，是巫师举行祭祀活动时穿的衣服上的缀饰物。良渚文化的祭坛如瑶山祭坛就是一个山头，先把山头削平，然后中间再挖一挖，用石头砌起来成方的，共三层，最上面一层发现有多座墓葬，清一色不随葬陶器，都是玉器，从头到脚全是玉器，几十件，上百件的玉器，你想想，他把所有的财富都贡献给了神灵，所以神权就是一切，这是这个阶段的特征。这个时期这种类型的古国之所以没有很好的发展下去，很值得我们探讨。我们现在不是讲要可持续发展吗，就是因为当时他们把所有的创造都集中用在了祭祀上了，祭祀以后，巫师死了以后，都和它一块埋掉了。没有把自己的财富去做再生产，这是他们很快就衰亡下去的原因。而同一时期中原地区就不一样。比如说中原地区仰韶文化也发现有大墓，也发现有玉器，但是它绝对没有几十件玉器在一个人身上摆着，四五件、五六件就算多的了，而且没有那种具有宗教色彩的大量的琮、璧一类东西，而是什么呢？主要是兵器，斧、钺之类的东西，这都是王权的象征。所以说中原地区和他们走的不是一条道路，不是大量财富用于祭祀活动，中原地区一开始是从装饰品到兵器，到礼器，有个节制，因而一代一代地传下来了，这是很大的一个不同。

从4500年前开始，进入王权国家阶段，这就是黄帝到尧舜禹的时期。王权阶段可以从黄帝开始，经过尧、舜、禹，到夏、商，都是王权，周代我认为也是王权，不过是更高级发展的以礼制为中心的王权国家，周公制礼作乐，从考古上也有很多发现，这是一个阶段。

到秦始皇统一六国，建立帝国，进入了帝国阶段，帝国阶段延续一两千年了。秦始皇确实是不得了的。所以毛主席说他是千古一帝，

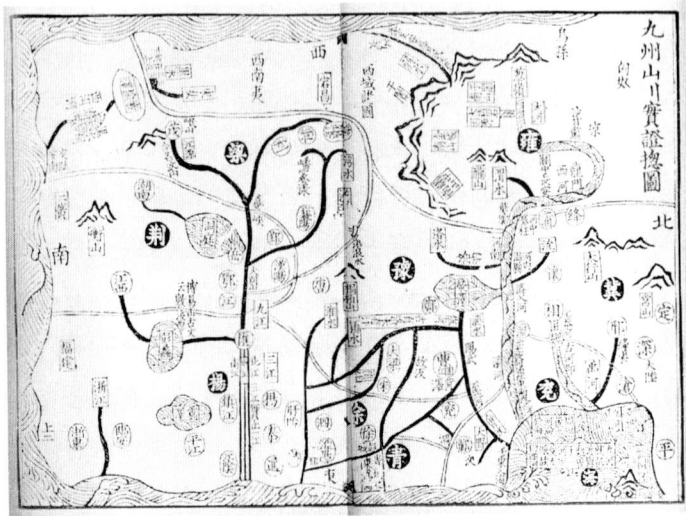

禹贡九州图

确实贡献很大。首先，统一了中国；第二，把过去的分封制变成了郡县制，分封制是把他的亲戚，把他儿子、孙子都分封一个地方，世世代代不改动，这是有很大教训的，西周王朝实行了分封制，到了西周晚期就不行了，地方诸侯势力越来越大，不听你中央王朝的话，就造反、就乱，互相残杀，因此秦始皇接受这个教训，把分封制取消，郡县制由我任命官吏，派行政首长，他不行就可以撤换，一直到清代还是这样；第三，废除了官吏世袭制，根据才干任命官吏，建立了一套行政管理的官僚体系，官僚体系现在当然是落后的，但是在那个时候就是先进的；第四，统一文字，统一度量衡；第五，修水利，修驰道。这就是帝国，是一个新型的国家形态。所以我们说，中国文明是三个阶段：古国、王国、帝国三个阶段。我们沿着这条路线走了这么长的路，一直走到清末。后来，经过旧民主主义革命、新民主主义革命、社会主义革命直到现在，都是在那个基础之上进行的，都摆脱不了某些东西，所以我想我们研究中国文明起源、形成、发展的过程，既要看到它给我们留下了很多珍贵的、丰富的文化遗产，到现在我们进行社会主义建设，还有借鉴意义，同时我们也看到它也留下了一些和当前的时代不符合的一些东西，从各个方面，都会有的这种痕迹。因此我们要清醒地看到，这些东西是应该逐步地扬弃，我们现在所开展的各项工作，必须在了解国情的基础之上，也包括对我们的历史的认识，我们才能探索出一条正确的、前进的道路。我想让我们回到刚开头讲的研究夏文化这个小问题，问题虽小，但是放在中华文明起源、形成、发展的大课题这个链条当中来看，对我们现在进行的各方面的建设，包括经济建设、政权建设、文化建设、思想建设都有借鉴意义，这就是我们今天所讲的内容想要达到的目的。

我希望有一些时间听听部长们的看法，有什么建议，有什么讲得不对，希望大家提出来，我很希望利用这样一个机会来进行对话。

问：刚才有几个地方没有听清楚。您说的二里头它对应的是哪个年代，公元前哪一年到哪一年？第二个呢到目前这个文化在全国有多少个点发现了这个文化。第二个刚才最后讲得非常有意思的，关于古国、王国和帝国，这个古国和王国到底是怎么样的断代？最后一个是不是在夏以前，咱们都是王权，夏以前大概是怎么样一个过程？

李伯谦： 三个问题，第一个问题就讲二里头年代，二里头遗址分一、二、三、四期，它的年代是约公元前1750年到公元前的1500年左右，大概二百多年。二里头是夏代晚期了，它分布的遗迹主要是河南省的西部、山西省的南部，在河南省东边就到了豫东的杞县，山西就到了临汾以南，临汾以北就没了，南到长江以北，西到西安以东，大体是这么一个范围。夏朝这个国家，它的文化覆盖的范围基本上是豫西和晋南，这是第一个问题。

第二个问题是说夏以前怎么样？因为时间很短，我用了推测这个词。夏以前，是尧、舜、禹，我们过去讲是禅让时代，禅让时代是存在的，但是在它自己国家里面，已经不是那个氏族社会状态了，尧部落、舜部落和禹的部落，他们内部已经有阶级的分化，已经有了王权，证据就是在襄汾陶寺发现的那个重要的遗址，因为我们没有时间再讲这个阶段，它有贵族大墓，在它的墓壁旁边头朝下，竖了六把玉钺、玉戚，那都是王权象征的东西，同时它有小铜器等等，所以说这个时期也是属于王权国家的阶段，我说王权国家大概从距今的4500年开始的。

您的第三个问题就是古国阶段和王国阶段怎么划分？标志是什么？古国阶段是以祭祀为中心的，掌握了祭祀权的巫师就是最高首长。王权不是，是掌握了军权和王权的，从它的玉器可以看出来，它是以兵器戈、钺为标志的，这并不是说到了王权国家这个阶段就没有祭祀了，不是这个意思，到商朝还有祭祀呢，但是为主的不是，这是古国阶段和王国阶段最大的区别，这是文明逐步演进的不同的阶段的表现。

问： 关于这一段历史有没有和古埃及的历史进行过比较？

李伯谦： 我们可以说大体上相当于什么时代，因为埃及的早王朝时期距今大概是7000年左右，比我们要早，这我们得承认，比我们要早。

问：我们现在对中华文明探源的研究，特别是对夏文化的探索，对世界历史产生了一些什么新的影响？

李伯谦：这个问题就是说你的研究成果要让国外的学者能够认同，那还是一个很艰巨的工作，还是一个相当长的过程，我们在20世纪末，曾经在美国开过一次夏文化的讨论会，也开过商文化的讨论会。在那个会上，可以看出来，比较了解中国的那些学者，他是同意、支持我们的观点的；而不太了解中国的、没有到中国来过的，只是接受他们原来的那种学术观点的人，他们一般就不承认这个东西。所以我想这要随着我们的改革开放，要扩大对外的交流，要讲我们的这些重要的发现，以及我们研究的成果，来消除他们一些误解。在断代工程的时候，因为是由李铁映和宋健两位国务委员发起的，这个在国外简直影响太大了。当时我们统计了一下，外国的网站上有一万多条讨论这个断代工程，60%、70%都是持怀疑态度，说这肯定是你们国家的领导让你们这么说的，为你们扩张造舆论等等，这都是误解。断代工程开始的时候，我们也心存疑问。1997年在北戴河，中央在那儿开会，休息的时候，李铁映和宋健就找我们几个人了解工程进展情况，当时在一块儿聊天，我说我是北大来的，清华、北大的"梁效"是臭不可闻，"梁效"是御用的。我说我们也很害怕被你们御用一下，这是开玩笑。李铁映同志说政治不能裁判科学，政府支持是表示为你们协调，给你们去筹钱。至于研究，那完全是你们专家的事，做出什么结论，政府都不会过问。国外对此有很大的误解，所以这也说明我们应该在这方面与国外学者进行积极的、主动的交流，让他们看到我们确确实实是按照科学原则来办事的，不是听风的，不是受什么指令的，这样才能够取得国外学术界的认可和赞同。

李中华
国学、国学热与文化认同

李中华，祖籍山东临淄，1944年生于辽宁法库。1969年毕业于北京大学哲学系，1982年获北京大学哲学系中国哲学硕士学位。现任北京大学哲学系教授、博士生导师，北京大学《儒藏》编纂领导小组及工作小组成员、北京大学中国哲学暨文化研究所所长、中国文化书院副院长、中国人学学会常务理事及冯友兰研究会副会长等职。

主要研究领域为中国哲学、中国文化、儒家哲学、道家哲学及魏晋玄学等。多年来在北京大学分别为本科生、研究生、进修教师、访问学者及外国留学生等开设过以中国哲学为中心的20余门课程。

主要学术著作有《中国文化概论》《魏晋玄学史》（合著）、《冯友兰评传》《人学大辞典》（主编，合著）、《中国人学思想史》（主编，合著）、《纬书与汉代文化》等。

今天很高兴和大家交流学习心得，谈谈国学问题。国学问题应该说是最近几年来逐渐热起来的一个话题，它的背景主要是中国经济的强劲发展引起国际上的广泛关注。世界在研究，中国为什么能够在短短二十几年的时间里达到这样一个发展的速度？这种关注折射到文化上出现了所谓的"国学热"。

一、国学热的表现

从20世纪后期到现在，在中国经济发展的同时，在文化上出现了一股国学热的思潮，它是一种社会性的思潮。国学热的表现大家都历历在目。包括孔子学院在世界各地的建立，更重要的是从民间到官方，从幼儿园到大学，出现了一股追踪传统经典和传统文化的热潮。

第一，在民间，早在20世纪末就出现了所谓的"中华古诗文经典诵读活动"。人们常常在小学附近就能听到稚声稚气的背诵《大学》《中庸》《论语》《老子》等国学经典的声音，这往往使人产生很多的联想。

第二，在企业界，从21世纪初到现在，企业家们热衷于学习国学。大家在周五到周日这三天到北大看看，里面车水马龙，经常是车辆拥挤。因为一到周末，企业界的人就大量地涌入北大。以前更多的是学习MBA、EMBA等课程；现在企业家们提出一种说法，说在北大MBA毕业以后，学习还没有走到一个高位，因此还要到哲学系去学习国学。他们自认为，在MBA学习的是"术"，但在哲学系国学班里学的是"道"。他们越学越感兴趣，有的人在哲学系学了三年还不走。据我的了解，99%的人认为学习国学收获非常大。但是当初他们来报名学习的时候，周围的人却有些不理解。后来他们自己总结，在这儿学的东西给了他们很大的帮助和启示，就是我们平常说的企业、个人和国家一样，也要建立一种软性的东西，一种软实力。

"软实力"这个词现在很时髦，界定也不完全一样。有人认为是政治上的实力，有人认为是文化上的实力，有人认为是一种大战略的思想。比如美国的战略家布热津斯基在《大棋局》一书中就谈到软实力。他认为，做一个强国所必备的条件有4个，第一个就是经济的发展，GDP的数量，这是一个硬指标。第二个就是科学技术水平雄厚，有高度的科学技术创发能力。第三个就是有一个强大的军事力量，第四个就是软实力，就是一个国家对内对外政策上的亲和力和吸引力。

如何建立这种政治的亲和力呢？那就要依靠文化。软实力既看不到也摸不到，但它的作用是潜在的，没有它不行。我们每个人身上都有一种软性的力量。《孙子兵法》和《老子》这两部著作最能体现出这种大战略的精神。老子有一句话叫"柔弱胜刚强"。这个柔弱实际上是道家的一种战略思想，一种软实力。他形象地说"上善若水"，"天下之至柔，驰骋天下之至坚"。水是天下最柔弱的东西，但是它却能在天下最坚硬的东西当中往来驰骋。它有一种软的，一种无形的力量，这种力量是精神意识层面的东西。美国搞大战略，我们中国也搞战略。美国人把战略思维看作是一种技术性的，离不了西方文化的影响；我们中国人不把战略看作是技术性的，认为它是综合的整体的，是思想和精神层面上的东西。

比如，外交政策就充分体现了什么是软实力。其他国家愿意亲近你，相信你背后的力量，这就是软实力。老子讲："大邦以下小邦，则取小邦。"大邦就是大国。大国以谦虚的态度对待小国，就能取得小国的信任。而"小邦以下大邦，则取大邦"。小国以谦下的态度对待大国，就能取得大国的信任。这就是一种软实力。

第三，在高校，中国人民大学先后成立了孔子学院和国学院。教育界对此的评价是：这是国学第一次纳入到了我们体制内的教育体系。教育部承认国学作为一个正规的学科确立下来了。所以有些学校纷纷地建立国学院、国学研究所、国学中心等等。国学这个学科变成了一级学科，而且正式招生，有正式的编制。

此外，像北京大学在教育部取得的一个国家级的重点攻关项目——"《儒藏》的编纂与研究"。《儒藏》，就是关于儒家文献的一个藏，"藏"就是府库的意思。我们知道历史上《佛藏》和《道藏》早就编出来了。《佛藏》就是把佛教的所有文献都收集在一起。后来道教模仿佛教，把道家的所有文献收集在一起编成《道藏》。历史上没有《儒藏》，而儒家的思想在中国传统文化里又占有核心的地

董仲舒

位。传统文化里讲儒释道，这个儒是中国文化的主流、主干，但没有编《儒藏》。没有编《儒藏》的原因有很多，我认为最主要的原因是儒家不认为自己和道家、佛家是平起平坐的。儒家认同汉代以来董仲舒提出的"罢黜百家，独尊儒术"的政策。现在我们应该打破原来儒家正统的观念。我们承认它是传统文化的核心、主干、主流，但是我们也承认传统文化中其他的因素，特别是佛教在中国文化当中的地位。所以我们要编《儒藏》。当我们中华民族经济崛起的时候，我们的文化不能落后。现在"《儒藏》编纂与研究"的领衔首席专家是季羡林先生和汤一介先生。这一巨大的文化工程的意义就在于，在新的历史条件下，我们不只是对儒家文献的结集，更重要的是使古代的传统文化，首先在形式上、版本上以及可读性上要现代化。我们用新式的标点重新排版、校勘，以使大众阅读方便。

二、国学热的成因

国学热的成因有很多，但我认为最重要的一个原因是人类文明发展到今天，面临着文明形态如何转型的困惑。300年来的工业文明形态发

展到今天已经出现了很多问题。工业文明对人类做出了巨大的贡献。工业文明近300年来所创造的物质财富的总和，已大大超过了自人类产生以来所创造的物质财富的总和。今天我们享受到的一切都是工业文明的产物。我们对工业文明已经崇拜得五体投地了。我们不能否定或者贬低工业文明的价值和意义。但一个硬币还有两面，工业文明发展到目前为止，它的弊端和很多负面问题暴露出来。

从20世纪末以来，大家一直在讨论人类所面临的一系列严重威胁。如果不纠正人类的一些行为，那么人类的发展就会受到严重影响，甚至会提前灭亡。人类面临哪些威胁？

首先，最大的威胁就是人和自然的矛盾，以及因此带来的一系列的问题。这些问题我不再详细地说明，几乎每个人都耳熟能详，比如生态环境恶化、能源短缺、人口膨胀等等。

第二个威胁就是人和社会的矛盾，人和人之间的矛盾。这是20世纪西方一些国家总结出来的，即人类道德被逐渐解构。所以在20世纪末召开了一系列的大会。像芝加哥的世界宗教大会，提出了各大宗教要选择一个共同的都能接受的最低限度的伦理，即"底线伦理"。他们选中了孔子的"己所不欲，勿施于人"，作为底线伦理写在了宣言里。20世纪90年代诺贝尔奖获得者在巴黎举行了一次会议。他们探讨的主要问题是人和自然的矛盾，以及如何制止目前人对自然的破坏。他们在宣言里也谈到要回到中国的孔子。"9·11"之后，在法国里尔召开了第一届世界公民大会，讨论的主要问题还是人类面对的这些困境，20世纪不但没有得到缓解，到了新世纪反而又再加剧。他们感到忧心如焚。

世界公民大会的宣言最后也谈到了这个问题，现在人类需要改变自己的行为，要在各个领域实行一场革命。首先需要做的就是对主导人类工业文明形态300年的思维方式进行反思。西方人提出的反思就是要反思西方的文化。在他们的反思当中，形成了很多的文章、观点、看法和专著。首先要对以往的思维方式进行反思，去寻找一个新的行动指南，到人类的优秀文明当中去寻找。我对优秀文明的注脚是，它包含着我们东方的文明，中国的文明。刚才我看到发给大家的《季羡林说国学》的这本书里，有好几篇文章谈到天人合一。天人合一，代表了我们中国文化的思维方式，它深深地影响着中国文化，决定着中国文化的方向。所以，我们谈国学热的一个最大的原因，就是世界范围内在酝酿着一次新的文明转型，它必然出现这样一个转变，对原有文明形态的一个修正。人类的发展受到巨大的影响，现在的很多问题都是从这里发出来的。因此我们也必须站在这样一个高度来看待文化问题，来看待国学和国学热。

表现天人合一思想的国画艺术

三、"国学"概念的内涵及其理解

"国学"一词，古已有之。最早出现在《周礼·春官》这部著作里。古代的国学主要是讲国子学，就是贵族子弟学习的内容。近代以来讲的国学是相对于西学的。五四时期，梁漱溟先生曾说：大家有的讲亚里士多德，有的讲马克思，就是没人讲孔子，那么我梁漱溟来讲孔子。所以梁漱溟成为中国现代新儒家的开山者。那时候提倡国学的目的之一是使中国人不丢掉自尊心，就像章太炎先生说的一句话，"夫国学者，国家所以成立之源泉也"。中国之所以能成立，它背后的精神性的东西就是国学。如果没有国学，这个国家就不能自立，"吾未闻国学不兴而国能自立者也"就是这个意思。在《左传》里面也有一句话体现了这种思想，叫"国于天下，有与立焉"。一个国家在天下，一定要有足以立国兴邦的基础。《左传》里这句话实际讲的也是一个文化问题。文化问题成为立国兴邦的必要条件，这也就是章太炎讲的，"吾闻有国亡而国学不亡者，而未闻国学先亡而国乃立者也。"如果一个国家失去了它的精神文化，这个国家就不能立足于天下。所以一个国家、一个民族要立足于世界，一定有它立国兴邦的基础。这个基础是在长期的历史发展当中所形成的共同的民族文化心理和它的凝聚力。所以有的学者又把国学叫作国魂，一个国家的灵魂。一个民族如果失去了这种文化认同、这种凝聚力、这种自尊心，那会是国将不国。

到了近代，国学具有振奋中国民族精神的意义。当然提倡国学的人，应该说相对于提倡西学的人来讲，是所谓的文化保守主义者，不是文化激进主义者。20世纪初，在中国就存在这种文化保守主义和文化激进主义的二元对立的中西文化之争。在这个争论当中，因为中国长期的积贫积弱，国力衰微，所以国学是处下风的。甚至一直到中华人民共和国成立，再到"文化大革命"，国学都处在被边缘化的地位。这就是我们现在讲国学和五四时期讲国学不一样的地方。那时候讲国学是为了启蒙和救亡。所以，今天我们对那个时代的文化保守

梁漱溟

主义和文化激进主义，都不能一概抹杀，当然我们并不是否定那个时代保守主义的保守性，他们的主观动机都是为了中华民族。如，胡适的全盘西化，梁漱溟、章太炎等人的文化本位思想。我们今天要从历史的眼光去看他们，不要再纠缠于那种二元对立思维的辩论，他们各有长短。我们今天对国学的态度也各不相同，有提倡的，也有否定的。对国学也有讲过头的，如提倡说古话，穿古服，行古礼，以及过度举行各种各样的祭祀大典等等。但我们也不能给他们扣什么帽子，不能再像以前那样，用行政的力量去干预。

国学的概念实际上不难理解。用我们现在的眼光看国学，就是传统文化的别称，也就是和"西学"相对的那个"中学"，是在中国这块土地上形成发展的、中华民族所固有的学问总体。所以它所涵盖的内容，就是中国所特有的，或者在中国的地理环境、语言环境，乃至中国的政治、经济、社会各种特定条件下，在中国文化母体当中孕育产生、发展、演变的学问的总体组合。中国古代把这个总体学问分为经、史、子、集。实际上这还不足以完全囊括国学的范围，国学是无所不包的。更重要的是国学在新的历史条件下，随着文化的发展，又不断融进新的内容，新的文化传统。这里面包含着马克思主义的中国化，它也应该是现代的国学。所以我们讲国学不排斥其他民族的优秀文化。当然，某种外来文化，其中包括外来的优秀文化，只有被我们充分吸收和消化之后，它才能真正成为国学的内容。

在佛教传入中国后的四五百年的时间里，到了唐朝才真正地出现了佛教的中国化。在此之前，也产生了佛教和儒家的强烈争论，出现了所谓的儒佛之争、佛道之争。韩愈的《原道篇》就讲了这个问题。当时许多人批评佛教，排斥佛教，甚至运用行政力量和国家力量去消灭佛教，结果也消灭不了。要相信我们民族几千年的文化传统，它有消化能力。佛教中国化的一个最重要的标志就是慧能禅宗的出现。慧能本身没有文化，但他却完成了标志佛教中国化的《六祖坛经》。禅宗讲"见性成佛""佛性我"，佛性在每一个人的心里，人人皆有佛性，甚至连一

慧能

孟子

阐提人都有佛性等等。一阐提人是梵语的音译，是印度最低的种姓。原有的印度佛教认为谁都能成佛，但一阐提人不能成佛。因为一阐提人是最低的种姓，是不可救药的人。但禅宗认为一阐提人也有佛性，佛性在每个人的心里，这叫"佛性我"。所以只要你明心见性，就能成佛，成佛的关键在你自身，不是外力。慧能提倡对佛教进行改革，不要念经，不要崇拜偶像，排斥念经打坐，甚至布施。因为禅宗认为这些都是外在的东西，不是成佛的根据，因此成佛要向内用功，即"佛向性中作，莫向身外求"。如果内心的佛性不觉悟，即使念一千遍《法华经》也不能成佛。这是佛教的一次大改革，打破了贵族对佛教成佛的垄断。用列宁的思想来说，禅宗为每一个人提供了一张不仅廉价，而且是免费进入天堂的门票。

在中国传统文化中，儒家讲的性善论和禅宗的佛性说有相似之处。孟子讲"恻隐之心，仁之端也；羞恶之心，义之端也；辞让之心，礼之端也；是非之心，智之端也"。恻隐心、即同情心，是仁爱的萌芽；羞恶之心，是义的萌芽；辞让之心，是礼的萌芽；知善知恶，懂得是非，是智慧的萌芽。孟子讲这四心"非由外铄我也，我固有之也"。这四心不是由外界某种力量赋予的，而是每一个人所固有的。这强调了人类的道德是一种自觉的行为，自觉的意识。儒家就这样来突出其道德的主体性。

人和动物的区别就在于人有四心，在孟子看来，没有四心就是禽兽，这叫"仁义内在"说。仁和义体现为一种内在的道德要求、道德意识。能否作一个有道德的人是你自己决定的。所以不能把声、色、嗅、味当作人性，不能把生理的本能当作人性。孟子说"口之于味也"（口尝美味），"目之于色也"（眼睛看美色），"鼻之于臭也"（鼻子闻美味），"四肢之于安佚也"（身体得以休息），这些爱好是每个人都想得到的，因此也都是天性，但是得到与否，却属于命运，所以"君子不谓性也"。即君子不把声、色、嗅、味看作是人的本性，因为你想得到，却不一定能得到。而性却不同，性是由己的，只要你想做，就能做到，如尊爱老幼、孝敬父母、不加塞、不吐痰、不随地大小便等道德行为，是由你自己决定的，这就叫"为仁由己"。大家看儒家的性善论，"为仁由己"这种内在性和禅宗的"佛性我""佛向性中作，莫向身外求"走到了一起，这就标志着佛教中国化了。

四、国学的核心价值和软实力建设

国学中有很多精华，同时也有很多糟粕。我们以前用很大的力气去辨别精华和糟粕，结果还是搞不清，甚至弄颠倒了，所以我们现在不必再纠缠这个问题。时代不一样，评价标准也有所变化。这个时代认为是精华的，到另外一个时期可能就是糟粕。例如，我们以前认为佛教是糟粕，现在我们转变了观念。佛教对提高人的境界，对于凝聚人心，对于人的向善都有一定的意义，我们不能一概地排斥佛教，同样的道理，也不能一概地排斥道教、一概地排斥西方哲学。以前大讲阶级斗争，排斥中庸中和，我们现在把国学里的和谐价值系统用上了。

和谐理念是国学或中国文化的一个最核心的内容。如果我们追溯它的本源的话，《尚书》《左传》《国语》及《周易》等中国古代典籍中都提到过。如《乾卦·象辞》最后有一句话叫"乾道变化，各正性命，保合太和，乃利贞。首出众物，万国咸宁"。《周易》认为算卦都是小术、小道，它真正的意义在于使自然和社会都达到一种和谐，这就是最大的吉，最大的善。"乾道"就是自然天道的变化。"各正性命"，就是使万物都各自得到它的本性，都从天道自然的变化那里得到一个稳定的生命本质。这就是中国文化所强调的"性自命出"，说人的性是由天命给的，这个天命我们现在可以把它理解成自然界。

大家知道《中庸》里有一句很有名的话叫"天命之谓性"。《中庸》一开头就说了这三句话，"天命之谓性，率性之谓道，修道之谓教"。把它翻译成现代汉语，是说天所给予人的禀赋叫作性；遵循天性而行叫作道，修明这个道并加以推广叫作教。人的禀赋或人的性是自然界给你的，天道给你的，所以叫"乾道变化，各正性命"。最重要的话在"保合太和，乃利贞"。"保合太和"，是指天道变化能够保持、调整、合成自身的最高和谐。"乃利贞"，这个"贞"就是正的意思，是天地自然的正常的规律。所以"保合太和"才能够使自然天道乃至人类社会和万物得到一个合乎规律的发展，它产生万物的首要因素，是使天下所有的国家都稳定安宁。（即首出众物，万国咸宁）它既是一个理想，又是儒家最推崇的一个价值理念。这个和谐的理念，首先是人和自然界的和谐。

再看一段材料，它出自《尚书》。我们古代的六经，《诗》《书》《礼》《乐》《易》《春秋》这六部经典，实际上在汉代以前就存在了。它们代表了春秋战国以前，我们中华民族夏、商、周三代文明的结晶，所以它们最能反映中华民族早期的一些价值理念。到了春秋战国这样一个历史大变动的时期，由夏、商、周三代经过春秋战国，过渡到秦汉大一统的封建王朝，才使中国的历史真正地走到了近古。汉代是中华民族第一次大的跃升，有人把它叫作中华民族的第一次崛起。在《尚书》里，主要记载的是夏、商、周三代的事迹。在第一篇的《尚书·尧典》中，记载了当时的人对尧的追忆。在这个追忆中，提到尧之所以能够成为一代圣王，即在于他能够"克明俊德，以亲九族。九族既睦，平章百姓。百姓昭明，协和万邦。黎民于变时雍。"这段话的意思是说，圣王尧能够发扬才智美德，首先能使家族亲密无间，和睦相处。在家族和睦的基础上，又能辨明百官的臧否善恶。百官的臧否善恶辨明了，才能使天下国家（当时指各诸侯国或部落）协调、和顺、和谐，天下所有的人从此也就友好和睦了。这里提出的"协和"概念和刚才讲的《周易》里面的"太和"概念都有同样的含义。所以古人的最高理想就是万邦协和，九族亲睦，从家庭到国家、再到天下，都要保持和谐和亲睦，这

尧

是一个最高的价值理念。这个思想一直传下来，成为国学或中国文化的一个最核心的价值理念。

据《国语·郑语》的记载，周幽王时有一位聪明的史官叫史伯。他在讨论周王朝为什么会衰败时，提出一个对后来影响很大的哲学问题。后人称其为《史伯论五材》或《史伯论和同》。史伯认为，周王朝所以将走向衰败，主要原因在于幽王抛弃了传统的和谐理念，"去和而取同"，即不能听取不同意见，只愿与专断同欲的人打交道，国家能不衰败吗？由此，史伯提出一段精彩议论："夫和实生物，同则不继。以他平他谓之和，故能丰长而物归之；若以同裨同，尽乃弃矣。故先王以土与金木水火杂，以成百物……夫如是，和之至也。声一无听，物一无文，味一无果，物一不讲，王将弃是类也而与专同。天将夺之明，欲无

弊得乎？"这大段话的意思是说，只有"和"才能生出新的事物，而完全同一，事物则不能继续发展。因此，所谓和，是指不同的东西加上不同的东西，才能使事物丰富发展，从而使万物归于新的统一。如果相同的东西再加上相同的东西，加到最后，只能变成没用的东西而被丢掉。所以先王把土和金木水火相杂而生成万物……这是最和谐的了。一种声音构不成动听的音乐，一种颜色构不成美丽的文采，一种味道不能引起人们的食欲，一种单一的事物则构不成和谐。事物多样性的调和，才能产生新的东西，这就叫"和而不同"。史伯提出的这个命题叫"和实生物，同则不继"。他是从《尚书》和《周易》里面继承下来的这个思想，即强调"和"才能产生新的东西，"同"是不能产生新东西的。这个思想在国学和传统文化当中具有核心价值的地位。所以到了孔子，就把它继承下来。孔子说"君子和而不同，小人同而不和"。只有君子才和而不同，追求一种和谐的境界，而不是去追求绝对的同一和没有差别的境界，那只是小人追求的。

孔子认为，中国文化即是用礼把"和"确定下来，礼的作用就是"和"，"礼之用，和为贵"。礼的最根本性作用，就是使天下百姓安宁，使社会能够和谐。历代的统治者都把"和"当作最贵重的、最重要的一个价值理念，这个思想一直延续到孟子，到《中庸》。《中庸》里面有一段很有名的话："喜怒哀乐之未发谓之中，发而皆中节谓之和。中也者，天下之大本也；和也者，天下之达道也。致中和，天地位焉，万物育焉。""喜怒哀乐之未发谓之中"。"中"就是喜怒哀乐没有发作的时候，它还在人的心里，这叫"中"。"发而皆中节，谓之和"，它发做出来了，但是都符合节度，就是"和"。所以儒家不是不要喜怒哀乐，而是主张发作符合节度。它们一旦发做出来了，就变成一种情感，这叫"未发为性，已发为情"。所以，"中也者，天下之大本也"，这个中就是人的性，是万事万物的基础和前提。"和也者，天下之达道也"，中是大本，和是达道，即天下四通八达的道路。喜怒哀乐发作得合理，那么人就身心和谐。喜怒哀乐发作得过了分，就不能和谐。所以"和也者，天下之达道也"。"致中和"，就是达到中和，天地才有正常的位置，这个位就是秩序。有正常的秩序，万物才能生长发育。这是宇宙万物，包括人类在内的生存原理。自然界和人类社会如果没有正常的秩序，我们就什么都做不成。所以和谐的作用就是能保持一个最好的、最理想的环境、位置、秩序。把这段话里面的几个字抽出来合在一起，便是曲阜孔庙大成殿的匾额"中和位育"四个字。它集中体现了儒家或者是国学的最核心的价值。

孔子

上述的这种核心价值甚至可以成为一种软实力。它的力量是无形的，是摸不到，看不见的，但却可以发挥巨大力量。所以我们现在讲建立和谐的社会，和谐的家庭，一直到和谐的世界、和谐的宇宙，包括人和自然的关系也需要和谐。因此人类文明的转型，需要有中国文化的参与，我们不能自我贬低自己的文化。像五四时期，有人提出要把线装书扔到茅厕里去，要废除汉字，要打倒孔家店等。20世纪80年代"文化热"的时候，有人讲中国要摆脱落后，要走向蔚蓝色，首先要改变肤色，改变头发的颜色，甚至主张要和外国人通婚，改造整个种族。我们的国学100多年来承受了各种各样的罪名，中国落后的罪名、保守主义的罪名、封闭主义的罪名、拖累近代化的罪名等等。世界上还没有哪一个民族像我们中国这样来诋毁我们自己祖宗的文化。如果这个文化是不值得赞扬的还可以，但是它有很多好的东西。它所追求的和谐理念和天人合一等思想，是关乎人类生存的真正哲学和智慧，因为只有和谐，最高的和谐，人类才能真正地生存和发展，此之谓"中和位育"。

国学中还有一个比较有价值的内容就是我们常说的"与时俱进"，与"生生""日新"。《尚书》里面有一段话是讲商汤王的，儒家把他推崇为一个圣王。商汤王有一个洗澡的木桶，上面刻有"苟日新、日日新、又日新"的铭文。强调日新，每天都要像洗澡一样，不仅要洗掉身上的灰尘，还要洗掉头脑里陈旧的东西。你一旦做到了日新，那么这个新就不要停顿。中国古代哲学认为事物的发展是不间断的。人类社会、自然界，包括人自身每时每刻都在变化。所以《周易》认为，吉凶祸福都是在这种变动当中产生的。所以你要把握吉凶祸福，就要把握这个变动。《周易·系辞传》有一段话，说："《易》之为书也不可远，为道也屡迁，变动不居，周流六虚，上下无常，刚柔相易，不可为典要，唯变所适。"这是说，《周易》这本书离人们的现实生活是不远的。"其为道也"，它也在不断变动。"变动不居，周流六虚，上下无常，刚柔相易，不可为典要"，不能拘泥于一点，把它作为不变的教条。要"唯变所适"，人的行为要不断地跟上这个变化，这样才能趋利避害逢凶化吉。"善为易者不占"，真正懂得《易》的不去算卦，而是在《易》里面得到一种易理和哲学的智慧。"唯变所适"，就是指人类的行为，要随时跟上变化了的客观外界的形势，这也叫"与时偕行"。何谓"与时偕行"？《周易》的《艮》卦《彖辞》解释说："时行则行，时止则止，动静不离其时，其道光明。"

这些观点最能代表我们中华民族对世界的看法。可以说我们这个民族的哲学所强调的是要

商汤

善于调整自己的行为，紧跟时代的发展。老子有一句话叫"动善时"，任何行动都要善于抓住时机。"政善治"，要善于治理政治。"心善渊"，思想要像大海一样渊深。在《上善若水》那一章里面讲到最高的善就像水一样，因为"水善利万物而不争，故几于道"，水是最接近于道的。水的特点是不争，往下流，所以人要效法水，不要什么都争。"夫唯不争，故天下莫能与之争！"老子说，"咎莫大于欲得"，人犯错误的最大根源就在于不知满足，贪得无厌，导致你出问题。《周易》实际上也是讲这个问题。所以《周易·系辞下》讲到，"穷则变，变则通，通则久"。"穷则思变"，我们这个民族就是这样做的。事情做不下去了就要考虑变一变，这样才能长久，不至于半途而废。

中国文化或中国哲学讲天人合一，人要保护自然，对待自然，要像爱护自己的父母那样。宋代的张载把《周易》的"乾坤父母说"扩大为整个宇宙，讲天地就是人的父母。汉代的《太平经》里讲，"天地乃人之真本"，自然界、天地是人的真正的根本，这个本就是根，自然界是人的根。"天地有亏，不能竟吾年"。如果天地自然受到亏损，受到破坏，那么人类就不能享尽天年。所以"人命乃在天地，欲安者，乃当先安天地，然后可得长安"。这就是说，人类的生存及命运与自然界息息相关，人类要想使自己的生命得到安宁，应该首先使自然界得到安宁，自然界得到安宁，然后人类才能得到长久的安宁。这就有如子女对父母一样。所以在《礼记·祭义》里面有一段非常重要的话，"父母全而生之，子全而归之，可谓孝矣。不亏其体，不辱其亲，可谓全矣"。父母把孩子生出来是一个完整的人，因此孩子对父母就要"全而归之"，这是孝子的一个最重要的表现。

人类对待自然就应该像对待自己的父母一样，"不亏其体，不辱其亲"，不要使父母的身体丢掉什么，不要辱没自然，不能破坏自然，要保持人与自然的和谐关系，此即"天人合一"这是中国文化里面最重要的思维方式。中国文化注重天人合一、情景合一、知行合一、性命合一、形神合一、体用合一等等。佛教后来讲的就更多了，如"六相圆融，理事无碍"等。中国文化大量地讲合，而少讲分，构成我们中国文化的思维方式。所以未来人类文明的转型，就是要把被冷落被边缘化了近百年的中华文明吸收进去，要对人类做出我们的贡献。这就要了解我们的文化，了解我们的国学是怎样产生的，有哪些特点，有哪些价值，我们采取这样的态度对待国学和国学热，才是理性而客观的。

问： 感谢李教授的精彩讲演。问您一个问题，在东西方文化对比上，有一种观点认为中国的国学主要方法是归纳，而没有像古希腊文明中产生的形式逻辑的推理和演绎的方法，我想请您对此发表评论。您在研究国学中，是不是发现了中国的国学中也有形式逻辑比较完善的体系？由于这点不同，认为国学只能做定性的东西，不能做定量的东西，而对后来的科学的发展和一些其他的发展都有深刻的影响。您有何评论？谢谢！

李中华： 谢谢你提了一个很重要很内行的问题，这是很难回答的问题。杨振宁先生曾经对中国文化中的《周易》有过一个评价，就是刚才您说的，中国文化缺少西方的形式逻辑和演绎推理，造成中国文化重质不重量，只能有定性的分析，没有量化的研究。所以我们的中药、中医直到现在无法量化。我承认，这是中国文化区别于西方文化的一个地方。中国文化缺少量化这样一个哲学的指导。

为什么呢？因为中国的哲学和西方哲学有很大的区别。中国哲学不是科学的，西方哲学接近于科学。中国哲学如果说接近的话，那更接近于艺术。像《周易》讲象思维或形象思维，所以在讲中国哲学的时候都是用比喻。比如我在前面曾引用过的《老子》第六章讲："谷神不死，是谓玄牝。玄牝之门，是谓天地根。绵绵若存，用之不勤。"这是说，大道就像山谷之神一样，它是永恒不死的，所以叫"玄牝"。玄牝就是玄妙的母性。玄妙母性的"门"，就是天地万物赖以存在的"根"。这个"根"，连绵不绝地永存着，其作用无穷无尽。这里，老子首先以"谷神"喻道，再以"玄妙的母性"喻"谷神"，再以"玄牝"喻女性生殖器。短短十几个字就用了三个比喻。所以中国哲学与西方哲学最大的区别在思维方式的不同。中国哲学认为"道可道，非常道"，说一个本体，一个道，如果你非要用语言把它说出来，那么说出来的这个东西就不是道了，因为它有确定的内涵了。说你是张三，你就不可能是李四。作为宇宙的本体，作为哲学的最高形式的道，是不能用逻辑给它确定一个内涵的。

《世说新语》里有一个关于钟会和嵇康的故事。钟会很羡慕嵇康，找了一帮朋友去看嵇康。好不容易找到了嵇康，嵇康正在大树下和向秀锻铁。钟会来了以后，两个人见面是"移时不交一言"，很长时间谁都不说话。钟会觉得很尴尬，掉头想走。这时候嵇康说了一句话，问钟会"何所闻而来，何所见而去"。钟会也很聪明，回答说"闻所闻而来，见所见而去"。冯友兰先生在总结中国哲学的特点时即引用了这个故事，说哲学不能做具体的回答，做具体的回答是科学的任务。哲学思维是以思辨的形式理解和解释世界的，所以西方的哲学更接近于科学。它的逻辑实证主义，完全是逻辑推论，逻辑分析，中国人认为那不是最好的哲学，那是科学，哲学的任务和科学的任务是不同的。中国哲学认为哲学的功用主要在于提高人的精神境界。

刚才我谈的"仁义礼智""仁民爱物""天地与我并生，万物与我为一"等，主要强调人的精神境界，它只能指导现实的实际问题，而不能解决现实的实际问题。老子认为，哲学是无用，庄子认为是无用之用，无用之用那可是大用。你不能把哲学当作技术来用，也不能当作科学来用。否则哲学家都成专家了。在大学里，哲学是基础学科而非应用学科。其实哲学家是最脱离"实际"的。我们以前对哲学有误解，就是学哲学，用哲学，活学活用，急用先学，立竿见影，林彪那个"十六字方针"，是糟蹋了哲学。哲学怎么用？因为哲学不能具体地用，只能是抽象地用，它对人起到潜移默化的作用，它是一种智慧的积累，不是知识的积累。所以中国古代哲人强调"转识成智""下学上达"。东西方哲学的功能不一样，也就有这样一个差别。对不起，我没有完全解决你的问题。谢谢！

问：李老师，您讲到和合。我听到过去古人对中和、和谐社会都是一种境界的描述，但是怎么去实现？现在我们提出要发展生产力，这是不是我们走向和谐社会的是一个很重要的手段？是不是将来也是对国学和文化的一种丰富？谢谢！

李中华：这和刚才的问题有联系，哲学管不了那么多。哲学管的是你有了这个境界以后，你实际的东西可能就有了。比如说人际关系要和谐，就看你能不能掌握这个和谐的基本价值和基本精神。你要把人际关系、国际关系、家际关系、校际关系、部际关系都协调得非常好，给你各种工作创造一个前提，那不只是一个生产力的问题，是各个方面的问题，所以我们说它是软实力，原因就在这里。它本身你看不到，但是没有它就是不行。比如文化素质的问题，现在老说我们中国人出外旅游，大声喧哗、随地吐痰、晾脚丫子等等，这就是我们的综合素质问题，是个软实力建设的问题。这是精神层面的、哲学层面的东西。哲学管不了那么多，它只能管这么一段。它所管的或关心的是形上问题。形上问题搞好了，形下问题才能搞好。老讲斗争哲学怎么搞建设？弄得家也不和，国也不和。一个部里头互相穿小鞋，贴大字报，这怎么行。和谐创造良好环境，这是软实力建设，这是中和位育的问题，这个问题你能解决了，就已经不简单了。哲学也不是万能的。谢谢！

刘梦溪
中国传统文化如何在今天发用

一、开题引言

各位上午好！甲午的春节、上元节（元宵节）刚过，这么多的朋友就能够一起来探讨学术问题，很是难得。今年是甲午年，西方史学有一个理论，这个理论很重视历史时刻，就是在历史上有一些事件发生在什么时候，跟这个历史时刻是有关系的。如果用这个理论来看，对中国而言，这个甲午年是一个比较特殊的年份。

在这次甲午的双甲子之前，1894年发生了中日甲午战争。那不是一场寻常的战争，是一个称为老大的中华帝国败在了当时中国人都不大容易看得起的，所谓"蕞尔小国"的日本的手下，而且败得很惨，北洋水师全军覆没，陆上一开始也在朝鲜打了败仗。这件事情对中国的刺激非常大，在中国近代史上，这几乎是一个改变的前夜。正是由于1894年的甲午战争，1895年签订《马关条约》，从1895年开始，全国掀起了变法维新、力图改革的浪潮。这个浪潮持续三年，一直到1898年，光绪发表《定国是诏》，决心全面改革，但是引发了光绪皇帝跟慈禧太后的矛盾。慈禧在1898年（戊戌年）的八月初六发动政变，把改革派的第一流的人物统统打了下去，谭嗣同等"戊戌六君子"被杀害，通缉改革派的思想领军康有为、梁启超，康、梁跑到海外，躲过劫难。但包括陈寅恪的祖父陈宝箴在

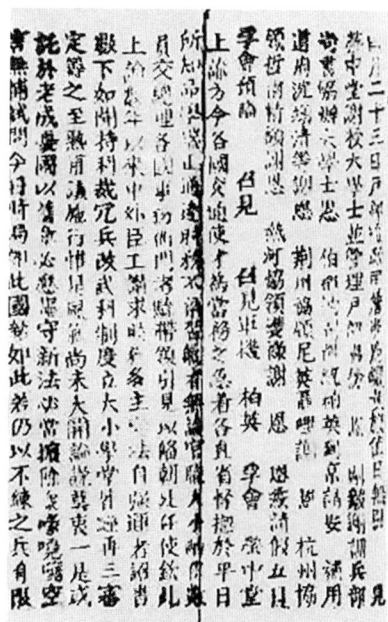

《定国是诏》

内的大批变法维新人士，受到惩处以及杀戮，一场轰轰烈烈的改革失败了。当然改革失败后，历史还有后续的情况，我在这里不讲。总之就双甲子之前发生的中日甲午战争来讲，它在中国历史上是一个重大的转折点。

我已经是第三次在这里和各位探讨历史文化问题了。第一次是2003年，我讲的题目是"百年中国：文化传统的流失与重建"，讲中国从传统走向现代的过程。当时我提出一个问题，我说在中国近现代史上，一共有过三次现代化的努力。第一次是晚清政府以李鸿章为代表的洋务派所推动的，当时主要想建立现代的工厂，发展工业，购买洋枪、洋炮，使中国能够在和西方相比落后的情况下强大起来。那是一次近现代历史上改革的初步尝试，这个尝试也有成果，从1860年到1890年，经过30年的努力，国家的状况发生了很大变化，一批最初的现代工业开始建立起来，特别是李鸿章建立了规模相当可观的北洋水师。但是这次现代化的努力，由于1894年到1895年的中日甲午战争，被日本人打断了，而且败得很惨。

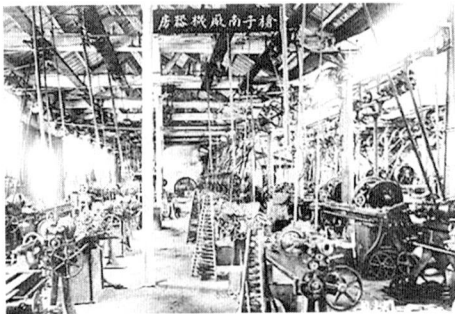
兵工厂

汉阳铁厂

中国近现代史上的第二次现代化努力，是在民国政府时期，即1927年到1937年的这十年，当然，这期间还有另外的国内的状况，我且不说。这十年对国民政府来讲，是比较稳定的十年，中国现代工业的规模和基础有重大发展，文教的成绩更为突出，国际影响力也在提升，很多历史材料可以作为证据。但是1937年，日本发动全面侵华战争，使民国政府的第二次现代化努力被打断了，而且这个打断的时间非常之长，一直持续到1945年。如果从1931年日本人占领东北算起，前后经过了14年。这是一次世界性的战争，当然以日本战败而告终，但是它后续的遗留问题依然很多。第一次中国现代化努力被打断，甲午战争的战败，中国的损失非常惨重，向日本赔偿白银两亿两，实际的数字是23150万两。更令人痛心的是，中国的第一宝岛台湾割给了日本，直到1945年日本战败，台湾才回到中国的怀抱。

中国近现代历史上的第三次现代化努力，是中国共产党领导的现代化的进程。这个努力如果从1979年开始，到现在已过了30多年，大家也看到了这次现代化的进程所结出的丰硕果实，每个中国人都享受到了实惠。中国成为世界第二大经济体，引起全世界的瞩目，世界无法再轻看中国。但是这次中国的现代化进程，并没有完成，还是进行时。十年前我提出的中国这次的现代化进程，是否还会被打断的问题，仍然是值得继续思考的问题。当时我还补充了一句：这次现代化进程还会被日本人打断吗？

历史有时候甚至有点宿命，为什么前两次现代化努力，都是日本人打断了我们的进程？按照我个人的看法，这次中日之间的对立、矛盾、分歧，我们中国一方具有相当的主动权。而这些问题的解决，不仅在经济实力，不仅在国力，也不仅在军力，比这些更重要的是智慧。我们能不能处理好这次跟日本的纷争，关乎中国未来的命运。但是我观察到，在这个问题上，我们国内的各种思想分歧很大，没有形成统一的指向。几乎全国各个电视台都有军事节目，每天都在讲这个问题。我认为一些电视台的军事节目，随便发表言论，非常不负责任，有炒作的嫌疑。这是关乎国家核心利益的重大问题，有的军事节目却变成了娱乐大众的节目。如果用句古语，这无异于"以军为戏"。我很关注这个问题，十年前就提出过这个问题，现在这个问题更加迫切地摆在我们面前了。用什么样的对策来应对、来解决、来化解，需要极高的智慧。

中日之间的问题，不仅仅只有一个钓鱼岛问题，而是一个全面的经济的、政治的、文化的、外交的互动的问题。我们年龄大一点的人，曾经亲眼看到从20世纪50年代开始，老一辈领导人为了中日建立友好的关系，简直是苦心孤诣。大家会想起周总理，在20世纪60年代初，在我们经济困难的时候，就邀请日本的年轻人来访问中国。还有陈毅、廖承志等很多做这方面工作的人，他们不知做了多少努力。我想他们一定看得很深，知道日本对于中国的未来有多么重要。

这个问题不是我今天要讲的重点内容，由于我们正处在甲午年的开始，正值上元节，如果我们关心国家利益，不能不想到这个问题。今天在座的各位领导朋友，如果对这方面问题有兴趣，不妨互相有些讨论。不能听任一些军事节目"以军为戏"。"以军为戏"就是以国家最重要的利益为戏。我们最不愿意看到的结果，就是给日本人一个"梯子"，使它积累某种"理由"，似乎"不得已"地走上全面军事化的道路。它的宪法不允许它这样做，但是它现在说受到了中国的"威胁"，以此获取民意的支持。这背后还有很多复杂的因素，需要研究国际关系问题的专家仔细斟酌。需要有大的智慧来处理这些问题，一会儿讲中国传统文化的一些基本价值，会涉及"和同"的理念，这是传统文化当中很重要的价值，跟我现在所关注的问题有所关联。

二、文化和文化传统

我在这个场合的第二次演讲中，讲的是历史跟当代文化之间互动的问题，探讨它们之间能够发生一些什么样的关联。我在那次演讲中曾提出：经济的问题在文化，文化的问题在教育。当代的文化建构，教育是最根本的问题。教育是需要从小来做起的，涉及全体民众，实际上是一个国家的普遍性的国民教育问题，所以非常重要。这个问题，当我们研究中国传统文化的价值理念如何在今天发用的时候，必然要涉及。我当时还曾提出，经济强国的建立，不能以牺牲文化的基本价值为条件。中国是一个"文明体"国家，积累了五千年的文明，有文字可考的历史有三千年。这样一个文化积层超厚的国家，一个有自己独自传统的国家，她的文化、她的传统，能够和今天没有关联吗？我们的古人创造的文明业绩，仅仅是过去的辉煌吗？其实在中国当代文化的建构当中，文化传统的因素一点不会失去作用，尤其传之千年的文化价值理念，是当代文化建构的思想和精神的根脉与源泉。传统是割不断的，今天我们仍然站在传统的延长线上。

讲文化问题，需要有一个划分，就是文化传统和传统文化是两个不同的概念。传统文化是指传统社会的文化，包括那些汗牛充栋的文本典籍，包括地上地下无穷无尽的文明的遗存物，这是一个丰厚辉煌的文化存在。还有一个概念是文化传统。文化传统是指传统文化背后的精神连接的链条。传统文化可视可见，可触可摸，那些经典文本至今我们还在阅读，是取之不尽的民族的精神粮仓。文化传统则是看不见的，主要指传统文化构成的那些规则、理念和价值信仰。还有两个概念是"大传统"和"小传统"。文化的"大传统"是指传统社会占据主流文化位置的思想形态，譬如儒家思想，从公元前一百多年的汉武帝时期开始，直到清朝末年最后一个皇帝退位，前后两千多年的时间，基本上是儒家思想占据社会的主流位置。这就是文化的"大传统"。"小传统"是指民间文化、民间习俗和民间信仰。我们在不同的地域环境出生、成长，可以说每个人首先是在"小传统"里边浸泡过来的。所以文化的小传统包括生活的习惯和习俗，是惰性力更强的传统，根深蒂固，不容易改变。大传统倒是由于经常被检讨而发生扩充与变迁。中国的东汉魏晋时期、隋唐时期，虽然儒家思想的地位没有遭遇根本动摇，但佛教的传入，本土宗教道教的产生，使之呈现出三教并立的局面。当然由于儒家思想的包容性，最终形成了"三教合一"的思想传统。而宋代的文化传统，则是出现了前所未有的思想大汇流。宋明理学吸收了佛教特别是禅宗的思想，也吸收了道教和道家的思想，是三家思想汇流的产物。这是文化史上一个国家的文化大传统整合、充实、变迁的显例。

历史发展和文化变迁的过程中，也会发生文化振荡。比如晚清的时候，西方的文化思想大规模进来，我们这边准备不足，面对强势文化，未免有文化失重的感觉，起而反思自己的历史文化，便觉得全无是处了。这种情况就是文化失重。当时学习西方是必然的趋势，意识到自己的落后，是文化的觉悟和觉醒。但本民族的历史地位不应忘记。后来又长时期地试图跟传统"彻底决裂"，这个损失是太大了。当然历史的曲折，总是事出有因，有时甚至是无法避免的。是非经久而论定，终于找到了正确的文化重建之路。现在不是这样了，改革开放这三十多年以来，随着经济的发展，社会文化也在重构。而且当代的文化重构是从"小传统"的重建开始的，最早是长江三角、珠江三角的经济先发区域，民间文化、民间信仰开始恢复与重建。最近十年，随着传统文化热、国学热，反思与整合"大传统"的学术思想活动受到学术界的重视。儒家思想的地位被重估，传统文化和文化传统在重新认识。历史不能割断、世界不能脱离的观念，为越来越多的人所认同。我今天要讲的，就是在此一背景下，我们如何认识和理解中国传统文化的一些价值理念，以及这些价值理念在今天是否能够继续发用。

我主要想探讨，在中国几千年的文化传统当中，有没有一些稳定的、恒定的、具有永久意义的价值理念。所谓具有永久意义的价值理念，就是指这些价值理念不仅适用于一个时期、一个朝代、一段历史，而且适用于所有的历史时间段；既适用于传统社会，也适用于当今的社会。不仅适用于北京人，而且适用于广东人、河南人；不仅适用于中国人，其实也适用于全世界的人。因为凡是具有永恒意义的精神价值，都必然具有普世的意义。全世界各个文明国家，都有自己的具有永恒意义的价值理念，但在表述上、概念的使用上，不一定相同。也就是"化迹"的不同。唯其不同，才需要对话交流，通过互相阐释，达到理解和沟通。

下面，我从中国古代的典籍中，特别是最高经典"六经"里面，包括《易经》《礼记》《孝经》，以及孔子、孟子的著作中，梳理出一些价值理念，它们是几千年以还一直传下来的，可以称之为永恒的价值理念，也可以说它们是具有普世价值的理念。我简单对它们做一些抽样的解释和说明。

三、诚信的意义

中国传统文化当中，有一些价值理念我觉得在今天尤其值得我们重视，比如"诚信"。诚信是中国文化里面非常重要的理念，孔子讲，"民无信不立""人而无信，不知其可也""信言不美，美言不信"。孟子也说，"朋友有信"。我们在《论语》和《孟子》里面可以看到，"信"被放在非常高的位置。

"诚"的概念，除了《论语》《孟子》讲，《中庸》《大学》讲得更集中。《中庸》和《大学》是《礼记》里的两篇文字，相传《中庸》是孔子的孙子子思所作，《大学》是孔子的高足曾子所作，所以两书大量引用孔子的原话。《中庸》认为，诚是"天之道"，是"物之终始，不诚无物"。而想要做到"诚"，即"诚之者"，则是"人之道"。显然已经把"诚"视为天道和人道的核心问题。《大学》提出，修身、齐家、治国、平天下，必须从"正心诚意"开始，"故君子必诚其意""心诚求之，虽不中不远矣"。而且作为一个人，内有诚，外面才有信，"诚信"是连在一起的。《易经》乾卦《文言》也说："忠信所以进德也。"一个人的道德品性的提升，忠信是前提。"忠"是和"诚信"并提的价值理念，也可以说，有"诚"才有"信"，有了"诚信"，才能做到"忠"。

"诚信"也是具有普世价值的理念，全世界的人都不能不讲诚信。其实一个国家的对外交往，也需要以诚信来立基，并不是对外交往就互相搞欺骗，那也容易被人识破。

四、"敬"所代表的自性的庄严

还有一个我近年研究比较多的理念，也是中国传统文化里面非常重要的价值理念，就是"敬"。"敬"的意思，当然包括尊敬他人、尊敬师长、尊敬长辈，是为"敬"。但是"敬"的真正的内涵，并不是对他人而言，而是指一个人作为生命个体的"自性的庄严"，指人的内在性格、性体、本性，是一个人的内在性体的庄严，叫作"敬"。这个"敬"义，是人之为人的最核心的精神旨归，它体现的是人的自尊、自重，自我的人性庄严。

中国文化的一些重要的价值理念，仔细追寻会发现，它的价值的内核原来很多都与"敬"有关，譬如"孝"。有一次，孔子的学生问到底什么是"孝"，孔子说，现在人们以为"能养"就是"孝"，如果"能养"就是"孝"，那么犬马也"能养"，怎么解释呢？然后他说，"不敬，何以别乎？"如果没有敬的话，人的所谓"能养"，跟犬马就没有区别了。在孔子看来，人的"孝"是以"敬"为旨归的，犬马则不是。所以长期以来，人们把对老人的"孝"称作孝敬，叫敬老，的确如此。

中国传统社会是以家庭为本位的社会，讲"三纲五伦"。"三纲"当中，有两纲都聚合在家庭。"三纲"即所谓"君为臣纲，父为子纲，夫为妻纲"。"三纲"在今天是不是还有用，这是一个值得讨论的问题，看在哪个意义上讨论。很多学者觉得，总不能在今天还提倡"君为臣纲，父为子纲，夫为妻纲"吧。但是，作为历史思想的研究来讲，"三纲"当中父子、夫妻这两"纲"都体现在家庭，则是历史事实。传统社会对官员的察选标准之一就是孝敬，如果一个人不孝敬父母，就没有资格做官。所以有一句老话说，"忠臣出孝子"。一个忠敬、诚信的人，一定孝敬父母；反之，能孝敬父母的人，才能成为忠于职守、仁爱天下的人。对父母的孝敬，作为一个人的品德来讲，是品德之本、品德之基，如果对自己的父母都不能善待，这个人就不可用。

传统社会有很多礼仪，包括家庭礼仪和朝廷的礼仪，最大的礼仪有两个，一个是拜天，一个是祭祖。拜天、祭祖都不是信仰，而是崇拜，崇拜和信仰是不同的概念。拜天是为了表达对未知的敬畏，祭祖是为了表达对血统由来的追怀和爱敬。孔子有一句著名的话，叫"祭神如神在"，意思是说，在祭祀的时候，你要

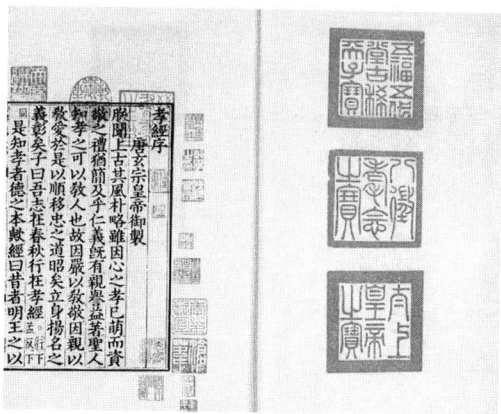

《孝经》书影

相信神是存在的，相信神是在场的。如果你在祭祀的时候还在想：神存在不存在呢？就不会有诚敬之心，就是对神的不敬了。我们读《论语》可以发现，孔子对超自然的力量不愿意多讲话，《论语》里有很多相关的记述，比如"子不语怪力乱神""敬鬼神而远之""未能事人，焉能事鬼"等等。有一次，弟子的话题涉及生死的问题，孔子说："未知生，焉知死。"显得很不耐烦。显然对生死问题，他不愿意多加探讨。但对于祭祀活动，孔子从不轻视。而祭祀活动第一需要的，是一定要秉持"诚敬"的心态。这也就是《礼记·祭统》所讲的："诚信之谓尽，尽之谓敬，敬尽然后可以事神明，此祭之道也。""事神明"的"祭之道"，关键是一个"敬"字。

礼仪不仅存在于祭祀活动，举凡社会的所有文明举措，都有一个礼仪的问题。礼仪其实是文明的指标，文明与不文明的重要区分，在于文明需要讲礼仪。孔子说："居上不宽，为礼不敬，临丧不哀，何以观之哉。"一切礼仪，如果没有"敬"，就不值得看了。所以礼仪的精神内核，也是一个"敬"字。我们在一些场合，需要穿合乎礼仪的服装，因此服装的作用，并不简单是为了避寒、保暖，它还是礼仪的一个标志。

我讲的"敬"这个价值理念，是非常内在的，是人的性体的一部分，属于自性的一种庄严。孔子在《论语》里讲："三军可夺帅也，

匹夫不可夺志也。"战争当中军队的统帅被人家抓起来，或者被斩首，这个情况当然是有的。但作为一个普通人，他的"志"是不可以被"夺"的。"匹夫"指一个平民身份的男子，不管有没有文化，地位多么普通，他的精神世界的"志"，绝不能也不应该被他人夺去。过去对"志"这个字，有的解释为志愿、选择、理想、追求等，其实不是。人的志愿选择是可以改变的，大家知道鲁迅早年学医，后来变成文学家；郭沫若也是学医的，后来成为诗人、作家等等。人的志愿或者工作方向的选择，是可以改变的。因此孔子讲的"不可夺"的"志"，必另有所指，指的是一个人的精神世界不可变异的东西。

20世纪的一位了不起的大儒，我称之为"儒之圣者"，叫马一浮，浙江绍兴人。他读书之多、学问造诣之深，当时很少有人达到他的境界。当然他学问的根基不是史学，而是儒学和佛学。马先生对孔子讲的"匹夫不可夺志"的解释与众不同。他说，什么是"志"？"志"就是"敬"。这是他的一个独到的解释，这个解释启发了我。"敬"的本义，是自我性体的庄严、庄敬，也可以称作"自性的庄严"，当然不可以被夺走。这个人的内在的精神固性，是不可以夺的。

20世纪的史学大师陈寅恪先生，一生秉持"独立之精神，自由之思想"，这就是他的"志"，不可夺。1929年，清华大学要给王国维建纪念碑，碑铭是陈寅恪撰写的。陈寅恪认为，王国维的死是为了守持自己的独立的意志，使内心的庄严不被"夺"。所以碑铭里面讲，王国维的这种"独立之精神，自由之思想"，将传之永久。他的著作将来可能有不同的说法，"惟此独立之精神，自由之思想"，将"历千万祀，与天壤而同久，共三光而永光"。这种精神也就是"敬"，就是"自性的庄严"。

中国自古以来就有不吃"嗟来之食"及"不为五斗米折腰"的文化传统。孟子讲的"威武不能屈，富贵不能淫，贫贱不能移"的"大丈夫"精神，也是内在的庄严、内心的诚敬不可动摇。这就是"敬"，就是一个人的尊严和庄严。"敬"可以使个体生命的精神高昂地立起来。

这个价值理念即使在今天也无比重要。有多少人在金钱面前，低下自己的头颅！以为钱可以带来一切。是这样吗？钱能使人幸福吗？有几个真正钱多的人是幸福的？钱能带来爱情吗？钱可以买来美色，但美色是不能长久的。色衰爱弛，色是暂时的，而真正的爱情是永恒的。钱能带来尊严吗？钱常常使人失去尊严。钱有那么重要吗？现在的人把钱看得太重，不择手段地敛取。最后呢？最后的结果大家都看到了。

我讲的"敬"，在中国古代是非常神圣的价值理念，孔子讲，孟子讲，"六经"里面讲，到宋代，程、朱等大儒讲得更多更系统。而且宋儒提出了"主敬"的概念。可是在当代社会，很少看到这种庄敬和庄严了。这在中国人的文化性格当中，是一个极大的问题。中国人的精神世界，那种庄严，那种不可夺的"志"，那种不可动摇性，那种千钧之力，有时候很少看到。到底是尊严重要，还是屈辱性的获得重要？绝对不是说只有有文化的人，才能保持内心的"敬"，所有的人都可以做到，所以才叫"自性的庄严"。是自性，本来就有的，不是外加的。人人都有自性，人人都可以保持内在的庄严。

《红楼梦》里面有很多丫头，她们没有文化，甚至不识字，但是她们很懂得礼貌。其实王熙凤也不识字，王熙凤胡作非为的事情很多，有劣迹，有命案，但贾母喜欢她，说凤丫头知"礼"，也就是懂得大家族的"礼"。当然她违背"礼"的地方也不少。而那些有个性的丫鬟，也懂得维护自己的尊严。一次贾赦看上了贾母的丫鬟鸳鸯，想娶她为妾，鸳鸯坚决不同意，采取了很多极端行动，表示抗拒，甚至当着贾母的面剪自己的头发。后来贾母制止了这件事，使贾赦的想法没有实现，这就是鸳鸯一个普通姑娘内心不可夺的"志"，也是她的"敬"，她的庄严。

我顺便再讲《红楼梦》里面另外一个丫鬟平儿，她是王熙凤的丫头。王熙凤虽然劣迹多端，但是她的所有的劣迹，都跟平儿没有关系。仔细研究《红楼梦》会发现，平儿是绝对忠实于王熙凤的，绝对站在王熙凤一边。但是王熙凤所有的劣迹，都跟平儿没有关系，这个做人的方略，以及内在的尊严非常了不起。有句成语叫作"同恶相济"，我们经常也会看到这种情况，但是平儿跟王熙凤的关系，是"相济而不同恶"。可惜《红楼梦》后面的故事没写到。我们可以设想，如果王熙凤犯事，涉及法律问题，我相信大观园里所有的人都会站出来说，凤丫头的事跟平儿没关系，都会给她作证。她一个这样位置的人，怎么可能把跟主子的关系处理得这么恰当？我忠实于你，绝对地帮助你，不损害你的利益，但是你所有的坏事，都跟我一点关系没有，我还想办法把你做坏了的事情变得好一点，这种事例书里有很多。《红楼梦》写人物，我举的鸳鸯、平儿只是抽样而已，很多女孩儿为了自己的尊严，有的是为了爱情，做到了用生命去换得美善的精神价值。而为了换取精神的价值目标而敢于牺牲生命，这种对精神价值的追求其实就是信仰。

所以"敬"这个价值理念，可以说进入了中华文化的信仰之维。而且"敬"是跟"诚信"连着的。无诚则不"敬"；同样没有"敬"，也就没有诚，也就没有信。所以要讲中国传统文化的价值理念，以"敬"为带领的"敬诚信"，应该是中国传统文化当中最重要的价值理念。

五、"行己有耻"是立身之本

还有一个价值理念，也需要在今天提出来，就是"知耻"。《中庸》里面引用孔子的话说："好学近乎知，力行近乎仁，知耻近乎勇。"并且说，"知斯三者，则知所以修身"。这三句话是中国传统文化的"修身"要诀。它的措辞非常有趣：要成为一个智（知）者，一个聪明的人，需要好学，你是不是达到了智（知），我们先不管，只要你好学，就已经往智（知）的道路上走了，就是"近乎知（智）"；"力行近乎仁"，因为中国传统的思想主张知行合一，如果你光懂得理论而不去践行，这跟"仁"没有关系，"仁"需要实践，在行动上见出来；"知耻近乎勇"，一个人勇敢不勇敢，就自身而言，耻感非常重要，如果一个人不知耻的话，就谈不上勇敢了，如果懂得羞耻，已经接近勇敢。

"耻"的概念，其实是人作为人的一个文明指标。人的文明的表现之一是有羞耻心。"耻"字原来的写法是"恥"，左边是"耳"，右边是"心"。"耻"是一个人的一种生理和心理的现象，当耻感发生的时候，心里会不安，而表现在面孔上，由于血液冲涨，人会变得面红耳赤。耻感一生出来，面孔就会发生变化，所谓"满面羞惭"。

"知耻"就是孟子讲的"羞恶之心"。孟子说："无恻隐之心，非人也；无羞恶之心，非人也；无辞让之心，非人也；无是非之心，非人也。"他将羞耻心称为"羞恶之心"。如果我们读《论语》和《孟子》，可以发现孔子与孟子两个人的不同，孔子非常和蔼，像一位老人缓慢地在那里说话。他也有性格，也发脾气，但是他整个的论道、论理，是化作日用常行，用很容易被大家理解的语言来表达，会举很多例子，有很多比喻。但是孟子不同，孟子急切，禁不住要跟人辩论。他说："予岂好辩哉？予不得已也。"没有羞恶之心，就不是人，这个话只有孟子讲得出来。恻隐之心就是同情心，亦即不忍。而羞恶之心，就是知耻。孟子把这四个方面，叫作"四端"。"端"的意思，是指做人的开始。如果没有这四端，说明还不够一个"人"字。但孟子讲的"四端"，我们今天已经不容易看到了，人和人之间的同情心变成了稀罕物。见死不救仅仅是怕法律误判吗？我认为主要是缺少是非之心，缺少正义感，缺少同情心。一个赤手空拳的男子可以当众侮辱一个女性，大家围观，而无一人阻止，是非之心、恻隐之心哪里去了？羞恶之心哪里去了？

一个人本然地需要有羞耻之心，特别是有文化的知识人士，更需要"知耻"。所以孔子讲"士行"的时候，使用了"行己有耻"的概念。如果是一个有官位的士人，就更需要有羞恶之心，需要"知耻"，需要"行己有耻"。因为只有"知耻"，才能做到廉洁。知耻而又廉洁，简称为廉耻。明代的大学者顾炎武把廉耻视为立身之本，他说"士大夫之无耻，是为国耻"。所以中国社会要讲价值伦理，"廉耻"是个最基本的价值理念。顾炎武说，如果无耻的话，将无所不为，耻没有了，什么事都敢做；如果不廉的话，将无所不取，什么都敢拿。廉耻这个中国传统社会的价值理念，在今天不仅没有过时，反而显得尤为重要。要讲当代社会的共同价值，我觉得"礼义廉耻"是最基本的。"礼义"前面讲"敬"的时候讲过了，"无敬不成礼"。在孟子那里就是"四端"中的"辞让之心"和"是非之心"。

"礼义廉耻"四个字，最早出自《管子》，管子是战国时期齐国的政治家，他说礼义廉耻是"国之四维"。"礼"其实是文明秩序，"义"是社会的正义公平，"廉"是节俭廉洁，"耻"是自我的道德自律。"礼义廉耻"是需要直接践行的价值伦理，所以孔子以"行己有耻"概括之。过去有句话叫"廉耻道尽"，没有了廉耻，这个社会就不好治理了。

六、"恕道"的异量之美

"恕道"是孔子的思想。一次孔子的弟子子贡提出一个问题："有一言而可以终身行之者乎？"有没有一个观念一个人一生都应该践行？孔子说有，这个观念就是"恕"，宽恕的恕。它的义涵孔子也有解释，就是"己所不欲，勿施于人。""恕""己所不欲，勿施于人"，可以看作是中国文化的至高的价值理念。这个价值理念规范的是人与人的关系。其实就是人与人相处，应该设身处地，将心比心，换位思考，自己不喜欢、不希望的东西，就不要强加于人。

宋代的思想家程颢、程颐，对"恕"的解释有一些很好的比喻。为了做到恕，甚至可以"易子而抱"，就是把别人的孩子当作自己的孩子来养，来培养自己"恕"这种道德理念。"恕"这个价值理念，是中国文化的博大胸怀的体现，证明在中国文化里面，有一种异量之美，能够同情他人，尊重他人，宽恕他人。西方对孔子的"恕"的思想评价很高，认为"己所不欲，勿施于人"应该是属于全世界的道德金律。

七、论"和同"

还有"和同"的价值理念，在中国文化里面同样非常重要。中国文化倾向于不把人与人之间的关系弄得那么紧张，那么不可调和。"和而不同"是中国人面对这个世界的总原则。不同，也可以共处于一个统一体中。人与人的差异，中国人和外国人的差异，真的有那么大吗？从学理上来分析，我认为差异是第二位的，相同之处是第一位的。

我在20世纪末，1999年，有一段时间在哈佛大学做研究。我和哈佛大学的很多教授都有对话，其中有一个对话，后来我整理出来发表过，是一篇两万多字的文章。我对话的对象是哈佛大学费正清中心的史华慈教授，他是一个法裔的犹太人，懂七八种文字，早年研究日本，后来研究中国，学问做得非常好。他研究的主要课题是"跨文化沟通"，主张人和人之间，不同的文化之间，不同的族群之间是可以沟通的，这是他追寻的一个最重要的文化理念。他也觉得这个世界不需要那么对立，大家有什么不可以沟通的？他跟我谈话当中提出一个理论，他说语言对于思维的作用，并不像人们想象的那么大。这个过去我从没有听说过，因为语言是思维的工具，没有语言还能思维吗？当然我

《论语》书影

们也了解，小孩子画图画也是一种思维。史华慈教授为了倡导跨文化沟通，试图在理论上有新的建构，他的这个理论想证明一个问题，甚至语言不通也不是人们交流的一个完全的障碍。当时我能够给他提供的一个例证，是语言不通也可以发生爱情。

不同的文化可以沟通，不一定那样对立，这是中国文化一向的主张。宋代思想家张载（字横渠），一个非常了不起的大学者，关中人，他有名的四句教是："为天地立心，为生民立命，为往圣继绝学，为万世开太平。"这四句话气象大得不得了。试想，"为天地立心""为生民立命"，这是何等怀抱！大家知道中国文化当中有民本思想的传统，关注生民的利益，是每个知识人士，每个为官的人必须做的。所以过去的县官叫作"父母官"，民之父母，他当然要关心民的利益。张载讲的"为生民立命"，来源于孟子的思想，因为孟子讲过"正命"，即正常地生，正常地活，正常地死。不要让民众过不正常的生活。"为生民立命"的意思在此。最后的指向，是"为万世开太平"。这是张载很有名的四句教，叫"横渠四句教"。但是大家不会太留意，张载还有另外的四句话，我叫它"哲学四句教"。这四句话是：

> 有象斯有对，
> 对必反其为，
> 有反斯有仇，
> 仇必和而解。

这四句话讲的是哲学，是一种宇宙观，是对整个宇宙世界发为言说。这个世界上，有无穷无尽的一个个的生命个体，可以称作"象"，这些"象"，有动物

张载

的，有植物的，每个象都不同，真是万象纷呈。"有象斯有对"，说的就是各个"象"的不同。即使是美丽的女性，也有不同的美。所以古人有一种说法，叫作"佳人不同体，美人不同面"。西方也讲世界上没有完全相同的两个生命个体。

"对必反其为"，是说一个一个的"象"不是静止的，而是流动的，由于不同，其运行、流动的方向也不相同，甚至有时候运行的方向会相反，所以会出现"有反斯有仇"，发生互相间的纠结。这个"仇"字，古代的写法是"讎"，左边一个"鸟"，右边一个"鸟"，中间是个言论的"言"。"隹"是一种尾巴很短的鸟，"讎"字的本义是两只短尾巴鸟在叽叽喳喳地讨论、争论、辩论。这个"讎"字，也就是"校讎"的"讎"。我们都有过校书的经历，真是很难的事情，所谓无错不成书，很难一个字都不错。古人的"校讎"更是一件大事，古人刻书很认真，一点一点地校，你拿这个本子，我拿那个本子，互相讨论。"讎"则是对校对中发生的问题，互相讨论，互相辩驳。但两只短尾巴鸟互相辩驳的结果，并不是这只鸟把那鸟只吃掉，而是达成共识，或达成妥协，求同存异，走向"仇必和而解"。这是中国文化对世界的最基本的看法。这个世界有差异，但是差异不必然发展为冲突，冲突不必然变成你死我活，而是可以和而解的。用这个思想来看待世界，不是可以减少很多麻烦吗？当然，不是一方面的问题，而是彼此双方的问题，所

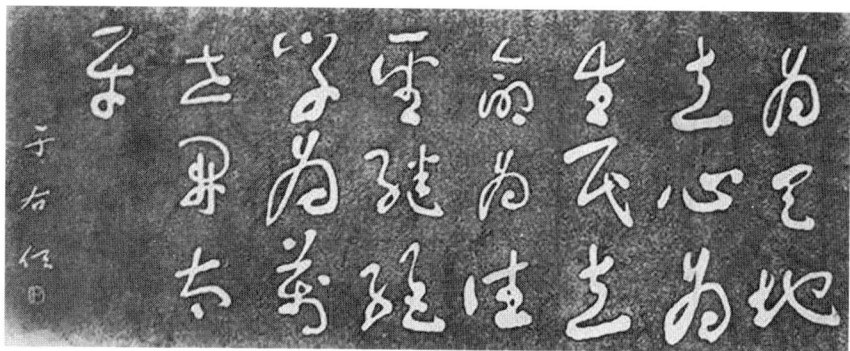

于右任书张载名句

以需要沟通对话。"有反斯有仇",就是沟通对话、互相校正的过程。

对话需要智慧。前几年学术界去世的一位长辈,人类学家、社会学家费孝通先生,他在晚年也有过四句话:

> 各美其美,
>
> 美人其美,
>
> 美美与共,
>
> 世界大同。

他讲的是文化问题,意思是说,世界上的各种文化都有它的长处,"各美其美",是指首先要看到自己文化的长处,不自卑,不失重,不妄自菲薄;"美人其美"是说光看到自己文化的长处还不够,还要看别人文化的长处;各种文化的优长互相吸收,众美相合,就是"美美与共";如此的结果,将是期待的"世界大同"。这四句话的关键是头两句,既要"各美其美",也要"美人之美"。看到自己的长处容易,难的是也看到别人的长处。中华文化当然有自己的长处,这些长处我们慢慢地会把它发掘出来,叫它们在现代社会里发用。但是,美国文化也有它的长处,美国的历史虽然短,但是美国文化的影响力我们不能轻看。欧洲、日本、韩国的文化,也都有自己的长处。欧洲不用说,日本文化的长处也是明显的,它是世界上最讲卫生的民族,也是一个长寿的民族。所以,我们学习文化史也好,学习文化学理论也好,费老的这四句话非常重要,这是老一辈文化学者对这个世界的期待。

这个世界能走向和解吗?21世纪已经过去十几年了,20世纪是纷争的世界,发生了两次世界大战。21世纪人类还要被这些灾难吞噬吗?人类不可以用自己的理智和智慧使这个世界走向和解吗?中国文化里面"和同"的思想,就是要你正确认识这个世界的生存状态,认识人类自己,以寻找解决之道。当然也不是一味跟人家讲"和",人家欺负到门上来了,中国人也有勇气和智慧战胜那些残暴的势力,这个已经为历史所证明。但是,我们主张这个世界应该更好些,应该更和谐,应该有话好好说。

我国另一位了不起的大学者钱锺书先生，早年写了一部著作叫《谈艺录》。1948年该书出版的时候，他在序言中写下这样两句点题的话：

东海西海，心理攸同；

南学北学，道术未裂。

在钱锺书先生看来，东、西方文化虽有所不同，但不论东方人还是西方人，其心理的指向常常是相同的。比如说人类都不喜欢灾难，都喜欢美丽的东西，喜欢蓝天、白云，不喜欢雾霾，不喜欢恶的东西，喜欢善的东西，人其实都是这样。所以中国文化的"和而不同"的价值理念，今天需要用大智慧把它弘扬开来。

八、中华文化的包容和清代的"闭关锁国"

中华文化本身是一个多元共生的系统，它的最大特点是具有包容精神。中华文化的伟大，中华民族的伟大，在于她的无所不包容。中国只是在近现代落后了，落后的原因，一言难尽。

唐代为什么那样强大？唐代是一种多元开放的格局，它有博大的胸怀，西域人、胡人可以到朝廷来做官。唐朝长安的街上，到处奇装异服，没有人限制。女性打扮得非常漂亮，有一段时间，女性把自己的面孔都涂成黄土一般的颜色，所谓"赭色"，眉毛和眼睛也都画得很夸张。当然也有一些学人和诗人担心中华文化受到"胡风"的冲击，例如元稹、白居易写诗表示担忧。当时有一本笔记叫《东城老父传》，笔记的后面一段担心地说："长安少年有胡心矣。"说明中亚和西域的文化对中华文化产生的影响是巨大的，但它带来的是唐代的开放、开明、繁荣、强大。

中国落后的根子在清代，清代有很多可圈可点之处，在国家版图的确定方面贡献巨大，但是清代中叶，在经济发展壮大的时候，却对外关上了国门。清代中叶的经济规模在当时的世界是一流的，但是他关闭了跟西方的通道。1793年，英国的特使马嘎尔尼以给乾隆祝寿的名义，带了很多礼品，想拜见乾隆皇帝。但在以何种礼仪拜见的问题上发生了争论，争持了很长时间，差不多有一个月。清朝一方要求施以跪拜之礼，英国人不同意，说他们对女王也仅是屈一膝，跪拜之礼无法接受。最后乾隆在避暑山庄接见了马嘎尔尼，到底施行的什么礼仪，记载不一致。有的说是屈一膝，有的说龙威庄严，英使一见就下跪了。说法不同，变成一个八卦了。但礼物是收下了，大约值1700英镑的礼品，数额不算少。清廷还礼送给马嘎尔尼一个玉如意，这个玉如意在今天就不是1700英镑可能买来的了。英使来的目的，并不是为了跟中国闹纠纷，而是希望建立稳定的长期的商务关系，方式是签一个正式的协议。结果没有谈成，一无所获地回去了。

现在马嘎尔尼的日记已经翻译出版，他在里面讲，在他们看来，是清政府犯了一个很大的错误。直到后来人家打上门来了，中国的大门才不得不打开，不是自己主动打开，是被人家的坚船利炮撬开的。然后就是不断地割地、赔款，不断地签订受欺负的条约。以我对清代历史的看法，清中叶以后的闭关锁国，罪莫大焉。就一个国家而言，"落后就要挨打"这句话，可谓经典名言，而挨打的显例，则是清朝。

马嘎尔尼觐见乾隆

九、国学和国民教育

中国百年以来文化上走过的曲折道路，我前两次演讲中讲过了。最近几年出现的"传统文化热""国学热"，一定程度上是对历史发展中文化遗漏的补课。现在主张现代化跟传统文化没有关系的人，是越来越少了。但是传统文化如何在今天发用，是我们当下需要深入探讨的问题。我讲的传统文化中有那么多美好的价值理念，怎样使它们变成当代文化建设和价值重构的有效资源？这是一个长期的思想精神建构的过程，不会立竿见影。这是一个大战略，不是小技巧。此事涉及中国人做人和立国的基本道德构成问题，得一点一点地做起，短期内不可能一下子建立起来。

我在这方面的一个主张，是认为小学、中学和大学的一二年级，应该开设国学课。我的理解，国学的主要内涵应该是"经学"和"小学"。"经学"就是《诗》《书》《礼》《易》《乐》《春秋》"六经"，《乐经》不传，保留下来的是"五经"。"小学"包括文字学、训诂学、音韵学。文字学，就是读书识字；训诂学，是解释字义，懂得内容；音韵学是要求对每一个字有正确的读音，念得准，明四声，知韵律。"小学"就包括这些内容。按清儒的说法，小学是进入经学的必要途径。而中国历来的充满智慧的那些价值理念，主要的都在"六经"里面。

孔子和孟子讲的思想，追其根源是从"六经"里来的。"六经"的文本经过了孔子的整理和删订。《诗经》原来有一千多篇，孔子整理删订为三百零五篇，简

《礼记体注》书影

称为"诗三百"。而《春秋》相传为孔子所作，或者鲁国原来有一部记载鲁国历史的《春秋》史稿，孔子最后修改增补定稿。《易》究竟是谁作的？按孔颖达的说法，是伏羲画卦，文王演易。即卦辞、爻辞是文王所作。孔子做的是十翼。"彖辞""象辞""文言""系辞"等属于"十翼"。《易经》实际上应该居于"五经"或者"六经"之首，它最高地集中了中国文化的精神层面的东西，仔细地追寻，它里面确有很多最高智慧的结晶，如果我们不是仅仅把它当成"卜筮之学"，而是当作中国价值伦理最早的渊薮的话，我们能够从中学到很多宝贵的珍贵的东西。《礼》是三代之礼的集成，里面记载了许多西周时期的规仪和范式。《荀子》的"礼论篇"说礼就是上事天，下事地，尊先祖，隆君师，大体不误。礼的功能主要是维护社会秩序，以求治体的长治久安。《礼》有三礼，一为《周礼》，一为《仪礼》，一为《礼记》。就阅读的方便而言要推《礼记》。《礼记》又分"大戴礼"和"小戴礼"两个版本，篇数不同。"大戴"是戴德所传，"小戴"是戴胜所传，都是汉代的学者。后来作为"三礼"之一的《礼记》，版本为"小戴礼"。当然"大戴礼"学者也经常引用。《书》指《尚书》，是夏商周三代的文献汇编，文字最艰涩难读。

"六经"有多么重要？按中国的一些大学者的看法，我刚才讲到马一浮，他当然是这个主张了。还有一位跟他齐名的大学者熊十力，当然还有梁漱溟，梁、熊、马被称为新儒学的"三圣"。熊十力先生在《论六经》中说，"六经"是中国人立国和做人的基本依据，我非常服膺他这句话。按马一浮先生讲，所谓"国学"实际上就是"六艺"之学。"六艺"这个概念，就文本来讲，指的就是"六经"，作为施教来讲，可以叫"六艺"。马先生认为，国学就是"六艺"之学。为什么这么说？只有把国学理解为"六艺"之学，才能跟全体民众发生关系。我们过去长时间认为，国学就是中国固有学术，固有学术就是先秦的诸子百家之学，汉代的经学，魏晋南北朝的玄学，隋唐的佛学，宋代的理学，明代的心学，清代中叶的朴学等等。这是中国学术史的流程。如果中国学术史就是国学，这是非常专业的领域，一般的民众不可能进入，也不一定需要进入。但是如果把"六经"，把孔子和孟子的思想视做国学的主体的话，就跟每一个民众都会发生关系了。

中国文化里面最核心的价值理念，都在《论语》《孟子》和"六经"里面。所以，我早期提出，在小学应该开国学课。后来香港中文大学原校长、国际上有名的文化社会学家金耀基先生，他在给我的信里说：你提出了重要的问题，你是试图在现代的知识教育之外补充上价值教育。但是他进一步说，何必只是小学呢？他说在他看来，中学和大学也许更重要。他这么一讲，把我的看法提升了一步，我接受了他的观点。我在后来的论述当中，主张国学课不仅小学开，初中，高中，大学一、二年级都要开。而且要有文言文的初步的写作练习。文言文的练习有什么好处呢？它可以保持文本的庄严。如果有文化的中国人都能写一点文言，尤其是某种职务的要求，比如说要写外交文告或者国家的重要文告，有一点文言的进入，就会增加文本的庄严。

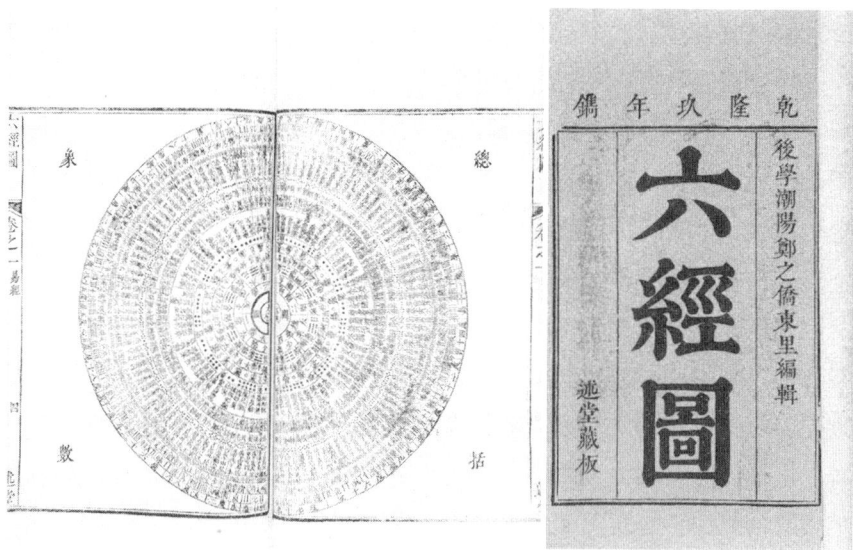

《六经图》书影

国学教育如果以"六经"为主，而且从《论语》和《孟子》开始，把这样的教育变成国民教育的一部分，就是最需要的和最基本的价值教育。这样持以时日，慢慢地就可以改变、补充上现代教育只重知识的缺陷。现代教育的建立，最大的缺失就是丢开了价值教育。大家读过韩愈的《师说》："师者，所以传道、授业、解惑也。""传道"就是价值教育，"授业"是专业知识的传授，"解惑"是讨论回答问题。现代教育基本上是知识的教育，当然有它的好处，但"传道"这一块没有了。有人说西方不传道，这是误解。其实西方也传道，只是传道有另外的系统，通过教会来完成。中国的传道，过去是通过书院，通过家庭，通过官员的为政来进行。中国古代的各级官员，也是教民之官，他们都是文化水平很高的人。但在现代社会，传道即价值教育这部分缺失了，这是我们今天亟待补充的教育内容。当然，我们的价值缺失，不仅包括传统价值的缺失，也还有现代文明的理念、文明的方式的缺失，这是另外的问题，涉及不同文化系统的对话、交流和吸收，如何到达文明不仅共存而且共享。今天讲到这里，不对之处请各位指教。

问：关于中国传统文化的传承问题。我们这些年来读刘先生的著作，知道刘先生多年来一直在思考和忧虑的一个问题是，中国有优秀的历史文化，却不容易凝聚为传统，有了传统却不容易传承。我想主要原因是我们的传统常常被遗忘、被误读，有时候甚至受到粗暴的批判，而这种现象在世界各个民族当中是罕见的。今天刘先生讲中国传统文化如何在现在发用的问题，我又想起了这个问题到底有一些什么深层次的文化的内在原因，以至于发生了这样一种现象。这是第一个问题。

第二个问题，关于儒家思想在中国传统文化中的地位问题。我记得刘先生对这个问题，有过非常明确的论述。在20多年前，刘先生在《传统的误读》这一篇著名的学术论文当中指出，认为儒家是中国传统思想的中心的提法，是对于文化传统的一种误读。刘先生还说，儒家中心说解释不了历史。我自己一直非常赞成刘先生的观点，但是我注意到，在今天的演讲中，刘先生阐述的代表中华文化精神的、具有恒久意义的基本价值理念，包括诚信、敬、恕、知耻、和同等这些概念，实际上都是儒家学术的基本范畴，没有一个属于道家和佛家。而且刘先生还强调，儒家的"六经"当中的义理，是中国人立国的精神支柱。那么，这就让我重新想到了儒家在中国传统文化中的地位的问题。"儒家中心说"可能有一些绝对，但是说儒家是中国传统文化的主干，是不是完全没有道理呢？这个是我们应当思考的问题，我很想知道刘先生今天对这个问题的见解和看法。

刘梦溪：看来你还真看了我的几本小书，两个问题都是很有价值的问题。而且第二个问题，还提出一个我的论述当中，是不是前后不一致的问题。非常谢谢你。

关于中国文化的传承问题，你说得非常好，因为我确实讲过，中国文化历史这么长，文化这么悠久，但是不容易凝结为传统，而且有了传统不容易传承。这确实是我在20世纪80年代末、90年代初讲的话，当时有这种忧虑，不过现在我还是这样的观点。为什么不容易凝结为传统？因为传统的凝聚需要有信仰的成分。大家可以看看美国一位社会学家希尔斯写的一本书叫《论传统》，他在解释"传统"这个概念时说，传统必须跟信仰连接在一起，如果没有信仰参与的话，传统就不容易形成，我认为这是有道理的。我们中国文化里面，在涉及信仰层面的时候，有时候未免打折扣。刚才我讲到孔子对祭祀的态度，他不多谈这些超自然的力量，重视祭祀的礼仪，而不深探祭祀的对象。这其中的奥妙涉及宗教精神和信仰的态度问题。中国文化背景下的信仰，似乎不是那样坚牢。有人会说，我们不是有佛教吗？佛教是从印度传来的宗教，到中国以后，有一个长期的中国化的过程，走了两条路径：一条路径是往简便方面走，顿悟即可成佛。禅宗在知识人那里，智辩的成分很大。要说禅宗是一种终极性的信仰，可能解释起来不无障碍。信仰是终极的关怀，不是一次性的顿悟可以达至的。顿悟可以实现，终极形成没有，不敢肯定。另一条路径是往民间的方向走，成为民间佛教。这一条路径使得寺庙广建，香火很盛，但是信仰的终极性如何？就像20世纪70年代，台湾盛行炒股票，有的人在炒股票之前许愿说，如果炒赢了，一定另立牌位，重塑金身。结果炒输了，他的愿就不兑现了。愿不在信仰，而是想获得。包括中国人对上天的态度，自然会产生一种对浩渺未知的敬畏。但这种敬畏是崇拜，不是信仰。所以当有时候看到一个行劣心坏的人，遇到挫折或死去，人们会感慨苍天有眼。可是有时候看到坏人活得比我们还好，坏事做尽也没有受惩罚，于是又骂"老天爷瞎了眼睛"。这哪里是信仰呢？信仰的缺乏，或者说信仰的不坚牢，是传统不容易凝聚的一个原因。

第二个问题，我是有这样的一个观念，认为把儒家完全看成中国文化的中心，有很多问题解释不通。在历史上，先秦"诸子百家"时期，儒家是百家当中的一家，谈不上中心。在汉代的时候，汉初到文景时期，黄老之术为主，儒家没有占据中心。汉武帝"罢黜百家，独尊儒术"以后，儒家的地位提升了。但带来的是经学发达，民众的心中地位如何，还需要很多具体证据。魏晋南北朝时期，那么长的时间，佛教和道教大为盛行，甚至南朝的梁武帝成为忠实的佛教信徒，几次到庙里舍身，干脆不想当皇帝了。隋唐佛教的地位很高。而宋代的时候，儒释道三种思想大合流，这时的学者、知识人士对儒家思想的反思与重建，成为社会潮流。当然是发展了儒学，但佛教特别是禅宗的思想，道教和道家的思想，地位也上升了。儒家思想影响大，遍及全社会，真正成为中心，是明清两代。尽管如此，陈寅恪还是说，儒家的影响主要在"制度法律公私生活"方面，关于学说思想之方面，反而"不如佛、道二教"。所以，讲儒家思想始终占据中国思想文化的中心，不一定妥当，但是，它占据主流，特别是明清时期。需要区分两个概念，即国学和传统文化不是同一个概念。中国传统文化的三根支柱是儒释道。但国学则主要是经学和小学。中国文化的价值伦理，我认为主要在"六经"和孔、孟、荀子等儒家的著作里面，这就是后来说的道统。今天讲当代的价值重构，资源主要还是要到儒家里面特别是要到"六经"里面去取资。因为这个价值建构涉及立国和做人。如果叫小学生一开始就念老子，"道可道，非常道"，孩子就糊涂了。老子的无为主义的顺化自然的思想，对社会人生有一种分解、破解的作用，这是另外一个问题，今天无法细谈。谢谢。

楼宇烈

魏晋玄学及其对中国传统文化的影响

楼宇烈，1934年12月生于浙江省杭州市。1960年毕业于北京大学哲学系哲学专业。现为北京大学哲学系、宗教学系教授，博士生导师；北京大学宗教研究所所长。

主要从事中国文化、哲学、宗教，尤其是中国哲学史、中国佛教史的教学和研究工作。在中国哲学史方面，侧重于魏晋玄学和近现代哲学的研究；在中国佛教史方面，侧重于禅宗思想和近现代佛教史的研究。

曾担任教育部社会科学委员会委员、全国古籍整理出版规划领导小组成员、全国宗教学会顾问、孔子基金会理事、中华炎黄文化研究会理事、中国社会科学院东方文化研究中心特约研究员、中国社会科学院佛教研究中心特约研究员、中国人民大学佛教与宗教学理论研究所学术委员会主任。

一、玄学发生的历史文化背景及其发展简况

（一）玄学的含义

玄学的概念来源于老子，老子讲"玄之又玄，众妙之门"，所以玄学讨论的是玄虚的、抽象的问题。汉末清议是指一些知识分子借用道家思想资源来评价人物、谈论社会问题。

（二）玄学产生的历史文化背景

1.汉代儒学经学的烦琐、教条、僵化——皓首穷经，象数之学。

2."名教"的变质，变成某些诈伪狡黠之徒欺世盗名的工具，社会风气的腐蚀。

3.社会动荡，政权更迭频繁。

（三）玄学与"三玄"

玄学在文献上面的源头或者依据，主要是"三玄"，即《周易》《老子》《庄子》。

从先秦到两汉，在古代文献中涌现出一些具有根源性的经典，即六经。沿至汉初，《乐经》失传，儒家经典以《诗经》《书经》《礼经》《易经》《春秋经》五部经典成为中国传统文化传承和发展的根源性经典。汉朝初年，民

庄子

生凋敝，社会经济衰弱，统治者采用与民休息的政策，利用黄老思想治理国家，倡导无为而治。黄老之学是儒家思想与道家思想的初步结合，既有王道也有霸道，既有德治也有刑治，礼法兼施。汉代可以说是中国传统文化经典的形成时期。南北朝时期，《周易》《老子》《庄子》的地位提高，形成了所谓的"三玄"。魏晋时期的玄学家们，主要是通过注释《周易》《老子》《庄子》三部经典来阐发思想，从而形成了玄学独具特色的思想和文化。

魏晋时期是中国艺术自觉的时期。这一时期的中国文化既继承了先秦时期的思想，又开启了隋唐宋元明清时期的思想。所以说魏晋玄学在中国文化史上、在中国思想史上都具有非常重要的意义。

二、玄学的名教自然论

汉武帝独尊儒术以后，儒家思想在社会上产生很大影响。儒家的"名教"理论，在两汉（特别是东汉）社会实际生活中起着重要的作用，是评判人物、选拔人才的主要方法。例如儒家提倡忠孝，所以汉代人才选拔的重要标准之一就是孝廉——孝敬父母，清廉刚正。然而沿袭至汉末，流弊丛生，"名教"成为某些诈伪狡黠之徒欺世盗名的工具。它不仅使人们的个性受到摧残，而且使社会的风气遭到腐蚀。例如中国有一传统，父母去世后，孝子贤孙为了表达哀悼之情，就要守孝三年。受"名教"理论的影响，东汉末年，一些所谓的"名士"开创了在墓道里为父母守孝的风气，名为守孝，实则花天酒地、沽名钓誉。所以当时就出现了一批伪君子、伪道学。名教和人的自然

郭象

本性之间的矛盾成为汉代末年面临的一个非常严重的社会问题。

先秦道家的代表人物庄子提倡相对主义，认为事物是有大有小，大与小是相对的，二者是平等的，庄子试图通过相对，消除大与小的外在差异。所以《庄子·齐物论》认为是与非也是相对的，儒家有儒家的是非，墨家有墨家的是非，墨家的是恰恰是儒家的非，墨家的非恰恰是儒家的是，所以各家有各家的是非，是非也不是绝对的，即"此亦一是非，彼亦一是非"，是非是相对的。

玄学家郭象纠正了庄子的相对主义。他认为外在的差异，虽然是相对的，但是在一个固定的场所里面，差异还是绝对的，大就是大，小就是小，不需要去否认。所以从本性上来说，不应该区分大与小，但从现象上来说，大与小的区别是存在的。举例来说，大鸟与小鸟的本性决定了大鸟食量大，小鸟食量小，大鸟不需要羡慕小鸟每天不用吃很多就能饱腹，小鸟也无须羡慕大鸟每天可以品尝很多美食，对于大鸟和小鸟来说，最根本的问题就是吃饱，无论吃多吃少，即所谓"自足其性"。所谓"适性"就是逍遥，对于庄子所讲的逍遥，郭象的注解是："夫小大虽殊，而放于自得之场，则物任其性，事称其能，各当其分，逍遥一也，岂容胜负于其间哉！"这是以自得适性释庄子"逍遥"之义。

在先秦儒家的观念中，每个人在社会上都有其确定的等级地位，处于不同等级地位的人都有一个符合其身份的名称，因此，每一个人应当按照自己的身份名称去实行其对社会应尽的责任和义务。如果人们不能按照其各自身份名称的规定去做，那么社会的正常秩序就会遭到根本破坏，从而引起社会的混乱，所以儒家最关注的就是社会伦常。儒家的这些理论，在维护社会集体关系方面是有其合理性的。人类社会是一个群体性社会，每个人都要根据自己社会身份的变化来履行一定的社会职责，认清自己的身份，做符合自己身份的事情。

上述道家主张随顺个人的自然本性的理论，历史上称之为"自然"；儒家强调按照身份名称去规定每个人的社会责任和义务的理论，则称之为"名教"。有没有可能把儒道两家的理论融会起来，使个人与社会的关系从紧张对立变得松弛协调些呢？魏晋时代的玄学家们在这方面做了有意义的探讨。

王弼是玄学的主要创始者之一，他提倡"以无为本"和"圣人体无"，其中心旨意就是强调顺应事物和人的自然本性。他认为，喜怒哀乐是人的自然本性，即使是圣人，也不能没有喜怒哀乐的感情。例如，孔子对于颜渊的品德和才能早已心中有数，然而，当颜渊前来从他求学时仍不能不感到高兴，而当颜渊不幸夭折时也不能免去悲痛。由此可知，人的自然之性是不可能去除的。玄学家们强调指出，人的道德行为是其本性的一种自然表露，如对父母的"自然亲爱"就是"孝"。

以嵇康、阮籍为代表的一派玄学家，进一步强调了以"自然"为本的思想。他们主张听任本性的"自然"发展，而不要为"名教"的形式所束缚。嵇康明确地提出了一个口号，叫作"越名教而任自然"，人们要完全彻底摆脱"名教"的束缚而使"自然"本性得到充分的发展。因此这一派人在行为上放荡不羁，注重"自然"真情的表露，而蔑视"名教"形式的拘守。相传阮籍母亲去世时他正与朋友下棋，那位友人请求停止下棋，然阮籍却坚留其决一胜负。他们的思想行为在社会上产生了很大的影响，一时流为社会风尚，名士们争相效仿。这些效仿者从形式上学嵇、阮的任性放荡，其行为有过之而无不及，以至危及了维持社会风尚最起码的礼制法度，遭到了一些玄学家的批判。

《庄子·秋水》记载："牛马四足，是谓天；络马首，穿牛鼻，是谓人。"就是说牛马长有四条腿，是天生的；而络马首、穿牛鼻

王弼

嵇康

阮籍

却是人的行为。"天"与"人"是对立的，"人为"导致了自然本性的泯灭。所以，应该"无以人灭天"，不要人为地毁灭自然。

郭象是玄学的又一位杰出的思想家，他把玄学理论发展到了一个新的高度，他认为"名教"存在于人的"自然"本性之中，人的本性的"自然"发露也必定与"名教"相符合。他说，"仁义"之类的道德规范，完全是人的本性，只要任其发露就可以了。他以牛不辞穿鼻、马不辞络首是为牛马本性作为例子，来说明"仁义"即在人的本性中。这也就是说，表面上看来是借助于外力的名教规范，其实存在于自身的自然本性之中。

魏晋玄学针对时弊，高扬道家的"自然"理论，并通过提倡"自然"，肯定个人自然本性的根本性和合理性。玄学家们认为，"名教"是建立在人的自然本性之上的（即所谓"名教"本于"自然"，或"名教"出于"自然"），"自然"为"本"，"名教"为"用"。他们尖锐地批评那种脱离"名教"的本质或根本精神，而只知在形式上拘守"名教"的"弃本适用"之论，认为只要真正把握住人的自然本性，真正把握住名教的根本精神，那么，社会的名教规范不仅不会与人的自然本性相冲突，反而是协调一致的。

玄学把"名教"根植于人的本性之中，使遵守社会道德规范获得了某种自愿的根据，这是对先秦儒家片面注重道德自觉，忽视道德自愿理论的一个重要补充。以后，宋明理学把"礼教"说成是"天理当然"，而通过"性即理"之说，又把"礼教"根植于人性之中，这里显然有着玄学的影响。

个人与社会之间的矛盾是会永远存在下去的，只是随着时代的发展，个人与社会之间矛盾的内容和形式会有很大的不同，因此必须不断寻求新的理论予以协调。玄学的"名教自然论"，作为一种协调个人与社会关系的理论，已成为历史的陈迹，今天我们来谈论它，无非是供寻求各种新的理论时作参考而已。

三、玄学的"忘言得意"论

忘言而得意，是玄学在认识方法上提出的一个主要观点。它与当时的言意之辨有密切的关系。忘言得意的方法，主要是从探求对于事物现象之本源的认识中提出来的。

在当时的言意之辨中，关于言意之间的关系主要有三种不同的观点：

其一，认为言尽意，即语言能够非常清楚、完整地表达思想，主要代表为欧阳建。

其二，认为言不尽意，即语言并不能清楚地表达思想、精神的实质，甚至会阻碍思想的表达，主要代表为荀粲、张韩、郭象。

其三，认为言以出意，得意在忘象，即语言是表达思想的工具，主要代表为王弼。

上述二、三两种观点由于均为重意轻言象，以强调得意为主，因此常被混为一谈，而不作分别。我们这里所说的玄学"忘言得意"的方法，也是综合这两者的意思而言的。

忘言得意的方法在当时学术思想界中所起的作用，汤用彤先生在

《魏晋玄学论稿》的《言意之辨》一文中，从五个方面作了详细的论述。即：

第一，用于经籍之解释；

第二，契合于玄学之宗旨；

第三，会通儒道两家之学；

第四，于名士之立身行事亦有影响；

第五，对佛教翻译、解经亦有重要影响。

佛教传入中国以后，在魏晋南北朝时期得到广泛传播，在大量翻译佛经的过程中，人们发现佛经中许多概念无法用传统的儒家、道家的词汇来表达。比如，佛教讲"空"，而中国传统文化中找不到一个词语能够与之对应。于是受玄学思想的影响，佛经的翻译追求得意忘言，即抛开语言文字的表面含义，探究其蕴含的深刻思想。

忘言得意的实质，也就是要求人们不要停留在事物的迹象上，而要深入到事物的内部去把握其根本。就这方面说，玄学的"得意"之论，反映了人们对于宇宙、社会认识的深化的要求，"忘言"（"借言"）以"得意"，即是取得这种深化认识的玄学方法。

言意之辨是从对汉代易学的批评中发展起来的。汉代易学强调象数之学，《周易》中的每一个卦都由三个要素组成，其一是象，即卦象或者爻象；其二是言，即卦辞、爻辞；其三是意，即语言所表达的意思。言由象出，意由言出，透过象、言去得意。

玄学的"忘言得意"论不仅在中国传统哲学的认识方法上有着重要的意义，而且对于中国传统文学、艺术的创作论和欣赏论也有着深远的影响。在某种意义上甚至可以说，"得意"是中国传统文学艺术的最主要特点之一。

从唐朝到宋代，都强调文以载道，即文章或者诗歌都要通过字面含义去表达思想、阐明道理。例如周敦颐的《爱莲说》，这篇短文用优美的语言来歌颂莲花高洁的品质，"可远观而不可亵玩"，赞美其是君子之花。文字非常美，但我们在欣赏文字的同时，感受到的是莲花中通外直、出淤泥而不染的高贵品格。当我们把这些品质运用到人生修养上来，就是"载道"，即得意忘言。在中国的文学艺术创作中，每一个作品都会受到社会的影响，纯粹的为艺术而艺术的想法是不现实的，每一位艺术家都有艺术的良知，所以作品不仅要在表面上渲染生机盎然、欣欣向荣的景象，更要给人以精神上的鼓舞。所以北宋大文豪苏东坡诗云："论画以形似，见与儿童邻。"画家旨在以有限的形表达无限的神，追求一种"天人合一"的意象妙境。

现在很多人批评中国的艺术创作里边，价值观念灌输的太多了，甚至于有人说艺术创作是为政治服务的。其实任何一种艺术都会产生一定的社会效应，都会引导人们如何去欣赏，如何从中修身养性。

唐代诗人王之涣的《登鹳雀楼》可谓是妇孺皆知："白日依山尽，黄河入海流；欲穷千里目，更上一层楼。"这首诗描写的是傍晚太阳落山，黄河之水滚滚向东流的景象。不同的欣赏者去读这首诗都会有不同的理解，这首诗所蕴藏的含义已经超过了诗歌本身所描绘的景致。所以中国传统文化中这种不拘泥于言象，而注重于得意的欣赏论，给文学艺术欣赏者带来了极大的自由性。同一作品、同一自然风光，不同的欣赏者从不同的角度去观赏，用不同的心情去体会，结果对于作品所包含之意，以及各人所得之意，往往相去甚远。而且，即使同一人欣赏同一作品或自然风光，在不同的环境和心情下，也往往前后有极大不同的体会和所得。借用汉代著名儒学家董仲舒的话来讲，即所谓"诗无达诂"。在这里，欣赏者可以充分发挥其主观能动性，以致可以完全离开创作者的原意，而体会出另一种新意来。

在玄学"忘言得意"论影响下形成的这些中国传统文学艺术创作论、欣赏论上的特

王之涣

点，构成了中国古典文学艺术中以表现主义为主的鲜明特点和传统。

汤用彤先生是研究魏晋玄学的开创者，他认为一种新的思想，或者一种新的理论体系的开创，首先要有一种新的方法，玄学本身就是借用这种思维方式，把人们的思想从两汉今文经学的荒诞和古文经学的烦琐中解放出来，从而开创了一种简约而深邃的义理之学。宋明理学正是继承这一方法而发展起来的。

四、玄学的"自然合理"论

魏晋玄学在面对名教与自然的关系时，形成了一种独有的理论，即"自然合理"论。

王弼玄学的主题是"以无为本"，这里所谓"无"的基本内容之一是指"顺自然"（《老子》三十七章"道常无为"句注）。他认为，"万物以自然为性"（同上二十九章注），因此，"圣人体无"，也就是要求"圣人达自然之性，畅万物之情"，"因而不为，顺而不施"（同上二十九章注）。"辅万物之自然而不为始"（同上二十七章注）。万物是有理的，所谓"物无妄然，必由其理"（《周易略例·明象》），万物之自然本性也就是它的理。

玄学的另一位主要代表郭象，以"独化自足"为其学说的主旨。但是，他在论证其"独化自足"时，所采用的理论形态则同样是"自然"而"合理"论。郭象是明确宣布"造物无物"（《庄子序》）的，其结论自然是"物皆自然，无使物然"（《齐物论注》）。由此，他又说："顾自然之理，行则影从，言则响随。"而归根结底也是由于"物无妄然，皆天地之会，至理所趣"（《德充符注》）。就这方面来说，郭象与王弼的观点是一致的。

这种"自然合理"论的理论特征是，通过顺应自然之性（王弼说），或自足其自得之性（郭象说），来论证事物各自地位的合理性，以及物与物之间关系的合理性。

　　玄学把自然无为推演为一种客观存在的、抽象的必然之"理"，对于宋明理学的以理为本的哲学体系的确立，是有重要影响的。如理学创始人之一的程颢说："吾学虽有所受，天理二字却是自家体贴出来。"（《二程外书》卷十二）但是，我们从他们对天理的解说来看，理学的天理思想在很大程度上是受到了玄学的启发。程门高弟谢良佐曾说："所谓天理者，自然底道理"，"学者只须明天理是自然的道理，移易不得"（《上蔡语录》卷上）。这里明确地强调了天理即是自然的道理，与玄学所讲的"自然"而"合理"的思想是完全一致的。

　　魏晋玄学对中国哲学影响最深的是宋明理学。理学家分为两派，一派主张天理，一派主张良知，或者叫良心。程朱讲天理，陆王讲良知，良知是什么？良也是本来的状态，实际上也就是自然。所以理学家整个来讲天理、良知都是强调一个自然合理，这有很多史料可以说明，他们直接讲自然的就是合理的。何谓天理？朱熹作了一个非常明确的解释，"天理者，张之为三纲，纪之为五常"。可见朱熹认为三纲五常就是天理，是一种自然存在、无法回避的社会关系。虽然三纲五常具有一定的时代局限性，但是站在现代社会的角度来讲，上下、父子、夫妇、长幼、朋友这五种社会关系是人类社会的必要存在，只有协调好这五种关系，社会才能够正常运转。

　　中国的思维方式追求自然合理，所谓自然合理就是尊重事物的特性。王弼指出"物无妄然，必由其理"。也就是说，万物都是有一定的规律可循的，即万物的本性就是自然而合理的。

　　关于老子的道德思想，最精辟的一句话是"道可道，非常道；名可名，非常名"。《韩非子》对此的精辟解释是事有定理，道无常操。也就是说万事万物都有自己的特性、规定性，但道是无常操。道是随着万物的变化而变化的，它体现在万事万物之中而不在万事万物之外，更不是在万事万物之上，道的变化不是杂乱无章的，是"会之有元、统之有宗"的。尊重自然就是尊重每个事物的个性、本性，因势利导。这就体现了道家主张的"无为"思想。

《淮南子》对"无为"做了明确的界说："若吾所谓无为者，私志不得入公道，嗜欲不得枉正术，循理而举事，因资而立功，推自然之势，而曲故不得容者。"意思是说个人的私念、嗜欲不能妨碍公共的准则、秩序，要遵循事物本来的规律、特性行事。而且只有在条件成熟、环境允许的情况下才能够达到事半功倍的效果。可见道家的"无为"思想绝不是无所事事，而是要根据事物所处的环境、时间、地点、条件去做事，防止人的主观随意性。

玄学家把道家的无为思想运用到玄学的思维模式中，得出了"自然合理"的思想理论，对今天依然是非常有意义的。

玄学的"自然合理"论是一种具有理性思辨形式的理论形态。正是这种理论形态，不仅对中国传统哲学产生了重要影响，更影响到中国传统艺术理论和传统中医学理论的发展。例如，中国艺术追求的一个最高的境界，"外师造化，中得心源"。就是说，艺术创作要符合事物自然的本性，并从中升华出一定的心得、体悟，即艺术创作要源于自然并高于自然。中国传统医学理论也强调顺应自然，这是中医学的一个根本原则。所谓顺应自然，就是要顺应四时的变化，针对不同地区、不同时节、不同病患的病因的不同，采用不同的诊疗方法，对症下药。

我们现在对于科学合理的概念理解得比较多，科学合理就要强调标准化、规范化、模式化。而自然合理与其相比更多的是强调灵活性，这两者需要很好的配合。例如，我们现在提倡生活方式要科学合理，于是大量补充各类营养。其实这种补法是不正确的。身体保健应该遵循自然合理的模式，什么季节吃什么东西，从日常饮食中间获取人体所需的维生素和其他各种营养，自然合理的生活才是更健康的生活。

《黄帝内经》是中国最古老的一部医书，是养生学和中国医学的理论奠基之作。书中黄帝问岐伯，上古之人活到100多岁仍身体健康，现在的人为什么50多岁就疾病缠身？岐伯回答道："上古之人，其知道者，法于阴阳，和于术数。食饮有节，起居有常，不妄作劳，故能形与神俱，而尽终其天年，度百岁乃去。"也就是说要按照自然界的

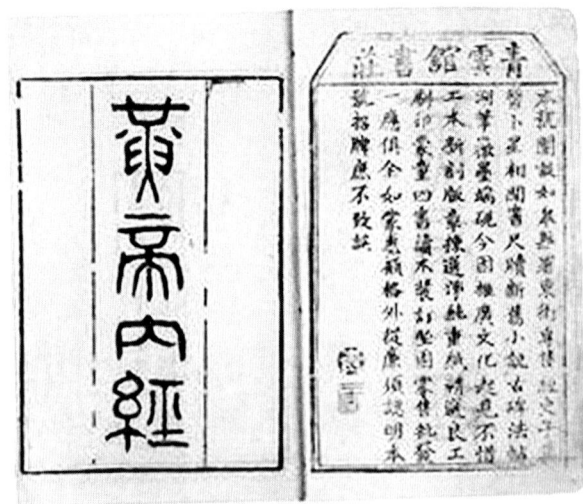

《黄帝内经》书影

变化规律而起居生活，随四季的变化而适当增减衣被，根据正确的养生保健方法进行调养锻炼，如心理平衡、生活规律、合理饮食、适量运动、戒烟限酒、不过度劳累等。遵循这样一种健康的养生方法才能健康长寿。现代人在养生保健方面存在很大的认识误区，身体稍有不适就想看病、吃药、打针，其实这是不正确的，因为这种做法扼杀了人体的自我调节和自愈能力。所以一般情况下，发烧不超过39℃就不需要打针、吃药，做一些自我治疗就可以了，例如用冰水敷额头、酒精擦手心脚心，长此以往，抵抗力增强了，身体自然就更加健康了。

现在很多观念都在发生变化，西医正在向自然医疗、传统医疗复归。例如治疗高血压的观念正在改变，过去治疗高血压就是一味地服用降压药。现在很多医生都主张，治疗高血压首先应该从调理病人的饮食、生活、情绪入手，甚至于现在肿瘤治疗也提出了"带瘤生存"的概念。这些医学治疗的观念就是玄学自然合理思维模式的体现。

唐翼明

魏晋人文精神

    唐翼明，湖南衡阳人。两岸知名学者、作家、书法家。1982年进入美国哥伦比亚大学东亚语言文化系，师从国际著名学者夏志清先生，先后获得硕士学位（1985年）、博士学位（1991年）。1990年9月赴台，先后任教于"中国文化大学""台湾政治大学"，是赴台湾开讲大陆当代文学的第一人。2008年从台湾政治大学退休，定居武汉。现任华中师范大学特聘教授、国学院院长、长江书法研究院院长，武汉大学国学院兼职教授，江汉大学人文学院讲座教授，武汉市文史研究馆馆员。

    著有《古典今论》《魏晋清谈》《魏晋文学与玄学》《唐翼明解读〈颜氏家训〉》《大陆新时期文学：理论与批评》《大陆"新写实小说"》《大陆当代小说散论》《大陆现代小说小史》，回忆性散文集《宁作我》《时代与命运》等多部著作。

一、魏晋南北朝时期在中华文明发展史上的意义

（一）魏晋南北朝时期指的是从汉末三国起，到隋朝统一中国为止的一段长约400年（220—589）的历史时期。第一段是三国，大约50年；第二段是西晋，也大约50年；第三段是东晋，大约100年；第四段是南北朝，大约170年。从东晋开始，长江以北就成了少数民族的天下，先是建立了若干小国，后来则有北魏、东魏、西魏、北齐、北周等朝代，历史上叫作"五胡十六国"。魏晋南北朝当中，真正最有活力、最有创造力的就是前100年，所以我们常常把魏晋南北朝简称为魏晋。

（二）中国人认为，人间的社会伦理是参照天地而塑造的，所以上有天文，下有地文，中间有人文。中国早期典籍《周易》里面就有"观乎人文，以化成天下"的话。但是"人文精神"一词却是结合了西方的思想观念，于近代提出来的。所谓"人文精神"就是以人为本，重视个体的价值。儒家思想当中就有浓厚的人文精神，我们今天读《论语》都可以感到。

魏晋时期，中国的人文精神得到空前的发展。但是长久以来，在学术界，乃至普通人心里，都认为魏晋南北朝政权更替频繁，是一个不太重要、不太光彩的时期，甚至误以为这段时期没有多少贡献，所以对魏晋南北朝我们听到的往往是负面的评价多于正面的评价。这个看法其实很错误，事情往往是辨证的，混乱不见得没有贡献，稳定也不一定就有贡献。事情常常是两面的，英国文豪狄更斯有一本著名的小说叫《双城记》，开头就说："这是一个最好的时代，也是一个最坏的时代（It was the best of times, it was the worst of times）。"我觉得用这两句话来形容魏晋南北朝真是再恰当不过，一方面这的确是一个混乱的时代；但另一方面，这也是一个相对自由的、民族创造力蓬勃发展的时代。

几十年前，著名学者宗白华曾经说过：这是一个很热烈的时代，充满艺术气氛的时代，令人想起欧洲的文艺复兴。章太炎先生也很重视魏晋南北朝。他认为魏晋南北朝的学术最发达，魏晋人的文章也写得最好。鲁迅先生也非常欣赏魏晋时代，他特别推崇嵇康。他在没有投入新文化运动以前，曾经有十几年在教育部做事，利用业余时间搜集、订正、编辑出版了近代最完备的一本《嵇康集》。

（三）魏晋南北朝时期在中华民族整个文明的发展中有极其重要的地位，尤其在民族和文化的融合上、精神的更新和创造上，是一个贡献很大的时代，对中华民族后来的发展影响极其深远，任何忽略和贬低魏晋南北朝时期的观点都是完全错误的。

（四）关于魏晋南北朝时期的重要意义，我们可以放在中华民族文明发展的纵线坐标上看，也可以放在全世界各大主要文明发展的横线坐标上加以比较。从纵线坐标上看，魏晋南北朝时期是中国思想史上、精神文明发展史上最关键的三个时期之一。这三个时期分别是战国时代、魏晋时代和清末民初一直延续到现在的这个时代（或称"五四时代"）。战国时代是中国文明的奠基时代，或如冯天瑜先生所讲的，是中华文化元典产生的时代；魏晋时代则是中华文明的进一步扩大和转折的时代；而清末民初则是中华文明由传统转入现代的过渡时代。

从横线坐标看，战国时代相当于西方学者所说的"轴心时代"（The Axial Age），而魏晋则相当于西方学者说的"文

嵇康

艺复兴"（The Renaissance），"五四"就是"现代化运动"（The Modernization Movement）了。

德国思想家卡尔·雅斯贝尔斯在《历史的起源与目标》一书中第一次把公元前500年前后同时出现在中国、西方和印度等地区的人类文化突破现象称之为"轴心时代"。这一阶段，人类的几大古老文明，同时出现哲学上的重大突破，涌现出一大批伟大的思想者，为这些民族编织了一张意义之网、价值之网。希腊出现了苏格拉底、柏拉图、亚里士多德等。犹太文明在这一段时期，也出现了一批先知，最后出现的是耶稣基督；印度文明产生了释迦牟尼；中国文明在这一时期出现了孔子、老子、孟子、庄子、荀子、韩非子等思想家。所以，中国的战国时代相当于世界史上的这个"轴心时代"。

欧洲的文艺复兴发生在14世纪左右，最早出现在意大利，口号是复兴希腊罗马的古典文明，旗帜则是理性主义与人文精神。当时涌现出一大批艺术巨匠、学者、科学家等，如达·芬奇、米开朗琪罗、拉斐尔等。文艺复兴带动了人文精神的发展和个体意识的觉醒，以人为本代替以神为本，促进了现代科学的发展及现代工业的成长。由此开始，社会结构也发生了变化，中产阶级成为西方最庞大的阶级。中国在魏晋时期也发生了一场文艺复兴，目标是复兴先秦的诸子百家，其结果也是推进了理性主义与人文精神的发展。中国的文艺复兴比西方早了1000年，虽然影响不如西方大，但对中华文明的发展则是极其重要的，不容低估。最近汤一介先生有一个讲话，他说冀望中华文明出现一个新的轴心时代。我很理解他的意思，但是我更倾向于把这个意思表述为：冀望中华文明能出现一个新的文艺复兴时代。

二、士族阶层的兴起与社会结构的改变

魏晋南北朝是一个一方面分裂动乱、一方面又自由活泼的时代，造成这个两面性的根本原因，是中央政权的相对弱势和地方势力的相对强

大。为什么那个时代中央政权会比较弱势而地方势力会比较强大呢？这里面的因素当然很多，其中一个很重要的因素，是从东汉以来，地主阶级内部出现了一个新的阶层，历史学家通常把这个阶层叫士族阶层。士族阶层到魏晋时已经发展得很成熟，若干士族变得很大，几乎垄断了当时社会的政治、经济、文化各方面的资源。

讲到士族，我们不得不提到董仲舒。董仲舒是个很有头脑的思想家，他向汉武帝提出了两个根本性的建议。一个建议是"罢黜百家，独尊儒术"，把儒家的地位提高到百家之首，经他改造过的儒术成为汉朝的国家意识形态。另一个建议是劝汉武帝兴办太学。太学里面只教儒家的五经，每一经都找当时最优秀的学者来教，这些老师叫"五经博士"，学生则主要是贵族青年和官员子弟。东汉末年的时候，太学规模庞大，有三万多学生。当时中央一级除了太学以外没有别的学校，地方上虽然还有些官学，但规模不大，程度不高，一般人要接受教育很困难。所以太学的师生就变成这个社会文化资源、政治资源、经济资源的垄断者。而且这些人的家族很容易就会造成世代相传的局面，代代都受过良好的教育，代代都有人在朝廷里做大官，读书和当官是他们两个重要的标志，这样的家族就叫作士族。由于皇帝的恩赐和法律的偏袒，这些士族往往会得到很多的土地，又享受免税的权利，许多农民也自愿地投到他们家族的大树底下来寻找荫庇，成为这个大家族的佃客，这样雪球般越滚越大，逐渐形成一个个庞大的家族，人数可以多到几百人甚至几千人。这几百、几千人连同大片的土地，就变成一个在经济上自给自足的集团，甚至还拥有一些保卫庄园的武装力量。我

董仲舒

们在《水浒传》中读到"三打祝家庄"的故事，那个"祝家庄"就有点像我这里所说的士族的庄园。

在汉末，这样的大家族已经有一些。我们读《三国演义》就可以看到。在三国时代，活跃在政治舞台上的军阀、谋士们基本上都出身于士族阶层。例如袁绍、袁术的家庭就是一个典型的例子。史书上记载袁家是"四世五公"，"四世五公"就是一家里面连着四代出了五个当"三公"一级的大官。"三公"是当时最高一级的文官，"三公"名称各代略有差别，周朝时候是司马、司徒、司空，汉武帝时的"三公"是丞相、太尉、御史大夫，大约相当于我们今天的国务院总理、国防部长和中纪委书记这一级的官。这样的家庭当然是典型的大士族。再比方说曹操的大谋士荀彧、荀攸，二人是荀子的后代，也来自当时的一个大士族。再比如诸葛亮，虽然诸葛亮说他早年躬耕于南阳，出身清寒，但其父也是做官的，只是死得早。诸葛亮之兄诸葛瑾官至吴国大将军，其族弟官至魏国大司空，都是一级大官，所以诸葛家也是一个大士族。晋朝以后，特别是东晋以后，士族的势力更加发达，他们垄断了政治、经济、文化等各种资源，那时的中国社会基本上就控制在一百来个大士族的手中。我们现在还偶尔会用到"王谢子弟"这个成语，这里的王，指的是山东琅琊王氏，就是王导那个家族；谢，是指的河南阳夏谢氏，就是谢安那个家族。王导、谢安都是东晋的名臣，都做过宰相。王、谢两家，就是晋朝士族的代表。其余如颍川庾氏（庾亮的家族）、谯国桓氏（桓温、桓玄的家族）、京兆杜氏（杜预的家族）、河东裴氏（裴潜、裴秀、裴的家

谢安

族）、陈郡殷氏（殷浩、殷仲堪的家族）、范阳祖氏（祖逖、祖冲之的家族）、吴郡陆氏（陆逊、陆抗、陆机、陆云的家族）、吴郡顾氏（顾雍、顾荣、顾和、顾恺之的家族），都是著名的大士族。

士族阶层的出现，改变了原来的社会结构，地方势力相对强大，中央的权势就相对削弱，皇帝在某种意义上变成了士族的盟主，很多人都想当皇帝。例如，东晋大司马桓温图谋受禅，未成，后病死。我们再来看看琅琊王氏。众所周知，东晋政权是司马睿建立的，但是司马睿如果没有王家的帮助，根本建立不了东晋。当时王家有两个大人物，一个是王导，他是司马睿的大谋士，可以说东晋政权的创立几乎都是他一手谋划的。另外一个大人物是王敦，大将军，东晋初期的最主要的武装力量就是他统率的。王导、王敦这一文一武，在建立东晋政权的过程中，功劳比司马睿还要大。所以司马氏登基的时候上演了一出前无古人、后无来者的大戏：当群臣拥戴司马睿做皇帝的时候，司马睿居然亲手拉着王导说，咱们两个人一起去坐金銮殿吧。历史上有这种怪事吗？有哪一个皇帝会让别人跟他一起坐金銮殿吗？但是东晋就真的发生了。当然对司马睿来讲这只是一个姿态，王导也没有敢接受，但毕竟反映了司马睿对王家功劳的感激与重视，所以当时民间有一句谚语，说"王与马，共天下"，这在中国历史上是绝无仅有的事。

魏晋南北朝时期的大士族，又叫门阀士族，他们在政治、经济、文化各个方面具有很大的优势，大到几乎可以跟皇族相抗衡的地步。这样中央政权的控制力自然

晋元帝司马睿

就削弱了，造成了魏晋南北朝时期分裂混乱、政权交替频繁的一面。但也正因为如此，地方势力和地方势力之间、地方势力和中央政权之间就形成了许多空隙，社会便有了自由的空间。士族势力的强大还造成了另外一个更积极的后果，就是这些士族中的成员可以相对地脱离皇权的控制，不需要事事都靠皇帝才有饭吃。这样一来，他们终于慢慢摆脱皇权奴仆的心态，开始意识到自己生命的独立价值。

士族阶层在中国历史上是一个崭新的阶层，魏晋以前没有这个阶层。秦以前的社会基本上是两个阶级：贵族与平民。贵族是世袭的，天子是贵族的首领。秦汉时代中国基本上也只有两个阶级：皇族与平民。官吏是皇帝指派管理平民的人，随时可以变化，没有形成一个阶级。魏晋时新兴的士族阶层，不是世袭的贵族，又不是随时可以变动的官员，当然也不是平民，多少有点像我们今天说的中产阶级，不过比今天的中产阶级富有，数量上也没有今天的中产阶级多。在此之前，所有人包括官员都觉得自己是皇帝的工具和奴才，个人的命运不由自己掌握。到了魏晋，个体的独立意识觉醒，思想得以解放，精神文明得以创造和发展。例如，"三曹""七子"和陶渊明的诗歌，王羲之、王献之父子的书法，顾恺之的绘画，祖冲之的圆周率等，都足以说明魏晋南北朝时期在精神文明方面所取得的巨大成就。

士族阶层在此后的1000多年里历经变化，一变而成为大大小小的士绅阶层，基本上成为全社会的骨干力量，在中国历史上发挥了极为重要

王羲之书《兰亭序》

的作用。魏晋南北朝时期的大士族，到隋唐时期慢慢变成中小士族，这其中一个很重要的原因就是科举制度成为国家取才的主要道路。不少底层社会的子弟通过科举，走出寒门，"朝为田舍郎，暮登天子堂"。这样的结果使许多寒门迅速发展起来，瓜分了大士族的力量，于是大士族慢慢就演变成中小士族，再变为半耕半农的农家，农忙时种田，农闲时读书，也就是传统上所说的耕读之家。近代以后，基本上有用的人才，都是从这种耕读之家走出来的。耕读之家逐渐成为社会的骨干和中坚力量，这是中国传统社会长期稳定的重要因素之一。

三、社会思潮从儒术独尊走向儒道融合

汉朝的主流思潮是儒术独尊，儒家思想成为国家意识形态。儒术独尊的局面导致整个社会观念走向僵化与虚伪，魏晋冲破这个藩篱，一批贵族青年，例如荀粲、何晏、夏侯玄、王弼、嵇康、阮籍等人，发起了一个清谈运动，以谈说论辩的方式把战国时代的诸子百家思想重新提出来，加以讨论，这就是中国中古时代一场有名的思想复兴与文化复兴运动。对于魏晋清谈，我们有很多误解，以为清谈就是闲聊天、侃大山。其实清谈是一种高级的社交活动，有规矩，有论题，有主人，有听众。这场清谈运动延续了将近400年，几乎跟魏晋南北朝相始终。作为这场思想运动的结果，独尊儒术的局面被打破，统一的

顾恺之《洛神赋图》局部

国家意识形态结束，先秦诸子重新受到人们的注意，尤其是道家思想得到大力的提倡，最后产生了把儒家思想和道家思想结合在一起的玄学思潮。自魏晋以后，儒道融合成为中国文化的基本性格，外儒内道成为中国知识分子的基本文化人格。所以魏晋时代是中国文明史的一个转折时代，它为以后1000多年中华文明的发展，开拓了一条更广阔、更平衡的发展道路。

四、士族阶层精英分子个体意识的觉醒与人文精神的张扬

魏晋时期人文精神得到极大的张扬。本来这种人文精神在中国古代，尤其在儒家思想和道家思想里面，已经有很积极的表现，只是在汉朝被打压，到了魏晋以后又重新张扬起来，重新认识到人作为个体的价值。人的价值分为两种，一种就是笼统的价值，比方古代讲的臣民、百姓，现在讲的人民的概念，这些概念容易抽象化，有时候落实不到具体的个人身上。人文精神要落实到个体，以人为本不是以抽象的、笼统的人为本，而是以具象的个体的人为本，只有使个体的意识得到发扬、得到尊重、得到张扬，才是真正的人本精神。

这种个体意识的觉醒和人文精神的张扬，之所以会出现在魏晋时期，取决于两个很重要的前提。第一，就是前面所说的魏晋时代产生了一个新的阶层，即士族阶层。这个阶层由于具有特别丰厚的文化、政治和经济的资源，因而在一定程度上获得了相对的独立性，不必一切靠皇上的恩赐。于是这个阶层中的精英分子逐渐意识到自身生命的价值，意识到自己和更高的统治者是一样珍贵的个体，自己就是自己的目的，而不是别人的手段与工具。这个觉醒很重要，这是重视生命、重视个体的人文主义的源头。今天人们普遍承认的平等、自由、仁爱的价值，都来源于这种觉醒。魏晋士族阶层的兴起是魏晋人文主义能够产生的物质基础。第二，就是前面所说的魏晋时代的思想复兴，当时一批年轻的贵族知识分子重新提出先秦的诸子百家，从百家中找到了更多的思想资源，

并且加以发展，从而打破了儒家独霸的局面。原始儒家中本来就有丰富的人文资源，但是汉兴以后，在董仲舒和汉武帝的共同扭曲下，原始儒家中强调个体自由独立的思想遭到阉割，在很大程度上变成了维护皇帝专制主义的思想工具。魏晋文艺复兴对当时已经变得僵化和虚伪的儒术给了一次猛烈的冲击，特别是发扬了道家思想中强调个体生命价值的成分。这是魏晋人文精神能够产生的思想基础。这两个前提一个是物质前提，一个是思想前提，二者缺一不可。

下面我们来引述一些故事，说明魏晋人文精神的一些表现。

（一）对独立人格的坚守

嵇康是"竹林七贤"的首领，虽然年龄不是最大的，但精神高贵，才华横溢，擅长散文和书法，他的书法作品曾经作为太学学生练字的范本。通晓音律，他写的《声无哀乐论》，是中国音乐史上第一篇完整的论文。嵇康提倡服食养生，所著《养生理论》是中国传统上第一篇完整的可以指明作者的论文。嵇康是中国历史上著名的美男子，身高七尺八寸，喜欢打铁锻炼身体。嵇康是真正的正人君子，非常厌恶司马氏这批小人。他赞美古代隐者达士的事迹，向往出世的生活，不愿做官。同为"竹林七贤"的山涛曾推荐他做官，他作《与山巨源绝交书》。这是一篇名传千古的著名散文，文中列出自己有"七不堪""二不可"，指出人的秉性各有所好，申明他自己赋性疏懒，不堪礼法约束，不可加以勉强，坚决拒绝为官。

实际上嵇康的这篇《绝交书》不是写给山涛看的，而是写给司马氏看的，他与山涛的交情其实没变，临终前还把自己的儿子托付给山涛。他以这篇《绝交书》向司马氏宣战，表明自己不合作的态度，后来受小人钟会挑拨，最终惹来杀身之祸。嵇康临死前，3000名太学生联名上书，求司马昭赦免嵇康，到太学做他们的老师，结果自然被司马昭拒绝。在刑场上，嵇康顾视日影，从容弹奏《广陵散》，曲罢叹道"广陵散于今绝矣"，随后赴死。嵇康做到了真正的视死如归，他不是为了狭隘的利益而死，而是为了维护自己的人格，维护他所看重的价值，这一点非常令人尊敬。可以说，魏晋士人对独立人格的坚守是留给后世的宝贵精神财富。

（二）对自由思想的追求

阮籍也是"竹林七贤"之一，在政治上有济世之志，曾登广武城，观楚、汉古战场，慨叹"时无英雄，使竖子成名！"阮家是大家，其父阮瑀是"建安七子"之一，司马昭一直想与阮家结亲，但阮籍心里十分不愿意，便连醉60天不醒，使此事不了了之。景元四年（263）十月，司马昭封王加九锡，这是司马昭正式实施篡权的重要一步。按规矩要找大手笔写一篇《劝进文》，司马昭便派人来找阮籍，阮籍不想写，又不敢拒绝，便再次喝得酩酊大醉，但这次却没有躲过去。他被使者从床上拉起来，只好醉醺醺地写了一篇《劝进文》。阮籍这个人活得痛苦，他后来写了82首《咏怀诗》，每首诗都表达了生命短促、人生无常的感伤和对现实的无法忘怀，以及由此所产生的一种忧愁焦虑的情绪。阮籍性格没有嵇康那么刚强，虽然也很厌恶司马氏，但又不敢像嵇康那样明白地表示。但是这个人思想上是绝对不屈服的，不仅不屈服，还写了很多讽刺文章，比如流传后世的《大人先生传》，就把司马氏一流的伪君子讽刺为沿着裤裆的缝隙爬行的虱子。

阮籍常常说儒家的礼仪教义都是虚伪的，不愿意遵守，他有句名言，叫："礼岂为我辈设也？"其实阮籍和嵇康都不是真正反儒家的人，他们只是讨厌司马氏借儒家的名义来残害异己。儒家规定，父母死后儿子要守丧三年，守丧期间要按时哭泣，不能喝酒吃肉。而阮籍偏偏不遵守这些规定，吊客来了，想哭就哭，不想哭就

阮籍

不哭，而且还照常喝酒吃肉，给人的印象好像是个不孝子。但事实并非如此，阮籍很爱自己的母亲，客人一走，他就会悲伤地哭到呕吐。阮籍认为很多世俗的礼节被人为地糟蹋了，变得很虚伪，失去了礼节的真实意义，而成为一种作秀。而他是一个决不愿意跟大家一起作秀的人。

（三）情的觉醒

魏晋时代有很多与感情有关的故事，父子之间、兄弟之间、朋友之间、夫妻之间，都有很多感情真挚的例子。魏晋清谈中的辩论题目之一就是圣人到底是有情还是无情。为什么辩论这个问题呢？中国文化的结构是偏向于现实，中国人是比较务实的，所以孔夫子不谈怪力乱神，六合之外存而不论，不愿意谈那些抽象、虚无缥缈的东西，但是中国文化也并不否定价值和意义有一种超然的来源，中国古代的文化是鉴于有神和无神之间的，中国人把意义和价值的超然源头归之于天，天和人之间有一个桥梁，这个桥梁就是圣人。圣人被认为是懂得天的意志的，凡人可以向圣人学习，通过向圣人学习，而体会天意、天道，这就是中国文化的结构。凡人一生有许多的烦恼来源于情，那么我们就要弄清楚圣人到底有情还是没有情。如果圣人没有情，那就说明情感这个东西是坏的，我们要努力做到无情；如果圣人也有情，那凡人也不妨有情，所以这个讨论在当时是一个很重要的事情，当时的名士像何晏、王弼、夏侯玄都参加了这个讨论。最后王弼的结论得到了大家的认同。他说圣人有情，但是不为情所累，比如孔子的好学生颜回死了，孔子痛哭，所以说孔子是有情的，但是他不会为情所累，不会一直沉湎于痛失颜回的痛苦里。后来王弼的结论就成了魏晋士族所信奉的一个原则。圣人既然可以有情，那凡人当然也可以有情，至于圣人不为情所累，凡人恐怕不能完全做到，只能努力少为情所累。

"竹林七贤"中有一个王戎，在"七贤"当中年纪最小。王戎生了一个小儿子，才几个月便夭折了。山涛的儿子山简前去慰问，看到王戎非常伤心，山简就说："孩抱中物，何至于此！"王戎说："圣人忘情，最下不及情；情之所钟，正在我辈。"他说情这个东西，集中表现在我们这样的人身上，我们是读了书的士族精英分子，我们更应该重视情，因为情是组成个体意识很重要的一个内容。

（四）审美意识的觉醒

魏晋时期人们都很注重仪表美，不仅女人爱美，男人也很爱美，所以魏晋时期出了很多美男子。例如，我们常说的"貌比潘安（潘岳，字安仁，西晋人）""曹操捉刀""傅粉何郎（何晏，字书平，魏国人）""看杀卫玠（卫玠，字叔宝，西晋人）"等典故，都足以说明魏晋时期人们审美意识的觉醒。

（五）对自我与个性的坚持

《世说新语·品藻》里有一个小故事，读起来很有趣，原文是：

> 桓公少与殷侯齐名，常有竞心。桓问殷："卿何如我？"殷云："我与我周旋久，宁作我。"

这故事当中的桓公是桓温（312—373），殷侯是殷浩（305—356）。殷浩与桓温是东晋中期的两大名臣，一文一武，被时人视为朝廷的两大支柱。两个人都出身名门，年龄也差不多，儿时还是朋友，但

明仇英绘《竹林七贤图》

两人老是暗中较劲。长大后两个人的地位名望都差不多，都一度大权在握，桓温当了荆州刺史，殷浩则做了扬州刺史，荆扬两州在东晋算是最重要的两州。更有趣的是，两人都曾率军北伐，也都没有成功，只是殷浩败得更惨一些，桓温便乘机把他奏免为庶人，使殷浩郁郁而终。上面那段对话究竟发生在什么时候，难以考证，比较可能是两人都已冒头，但还没有到位高权重的时候。桓温的话明显带有一些挑衅的性质，殷浩的话则软中带硬，非常客气地回敬了桓温，不卑不亢，可以说是一等一的外交辞令。最值得我们注意的是殷浩的答话中张扬了一种坚持自我、坚持个性的态度，这正是当时人文精神的一个重要侧面。

（六）文学、艺术、科学的发展

魏晋南北朝理性主义和人文精神的张扬直接推动了文学、艺术和科学的蓬勃发展，因而在这些方面都取得了极其辉煌的成就，不仅超越了两汉，甚至超过了后面的唐宋。这个问题限于时间今天不能详谈，我们只要指出下面的名字就会有一个总体的印象了：文学上的"三曹""七子"、潘岳、陆机、左思、陶渊明、谢灵运、谢朓；书法上的钟繇、王羲之、王献之；绘画上的顾恺之；炼丹学（这是化学的起源）上的葛洪；地理学上的裴秀、郦道元；天文学上的何承天；数学上的祖冲之；机械学上的马钧；医学上的华佗。

上述这些例子足以证明，在魏晋时代，个体意识的觉醒促进了人文思想的发展进程，人们对于个体的人的生命、情感、审美、思想、人格都有高度的自觉和重视，从而促进了文学、艺术、科学各方面的大发展。这些对中华文化后来的发展进程产生了非常重要的影响。

小结：文明发展的金字塔模式

我们今天回顾自己的传统，会发现魏晋人文精神是中华文明一个重要的转折与进步，如果没有魏晋人文精神，就没有后来我们引以为傲的博大辉煌的唐宋文明。魏晋人文精神虽然仅仅体现在士族阶层，尤其是这个阶层的精英分子身上，但是并不降低其伟大的意义。我们必须明白，人类文明，无论是物质文明，或者精神文明，都是循着金字塔模式向前发展的，即总是由金字塔尖端的少数人首先享用文明发展的成果，然后才逐渐有更多的人能够享用，最后普及到整个社会。汽车、飞机今天人人可以坐，但开始的时候有多少人具备享用的资格？我们能够因为汽车、飞机开始只为少数人服务而贬低发明汽车、飞机的伟大意义吗？

王 巍

从考古发现看中华文明的起源

　　王巍，1954年生于吉林省长春市。1982年毕业于吉林大学历史系考古专业。1995年获日本文学（人文）博士学位，1996年获中国历史学博士学位。现任中国社会科学院考古研究所所长、研究员、教授、博士生导师，《考古》主编、中国社会科学院研究生院教授委员会执行委员兼历史学部主任、中国考古学会副理事长、亚洲史学会评议员（常务理事）。1997年被评为中国社会科学院有突出贡献专家。1999年起享受政府特殊津贴。2011年当选中国社会科学院学部委员（院士）。

　　目前主要从事中国古代文明起源与形成过程、环境变迁与人类生活方式及文明演进关系等研究，曾主持多项重要的考古发掘项目。承担多项国内外重大科研课题，是我国最大的人文和自然科学交叉的跨学科大型研究项目"中华文明探源工程"项目执行专家组组长（首席专家），主持项目计划制定和实施。著有《中国考古学·两周卷》《中国考古学·夏商卷》《东亚地区古代铁器和冶铁术的传播与交流》《从中国看邪马台国和倭政权》等学术专著，在国内外学术刊物发表论文近百篇。

我今天讲的内容主要是从考古发现看中华文明是怎么起源形成的？首先要讲一下什么是考古？简单来说，考古就是通过发掘的实物资料来研究历史。考古与文献研究历史，就像是一个车的两个车轮。我们从考古发现来研究历史，就要对墓葬进行发掘，也要对当时的居住址、城址、郭坊进行发掘等等，这些都是考古的特点。而且，越久远的历史，文献越缺乏的历史，越要依靠考古的资料。尤其是在今天，我们要探讨的史前或者中华文明起源的这个阶段，在文献上有一些记载，比如司马迁的《史记·五帝本纪》中记载黄帝、炎帝，但这些记载一般来讲还是在传说的层面，包括尧、舜、禹这样一个时期，也还有待于考古发现的证明。现在我们通过考古发现，有一些内容与这些文献记载或者传说，逐渐可以对应上了，可以印证一些传说的正确性或者可信性。

一、关于文明的相关概念

（一）什么是文明

关于什么是文明？实际上争论很大，因为对文明的定义决定着文明形成的年代等等。有一种观点认为文明等同于文化，如果文明等同于文化的话，就是说人类出现就开始文明的起源了，那就可以追溯到二百万年前，现在已经追溯到四百万年前了。但是多数研究者，还是认为文明是文化发展的高级阶段，是到了一定程度才开始有文明的起源。所以说，文明是人类文化和社会发展的高级阶段；是在生产发展的基础上，社会出现分工和分化，进而发展成为不同的阶级，出现强制性的公共权力——国家；文明是在国家的组织和管理下创造出的物质财富和精神财富的总和。如果没有国家的出现，就谈不上文明，这是一个层面。但是，还要注意文化和社会，因为过去我们研究，主要研究社会，比如社会的分化、等级、私有制等等，实际上人类的文明，文化这部分是非常重要的。比如说文明包括物质文明和精神文明的发展，像冶金术、文字、科学知识等等，这些都是人类文化的发展。所以，我是基于这一点，从考古发现看中国大地上的史前时期人类的文化和社会是怎么样发展的。

（二）什么是文明的起源？

文明的起源，实际上是从史前时期文化的高度发展和社会的复杂化开始的。具体表现是，农业和手工业生产取得较大的发展，物质生活和精神生活的内容都较之于此前丰富。根本标志是，脑力劳动与体力劳动的分工，出现了专门的管理阶层，出现了贵贱和贫富的分化，开始向文明社会的迈进。

（三）什么是文明起源研究？

文明起源研究是探讨史前时期文化和社会发展的脉络。即史前文化是如何发展起来的，史前社会是如何从平等的、简单的氏族社会逐渐演变成为以强化的等级制度和公共权力为特征的复杂社会，以国家的出现为根本标志的文明社会。

换句话说，文明起源研究，研究什么问题呢？尤其是中华文明起源研究，我把它归纳为以下核心问题。首先，中华文明到底有没有五千年的历史？我们号称中华文明五千年，有没有根据？中华文明是怎么样起源、形成的？经历了怎么样的

人类进化

发展过程？为什么会经历这样的发展过程？文明的形成的标志是什么？有没有放之四海而皆准的标志？中华文明起源、形成有无中心可言？如果有，这个中心是何时、又是怎样形成的？为什么能够形成？再就是中华文明有什么特点？为什么会形成这些特点？当然这个特点应该与其他古老文明进行比较才能够得出比较准确的结论，这些就是我们实际上多年来研究的核心的问题。十年前，我们从事的"中华文明探源工程"，就是研究中华文明的起源，"中华文明探源工程"直接面对的也是这样一些问题。探源工程做了十年，已经形成了一些阶段性的、可以达成的共识，我们马上要开始宣传了，所以，在宣传之前，我先跟各位领导汇报一下我们的一些认识，希望得到领导的一些指点。

（四）文明社会的三个组成部分：物质文明、精神文明和制度文明

物质文明是生产力发展水平的体现，包括文明赖以存在的物质资料的生产以及科学技术发展状况，即是指农业、畜牧业、手工业生产技术的进步，在一定程度上反映出人们认识物质世界和改造物质世界的能力。

精神文明是文明社会的观念和意识形态，是物质文明和制度文明在人们头脑中的反映，包括人们对世界的认识和理解，主要表现为宗教信仰、意识形态、伦理道德以及文化艺术方面所取得的成就。

制度文明是文明社会的组织形式、国家政体、社会的权力结构、政治制度等。

（五）文明三个组成部分之间的关系

文明的三个组成部分中，物质文明是文明社会的物质基础，它决定文明社会的发达程度并对精神文明的发展起到牵制和制约作用。

精神文明是文明社会的观念和意识形态和精神生活达到的境界，是物质文明和制度文明在人们头脑中的能动的反映。

制度文明是文明社会的根本，决定着文明社会的性质。

二、中华文明起源和形成的过程

（一）文明起源的基础——农业的出现

在考古上有三大问题，一是人类的起源和发展；二是农业的起源和发展；三是文明的起源和发展。这三个问题都有很大的争论，比如人类的起源，现在看来人类的出现是在四百万年前的东非，但是，对于现代人的起源有巨大争论，大家一定都知道所谓的"夏娃理论"，那就是在距今十万年左右，从东非走出来的现代人的祖先，取代了那时候生活在世界各地的当地的古人类，成为了现代人类的共同祖先，这是著名的"夏娃理论"，是DNA学界提出的一个有很大影响的推论。但是在考古上，我们现在看到的是，起码在中国或者东亚的材料来看，比如说从北京猿人以来，甚至更早的元谋人，有接近二百万年的历史，从那时候开始逐步的是一个延续的过程，没有明显的比如说六万年前、五万年前，有一个非常不同于原来生活的人群取代当地的文化的现象，我们看到的是连续的发展，所以在考古上，我们找不到支持"夏娃理论"的考古证据。所以，现在包括中国考古学界在内的很多学者对所谓的"夏娃理论"是持有怀疑态度的。在DNA学界也不是铁板一块，他们也出现了一些分歧，所以，这个问题仍然在讨论之中，最起码在中国的材料表明是一脉相承的发展。

再就是农业的起源，农业的起源主要是稻作、粟作这些农作物是怎么样出现的？出现之后经历怎么样的发展？怎么样的传播和扩散？它对人类社会产生了哪些作用？我们中国是一个农业起源最重要的地区，现在看来，从结论上说，大约一万年前，已经开始了栽培农业。跟中国有关系的一个是北方的粟作农业，粟和黍（小米和黏米）的起源。近两年，我们在北京门头沟的东胡林遗址，出土了世界上最早的栽培粟，这是世界上现在能发现的最早的，距今一万年到九千年。因为在此之前，我们在内蒙古的赤峰发现了八千年前的，所以，粟毫无疑问是在中国起源。关于稻作有很多的争论，二十几年前，我在日本留学的时候比较有力的说法，一个是印度起源说，一个是云南起源说，这两个地方都是野生稻分布的中心区，当时的说法就是野生稻分布的中心区，当然从那儿开始出现栽培稻是最合情合理的。但是，从考古资料上，稻作在印度不早于距今六千年，在云南不早于距今四千五百年，在此之前，没有农业的迹象。而确实在长江中下游，距今七千年、八千年、九千年、一直到一万年，发现了栽培稻，在浙江的上山遗址出土的一万年前的栽培稻，是可以确认的世界上最早的栽培稻。

现在看来，一万年左右，在中国的南方、北方都已经开始了小规模的农业。为什么是一万年前呢？实际上末次冰期最后的降温时间，是在距今一万二千年到一万一千年左右。最后的降温之后，气候快速的升温、转暖，这个时候开始农业的出现，距今八千年到六千年，这2000年叫大西洋暖期，这个时候气候明显的温暖湿润，在整体上比现在要高3℃—4℃。所以，在那个时候，农业有一个显著的发展，才有了后来的文明的起源。

（二）早期农业的一个村庄的实例——河南舞阳贾湖遗址

下面我们看一看，农业有了初步的发展之后，氏族社会发展的情况，包括文化和社会两个层面。主要介绍河南舞阳的贾湖遗址，在河南省的东南部，淮河上游一带，是一个村落的遗址。简单来说，这是一个平等的社会，居住址的面积差不多，有很多墓葬，公共墓地，墓葬的规模也大小差不多，表明是一个非常平等的社会。人的随葬品往往是加工粮食的工具和简单的陶器，比如他们日常使用的各类的陶器，盛东西、盛水用的器具等等。在这发现了数

舞阳贾湖遗址

量比较多的碳化稻，说明在距今八千年的时候，在淮河上游，稻作已经有了初步的发展。还有出土的石制生产工具，可以看出，当时的石器制作得相当精致，已经达到了一定的水平。有石铲、石镰，石镰的刃部特意制成锯齿状的，我们经过实验考古，即用它收获稻穗等等，发现这个比刃部是平的效率要高。一起出土的还有一些骨器，是用一些兽骨磨成的骨铲、骨耜，骨耜的下面经过长期使用，磨得非常厉害，已经几乎不能使用了。还有加工粮食用的石制工具，磨盘和磨棒。贾湖遗址出土的这些相当数量的石器、骨器等农业生产工具，表明当时的农业已经超过了最开始起源的阶段，应该是经过了初步的发展，当然，很多时候人们仍然是以狩猎采集作为主要的食物来源。

随着农业的发展，人们的精神生活也有了很大程度的丰富。其中最具代表性的是遗址出土的骨笛，这是用鹤类的肢骨做的骨笛，是世界迄今为止发现的最早的笛子，八千五百年前的是5孔或者6孔，到八千至七千五百年的时候就是7孔的。出土的时候人们对它是不是实用的乐器还表示怀疑，后来请来搞音乐的专家来测试这些骨笛的音，发现它们的音还是相当准的，有一个搞音乐的学者还利用这支骨笛吹出了北方的民歌《小白菜》，还录过音。这表明八千年前，那里的人居然对音准有了相当的知识，而且，制作这个笛子要有相当的音乐知识，比如说这个孔是在什么位置音才比较准。这个发现在世界上引起了巨大的轰动，被认为人类音乐史上的奇迹，《自然》和《科学》等国际知名的杂志都报道了这个消息。

在精神生活方面的第二个奇迹就是，发现了乌龟、龟甲的刻符，即在少数的龟甲有刻画的符号。其中之一很像甲骨文的"目"字，也有象形的感觉，另一个字很像"曰"字。这使我们非常震惊，大家都认为，甲骨文在商代晚期是很成熟了，但它肯定不是最早的文字，在其之前还应有一个文字产生发展的过程，一般认为，夏代可能已有文字，还有人认为尧舜时期也有，但是再往前推恐怕多数人觉得不大可能。但是，贾湖发现的这个刻画的符号就提出了一个问题，它跟甲骨文有一些相

龟甲响器

舞阳贾湖遗址

通的地方，首先都是在龟甲上刻画，而且刻画的符号表现的方式也很接近，那么它和商代的甲骨文是不是有联系，之间差的年代太多了，差了四千多年，这中间有这么大的缺环，使我们现在不敢说它是商代甲骨文的前身，但是这些相似之处又使得我们不能不注意这些资料。今后，我们还要密切关注，文字的起源在中国可能是很早的。

精神生活方面，装饰品也在这个时候登场了，而且制作得还是比较精致的。还有渔猎、采集的一些工具，如鱼镖。还发现很多骨针，骨针在北京周口店山顶洞已经发现了，距今两万三千年，在世界上也是一个奇迹，当时人们已经能够缝制简单的衣服了，在这个时候（距今八千年）已经比较发达。还有一些是用途不明的骨器，有的很像是动物，有人认为像是蛇的头，是特意做成这样一种形状，用途还不清楚。在考古上经常会遇到一些用途不明的东西，有待于今后的研究。比如一些墓葬当中，往往是出土一些龟甲，里面装着石子，这石子白色的都是白色的，黑色的都是黑色的，究竟是什么用途？有人认为是玩具，有人认为可能是跟占卜的工具有关。因为在中国古代，除了用骨头做占卜之外，还有用蓍草来占卜，比如手里拿一把草，事先说好单数和双数，分出来一小把，看这一小把是单数还是双数，比如单数是吉祥，双数是灾祸，然后三次来看。所以，有人认为石子可能是这种用数来占卜用的工具，当然这也是一种解释、推测之一。

（三）东北西部八千年前的村落——内蒙古敖汉旗兴隆洼遗址

下面我们再看一看，距今八千年在中国北方内蒙古的赤峰，发掘的一个遗址，看看北方粟作农业初步发展的情况。我们原来觉得，这个地方那么早的时期肯定是一个狩猎、采集的地区，史前文化并不发达。但是，通过我们的发掘，发现在这个区域也有相当发达的文化。在这我们发现了当时的一个小型的村落，有房址、墓葬。这是当时的村落的情况，方形的是房址，成排的分布，周围的圆形的是储藏用的窖穴，可以看出，没有等级的差别，大小是一样的，墓葬也是没有大小的差别。在其中的一个墓葬当中有非正常的死亡，有两个人死在这里，当时的生活用品完好地摆在原处，这种情况很少见，我们认为可能是非正常的死亡之后，就废弃了这个房址，然后保留了当时的生活场景，比如说摆放有储藏用的东西、陶器等。

重要的是十年前（2003年），我们在这发现了世界上是最早的粟和黍。在这个发掘之前，在国际学术界，都认为粟（小米）是中国北方的，但是黍（黏米），最早是七千年前西亚地区的。所以，当时有一个观点认为，小麦和黍都是原产于西亚。但是，我们这个发现之后，引起了国际农学界的轰动，他们纷纷跑来看，想知道年代怎么样？我们用这个黍来测年，一测就是距今七千五、七千六、七千八，所以，他们就没有什么可说的了。现在最起码粟和黍都有可能是在中国北方地区原产，而且，最近（2009年）又在北京门头沟发现了一万年的粟，所以这两种

敖汉旗兴隆洼遗址

农作物都有可能是在中国原产。当然，在种植粟和黍的同时，狩猎采集仍是当时非常重要的攫取食物的手段，农业可能还没有占据主导地位。我们发掘出土的有坚果类的，比如栗子、杏核、桃仁等等，还有野葡萄，可以看出，当时人们生活，采集的东西还是很多的。

在精神文化方面，我们在这也发现一些具有特点的东西。首先是在一些动物头骨的额头上专门穿一个孔，这究竟是一种食物的获取方式还是具有什么宗教的意义？我们现在还不了解。总之，在猪、鹿的头骨上，往往都穿着孔。在其中一个5号房址，十几个兽头，每个兽头都在额头穿一个孔，而且干干净净地摆着，没有放别的东西，所以我们觉得，这个房址很可能有特殊的用途。再一个就是用人的头骨制作牌饰，这个大家可能不太适应，但是那个时候确实是流行用人头骨做各种各样的装饰。这个人究竟是他的亲属还是他敌对的人，现在我们不好估计，但是，如果通过DNA的方法，我们已经有可能来研究这个头骨跟使用它的人的关系。

在这个遗址出土了最早的玉器、玉饰。这是八千年前的玉耳环，制作得相当的精致，所以，当时人们的手工艺达到的程度令我们非常吃惊。这说明八千年前人们已经认识了玉，并且能够制作玉器，因为当时制作玉器都是用琢磨的方法，用沙长期的研磨才能够形成。墓穴中还发现有半成品，表明是在当地制作的，上面的豁口还没有穿透。还有在石头制的人像上镶嵌蚌饰，嘴和牙齿都用蚌饰镶嵌。这些都是在居住址里面发现的，所以究竟是什么含义？我们觉得不能简单地说它是玩具，它恐怕还有别的含义。

在这个遗址没有发现公共墓地，但是，在一些居住址地面以下发现了埋葬，就是埋葬之后在上面继续生活，所以，我们认为埋葬房址里面的人应该是他当时家族的成员。其中一个墓葬，埋葬有一男一女，是男女合葬，随葬有磨盘、磨棒，加工粮食的工具，可见加工粮食在当时对他们是非常重要的。而且这也是中国东北最早的成年的合葬墓，距今八千年。这里也发现人的头盖骨的装饰，上面还刻出很多细道，这究竟是什么用途我们也在研究，是不是可能跟当时的宗教有关系等等。还有是一个人，有一雄一雌两口猪随葬的情况，仅发现一例，是什么含义都有待于我们去探讨。再就是在这个墓地当中发现了海贝，在渤海和黄海一带才产的海贝，在赤峰有发现，表明远距离的交流、交换，那么他们是拿什么东西跟人家交换呢？因为陶器很笨重，所以我们觉得应该

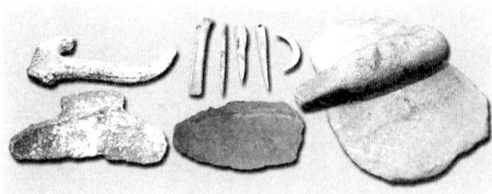

兴隆洼遗址出土文物

是玉的耳环和装饰最有可能。而且确实在兴隆洼最早出现的耳环，它的影响最起码到了中国的东北，然后在俄罗斯的沿海州、朝鲜半岛北部都有发现，甚至在日本列岛北海道这一带也有发现，当然年代大致距今七千年、六千年左右，重要的是也是耳环和串饰一对，而且通过我们在探源工程的研究，其制作的方法也是一致的。所以，我们觉得它的影响度还是很远的。这是距今八千年前的情况。

（四）距今六千年文化与社会的变化

下面我们看一看，六千年前社会的情况。我们在河南三门峡市的灵宝，发现铸鼎原遗址群，为什么叫铸鼎原？因为传说中黄帝曾在这铸鼎。虽然是传说，但是在铸鼎原遗址，我们确实发现了距今六千年左右的大型的、中心性的聚落集中的情况，比如说90万平方米，100万平方米。在此之前，比如我们刚才介绍的八千年前，都是3万、5万平方米的小型村落。但是，这个时候出现了大型的聚落，大型聚落的出现说明

了什么？说明2000年良好的气候环境，农业的显著发展，人口显著的增加，人口积聚成一些大型的都邑。下面是灵宝当时聚落分布的情况，聚落的规模有100万平方米的，有50万平方米的，也有一些小型的，都是在河流边分布。这是当时村落的情况，周围有壕沟围绕，中心区有几个大型的房址。我们发掘了几座，其中一座是制作得非常考究的面积在240平方米的大型的房址，墙壁和地面都抹得非常精致。而它周围分布的一些小型的房址就显著地不同，我们认为，这个大型房址应该是氏族显贵的居所。在墓地方面，原来都是不足2米的墓葬（前面看到的），仅能容身，大小差不多的随葬品，但是在这个时候，出现了3.5米的大型墓葬。以上情况说明，此时已经出现了大型房址和大的墓葬。在发掘之前，有报告说发现了大墓，包括我在内的人都非常激动，认为这么大规模的墓葬，里面肯定会出很多精美的随葬品。但是，发掘完之后，我们比较吃惊，虽然墓很大，但是不说空空如也，也只是随葬一些陶器。所不同的是，在这里随葬一个玉石做的武器，没有其他的随葬品。怎么解释这一现象呢？为什么用这么大的墓？我个人的解释是，这个人的等级身份应该比较高了，所以，他要用大墓来埋葬，以体现他这种等级的身份不同于别人。但是，可能这时候还没有聚敛到很多的财富，人们对他只是一种尊敬和崇敬，所以，形成这样一种情况。比如说随葬品，也只是一些低温的陶器，显然只是为了随葬而烧制的，还不是日用的陶器。我们在研究社会的分化时，有一个问题很关键，那就是社会分化最早是由富到贵，还是由贵到富的问题。有一些民族学、人类学的例证，比如说这个人是能工巧匠，他能生产很多

三门峡夏后皋墓

精美的东西，然后他把这些东西馈赠给他周围的人，大家都尊敬他，他的地位提升，就有了比较尊贵的身份，尤其是在手工业方面有绝技的人，这是一类。还有一种，就是他首先是地位高，有了地位之后，他开始利用高的地位聚敛财富。所以，如果我的推测成立，大墓里的这个人可能是地位比较高，但是还没有聚敛财富，因为这是距今六千年，当然，我们也还在等待新的一些考古发现来验证。但是，随葬武器值得注意，这个时候开始青年男人，普遍随葬武器，表明是一个战争开始频发的时代。

上边这个例子是只贵还不富，下面我们再看一看，在江苏张家港市发现了中国最早的、富贵的人的墓葬。大约距今五千八百年，在一个被烧毁了的大型房址附近，相对比较大型的墓葬比较集中，而且里面的随葬品丰富。其中一个墓葬当中，光陶器就是几十件，而且几乎无一例外都有斧钺的随葬，还有一些玉器。说明这一时期，开始出现比较大型的墓葬，随葬品显然比周围的小墓丰富。所以，我们认为这个时候开始，贫富的分化已经开始了。但是，贵贱的分化有可能比贫富的分化要早发生一些。

（五）距今五千年文化与社会的变化

再看看距今五千年的情况。首先是东北辽宁的牛河梁遗址，位置在朝阳市的西部，接近内蒙一带。在一些低山的山头上，普遍发现了积石冢，就是用石头堆的大型的墓葬，还有祭祀用的祭坛，以及随葬精美的玉器。

这一时期，首先是农业有了显著的发展。普遍地发现了石铲（石耜），制作得非常薄，非常精致，可以看出农业在这个时期有了较大的发展。

值得注意的是，在当中最高的一个山头上，一个用石头堆砌的大型的平台，长接近300米，宽80米左右。在它南部的山麓上发现了一个"女神庙"，在这里发现了很多泥塑的塑像，都是女人形象，有一些是怀孕的女人的形象，这些女人像有大小之别，有一部分比真人大三倍的，还有跟真人大小一样的，还有比真人要小很多的。这表明当时存在着对女性的崇拜。这种女性是什么身份，有两种说法，一种说法是地母，就是土地神。另外一种说法可能是祖先的神，比真人大三倍的女人像可能是最高级别的祖先神，稍微近一点的是真人大小的神像，更小一点的可能就不是祖先神了。遗址中还出土有女人头像，制作得很精美，眼球是用玉镶嵌的，头像大小跟真人的头差不多，我们一般把它叫作"女神像"。与女神像同时出土的，还有一些动物的塑像，是有獠牙、巨爪之类的动物，跟后来的龙有些相似，是不是龙？还待研究。非常遗憾的是，这些神像、人像、动物像，都是泥做的，没有烧制，因此，这些泥像发掘的时候很难清理出来，一碰就粉碎了，因为经过烧制以后就很硬了，就比较好清理了。因为难以发掘，或者说我们目前的发掘技术的局限，我们没有能对其进行全面的发掘，在尝试着进行了少量发掘后便中止了。可以肯定的是，这个建筑一定是和祭祀有关，现在，学术界很多人称这个遗迹叫"女神庙"。

牛河梁红山遗址

在它的附近的山头上就是用石头堆砌的坟冢，我们叫积石冢，在旁边有圆形的祭坛，往往是"三重"圆坛，越往内越高，这个让我们联想到中国的天坛（明清时建的）。实际上我们在唐长安城发掘，发现了唐代祭天的"圜丘"，就是馒头状的一个圆丘，也是这样三重，这个当然我们不好说就是当时祭天的，但是，确实从形态上、从结构上是接近的，所以，我们只能说那些圜丘、天坛可能有比较久远的史前基础。

值得注意的是，大墓和边缘的小墓身份不同，大墓的随葬品有10多件玉器，小型墓的随葬有2—3件玉器，有的没有玉器随葬，还有不能埋在这一带的墓葬的墓主人可能地位就更低了。可见在距今五千五百年的时候，中国东北西部辽河流域这一带已经有明显的地位的分化，贵和贱、贫和富的差别已经是很鲜明的了。大墓中出土的都是玉器，有耳环、手镯等等，还有一些动物形的装饰，制作极其精美，五千多年前琢玉技术的高超，令人非常吃惊。还有的墓葬随葬有玉箍，为什么随葬玉箍？我们也还在研究当中，恐怕是跟信仰有关。另一座墓葬，也是大型墓，上面是用石头盖板的，揭开石头之后，里面的人头底下枕着一个玉鸟，也有人叫玉凤。还有一个玉人像，这是第一次发现。这人是什么人？是神像还是什么，也有待于研究。值得注意的是这里出土了最早的玉龙，形态非常逼真。还出土有彩陶，可以看出这跟中原地区彩陶有着密切的联系，接受中原仰韶文化的彩陶的风格。

我们再看看距今五千年这一个时段，在中国南方的情况。在安徽，长江流域凌家滩遗址，也发现了居住址和贵族墓葬。这个贵族墓葬与距今五千八百年前张家港的墓葬相比，可以看出经过了几百年的发展，出现了大量的所谓财富随葬品，先是在尸骨底下密布石锛，尸骨周围有各种各样的装饰物，比如手臂上有一串的玉石环，颈部有项链，头部有复杂的装饰。值得注意的是身体的上边和周围，除了陶器之外有很多件武器——玉石钺，有几十件之多，这是非常值得注意的。其中在头部的一件玉钺，制作得非常精美。还有一个东西是在腹部，这个东西我们没见过，有人认为可能是石头做的铃，确实里面有一个舌。在另一个墓葬，也是这种情况，随葬品极为丰富，这个时候应该是，聚敛的大量的财富的首领已经出现。还有一个墓葬，出现了一件玉石龙，这个比红山文化见到的更形象，更接近后代的形象。还有玉鸟，鸟的翅膀也是两个兽头，中间是个太阳，也有人管它叫"太阳鸟"。还有一种骨牌，中间也是一个太阳的形象，有人分析，这可能是原始的八卦，但这也只能是一说。

虽然与红山文化相距甚远，但该遗址同样出土玉石簋、斧钺，战争的武器仍然是大墓当中必不可少的，还有其他一些随葬品。值得注意的是每个墓葬当中都出土一件玉石人，形象和辽宁红山文化一样，年代基本同时，但是隔着1000公里以上，所以，这个究竟怎么来理解？不仅玉石簋一样，玉人的形象相同，还都以玉器来作为主要的随葬品。所以，我们认为社会上层之间很可能有一种联系，或者是在价值观方面有一些相通的地方。

下面再看一看在江浙沪之间的良渚文化，这是我们最近几年一个重大的发现。简单地说，在浙江杭州的北部，发现了一个大型的城址，这个城址南北1900米，东西1700米，总面积300万平方米，规模巨大。最近的发现令人震惊，就是在这个城址的北边，靠近山的地方，修建了一个长数千米，宽数十米的人工大堤，很可能是为了防止山洪冲下来。城址本身的修建工程上已经非常巨大了，这个大堤比它要巨大得多。所以，当时的权力或者王可以组织人力的规模，大大超出了我们的想象。而且这个城墙宽度极宽，在40米到60米，修建时先要在沼泽上铺上石块，铺一层，然后上面用从外面运来黄土堆积几米高，外面是护城河。我们初步计算，这个工程量，如果动员一万人需要四年的时间，还要考虑到北边的那个大堤，大堤的工程量比这个还要大几倍，所以当时的人能够组织的人力的规模是令人震惊的。墙基的石头和土，也都是从别的地方运来的，可以想象这个工程量的巨大。我们现在做探源工程，各种技术手段普遍应用，包括遥感、空间技术、DNA技术等等，其中包括环境的研究。在这里我们也研究了当时山水下来的情况，以及这个大堤防洪的功能。去年，在大堤的堤坝的西边又发现了一处，我们叫它彭公水坝。不仅发现了水坝，在一些山坳的地方，水坝还有一种好像用草帘子裹着泥，把豁口堆砌起来的情况，我们对这个草进行了测年，年代距今四千八百年。因为，当时我们都怀疑这东西是不是那个时候的？比如说是不是明清或者近代的？据测年是没问题的，而且值得注意的是，从现在的测年来说，修建这个水坝的年代，比城墙的修建还略早二、三百年。当然，我们对这个城墙修建年代还在不断的测年，如果是的话，那就是说，可能先建了水坝，先把水分流、挡住，然后才建这个城。但无论是同时还是哪个在前后，这个工程量是非常值得注意的。那么，是什么支撑这样一个大的人口呢？我们发现，这个时期农业比距今八千年到六千年有显著的发展，在距今五千年左右的时候，农业有了一个显著的进步。我们最近就在遗址附近发现了密集的稻米，稻米数量密集的程度根据我们推算可能达到上吨，它是在大型城址的中心部位，可能是一个粮仓。我们在其中的一个茅山遗址，也发现了良渚的水田，在良渚早期也就是距今五千年到四千八百年的时候，水田面积很小，但是在四千五百年左右的时候，在这个大城使用的时期，水田面积很大，有宽度在8到10米，长度在几十米的大型水田。而且出现了石犁，就是犁耕。在距今五千年到四千五百年的时候，石犁在良渚已经普遍出现了，比它再晚一点，在距今四千一二百年的时候，在这个水田上面还发现了牛的脚印，当然也有人的脚印，所以，我们觉得犁耕、牛耕，可能在这个时期已经出现了，这对农业生产产量的提高有巨大的意义。

我们再看一看高等级贵族的情况。非常奇怪的是这个时期，在良渚范围内，也就是江浙沪一带，凡是大型墓都修在祭坛上。也就是先建一个边长在20米到30米，周围用石头围砌的一个大型的祭坛，在祭坛使用一段时间之后开始出现埋葬，我们发现一地的时候，觉得是不是偶然的，然后发现几乎所有的都是这种。我们认为，埋葬在祭坛上的这些人很可能就是生前主持祭祀的祭司，他们的身份比较高，生前在这儿主持祭祀，他们死后便被陆陆续续地埋在这个祭坛上，成为后人祭祀的对象。为什么在这一个祭坛上反复埋葬？就应该是一个家族的人垄断了这样的一个权力，这是我们现在的一个解释。

下面我们看一看这个墓葬随葬的情况。虽然也有陶器，但主要是大量的玉器。圆形的叫玉璧，方形的叫玉琮，值得注意的是这个玉琮的图案，在良渚这样一个江浙沪分布区交界地带，普遍有这种图案：下面是一个野兽，有眼睛、鼻子、嘴，两个前肢在这匍匐，上面是骑着一个人，头上好像戴着羽毛的帽子。关于这个图案，有很多的解释，一般都认为它是良渚的一个神徽，因为在良渚这个江浙沪交界的地带，普遍发现这个东西，有人认为是祖先的形象。还有一种说法是这个上面是一个巫师或者从事祭祀活动的祭司，他骑着野兽升天的形象。在中国周代的文献当中，确实是有仙人乘着神兽升天的说法。还有的人认为，是传说当中的一个祖先神和一个动物结合，然后形成了他们的始祖，是这个部族的始祖传说。在中国古代的文献中确实有类似的记载，比如说商代的祖先简狄吞了鸟蛋，然后生了商的祖先。周人的祖先姜原，在大山里头看见一个巨人的脚印，踩上后感应怀孕，生了周的祖先。无论是怎么样，起码当时这样一个神徽是至高无上的，在江浙沪良渚文化的分布范围内是普遍的被大家所尊崇的。在这个墓葬当中，除了我们认为这些东西应该是祭神的神器之外，都有制作精美的武器玉石钺，制作得比三门峡灵宝出土的要精致得多，而且普遍没有使用的痕迹，而且也有神徽的形象。在这个大墓当中，既有可能通神器的玉琮、玉璧，也有这种表明军事权力的玉钺，所以，我们认为当时的权贵阶层已经既掌握了军事权力，也掌握了宗教祭祀权力。在史前后期到夏商时期，钺就是军事权力的象征，比如西周文献当中就有记载，武王伐纣的时候，武王拿大钺周公拿小钺。可见当时起码在商周时期，钺绝对是军事权力的象征。

在我们看了长江下游之后，再看看长江中游的情况。长江中游的石家河文化（距今四千五百年），它大致是以湖北江汉平原这一带作为中心，在这一带发现了一个1200万平方米大型的城址，它的特点跟良渚城址一样，城外有宽几十米的壕沟，所以，我们认为长江流域的城址，它的主要的功能，除了军事防御之外很可能有防水的功能，因为宽几十米的河道实际上是为了疏浚洪水，防止它泛滥。在这个城址当中，我们也发现有很多奇特的东西，其中宗教色彩浓厚，数万计各种各样用泥捏的小塑像，数量巨大，什么用途我们现在正在分析，我们认为它应该是跟当时的某种宗教信仰有关系，应该是包含人们某种理念或者祈求。大墓当中出土精美的玉器，其精美程度甚至要超过良渚文化，这是其中的一件玉凤，眼睛、嘴，还有一个凤冠，我们认为这是非常典型的凤的形象，这是四千五百年前的。这是另一个形象，有人认为是不是很像龙的形象，当然有待于研究。还有人像，在中国古代人像的传统一直非常少，比如说我们祭祖先，都是竖一个牌位，但是在史前时期，在长江中游就有这种人像，这应该是一个神的形象，制作得极其精美。我们若不是考古发掘，比如说在20年前，绝对会把它认定为汉代的，现在通过考古发现，明确无疑的确定在距今四千年前。

石家河文化大致在商王朝建立前夕废弃了，包括刚才讲的良渚文化也大致在夏王朝建立前夕废弃了。我们原来一直不理解废弃的原因，原来那么兴盛为什么就废弃了？所以说，我们研究文明的起源，现在还有一个课题，就是文明的衰落。这些区域性的文明，是什么原因衰落了？我们原来一直不能解释，当然有很多的推测，比如瘟疫、洪水等等。但是，现在我们通过探源工程，研究环境的变化，发现长江中下游地区这些城址大约在距今四千二百年前后衰落，很可能跟当时的环境变化有关。因为在这些城址的上边，无疑例外有一层很厚的洪水层，比如在四千五百年前，在江浙地区有很多水田、村落是在很低的地方，后来这些都跑到比较高的山上，原因是地下水位上升，使原来可以作为农田、稻田、包括生活的区域，被淹没了，所以，原始的稻作农业遭到毁灭性的打击，人口当然显著地减少，城址也被毁坏了。所以，我们认为环境的变化可能是长江中下游文明衰落重要的原因之一。

（六）黄河中游地区尧舜时期的城邑和社会——山西襄汾陶寺遗址（距今四千五百年至四千年）

下面我们再看看距今四千五百年到四千年，文献当中记载的尧舜禹这个时期一些重要的遗址。首先是山西南部的襄汾陶寺遗址，20世纪70年代末80年代初在这一带发掘了墓地，有很多小型墓，发掘1000多座墓葬，其中90%的是小型墓，小型墓很窄，人概仅能容一个人埋葬，没有随葬品。几十座墓是中型墓，里面有10多件陶器。还有9座大型墓，大型墓也有的是叫王墓，里面有近百件陪葬品，它相对集中在一个区域，看看一个代表性的墓葬，这是一个墓坑，有一个墓棺，棺里面有人，有随葬的斧、钺之类的兵器，然后这边是陶器包括漆木器，这个红的是漆器，这边是彩绘的陶器，还有猪的随葬，成半的猪的随葬，可见分化已经非常明显了。还有随葬的陶鼓，两侧蒙了皮可以敲击。还有一种叫石磬，是敲击的，在商周时期是主要的乐器，后来中国古代乐器当中一直有这种石磬，它的起源现在最早能够追溯到这个时期。还有彩绘的陶器，可以看出这种纹饰跟后来的饕餮纹有亲缘的关系。值得注意的是每个大型的墓当中都有一件盘，大概有50—60厘米左右，盘当中都有盘龙这样的形象，这个是很值得注意的，一个大墓就出一件，而且中型墓就

尧

没有了，可见这个东西很可能跟当时的地位有关系。还有厨刀，大中小三件，分别是60厘米、40厘米、20厘米，壁很厚，肯定不会是实际使用的，所以我们说这个时期开始出现了仪仗用具。还有这种扁壶，我们在扁壶上发现了一个跟文化的"文"字相近的文字，而且笔画很粗，好像是用什么笔写的，是红色的。可能文字已经在这个时候出现了（距今有四千多年）。距今五千年左右在长江下游开始出现并逐步发达的玉琮和玉璧，在距今四千三百年左右在黄河中游地区出现，但数量很少，而且只在大墓里出现。另一个值得注意的是铜铃，用红铜制作的铃铛，这个铃虽然很小，但是很重要，因为制作铃不像制作一个刀子之类的简单工具，在一个石头上刻出一个要制作的工具的形状，一个平板就

可以了。它必须是要有内范和外范合在一起形成空腔才能使溶化的铜水流入制成铜器，这种内范和外范相结合制作铜器的技术，就是中国后来非常发达的青铜容器制作技术的先驱。这个发现表明，在陶寺文化时期，就已经能够掌握内范和外范相结合制作铜器的技术了。近年，在陶寺文化中期的大型建筑基址的夯土中，出土了青铜容器口沿的残片，表明当时已经开始制作青铜容器了。从青铜制造工艺来讲，陶寺时期是非常重要的时期，这一点也是非常值得注意的。

　　1999年以来，我们为了为即将开展的"中华文明探源工程"做准备，决定再次在这个遗址开展工作。这里有这么多的墓葬，而且反映出社会出现十分明显的分化。死人埋在这儿，活人住在哪儿？我们就进行大面积的考古钻探，结果发现了与墓葬同时期的城址。首先发现了比较小的城址，面积是56万平方米，也就是南北约1000米，东西约560米。城的年代跟上面介绍的、位于它南侧的墓地是同时的，大约距今四千三百年前后。这就表明，当时的人住在城里，死后埋在城外南部的山冈上。不久，又发现了一个大的城址，这个城规模很大，南北约1800米，东西约1500米，面积达280万平方米，正好是此前发现的小城的5倍。年代也比小城晚约200年，是在距今四千一百年左右。这个大型城址内东北部，也就是小城的南部，发现了高等级的建筑遗迹，其中的一座基址的面积达1万平方米，可知从早期到中期，有权势的人在这一带生活。在高等级的建筑基址附近，出土了与建筑有关的遗存。有刻画的墙皮，墙上有各式各样的纹饰，还有红黑等色彩，可以想象当时的建筑很精美。尤其注意我们发现了陶制的材料，中国有一种说法，叫作"秦砖汉瓦"。就是说砖是从秦代开始的，瓦是从汉代开始出现的，但这是20年前的说法，后来我们考古发现，在西周已经发现瓦，在商代也有少量，这表明"秦砖汉瓦"的说法是不正确的。但是，我们在距今四千一百年的陶寺遗址发现这种用泥烧制过的建筑材料，它的正面有各式各样的纹饰，背面很粗糙，跟后来的瓦是很相近的，还有在侧面上有纹饰，这种应该是在房檐上，跟后来这种房檐上的瓦很接近。我们综合分析，认为它应该是房顶的建筑材料，表明这一带有高规格的建筑，在大墓中埋葬的人很可能生活在这个区域。另外，在高等级的建筑以南，发现了一个窖穴群，直径10多米的储藏用的窖穴集中在一起，附近没有发现建筑。我们认为，这些窖穴很可能是由城内的统治者所控制的"府库"。

大城使用中期的墓葬区，位于城南部一个用围墙围绕的区域之内，在这里，发现了比较集中分布的大中型墓葬。其中一个中期的大墓，长5米、宽3.6米，这个规模在中国各地同时期的墓葬中是最大的。墓的中央是一具墓棺，棺里面有一散乱的人骨。值得注意的是，中期的墓地在晚期的时候被有意识的毁坏了，可以看出这个棺内被人严重地扰乱，墓主人的头、趾骨七零八落的，但是，随葬品并没有动，而且被扰乱的年代，是在这个中期大城废弃以后被扰乱的。不仅是这个墓葬被盗毁，中期的大中型墓葬都被有意识地毁坏，无一幸免。但是，随葬品却没有被劫掠。所以，我们推测，中期的大城很可能由于某种原因被毁坏了，而且毁坏行为的人对中期的这些墓葬进行彻底地扰乱，很可能是复仇的行为，而且这个城的废弃就是这样的原因。但是值得庆幸的是只是扰乱了棺内的部分。在墓棺旁边，随葬着十头猪，每头猪被分成两半，一共20瓣。这个墓很有意思，在墓壁上挖了很多的壁龛，一些精美的随葬品如漆器、玉器等放在壁龛内，所以，这个墓虽被毁，但多数随葬品并没有被毁坏。在死者脚端的墓壁，整齐地靠墓壁放置着六件装有漆木柄的玉石钺，木柄是涂红漆并经过雕刻的，十分的精美，从木柄的形态来看，我们觉得这些玉石钺显然不是实用的武器，极有可能跟仪仗和显示墓主人的权力有关。墓中还出土了形体较大的彩绘陶器，跟早期的纹饰不同，但是精美程度有过之而无不及。在墓中还出土了多件漆器。有的漆器的口部镶着玉饰。有的玉饰与湖北石家河文化城址中出土的几乎一模一样，表明有远距离的人们之间的交流。墓中也出土了玉琮，制作非常简单，是和玉钺一起出土的。

值得注意的是，在墓区的附近，发掘了一个半圆形的遗迹，这边是城墙，在墙的一边围绕一个半环形的坛状特殊遗迹。这半环型围墙的基础部分，一块块的夯土之间留有宽10多厘米的缝隙。发掘的当时我们非常不理解，一个夯土围墙按道理应当是封闭的，哪怕是一块块夯土连接分别夯筑而成，也应该是紧密相连形成一道墙，但是这个却是有意识的形成这么多窄窄的缝隙。这个怎么解释呢？从图上看，这是一个中心点，这些缝都是汇聚到这个中心点，由这个中心点经这些缝隙向东延伸，东边就是山，从这个缺口往东边看过去，正好是山的山脊。后来发掘者提出一个假设：是不是某一天太阳从山上露出来的时候，这个缝正好可以观测到？刚开始提出这个假设时，包括我在内的很多学者都表示怀疑，觉得是不是太玄了？四千一百年前先民们对天象的了解真的能够达到这样的程度吗？为了验证这个假设，发掘者进行了为期一年的模拟观测实验，结果令人震惊。从这些缝隙能够看到太阳从山脊升起日子，恰恰就是包括春分、秋分、夏至、冬至在内的一些中国传统的农时节气。在当时的地面，在各条缝隙汇聚的圆心的位置，发现了一个直径在23厘米的圆形夯土遗迹，表明当时的人们是意识到这个圆心的存在的。后来，我们又请天文学家运用计算机进行计算和验证，天文学家的态度超过了我们的想象，他们非常肯定这个发现与古代天文有密切关系。如果这个发现是确证的话，这是个十分重大的发现，表明当时人们对天象、节气的了解达到了相当高的水平。我们联想到在《尚书·尧

襄汾陶寺遗址

典》中，讲到尧"观象授时"，即观测天象，决定农时节气。以前，学术界大都不相信此记载，认为很可能是出自战国时期史家的杜撰。但是现在通过这个发现来看，我们不得不认为，这个记载可能还有历史的影子的。这个遗迹被发现以后，我们请考古研究所的很多具有丰富发掘经验的老年和中年的考古学家到现场对这一遗迹现象进行仔细地分析，大家都肯定了考古发掘发现的遗迹现象是确凿无疑的。于是，我们在2006年11月，举行了一个论证会和发布会，请很多天文学家和考古学家到现场。陶寺古观象台的发现，引起学术界和社会的广泛的关注。世界著名的《自然》杂志对此给予了报道。这一发现与英国著名的巨石阵相比，一是年代确定，二是具有固定的观测点，这些都是巨石阵难以比拟的。因为这个年代正好是尧舜活动的时期，而且尧活动的中心地区是在山西南部，所以，甚至有的人认为，陶寺城址可能就是尧都，在那一带，确实有很多与尧有关的传说。

在陶寺大城使用了一两百年以后，大城被废弃了。与此同时，出现了很多的暴力的情况，比如前面提到的墓地被毁，还有在宫殿区附近的一个大沟里，发现了很多层被扔弃的人骨，有的有人头有被凿穿的痕迹。还有一个被摧残致死的青年女性，她的面部是一种非常痛苦的表情，下体被插入一支很大的牛角，显然是被摧残致死的。整个陶寺大城显然有一场很大的动乱，暗示着这里曾经发生过一场大规模的浩劫，很可能是一场以复仇为动机的仇杀。在我国古代，这类把敌国的都城占领以后，挖祖坟、毁宫殿的现象是屡见不鲜的。但是如此之大的规模，如此残酷的程度，在同时期的遗址中是没有先例的。所以，我们认为，陶寺大城的废弃很可能跟战争和仇杀相关。陶寺遗址的上述发现，是"中华文明探源工程"非常重要的收获，它表明在距今四千三百年前，这一地区已经出现了掌握权力的显贵阶层。到了距今四千一百年前后，以大城的兴建和一万平方米的大型建筑基址、随葬品丰富精美的大墓、集中窖穴构成的仓储区、观象台和文字的使用等为代表，当时的社会可能已经进入了初期的文明社会。

（七）夏代后期的都城——河南偃师二里头遗址（距今四千年）

下面我们再看一看，距今四千年进入到夏王朝之后的情况。我们在河南洛阳的东郊发现了二里头遗址，遗址是1959年发现的，我们研究所做了几十年的工作，最近的发现可以概括为这样几点：最早的宫城，最早的具有中轴线理念和左右对称格局的宫殿，还有官营手工业作坊，直接被王权所控制，最早的青铜容器群、用车的痕迹等等。

下面我们先看最早的宫城，在遗址的中心部位发现一个边长300米到330米的一个宫城，当中是高等级的建筑，位于其中。宫殿都是有中轴线的理念，都是左右对称的，前后还有几进院落，这种格局跟明清时期，中国古代宫室制度是很接近的，所以我们说这个宫室制度，它的源流至少可以上溯到夏代后期。

还有一个重要发现就是在二里头宫殿区周围的道路上，发现了车辙，这就牵扯到了中国古代车子的起源问题。因为我们经过考古发现来看，我国古代最早的马车是在商代晚期在河南安阳殷墟发现的，也就是说距今约三千三百年左右，在此之前没有发现马车。这就带来了一个问题，商代晚期的马车是本土起源，还是外来的影响？搞古代动物的人研究，家马在中国的出现也是在三千三百年，也就是说家马和马车是同时出现在中国的。在此之前，虽有一些零星的马骨，都没有证据是家马。而且还有一个特点，中国的马车基本的性质，跟西亚一类马车有相近的地方，在高加索那一带马车出现很早的，不晚于公元前2000年。所以，我曾经就提出一个观点，中国马车的出现很可能是西边的影响通过欧亚草原过来的。那边的马车有四轮马车，有两轮马车，四轮马车主要是运输的，不便于长距离的行动，但是两轮马车是战车，相对比较轻便。从年代来看，比我们早很多。另外在俄罗斯中部偏西，有一个遗址出土的马车与殷墟的马车较为接近，年代是在公元前1400—1300年左右。1996年，在偃师商城也发现了这样的车辙，两轮之间的距离也是1米左右，跟偃师商城发现商代早期一样的，但是这个是夏代的，这就表明中国使用车的历史可以追溯到夏代。但是这个车跟马车有很大的不同，因为殷墟的马车两轮之间的距离是2.4米左右，这个才1米，所以，无论如何不可能是马车，究竟是人力车还是其他的车难以确定。但是，这个车辙的发现表明，中国使用车的历史至少可以上溯到夏代。我们联想传说中有"黄帝造车""奚仲造车"的记载，就是说在夏代以前就有车的使用了。还有一个是商人的祖先王亥做伏牛的传说，有商人的祖先用牛车去做买卖的说法，但是这个跟马车是两种情况，所以，我们说，中国使用车的历史至少可以追溯到夏代。

另外值得注意的是，在二里头宫城的南边，跟宫城只有一路之隔的地方，又发现一个围墙围绕的区域，里边没有任何宫殿，有的是铜器制作作坊和绿松石制作作坊，出土铜器制作的陶范和制成品，绿松石也是当时夏商时期高级贵族非常喜欢的东西。为什么在宫城的旁边是一个作坊区，作坊区里又不是陶器、石器等一般老百姓都能用的东西，而只是生产高等级贵族才能使用的东西？我们认为很可能这个作坊已经是直接被王权所控制了，为高级贵族所生产物品的，我们叫"官营"手工业作坊。这个时期我们发现最早的青铜容器群，制作工艺相当的高超。这里发现了夏代的铜鼎，熟悉文献的同志可能知道，中国古代有以鼎作为王权象征的传统，战国的时候楚国非常发达，楚君问周王：你这个鼎有多重？那意思就是说：你这个周王朝已经不行了，我要把这个王权象征的鼎搬到楚国去了。所以，有一个"楚子问鼎"的说法。那就表明鼎是王权的象征，为什么？因为那个时候，鼎是作为国家祭祀的用具。比如司母戊大鼎，就是国家级的祭祀的用具。而且在中国古代，在西周时期，根据贵族不同的身份，用鼎的数量是有严格的限制的，天子九鼎，诸侯七鼎，卿大夫五鼎，士三鼎到一鼎，一般老百姓不能用青铜器。但是，在夏代的时候，它还只是一般的贵族的生活用具，还没有形成礼器的制度。值得注意的是在这个时期出现了仪仗用具，我们刚才前面讲了，陶寺遗址已经出现仪仗用具了，在这个时候多种仪仗用具出现，比如说这原来应该是武器——戈，在这个时候大型化、仪仗化。钺也是变成了很厚、很大型的。特别值得注意的是这个牙璋，牙璋原来也是工具，但是到这个时候，变成很大，而且最大的1米长。

在二里头遗址一个宫殿区的院子里面发现了一个人的随葬，这个人的随葬是用2000多片绿松石镶嵌的龙，这是绿松石的石片，菱形的装饰，这是龙的龙头，眼睛、鼻子、嘴，眼睛和鼻子都是用玉来制作，这个形象整体更像后代的龙。而且这个人是在宫殿的院子里埋葬，随葬品并不丰富，几件陶器，脖子上缠着很多海贝，这个海贝当时应该是珍稀之物，随葬的还有一个铃铛，它是镶嵌在一个有机物上，可能是一个板或什么东西上，像一个幡似的感觉。所以，这个人身份就很奇特了，他不是高等级的贵族，没有青铜容器随葬，按照地位显赫，在贵族的院子里面埋葬，还用这样特殊的东西，我们认为很可能是祭祀的，比如说巫师等等，这个东西应该是当时重要的神器，而且它摇晃起来还有铜铃作为声音的效果，当然这是一个推测，总之身份特殊。我们关注的是这样一个绿松石龙的制作，坦率地说，那个石块磨到这种程度是非常困难的，要把那个石块磨成这么小，然后把它这么镶嵌，很不容易。因为不容易保留，我们准备做一个复制品，但是，做了好久觉得太难，后来我们放弃这种努力了。

我们把二里头遗址所反映的夏代后期的状况，和良渚、陶寺反映的夏代之前的状况，进行比较，二里头遗址已经有了成熟的礼制的意识形态，成套的青铜礼器，那些仪仗的用具，对商周时期有强烈的影响，包括中轴线的理念，左右对称的布局，前

二里头宫殿复原图

后几进院落的格局，都和中国后代的宫室制度有一脉相承的继承，但是，在夏王朝建立之前没有发现这样的特点，所以，我们认为这些是进入夏王朝之后形成的一系列新的制度。

三、几点认识

（一）文明形成的标志

探讨符合中华文明特质的文明标准，是探源工程研究的重点，并取得以下共识：文明形成的本质特征是国家的产生。

在缺少文字记载的史前时代，判断文明的标准可从当时社会的物质文化遗存中寻得。综合中华大地上各种资料的情况，工程提出以下要素是文明社会的关键特征：

首先，农业与手工业的显著发展。手工业的发展出现了明确的社会的分工，部分手工业的生产专业化（冶金、琢玉、髹漆）；盐、铜等重要的经济资源以及高等级手工业的制品的生产和分配为贵族、权贵所控制。

第二，社会显著的阶层分化。形成了金字塔式的社会结构，出现了掌握军权与祭祀权力的贵族阶层及其最高统治者——王；形成了维护社会等级制度规范的礼制，出现了随葬高等级物品的大型墓葬和专门墓地。

第三，暴力与战争成为较为普遍的社会现象，原始宗教在社会生活中占有重要地位。

第四，人口显著增加并集中，出现作为政治、经济、文化中心的都邑，以及反映王权的高等级大型建筑和大规模公共设施；出现了王权管理的区域性政体——早期国家。

根据我们上面的标准，我们觉得陶寺遗址和良渚遗址可以认定已经进入了初期文明社会了。原来一般在史书上都是夏王朝，禹传子、家天下、世袭制度进入文明社会，但我们认为，根据我们新的考古发现，良渚、陶寺已经进入初期文明，主要证据王权的出现，礼制的兴起，大型都邑的营建，大型的宫殿建筑的存在，规模巨大、随葬品丰富的大型墓葬以及反映等级身份的高等级的物品，比如说陶寺的玉石钺、陶鼓、石磬、龙盘；良渚的玉琮、玉璧、玉钺等等。另外，文化的发展，农业的发展，良渚的犁耕，陶寺的多品种种植作物，除了粟黍之外，还有少量的大豆等等。另外，手工业的进步和专业化，冶金术的出现，琢玉技术的高度发展等等，另外，文字在陶寺已经出现，但是良渚还没有发现，再就是其他艺术方面的成就，我们觉得，综上所述，距今四千五百年前后，几个主要的文化区可能已经具备了基本的文明特征。

特别重要的是在各个地方文明发展的过程当中，中原地区凭借天下居中的人文地理优势，在与周围社会充分互动交流吸纳先进因素的基础上，形成了最为发达的核心，为后世的三代文明形成奠定了基础。那就是说，中原地区实际上一开始并不是中心，它的中心地位的形成并不是从一万年以前开始，而应该是在良渚文化时期，逐渐地在汇聚了各地的先进文化因素之后形成这样一个中心，到了夏商王朝之后不断地强化。

（二）关于五千年文明

距今五千年左右，辽宁的牛河梁和安徽的凌家滩所代表的社会阶层分化已经相当的明显，凌家滩几十件玉石器，大型的墓葬，表明当时已经形成了一个金字塔式的社会结构，很可能已经进入到初期文明。但是，由于还缺少都邑遗址的发现，我们还很难确定，因为只有大墓，表明阶层分化，但是，都邑如果不能发现，比如说是不是有大型的宫殿，是不是有大型的公共建筑等等，所以说还欠缺都邑性遗址的材料。

（三）中华文明形成和早期发展的过程

中华文明起源形成的过程，简单地概括说是，万年奠基，栽培农业，大约在万年出现，这实际上具有深远意义，但当时还仅仅是奠基的程度。八千年起步，我觉得文明的起步应该是从农业的初步发展开始，从我们能够看到的像贾湖、兴隆洼遗址，那个时期应该说开始文化方面的快速发展，社会方面还没有到达，物质的层面和精神的层面有了初步的发展。六千年加速，这是一个非常关键的时期，社会出现分化，大型的、中心性的遗址和规模较大的墓葬，无论是中国的南北，一些比较快的区域都有这样的情况。五千年进入，我们觉得，虽然我前面讲了兴隆洼和牛河梁还欠缺，但欠缺不等于没有，我们认为它有的可能性是极大的，像那种大墓主人生前居住的场所肯定不会是很一般的一个村落，所以我们说五千年应该陆续地进入，大型都邑城址的出现和社会分化显著。四千年过渡，四千年过渡是从古国文明向王国文明过渡，我们发现在二里头遗址并不是夏王朝建立之初就有一个翻天覆地的变化，即使在夏代后期的二里头遗址，也是逐步地形成了宫室制度那些要素。就是说在二里头遗址出现的时候，在公元前1750年左右，它还没有形成那些，它是在公元前1700年、1600年的时候逐步完备的。所以，我们认为四千年左右夏王朝建立，它是一个从初期的文明向王国文明过渡的阶段。三千年巩固，经过了商代到西周，分邦建国，应该说是一个王国文明确立和扩展的时期。二千年转型，就是从王国文明转到秦汉的帝国文明，一直延续下来。

（四）中华文明的特点

第一，历史悠久，延绵不断；第二，土生土长，自成体系；第三，满天星斗，百花齐放；第四，多元一体，互动交流；第五，汇聚辐射，百川归海；第六，祖先崇拜，宗法制度；第七，以玉为贵，将玉比德。

（五）中华文明的起源与形成的背景、条件和机制

1.中华文明起源与形成的背景

一是相对封闭的地理环境，东边是大海，西边是高山和沙漠；二

是南北差异的自然环境导致不同的生业形态，长江流域的稻作，黄河领域的粟作，北方的农牧混合；三是相对封闭的不同区域之间的密切的文明交流；四是共同的信仰，共同的祖先认同，龙的崇拜，炎、黄的崇拜等等。

2.文明起源的条件

（1）生产力的发展是文明起源的物质基础。

首先，农业的发展。从耜耕农业到龙山时代犁耕的出现、农作物品种的多样化。

第二，家畜饲养业品种的多样化（如家羊、家牛的出现）和比重增加。

第三，手工业的发展。高等级贵重物品的制作工艺技术的发展，冶金、琢玉、漆器、精致陶器和原始瓷器等。

（2）人口的增加是文明起源的重要前提。

这一点经常被忽视，但实际上它是重要的一个方面。如果没有人口的增加，如果都还是那种小小的村落的话，是不可能有文明的出现。人口的增加和人口的政治性的集中，导致那些都邑性遗址和中心性聚落的出现；人口的增加导致人口的压力，对土地等资源的争夺所展开的战争，促使军事权力的强化和王权的诞生，大规模的建筑工程成为可能；集团的规模增大，分布范围扩大，才形成了一个一个区域的文明。

（3）剩余产品出现是文明起源的重要条件。

剩余产品的出现使分配不均成为可能，也促使交换的发展，为分工的出现创造了条件，一部分人可以脱离农业，从事手工业、管理、宗教祭祀；同时也成为战争出现的导火索，掠夺成为有诱惑力的行为，以掠夺对方的农畜产品为目的的战争出现。

3.文明起源的过程和机制

（1）分工的出现和发展。

首先是农业和手工业的分工，出现可基本脱离农业或半农半工的专业或半专业手工业工匠家族；第二，手工业专业化的出现，促进了手工业工艺技术的进步（铜器、玉器、蛋壳陶、漆器等的制作）；第三，体力劳动和脑力劳动的分工，部族事务复杂化，导致管理者阶层应运而生（巫师、部落首领出现）。

（2）分化的出现和发展。

人们之间的关系由平等转变为不平等，出现不同人、不同家族之间贵贱、贫富的差别并不断扩大；首领利用手中的权力，把本应属于集体的财富据为己有。

（3）权力的出现和发展。

权力逐渐集中于某些特定的家族，首领由社会的公仆变为社会的主宰，出现了一部分人对另一部分人，少数人对多数人的控制。先是对本族人的控制以及对外来的归顺者或战俘的强制和奴役，后来发展成为对本族一般成员的役使。

（4）战争的出现和发展。

战争是文明形成的催化剂，军事的权力，战争的目的不断在变化，由血腥复仇到对对方的生活资源的掠夺，到土地等重要资源的争夺，最后是以迫使对方臣服和纳贡为目的征服战争。

（5）原始宗教信仰的发展。

原始宗教信仰的变化也是不可忽视的，宗教信仰由平等的功能祭祀到职业祭祀家族的出现，到首领对祭祀的垄断，神权的形成，以及首领以神的代言者的身份出现，以神的意志出现发号施令，那是必须绝对地服从的，这和战争的指挥当中绝对服从，这两项是促使王权形成的决定性的因素。

（6）礼器的出现与礼制的形成。

首长地位的提高使奢侈品的生产受到重视；部分奢侈品成为祭祀或权力等级地位的象征；规制的出现和等级日益严格，以居所的规模、宗庙的有无、埋葬的礼仪、仪仗或祭祀等特殊器具和服饰来体现等级身份的规范和制度逐渐形成。

（7）文明的本质特征。

凌驾于全社会之上的强制性公共权力——国家的出现。

四、总体认识

（一）关于各个地区的文明化进程

公元前3500年左右开始，长江、黄河、西辽河流域的文化进程，进入了加速发展时期。在距今五千年到四千年期间，一些文化和社会发展较快的地区相继进入了初期文明社会，中华文明五千年并非虚言。

公元前3000年到公元前2000年前后，各主要文化区的文明化进程在剧烈的社会斗争中加速发展和演变。最迟在夏代后期，以二里头遗址的宫城、官营手工业作坊出现为代表，文明发展进入了一个王国文明的新的阶段。各个地区都有它自己的文明，四千年前各地文明的火花百花齐放。

（二）汇聚和辐射

在陶寺遗址可以看到长江中游、黄河上游和下游等地的文化因素，表明夏王朝建立之前，各地先进的文化因素有向中原地区汇聚的趋势。

夏王朝建立之后，中原地区的核心地位逐渐显现，并向周围地区施以强大的辐射，对促进周围地区文明的发展以及中华文明统一性的形成发挥了重要作用。

（三）环境因素对中华文明的形成产生过重要影响

中国地理环境的内聚性、相对独立性与内部各地理单元环境的差异性是中华文明多元一体格局形成的重要基础。气候的变化对各地区文明化进程产生过不同程度的影响。中原地区的环境优势是促成该地区逐渐成为多元一体文化格局中心的重要因素之一。比如，距今八千年到六千年的大暖期，农业的发展以及距今四千年前后气候的波动对各地文明兴衰的影响，长江中下游衰落，其他地区也有一些变化。

（四）文化的交流与互动是促进文明起源和形成的重要动力之一

中华文明是土生土长的原生文明。中华大地各个区域文化和文明的交流、碰撞、融合是推动中华文明形成的重要动力。中华文明在形成过程中，接受了一些外来的先进的文化因素的影响（如小麦的种植、黄牛、绵羊和家马的畜养、冶金术的传入等），同时也对周围的文明产生了重要的影响。

王　蒙
天下归仁

　　王蒙，河北南皮人，1934年10月生于北平（今北京）。曾任中共中央委员、文化部部长等职，中共第十二届、十三届中央委员，第八、九、十届全国政协常委。中国当代作家、学者。

　　1962年任北京师范学院中文系教师。曾任中国海洋大学顾问、文学院院长，兼任南开大学、浙江大学、新疆大学、南京大学、北京师范大学、中山大学等校教授或者名誉教授。

　　文学创作以小说为主，自20世纪50年代至今，共发表长篇小说8部，此外，还有大量中篇、短篇、微型小说集，评论集，散文集，古典文学研究专著，自传，旧诗集，新诗集，并有取自英语、维吾尔语的译作。1993年出版《王蒙文集》10卷，2003年出版《王蒙文存》23卷700万字，2014年出版《王蒙文集》45卷1700万字。

所谓天下归仁，在《论语》中的原话是"一日克己复礼，天下归仁焉"。翻译成现代汉语就是说一个人如果能够做到自我约束，能够恢复到西周时期的礼法，天下人就会承认你是一个仁德之人、仁爱之人，这是一般的解释。但是，从字面上来说，它也可以从另一面来解释，天下归仁的意思就是仁归天下，即整个社会能够按仁爱的原则、仁德的原则运转起来，整个国家能够顺着仁爱这样一个核心的价值变得更加美好。

一、以德治国

子曰："为政以德，譬如北辰，居其所而众星拱之。"意思是说如果一个人依靠德行、道德来治理天下，那就如北极星一样，是最高级、最明亮、最稳定、最恒久的一颗，自己居于一定的方位，群星围绕在它的周围。这是孔子对"德"的地位的一种阐释。

孔子认为治国理政的思路有两种，一是"道之以政，齐之以刑，民免而无耻"。是说用行政的手段来引领百姓，用惩罚的手段来管理百姓，这个方法虽然很有效，但并不能让百姓自觉认识到违反这些规矩是可耻的。虽然他们尽量避免受惩罚，尽量避免受制裁，但缺乏羞耻之心。另外一种思路是"道之以德，齐之以礼，有耻且格"。这是说如果用道德来引领百姓，使礼数成为一种规范，使道德成为一种约束，百姓就会知道违反道德是可耻的，不讲礼貌、不讲礼法、不讲礼数、不合礼仪，也是可耻的，这样就能达到自觉遵守道德规范的效果。这句话里的"格"字，古人解释为"认可"，是心悦诚服之意。在现代语境之下，我个人认为它是指一种规范，一种风度，一种品级。所以"有耻且格"，也可以理解成一个人要有羞耻之心，而且能达到一定的规范，一定的格调，一定的品级，这是我个人的看法。

孔子处于乱世，具有强烈的使命感。中央政权式微，各诸侯国争权夺利，血腥厮杀，民不聊生，孟子曾以"春秋无义战"来形容这一历史阶段。在这种情况下，孔子希望用道德和文化来拯救世道人心。这样一种以德治国的理念，是古代中国的道德理想主义，文化理想主义，也可以说是古代的中国梦。孔子要挽狂澜于既倒，把一个互相争夺、互相厮杀的社会，挽救成一个讲文化、讲道德、讲礼法的社会。孔子曾经受难于匡，饭都吃不上，而且有人扬言要杀掉孔子，孔子的弟子都很惊慌，但孔子相信只要上天无意灭绝斯文，只要上天还要延续文脉，就不会让他罹难。他是斯文的救主，是斯文的几近唯一的火种，他活着的使命在于延续与重建斯文。"天之未丧斯文也，匡人其如予何？"这句话说明了孔子的使命感，他坚信只要上天不要斯文灭绝，匡地的人就不能把他怎么样，相反，他更要用斯文来救世，也就是所谓"斯文济世"。

据我自己的观察，改革开放以来，"以德治国"至少有三次出现在中央文件里。2001年1月，在全国宣传部长会议上，江泽民同志明确提出了"把依法治国与以德治国紧密结合起来"的治国方略。十七届六中全会，关于深化文化体制改革的决议中，又提出了要以德治国和依法治国相结合。十八届四中全会，关于全面推进依法治国的决议中，又提出了以德治国。以德治国是我们继承传统文化的一个重要提法。

（一）斯文之道

孔子提倡斯文，反对野蛮与粗暴。孔子虽然提倡尚文，但在当时的情况下不可能不尚武。那时的诸侯国，如果没有武器装备，没有军队，没有计谋，就无从巩固政权。但是，孔子至少首先强调的是文，强调政权首先是教化之权，是引领之权，是制定规则之权，制定礼法之权。到了孟子时期更明确提出，仁政不是暴政，而是王道。王道是什么？是"道之以德，齐之以礼"。用现代汉语来说，就是提倡软实力。孔子认为这是人性的需要和自然，因为人性本身就是美好的。"其为人也孝悌，而好犯上作乱者，未之有也。"他从最简单的事情说起，从每个人的家庭说起。在家庭中你对自己的父母有孝心，父母对你有慈爱之心，你对自己的兄弟姊妹有悌之心。随着一个人的逐渐长大，这些东西就慢慢发展成各方面的美德，孝心到了社会上就会延伸成忠心，悌之心就会延伸为义之心，等等。这些东西合在一起就形成了仁爱之心。所以孝悌之人，不会犯上作乱。当然，这是一个美好的理想，实际的情况没有那么简单。

礼义廉耻，被叫作"四维"，加上孝悌忠信，合称"八纲"。汉代以后又总结出"五德"，即"仁义礼智信"。另外对于掌权者，孔子提出"恭宽厚敏惠"，这五个字虽然没有"仁义礼智信"普及，但对于掌权者来说却是非常重要的。"恭"就是恭敬，不仅要敬业，更要敬重工作中的每一个人；"宽"就是宽容，要容得下不同的意见，容得下不同的风格；"厚"就是心存厚道，与人为善；"敏"是指对人民有好处的事，做起来要有效率；"惠"则是要务实。这五个字可以看作是孔子对掌权者的要求。

从这样一种中国文化的理想里面，可以看出我们这个民族延续至今的某些依据。我曾经在《新华文摘》上看到一篇文章，觉得很有道理。为什么中国人容易接受马克思主义？西方基督教的思想，在客观上是性恶论，它认为人是有原罪的，所以它的很多制度都是从人的自私心、贪欲、原罪出发来设计的。但是，马克思认为人性是向善的，人的自私心是私有财产所造成的，人本来并不自私，而是这种不合理的私有财产制度造成了人的自私。所以，马克思、恩格斯认为阶级社会、私有财产社会是人类的史前时期，人类真正的文明史还没开始，只有实现了社会主义，乃至于共产主义，才能称之为人类文明史。孔子的许多想法，是能够与马克思主义对于未来的愿景相衔接的。孟子曾经说过，"老吾老以及人之老，幼吾幼以及人之幼"。一个人不但爱自己的父母，也以对待自己父母一样的心情、一样的态度去对待他人的父母；不但要爱护自己的子女，也要用同样的心情照顾天下的孤儿。我所接受的共产主义思想就是"老吾老以及人之老，幼吾幼以及人之幼"，就是"大道之行也，天下为公，选贤与能，讲信修睦。故人不独亲其亲，不独子其子"。所以，孔子学说里面包含有对人类社会美好生活前景的积极愿望。

（二）君子之道

《论语》中多次用对比的方法来比较君子和小人的不同，以至于朱熹说："君子与小人之所为不同，如阴阳昼夜，每每相反。"

子曰："君子喻于义，小人喻于利。"用现在的话说就是君子讲原则，讲价值，讲道理；而小人却只追求利益。孔子说小人是"群居终日，言不及义，好行小慧，难矣哉"。小人在一起从不考虑原则，不考虑道理，只是动心眼，干点鸡毛蒜皮的小事。

子曰："君子固穷，小人穷斯滥矣。"君子容易贫困，因为君子坚持原则，不考虑自己的利益，但即便贫穷仍然是君子。而小人一旦贫穷，就会不择手段，不计后果。

子曰："君子求诸己，小人求诸人。"君子的特点是凡事都从自身找原因，而小人的特点是碰到什么事就怨天尤人，牢骚满腹。"君子不党，君子不器。"意思是说君子不拉帮结派，照顾大局，有责任感，有使命感。

子曰："君子和而不同，小人同而不和。"君子对凡事都有自己的见解，不跟着起哄。小人自身能力缺乏，所以易抱团起哄。孔子不但把君子描述得十分透彻，对小人的心态理解得也很精确，所以说孔子善于洞察人心。

子曰："君子坦荡荡，小人长戚戚。"君子一身浩然正气，所以"君子坦荡荡"。小人除了害人，就是嘲笑

万世师表

人，同时认为别人也在嘲笑自己，所以"小人长戚戚"。君子谦恭，"戒慎恐惧，哀矜勿喜"。周恩来总理曾经写过一篇文章叫《怎样做一个好的领导者》，他认为做一个领导者要"戒慎恐惧地工作"，小心谨慎，随时知道自己的责任重如泰山，因此不能犯错误，更要力避说错话，做错事；即使看到别人失败了，也不要幸灾乐祸，哀矜勿喜。

上述这些是孔子关于君子与小人的论述，从负面来说，并不符合我们提倡的人人平等的理念。孔子或者后代的朱熹也好，认为君子和小人完全是两路人，这是他们理念中一些负面的东西，但同时也存在一定的积极作用。

这种积极作用主要表现在以下两个方面：

第一，孔子认为君子对中国的集权社会结构起到了支撑作用。从秦朝开始，历朝历代政权一直追求的是中央集权的国家治理方式，东周那段分裂的历史给了中国人足够的教训。这种集中管理的模式必然会先依靠一部分社会精英，或者是孔子所说的君子来予以维持。所以，君子应当是一类受过教育、有文化、有责任、有担当的社会群体。这类群体拥有较高的道德水准，有先进性、不纠结于个人利益和享受，一旦进入权力系统，将对社会发展起到积极的示范作用。所以孔子对君子的这套要求，已经成为对政治精英、文化精英的一种劝勉，成为有志于成为社会精英的人的一种更高的自我要求。

举个例子，洋务运动中对发展现代冶金工业有贡献的张之洞就是这样的人。张之

孔子弟子

洞死后，同僚们到他家里去，被他家徒四壁的景象吓了一跳。家里只有墙，连家具都没有，睡觉都在地上。当然张之洞也不是完美无缺的人，他也有其他方面的缺点。但是，从这点上来看，他确实体现了一个君子的要求。

第二，孔子鼓励不同出身的人都积极上进。《辞海》和《辞源》上认为君子和小人的区别有两种，一种是从社会身份上说，一种是从文化教养上说。如果仅从社会身份上说，这是一种消极的说法，官员出身，教授出身，就算君子；而临时工出身，或者是父亲因故劳改过，那就算是小人，这种区分显然是片面的。但是，从文化教养来说，孔子鼓励每一个人学习上进。实际上中国的各个朝代，尤其是宋朝以来，非常注意通过科举考试，让所谓"蚁民"都有上进的机会。

我们现在看孔子关于君子和小人的教导，里面有积极的因素，也有消极的因素。

（三）中庸之道

之所以强调中庸之道是因为中国有一个特点就是"尚一"，希望把国家统一起来，把各种事情归结到一起。用老子的说法就是"天得一以清"，天如果得到了"一"，符合了这个大道，天就是清的，没有雾霾。"地得一以宁"，地得到了"一"，没有地震。"神得一以灵"，神获得了"一"，就能发挥作用。"谷得一以盈"，山谷得到了这个"一"，就能够达到充盈。"万物得一以生"，万物之所以生存在这个世界上，因为它符合这个"一"。孟子的说法是"天下定于一"，中国人认为尽管世界是丰富多彩的，但只要抓住了"一"，所有的问题就都可以得到解决，这是中国的一种"尚一"的思想。中国从理论上虽然没有西方那种多元制衡的传统，但它是多中有"一"，"一"中有多。

西方政治学的基本原则是多元制衡，人既然天生是有弱点的，因此人和人之间就需要互相制衡。在一定的规则下，相互制衡，就能把握方

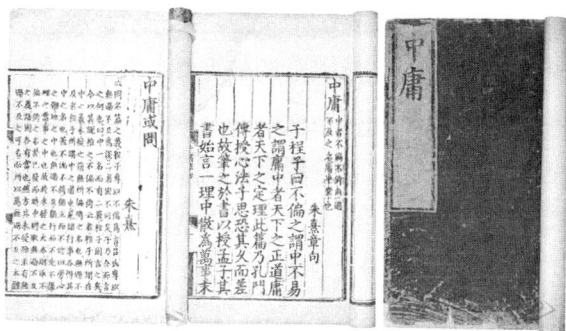

《中庸》书影

向，取得平衡。而中国的平衡，很难表现为在一个时期几种不同力量的互相牵制、互相平衡。中国的平衡常常表现在时间的纵轴上，就像俗语说的"三十年河东，三十年河西"。中国强调中庸之道就是强调"不为已甚"，即不要做得太过，任何事情都要留有余地，厚德包容。《论语》也十分讲分寸，子曰"不义而富且贵，于我如浮云"，对于"不义而富且贵"的人，孔子的态度是既不仇富，也不仇官，即便认为不正确，也只是远远地看着，如浮云一般，既不羡慕，也不痛恨。

孔子关于中庸之道的学说，我称之为"一颗仁心，两手准备"。既考虑进，又考虑退。"宁武子，邦有道则知，邦无道则愚，其知可及也，其愚不可及也。"意思是说，宁武子这个人，当国家有道时，他就显得聪明；当国家无道时，他就装傻。他的那种聪明别人可以做得到，他的那种装傻别人就做不到了。这就是《论语》中最具有智慧、最具有想象力的一段，既有韬光养晦的谋略，又有治世兼济天下、乱世独善其身的明哲。同时，孔子又说："邦有道，危言危行，邦无道，危行言孙。"国家有道，要正言正行，敢说真话，敢涉风险；国家无道，还要正直，但说话要随和谨慎。这就是战略与策略的差别，进取和自保的不同。孔子还说，"用之则行，舍之则藏"，需要我的时候就去做事，不需要我就默默隐世。"用行舍藏"是孔子思想中很重要的一个方面。

以上这些例子都是孔子对于"中庸之道"的解释，可进可退，才能立于不败之地。

（四）世道人心决定一切

孔子认为决定一个诸侯国或者一个家族兴衰的最重要因素是世道人心。子曰："德之不修，学之不讲，闻义不能徙，闻不善不能改，是吾忧也。"意思是说，大家不注意自己的道德修养，不注意好好学习，树立了榜样，不能够学着做，指出了要纠正的东西，也不改正，这是我所忧愁的。

这段话不仅听着很亲切，而且在今天依然有效。注重世道人心，不仅在客观上让老百姓少干坏事，还有助于对权力形成一种道德监督和文化监督。多元制衡的权力监督在中国能够发挥作用的空间有限。但是，道德监督和文化监督却有很深的历史渊源。以德治国的这套理论，对现代中国人的影响还是非常大的。

二、无为而治与礼治

"无为而治"是道家政治思想的核心。老子说："为学日益，为道日损，损而又损以至于无为。"追求知识的人，其知识一天比一天多；追求真理的人，其主观意识会越来越少，头脑越活越简单，以至于逐渐减少至"无为"。又说"无为而无不为"，只有做到无为，整个社会组织的活力和积极性才能充分发挥出来。"无为而治"是古代中国人治国理政的最高理想，孔子也是提倡无为而治的。《论语》里边说："无为而治者，其舜也与？夫何为哉？恭己正南面而已矣。"意思是说，能够无所作为而治理天下的人，大概只有舜吧？他做了些什么呢？只是庄严端正地坐在朝廷的王位上罢了，这是孔子"无为而治"的思想。

"无为而治"如果真是什么都不干，那么还有一条罪状，就是不作为，这是我们无法接受的。但是"有为"也不要扰民，要简政放权。马克思、恩格斯认为共产主义的最高理想是消灭一切国家机器，消灭法院，消灭军队，消灭公安，消灭政党。社会只需要一批统计员，这批统计员根据社会需要来调节商品生产，调节生活资料。所以我认为，孔子和老子所设想的无为而治，实际上和马克思、恩格斯的某些观点遥相呼应。所以，中国人接受马克思主义绝对不是偶然。

除了"无为而治"，儒家还有一个理想，就是用礼来代替法。《礼记》上说："夫礼，先王以承天之道，以治人之情，故失之者死，得之者生。"《诗经》上有一段诗，"相鼠有皮，人而无仪"。老鼠都有一副像样的皮毛，人岂能无仪？"人而无仪，不死何为？"人如果没有仪表，不讲礼貌，一副野蛮无礼的样子，还不如死掉算了。"相鼠有齿，人而无止。人而无止，不死何俟？"老鼠都长着牙，可是人却不知道羞耻，不死还等什么。"相鼠有体，人而无礼。人而无礼，胡不遄死？"人如果不懂礼貌，不懂规矩，还不如快点死掉。《论语》里讲了很多的规矩，吃饭有规矩，见人有规矩，待客有规矩，上朝也有规矩。这些规矩不仅仅指行为、举止，还指表情。子曰，色难，意思是说最让人敏感的是人的表情，最难办、最要注意的是人的表情。

中国有一个说法，就是说一个人，或者一个人办的事，甚至于说这个人写的不讲道理的文章，叫面目可憎。尤其是当领导的，千万别

老子像

搞出个面目可憎来。2500年以前，孔老夫子就给国人提出了消除面目可憎的掌权人的任务，孔子认为掌权者不仅要和颜悦色，更要和老百姓打成一片。

三、劝学、示范和教化

命名在中国的政治生活中具有极其重要的作用，但是，反过来有时候我们又被名所束缚。孔子非常重视名实相符，正因为如此，所以他非常重视劝学、示范和教化。

一般的专家认为孔子是一个教育家，我认为孔子作为教育家与他的政治学说是分不开的。为什么他那么重视学习，重视教育呢？因为他主张以德治国，主张君子之道、斯文之道、中庸之道、彬彬有礼。这些东西都是需要经过教化、经过学习才能实现的，不是天生就能够具备的。他认为对一个掌权者来说，他的示范作用和教化作用，比他的具体管理还重要，当然这里面有很多理想化的成分，但也有一定的道理。到现在我们也仍然继承了这样一个传统。我们的干部工作，强调的是德才兼备，以德优先，首先考虑德的问题。孔子关于学习讲了一些非常好的话，比如说"温故而知新"，注重历史经验；比如"见贤思齐，见不贤而内自省也"，就是要拿活人当教材，一个人比你强，就应该向他学；一个人比你差，就应该看看自己身上有没有这种不足之处，这个太不容易。毛泽东主席所提倡的自我批评的精神，和儒家"见不贤而内自省"的学说有很密切的关

祭孔典礼

系。"举一反三""三人行必有我师""十室之邑，必有忠信"，这些都告诉我们要在生活中学习。孔子又说："学而不思则罔，思而不学则殆。"只学不思，就会感到迷惘而无所适从；只空想而不读书学习，就会心中充满疑惑而无定见。所以要认真地读书，认真地学习，认真地思考。孔子有关学习的倡导中，最精彩的、最使我感动的是他的"反求诸己"的思想，就是遇到问题先求助于自己。《论语·子罕》篇引用了《诗经》的诗，"唐棣之华，偏其反而，岂不尔思，室是远而！"意思是说唐棣的花朵，在风中翩翩地摇摆。我岂能不想念你吗？只是由于家住的地方太远了。对此，孔子却不这样认为，子曰："未之思也，夫何远之有？"意思是说如果真的想念，又岂会觉得遥远？孔子认为"唐棣之华"所代表的不仅仅是美丽的花朵，它代表的是人间一切美好的事物。美好是一种心性，只要天天想念美好，美好的事物就会在你心里生根发芽、开花结果。

中国地大物博、人口众多，社会道德缺失、食品造假、助人反倒被讹诈等等不良社会现象屡有发生。以孔子的思路，要想社会风气好转，就要从每个人自身做起，只要想学好，就能把坏事变好事。子曰："我欲仁，斯仁至矣。"意思就是要为仁行善，那么仁德自然而然就到了。王阳明讲知行合一，孙中山讲知难行易，这都和中国人重视心性之学，重视道德，重视文化，重视礼仪有关。

四、传统文化的命运与未来

孔孟的思想在当时是用于治国平天下的，用现在的话来说就是一套治国理政的理论。这套理论在当时的政治实践中并不算很成功，当时孔子奔走于各诸侯国之间，甚至于自嘲"戚戚如丧家之犬"。对于当时的诸侯国来说，孔子学说如"急惊风遇到了慢郎中"，讲得很好，但并不符合春秋时期各国征伐的实际，在诸侯混战的时期讲仁义道德，显然有点不合时宜。但在另一个方面，孔子的学说，老百姓很爱听。于是汉代之后的统治者认为孔子的学说有利于社会稳定，有利于世道人心，有利于形成良好的社会风俗。孔子学说不仅仅是教化百姓忠君爱国，更是教化执政者施行仁政，爱惜民力，不要轻易动武。所谓君君臣臣父父子子，就是当国君要有当国君的风范，当臣子要有当臣子的忠诚，做父亲的要有做父亲的样子，当儿子的也要有当儿子的样子。孔子死后，他的学说愈加被重视。汉武帝时期，罢黜百家，独尊儒术。到后来被封为大成至圣先师，全国各地大修孔庙、孔林、文庙，一直修到韩国、越南，不仅影响了东南亚，还影响到世界许多地方。孔子成了中国的一个文化基因、文化符号，孔子学说的强大生命力和凝聚力，使几千年来中国在文化上充满自信。

中国有了孔子，可以说有了定心丸、主心骨，但同时也遇到了空前的危机。两千多年以来，孔子学说并没有受到过真正的挑战，没有绝对性的突破和发展，因为它的地位太高，其他学说难以望其项背。这种情况古人早已看透，李贺诗曰："寻章摘句老雕虫，晓月当帘挂玉弓。不见年年辽海上，文章何处哭秋风？"李白也曾经说过："鲁叟谈五经，白发死章句。问以经济策，茫如坠烟雾。"同时，李白还说："我本楚狂人，凤歌笑孔丘。"可见古时就有不少文人对孔子学说持不同的态度。这也说明任何一种文化，一种学说，都必须与时俱进，不断地进行调整和突破，才能有长久的生命力。

孔子喜欢西周，喜欢文王、武王、周公。武王伐纣，建立西周，作为一个新生政权，采取各种惠民政策，受到了老百姓的欢迎和支持，创造了一幅欣欣向荣的景象。但是，到了东周，国家乱作一团，所以在孔子看来，西周就是最理想的社会。这当然是孔子思想中保守主义的一个方面。今天我们也遇到了类似的问题，尽管改革开放取得了巨大的成就，但依然有小部分人在议论，说中华人民共和国成立初期的干部才是全心全意为人民服务的，现在已经没有为人民服务的干部了，这种议论当然不准确。

所以，我们应全面理解孔子思想。任何一种思想，一旦长期不变化、不发展，就会出现很多问题。

出现什么问题呢？一方面是前边所说的"白发死章句"的问题，另一方面还会出现逆反心理。中国是一个大国，所以我们在讲儒学的时候，必须看到同样有反儒的种种说法。比如老子说："失道而后德，失德而后仁。"庄子说："诸侯之门而仁义出焉。"老庄思想和孔子的思想在某些方面是矛盾的。道德有很多方面，孔子希望各种道德之间是互相一致的，可偏偏有些人在不同的道德上表现是不一致的，如私德好公德不好，这一类人自古就有很多。

现在有这一种说法，说中国文化本来是很好的，出了一个"五四"，把中国文化的脉络弄断了。我个人认为，弘扬传统文化，并不是摒弃"五四"新文化。"五四"新文化运动正是中国传统文化极其需要的一次洗礼，虽然这次礼洗的气势大了一点，但却给传统文化创造了一次新生的机会。甲午战争失败之后，面对日本侵略，八国联军侵华，如果我们不发展洋务运动，不生产洋枪洋炮，不就等于自甘堕落、自取灭亡吗？

毛泽东思想是马克思主义与中国革命的具体实践的结合，我认为也是和中国传统文化的结合。毛泽东思想里边的民本思想、统一战线的思想、批评与自我批评的思想、艰苦奋斗的思想、团结一致的思想、顾全大局的思想、军民一致的思想，尤其是拒绝腐化、拒绝糖衣炮弹的思想，都具有传统文化的精华。我们今天谈传统文化，正是要让传统文化接受新文化的洗礼，让传统文化和以毛泽东、延安为代表的革命文化统一起来，结合起来。按习近平同志的说法，就是要使传统文化得到创造性的转变与创造性的发展。

我们在今天谈传统文化的时候，既要充分肯定传统文化在中华民族的生存繁衍中起的作用，知道对今天改革开放所起的正面的、积极的作用，又要使它得到创造，得到更新。拒绝传统文化，就是自绝于历史，自绝于人民；拒绝现代化，拒绝改革，就是自绝于地球，自绝于时代。所以，不论讲多少传统文化，我们不要忘记："面向世界，面向未来，面向现代化。"

杜维明

文明对话和儒学创新

　　杜维明，美国哈佛大学教授、哈佛燕京学社社长、文理学院院士。1940年生于昆明。1961年毕业于台湾东海大学中文系。获得哈佛燕京学社奖学金赴美深造，取得哈佛大学东亚研究硕士学位、历史及东亚语文博士学位。历任东海大学通识教育讲师，普林斯顿大学东亚系助教授，柏克莱加州大学历史系助教授、副教授及教授。1981年以来在哈佛大学东亚语言与文明系担任中国历史及哲学教授。曾任宗教委员会主席及东亚语言与文明系主任，目前为哈佛燕京中国历史及哲学与儒学研究讲座教授。曾获美国李海及密西根州立大学荣誉博士、山东大学荣誉博士，受聘为浙江大学及中国人民大学荣誉教授，为联合国文明对话年知名人士小组成员。

　　杜维明先生近年研究的重点在文化中国、文明对话、启蒙反思和儒学创新等四个方面。曾在普林斯顿大学、柏克莱加州大学和哈佛大学开设中国文化、中国宗教、中国思想史、儒家伦理、先秦哲学、宋明儒学、儒家传统的现代转化、儒家人文精神等课程，先后在美国和亚洲、欧洲多国的几十所大学和研究机构讲学。出版《杜维明文集》五册。

《文明对话和儒学创新》这个题目我近年来考虑得比较多。2001年，联合国通过伊朗的提议，把这一年定为"世界文明对话年"。因为这个原因，时任联合国秘书长安南邀请一批人组成一个文明对话小组，这个小组一共18人，代表中国的是宋健先生。这18人一共举行了五六次学术研讨会，最后在2001年11月向联合国大会提出了我们的报告，报告里面特别突出了文明对话的重要。2001年由于"9·11"事件，关于文明对话问题的争论十分激烈。

在第一次海湾战争时期，20世纪90年代初期，美国的学术界对世界思潮做了一个评估，一位名叫福山（Francis Fukukuyam）的学者，他先发表了一篇论文，以后成书了，他有一个观念叫作"历史终结"，用黑格尔哲学里面的一句话，就是说"在人类文明史中间，各种不同的意识形态的斗争和抗衡，因为国际局势的变化已经不太重要"，这话里面有一个非常强烈的，我叫作美国主义的价值取向。也就是说美国所代表的这种文明发展趋势，基本上已经为世界所认可。大家也了解，那个时候因为苏联的解体，中国开始市场经济，有很多的变化。所以福山有这样一个观点，就是说当时西欧和美国所体现的制度，就是市场经济、民主政治、市民社会，所谓市民社会就是多元多样的，在各种不同的领域都有发展的前景，除政治以外，在学术、媒体、职业团体、各种不同的社会运动和社会组织都使社会力能够蓬勃地发展。另外与现代化和个人的解放、主体性的出现有关系，就是个人尊严。市场经济、民主政治、市民社会和个人的尊严，这些已经成为主导世界发展的大趋向，不管是属于社会主义或者是资本主义，这条路是唯一的一条道路。福山的观点当时在美国引起了很多的批评，这是属于一种单向主义的思考模式。

当时哈佛大学的一位政治学教授，Samuel Humtington，我们翻译作亨廷顿，就对福山所讲的这个问题提出了他的观点，他的观点就是：即使历史终结，人类文明发展的大方向现在也已定下来了，但是面向21世纪，军事的冲突、政治的冲突后面所带来的文化冲突是最难消除的。军事上的冲突和政治上的冲突是20世纪主要的战争冲突的形式，到了21世纪是文化与文化、文明与文明或者宗教与宗教之间的冲突。他的这个观点是针对福山说的，但并没有什么矛盾，只有一条道路可走的观点和文明冲突的观点表面上看来是针锋相对，甚至是矛盾的，可是仔细来了解，这个问题相当复杂。亨廷顿完全是以美国能不能在世界上继续强势发展这个观念作前提。

清代中叶，中国这个老大帝国与西方文化碰撞以后，立刻千疮百孔。从鸦片战争爆发一直到中华人民共和国成立这110年间，每10年，中国社会就会有一次重大的转折和变动。从太平天国到不平等条约，到甲午战争，到戊戌政变，到清朝的解体、军阀割据、国共之间的抗争、日本的侵略，每10年，就有很大的动荡。一个有5000年历史文明的文化大国，每10年就有非常大的动荡，而且动荡和西化有密切的关系。从中华人民共和国成立以后一直到改革开放，这30多年变化更大，可以说每5年就有所变化，有些是内部，但是和外来的强权的压力有很密切的关系。所以说西化迫使中华民族经历一次有史以来没有经历过的重大的转化，这是有目共睹的、不争的事实。

我想描述这样一个过程，要把印度文化通过佛教传入中国数百年的文化交流和蒙古的铁蹄在很短的时间横行中华大地这两个现象加起来才能理解。印度文化通过佛教到了中国，佛教文化在中国有800年的发展，蒙古的铁蹄在中国建立了元代，在中国只有80多年，至于西方对中国历史的冲击，可以说相当于这两段历史结合起来，再把它压缩成二三十年，西化的冲击极大。如果看印度、看其他的文明，包括土耳其，西化的力量可以说不可抗拒。所以到了20世纪50年代，特别是美国的一批学者认为，我们不要叫它西化（Westernization）了，我们应该叫它现代化（Modernization），为什么呢？因为这已经不是西方文明对西方文明之外施压，而是任何文明都要经过这样一个过程。虽然现代化是从西方发起，但现代化的结构里面的一些因素，全世界任何文明都必须

信息的传播

接受。科学技术、市场经济、民主政治，有很多的内容，每一个内容在各种不同的文明中间可能有不同的体现方式，但它整个一套所带来的全面的冲击，其他文明很少能够抗拒。所以从西化到现代化，从西方的经验讲起来，有非常紧密的内在联系。而从其他的文明，包括中国文明来看，因为外来的压力，必须要面对它的冲击做出创建性的回应，这是一个非常困难的过程。

可是到了全球化时期，20世纪60年代、70年代大家开始注意到地球村的出现，这个形势有了很大的变化。现代化是一个同质化（Homogenization）的过程，同质化的过程就是逐渐地文明会趋同，都市化、工业化、科学技术、信息的传播、金融制度、旅游、移民，各种情形使得地球越来越小，出现一个地球村，各种不同的文明、各种不同的地域逐渐趋同，甚至可以画出一个单向发展的轨迹。北欧、美国、西欧，然后东亚，然后拉美，然后伊斯兰世界、非洲，把它画一条线，这样地往前面走，它是一个趋同的方式。不同的文明，将来走到同样，这是现代化的基本假设。可是从过去50年发展看来，这个假设本身是有问题的，全球化的出现，全球化（Globalization）和地方化

（localization）、本土化（indigenization），不仅不是矛盾冲突的，而且是两个不可分割的复杂互动的发展趋势。全球化加强了地方化，地方化在很多地方使得全球化多元多样，这是一个新的理解，非常复杂而又非常有趣。西方学者多半不认为全球化就是现代化的进一步发展，它不是一个同质化的过程，它可能是一个异质化的过程，也就意味着全球化所发展出来的局势，要在人类的主要经验中间做一个分梳，经济和科技的全球化和文化的多元化。有人说，政治的问题比较复杂，文化的多样性是两个同时并进的潮流。在经济上的一体整合，像WTO，国际贸易组织，不管通过国际货币基金组织（IMF）或者是世界银行（World Bank），金融世界越来越成为一体。科学技术更是这样，任何地方通过科学技术都会有所改变，而且科学技术在很多地方是中性的。但是会不会因为经济的一体化或者科学技术的整合使得多元多样的文化完全变成同质，这是一个非常重要的大问题。

亨廷顿和福山最大的缺失和对现代化的最大的误读，就是认为美国文化所代表的现代化，不仅在科学技术和经济方面具有影响力，而且在文化方面有一样的影响力，这是一个值得争议的大问题。并不是说他们的观点是完全不能够成立的，但至少是值得质疑的。

全球化为什么和本土化、多元化有那么复杂的互动？这是现在学术界特别关注的一个重大课题。在世界上，促进全球化特别是经济全球化最重要的组织之一就是在达沃斯举行的世界经济论坛（World Economic Forum），每年1月底在达沃斯举行，已经有20多年的历史了。因为每次集会都有2000多个跨国公司的领导人参加，所以在世界上的影响力，特别是经济全球化的影响力非常大。

我第一次参加世界经济论坛时，发现一个很有趣的现象，与会者提出的问题不单纯是经济政治问题。除了其非经济的重大问题外，提了两个我认为很有预见性的问题，一个就是21世纪的宗教问题，到底宗教在21世纪会扮演什么样的角色；另一个问题就是文化认同（Cultural Identity）在全球化的过程中可能起什么样的作用。为什么在世界经济论坛提出这样两个大问题呢？一个原因就是在相当长的时间内，因为科学理性的出现，大家认为人类文明的发展是从宗教到哲学到科学，这个思路的本身出了很大的问题。因为从20世纪的下半世纪到21世纪宗教的复兴，世界各地宗教力量的兴起成为一个不可抗拒的思潮。再者就是认同的要求，"认同"这两个字是我翻译的，20世纪60年代在心理学上就提出认同危机，所谓认同危机就是一个年轻人到了十七八岁，将来我要做什么？我是谁？这个问题提出来，就是一个人的认同。这个名词是在20世纪60年代的时候才刚刚出现的。可是到现在，各种不同的认同、职业认同、大学认同、民族认同、文化认同，好像有"认同"泛滥的情况。

这个观念表现了一个族群的自觉，一方面这个世界越来越整体化，另外一方面它的分离的倾向，Disintegration，非常明确，社会解体非常明确。因此全球化不是西化和现代化直接发展的模式，面向未来，全球化和多元文化如何配合，成为现代文明发展中间的大考验，因为有这个大考验，对前面提到的启蒙心态所导引的强势意识形态提出质疑。全球化和多元文化、多元文化认同之间的复杂互动，可以从几个不同的观点、几个不同的侧面来理解。其中之一就是，福山和亨廷顿好像都认为将来英文可能变成唯一的世界语，因此语言的单一化是现代化发展的不可抗拒的潮流。一方面，这是正确的，现在人类所拥有的语言大概有6000多种，好几千在非洲，但是每两个星期一种语言就会丧失，如果一种语言丧失了，这种语言里面所积累的集体的智慧也就没有了，50年、60年以后，人类的语言会降到600种，以后还会向下降。但是英文在21世纪可能成为唯一的语言吗？我认为这个可能性非常小。法文、德文这些欧洲语言，东亚的中文、日文以及俄文，不会因为英文的兴起就必然消失了。每个人可能都会运用英文，但是并不表示其他语言会因为英文而消失。另外更有趣的是，东亚地区，就是儒教文化圈的东亚地区，它的现代化和现代性所带来的文化含义，正显示了多元倾向的趋势锐不可当。

什么意思呢？如果我们根据前面的思路，西化和现代化主要是由西

日本的插花艺术

日本和服与茶道

方传播，特别是最近这50年以美国为主，那么西方文明之外是不是出现了一个现代性和现代化的进程？因为现代化虽然深受西方的影响，但是它所体现的生命形态和西方不尽相同，最突出的当然是日本，日本是充分的西化了，因此它在某些方面，例如经济方面可以和西方相抗衡。但是它所体现的文明形式和西方决然不同，日本的现代化是它的国际化和本土化的复杂互动，越现代越日本化。以前中国的一批学者认为日本的成功是明治维新抛弃了日本的传统，抛弃了德川幕府的儒家传统，向西方学习的结果，因为它向西方学习得非常好，它又没有历史包袱，所以很成功，中国是因为历史包袱太沉重，所以就没有成功。现在很多的学者，包括研究日本学的学者，得出的结论和以前的印象相反，明治维新是日本儒学真正进入民间社会的主要驱动力。德川幕府时代，儒学只是在上层社会，到了明治维新以后，它的普及教育把儒学的各种价值引入到民间。另外，日本的发展确实采取了一条尽量西化的路，同时它的本土化也越来越强。各位到日本旅行的话可以知道，虽然经过那么强烈的西化的过程，但是它的地方性在很多地方越来越明确，如茶道、能剧、相扑、插花、和服之类等。所以在日本，它的传统因素非常强，传统和西化中间没有很大的矛盾。甚至有些学者认为，日本西化之所以成功，是因为它有强烈的根源性，它能够把很多伟大的文明消化成为日本文明的一部分。在历史上，它曾经消化过佛教文明，也消化了儒家文明，现在是不是能够真正消化西方文明？不知道，但是它有野心也有这个本领，能够消化外来的文化成为它自己文化的一部分，这是它成功的理由。不管从什么角度来看，日本、四小龙、甚至社会主义东亚，基本上都是成功的现代化的例子，用各种不同的标准来衡量，这些地区都有现代化的特点。这意味着什么呢？意味着除了西方，包括欧洲和美国的模式以外，还有一个东亚模式，东亚现代性。所以在20世纪80年代，有一个非常有趣的现象，那时候东亚发展非常快，以日本为龙头，随后是四小龙的发展，在很多地方对西欧和美国的模式有很大的冲击。所以有些学者认为也许人类的经济发展，动力之一是从大西洋转到太平洋，因此当时有些学者就说21世纪是太平洋的世纪，有些学者进一步说21世纪是东亚的世纪，还有人说21世纪是中国的世纪，是中国人的世纪，各种观点都提出来了。北大的季羡林先生说过人类文明的发展是十年河东十年河西，经过500年西方的霸权，现在东方文明起来了，东方文明，包括印度文明、伊斯兰文明、中国文明。中国文明在这些文明中特别突出，中华民族的文明将来可以在很多地方取代西方文明。这些观念的提出在世界上引起了非常多的讨论，有一个社会学家叫Peter Berger，他甚至提出儒家资本主义，儒家式的资本主义，有人说是关系资本主义。

那时我就感到忧心，忧心的是什么呢？就是这个二分法的讲法，由西方霸

日本相扑

权现在到了东方，东亚兴起西方必然没落。用这种二分法的方式很难了解复杂的世界局势，对世界局势内部的复杂面很难掌握。1997年，亚洲金融风暴出现了，开始是在泰国，后来是在印尼，更重要的是在韩国。韩国是儒教文化圈里面最符合儒家文化价值的社会，这个社会突然因为金融风暴而受到非常大的冲击。当时，西方学者特别是经济学家就说，80年代大家认为是奇迹，东亚奇迹，现在亚洲模式基本上退潮了，基本上没有任何说服力可言了。因为从韩国的经济来讨论，它最大的问题之一是政府和企业之间的联系，如果讲得露骨一点就是官商勾结，如果讲得客气一点就是政府和企业之间的复杂互动，造成很多的贪污腐化的问题。人际关系在开始发展经济的时候可能有点用途，但是到了一定的发展高度以后，可能成为枷锁，社会上各种不符合现代性的习俗，特别是没有积极建构法律制度，都是因为儒家传统的影响。所以讲关系资本主义或者儒家资本主义后来就变成一种裙带资本主义，造成贪污腐化的资本主义，批评得非常厉害。可是当时有很多的西方经济学家认为，亚洲奇迹的破灭更证明了西方经济发展的道路是正确的，特别强调经济和政治上的透明度、公信度和可靠度。有些学者说东亚再过十年也走不出金融风暴的阴影，可是两三年之内，韩国就已经走出来了，东亚的经济势头，特别是因为中国的发展非常强劲，西方学者又开始对这些问题重新考虑。假如我们在80年代的时候不是二分法的发展方式，说是人类的文明从大西洋到了太平洋，不说东亚的兴起代表了一种新的资本主义的力量取代了西方资本主义，那么情况会有所不同。我当时提的观点注意的人很少，不是说比较谦虚，而是比较全面的理解东亚现代性的出现，东亚文明现代性的出现，是与西化、现代化所代表的完全以西方和美国所主控的这条发展路线有歧出，歧出的意思是现代化可能拥有不同的文化形式，现代化发展到一定形势，出现了东亚现代化。也就是说现代化的发展和所有参加现代化的国家和地区本有的一些传统的资源，对主导现代化都起了积极和消极的作用。现代化可能是多元多样的，假如说有东亚的现代化，儒教文化圈里面有东亚的现代化，是不是也可以设想将来有东南亚的现代化，或者南亚和印度，乃至伊斯兰教社会、拉美、俄国、非洲所代表的现代化？如果这样的思路可以成立的话，我们可以进一步地说多元现代性（Multiple Modernity）的可能。是不是现代性和现代化只有一种模式，还是说它可以有各种不同的模式。如果只有一种模式，那么福山和亨廷顿所说的只有这一条路可走，大家就没有办法质疑了；假如有不同的模式出现的可能，我们是不是对把全球化作为生命共同体的一体化的观点作进一步的分析？美国一位社会学家彼得·伯格（Peter Berger）在从事全球文化全球化这个议题的研究的时候，调查了10个国家，包括中国、日本、巴西，他是想来证明全球化在很多地方是一体化的过程。

著名学者马克思·韦伯认为新教伦理和资本主义精神的兴起有密切关系。他从新教伦理和西方资本主义兴起这个角度，说明了新教对促进现代化，促进经济的发展有积极的作用。彼得·伯格（Peter Berger）与韦伯的观点相似，他认为英文的发展，特别是新教伦理的发展，还有美国的大众文化：电影、戏曲、电视节目，乃至速食，当然还有表现美国文化特色的流行音乐，在世界各地都有广泛影响，这样说来，文化全球化和美国价值在世界各地的散布是同步的。后来，彼得·伯格（Peter Berger）将调查结果著书出版，书的名字非常有趣，英文是Many Globalizations，"多元多样的全球化"，副题是"在当前世界的文化差异"，Cultural Diversity in the Contemporary World，他的初衷是想用美国模式来了解全球化，但是后来他经过调查所做的结论认定所谓趋同的观念有很大的缺失，将来的全球化是一个多元化，而不是一个整体化的过程，有整体化的一面，特别是科学技术和经济方面，但文化是多元的。

正因为如此，21世纪出现了一个很有趣的情况，这个情况对人类文明的发展提出质疑，就是说，假如人类文明的发展到了21世纪是有多样性，那么多样性的后面所掌握的是什么资源，怎么会具有多样性？这就涉及德国的一个哲学家雅斯贝尔斯（Karl Jaspers），他在第二次世界大战以后提出的观点，就是轴心文明的观点。轴心文明是指在公元前6

世纪到公元1000年世界各地发展出来的重大精神传统。比如南亚的婆罗门教和佛教，中国的儒教和道教，在中东的犹太教，后来发展成的基督教和伊斯兰教。这些持续了一两千年的精神文明，到了20世纪不仅没有退潮，还有极大影响。现在来看，在21

印度泰姬陵

世纪，为什么宗教问题很突出，就是如果不完全从经济的角度来看21世纪，而从文化的角度来看21世纪，这个地图基本上是一个复杂的精神文明的地图。比如说，新教的地图就包括美国和欧洲，特别是英国和德国；天主教的地图就是法国和拉美；东正教的地图就是苏联，就是俄国。而这三个：新教、天主教和东正教都是基督教传统，所以基督教传统在地图上有一定的优势。但是除了这个以外，有儒教文化圈的传统，这个传统里面包括日本和社会主义东亚、工业发展较快的四小龙。还有伊斯兰世界，伊斯兰世界包括中东和亚洲，最大的伊斯兰国家是印尼和马来西亚、巴基斯坦、孟加拉国，还有印度的一部分。然后就是印度的文明。还有澳洲的英语世界的文明，就是澳洲和新西兰。这些文明，是不是每一个文明都可以发展出具有其文明特色的现代化模式？因为这个问题的提出，儒家传统在东亚社会能够或者应该起什么样的作用的问题也就提到议程上来了。我对这个问题只做一点回顾，因为大家对这个问题比较熟悉。

儒家所代表的人文精神的传统，从鸦片战争以后，基本上被启蒙心态所代表的人文精神解体了。一直到五四的时候，最杰出的知识分子联合起来对这个传统进行非常严格的批判，为中华民族找到了一条富强的道路，而这条道路基本上是西化的道路。当时的知识分子认为唯一的救亡办法就是启蒙，就是西方的启蒙，所谓赛先生、德先生，科学、民主这些西方的启蒙。他们认为中华民族要想在世界上站起来、要想救亡就一定要用西方的方式，所有传统文化，包括儒家文化跟我们的现代化和现代性是不相干的。另外，发现这些传统文化基本上是在中国社会起着非常负面的消极作用，把它弃之不顾还不够，还要把它铲除掉，还要打倒，这是个一脉相承的思路。根据这条思路，真正把儒家传统彻底解体的，是西方文明所代表的、启蒙所代表的人文主义，也就是中华民族本身最杰出的一批知识分子，包括像鲁迅、胡适、陈独秀、李大钊，他们的观念虽然都不同，有极"左"的、有极右的、有自由主义的，但是他们的共识就是中国要向前发展，就必须把传统的包袱丢掉，丢掉传统的包袱才能面向西方，向他们学习，这是唯一的道路。这个观点本身有很大的说服力，一直到今天还有很多的学者，包括自由主义的学者，还认为非如此不可。

但是这条思路预设了今天看起来已经站不住脚的前提，就是说西方文明会势不可当地发展下去，也就是福山所说的历史已经终结了，或者亨廷顿说的，不管是儒家文明还是伊斯兰文明，将来都要受西方文明的控制。回顾从五四时期开始，中国知识分子要想西化的意愿，我们发现正是因为对传统、对自己的文化资源认识和了解不够，使得我们在西化和现代化的过程中间走了很多弯曲的道路，假如当时对自己固有的精神资源和文化传统里面可以更新、可以发展的丰富资源有较深刻的理解，去其糟粕而存其精华，那么就会少走弯路。而当时的共识是什么呢？就是把传统像包袱一样丢掉，包袱是身外物，把它丢掉以后就可以快跑、可以前进了。但是传统是分成好几个层次来影响群体和个人的，最基本的影响是生活习惯，西方所谓心灵的积习（Habits of the Heart），常常是不自觉地在起作用，它是底层的东西，和自觉地把传统的价值发扬、糟粕加以批判中间有复杂的关系。一种弊端是什么呢？是我们在正面的有明确的思路要去消除它，而我们的下意识层或者非意识层却受它的影响乃至控制，它不仅没有被消除掉而且消极的作用却与日俱增。这是心理学的观点，但是有复杂的文化背景。中国知识界确实碰到了这样的困境，就是在意识层要把传统彻底消除，"打倒孔家店"也罢，把儒家传统消除掉也罢，这样才能够实现现代化、才能西化，而实际上在生活经验、在生活世界里面，传统社会的阴暗面腐蚀力量很大。所以鲁迅在那个时候就因感觉到国民性不能够改造，为国民性的先天不足和后天失调而愤慨。这种复杂情况只能通过对传统的正面价值充分的发扬，对传统的复杂性有全面的掌握才能够去其糟粕、存其精华。儒家的传统被消解以后，是不是儒家在中国社会上起的作用就同时也完全被消解了？从心灵的积习的角度上说，儒家传统里面的很多阴暗的力量、消极的力量一直在起着很大的作用，而正面、积极的价值却没有办法被开发出来。这是从五四以来，也可以说是从中华人民共和国成立以后乃至"文革"以后，这一个复杂的历史进程中的问题，当然也有很多其他的因素，但这是基本问题。

现在已进入21世纪，其他文明相继出现，那么要重新问，到底儒家传统、儒家文明面向21世纪，对于东亚社会特别是中国社会应该起什么样的积极作用，有没有可能起积极作用？这是一大课题。从西方的文明地图来看，我们是属于儒教文化圈的。文明的改变和经济政治的改变有很大的不同，文明的改变是像冰河融化一样，时间非常长。比如说雅斯贝尔斯在1948年讲世界文明在世界上有各种不同的影响，提出四个人，塑造人类文明最重要的四个人，苏格拉底代表希腊文明，释迦牟尼代表佛教文明，孔子代表儒孔文明，耶稣代表基督教文明，现在还有穆罕默德，还有很多其他的人，也必须提到。从文明发展的角度，要看三五百年，甚至要看上千年。政治经济改变的情况和大的文明发展间在时间上有很大的差距。

如果我们从这个角度来看，儒家的人文精神到底在21世纪的文明地图的中间应该有怎样的发展的契机？我们现在先要做一个比较研究，到底儒家所代表的人文精神和启蒙与把儒家整个消解的人文主义之间的关系是什么？启蒙的人文主义，西方的人文精神，绝对是反宗教的，它跟宗教要一刀两断，它从中世纪发展到现代，一些启蒙的思想家，包括马克思，对宗教基本上是排拒的，这是它的特色。另外是对自然的态度，培根所讲的"知识就是力量"，和希腊哲学家说的"知识是智慧"有很大的不同。什么叫力量？掌握知识的人，或者掌握知识的人类就能够了解自然、能够控制自然、能够征服自然，培根甚至讲得更极端，自然是不会把它的秘密交给我们的，我们一定要施暴，强迫它把它的秘密交给我们，才能人定胜天，我们才能真正地控制自然。这种观点显示了一种强势的个人中心主义，是以个人的自觉、独立，个人的发展、个人的自由作为它的指标。特别突出理性，但是这种理性不是整个理性世界所掌握的各个侧面，是工具理性（Instrumental Rationality），以后的社会工程就是要通过理性的方式来了解这个世界，而理性的目的性极强。有些学者，像捷克前总理哈维（Havel）就批评说这个叫作理性的傲慢，所有的问题，不管多复杂的问题，都可以通过理性的方式彻底解决。这股力量带来民主思潮，带来个性解放、人的解放，和中国当时儒家代表的小农经济的意识形态、代表的家族主义、代表权威和专制不同，儒家的传统看起来千疮百孔，根本就没有办法阻挡西方文明所代表的价值。这样比起来，儒家代表封建时代的意识形态，而西方文明代表资本主义意识形态，如果从人类文明发展的过程来看，封建社会的意识形态是无法与资本主义文明抗衡的。

那么，现在我们人类碰到的最大的困境是什么？这不是说一个国家和一个民族，而是说现代人类有没有碰到难以解决的困境？如果我们不能够正确面对挑战，人类能不能够生存下去的问题就出现了。

第一个大问题大家都很熟悉，就是关于生态环保。生态环保的问题意味着人类所掌握的资源，包括地下的矿物资源、水土资源乃至空气，所有这些资源都是有限的，这一点我们大家已经没有可质疑的了，但是启蒙的人文主义认为物质是无限的，我们现在知道是有限的了。这个了解事实上是从20世纪60年代才开始。我记得1969年，东西哲学家会议在夏威夷召开的时候正值太空人登上月球，地球的整体图像，以前没有人亲眼见过，启蒙时代的重要的思想家都不知道，所以就不认识地球的全貌。我们认识以后发现它受伤害的情况是非常严峻的，就在那个时候发现连大气空气层，300多英里的空气层还有因臭氧消失而形成的深洞，直接影响我们的健康。连空气都是有限的，更

环保图标

不要说水源、土壤，这个是启蒙时代的人文主义者，我们叫他凡俗的人文主义者没法理解的。

第二个就是文明的多样性这个问题。当时启蒙思想家都是西方中心主义者，他们没有看到任何地方有什么了不起的大文明。早期的思想家，就像伏尔泰、莱布尼茨甚至卢梭，都非常重视中国文化。当时的很多学者都认为儒家是最重要的，当时的中国是西方文明最重要的参照。17世纪的欧洲的思想家中，崇拜孔子的人也不少。可到了18世纪、19世纪的时候有了非常大的变化，特别是黑格尔的出现。黑格尔有个观念，就是所有的文明，包括中国的文明、印度的文明、波斯的文明，所有其他非西方的文明都是人类文明发展的曙光，就是太阳刚刚升起的曙光，将来太阳一定要落到西方，可能落到德国，落到他的哲学。这个观念的出现，阶段性的出现，对马克思影响很大，就是认为人类文明的发展有一个不可逾越的轨道，从奴隶社会经过封建社会到资本主义社会到社会主义社会，人类的文明是从宗教经过哲学再到科学，所有的问题都要在西方解决才能普及全世界，如果不是在西方解决，其他的发展都没有很大的影响力。假如说文化是多元的，就是还有几个大的文明，不是因为西方的兴起、西方的霸权，这些文明都消失了它自己的认同、它自己的精神取向。这是第二个大的问题。

第三个大的问题在国内的学术界没有什么太大的影响，但是在美国的影响比较大，就是女性主义（Feminism）的兴起。女性主义就是提倡

男女平等，男女平等的观念落实在现实世界，这是很难实现的。启蒙所代表的是男性中心主义的世界。真正的男女平等就是说在社会中各种类型的权力结构，从学术到政治，女性在各个领域里都有一定的影响力，它要求在工作上、在领导的风格上、在政治权力的分配上真正实现男女平权。在很多地方，男女平等的行为为中国经验实际上比美国多得多，其中之一就是关于姓名的问题，中国现在太太随丈夫姓的观念已经没有了，每一位都保持她自己的名字。给我留下深刻印象的一件事是，我曾请两位北大的教授到哈佛来访问，一位是汤一介，一位是乐黛云，我跟他们两位都很熟悉，但起初我并不知道他们两位是夫妇，乐黛云有她自己的研究领域，汤一介有他自己的研究领域，二人都是著名的学者。在美国或者在欧洲，Mrs.（太太）的观念还是非常普遍的。在中国，从女性主义这方面讲起来超前了很多。但是还有很多其他的地方，比如说退休制度、领导阶层里面女性比例的问题，以及政治风格，这些在都是启蒙的人文主义没有顾及的领域。

这三大问题，生态环保的问题、文化多元的问题以及女性主义的问题，都牵涉到对现代人所碰到的处境应如何理解的问题。

启蒙心态、启蒙人文主义有几个很大的缺失，其中一个是人类中心主义。因为是人类中心主义，它对人类以外的世界，比如生物世界没有办法做一个全面的照顾。强势的个人主义，对社团、社群如何能够继续发展，如何维持，没有做深入研究，它是一个男性中心主义，同时它又是一个欧洲中心主义。在这个情况下，儒家传统作为一种人文主义，有没有一些资源是启蒙所代表的人文主义没有的资源？这就先要对儒家传统的基本的价值取向，基本的精神，做一个简单的回顾。

儒家人文精神有四个侧面，四个基点要同时照顾到，第一个是个人的问题，第二个是社群的问题，第三个是自然的问题，第四个是天道问题，如果用一个十字架表示，就是个人、社群、自然和天道，四个面向，每一个面向都要顾及到。最核心的面向是个人。一般的印象是儒家传统是注重群体，不注重个人，突出家族、突出社会而压制了个人。这个观点本身有很大的说服力，因为从中国的文化历史各方面看起来例证很多。但是如果从儒家的核心价值来看，这个论断是很有问题的。在《论语》里面讲得非常清楚，就是"古之学者为己，今之学者为人"。儒家传统是叫作为己之学，为了完成自己的人格的学问。人是作为一个关系网络的中心点，作为一个中心点它有一个独一无二处，它有它的个性，它有它的价值，不能够因为关系网络就把这个中心点给消除了。但是这个中心点又不是一个孤立绝缘的孤岛，而像是源水不断的河流，它跟其他河流都有融合的可能，所以中心点的定位要靠它的关系，但是关系不能够消解它的中心点，这是儒家传统最基本的精神。"古之学者为己"，所以才发展出"己欲立而立人，己欲达而达人"，我因为自己能够站起来，必须协助他人也站起来。我自己都站不起来，当然不能帮助他人。但我也无法在不顾及他人的情况下自己单独地站起来。亲亲、仁民、爱物都是从这个观点里面发展出来的，这是个人的尊严。我和王若水先生有过长期的辩论，他说儒家没有主体性，一直到现代文明把人从封建的关系解脱出来才有主体性，这个观点我不能接受。我认为，儒家最重要的主体性就在为己之学，没有为己之学的主体性，道德的主体性，也就是没有个人潜力充分发挥的主体性，那就没有儒家传统。我曾跟新加坡的教育部合作，在20世纪80年代为新加坡的道德伦理做一些协调的工作。新加坡后来制定了所谓建国的基本原则，它的基本原则声称是扎根于儒家思想的。第一条就是政府、社会高于个人。他们坚持政府、国家、社群绝对比个人重要。我认为这一观点不符合儒家伦理。为什么？在儒家传统里面，个人的存在不应该因为社会的利益乃至国家的利益而被牺牲。为什么呢？比如屈原的精神，"众人皆醉我独醒"，他要建立独立的人格，假如社会是腐化的，假如国家是不合法的，作为一个独立的个人，要保持主体性及内在精神，"虽千万人吾往矣"，所有人都反对我，我仍要迈进一步。屈原那种精神不是说国家、社会高于个人，而是说个人的自我完善是国家、社会能不能够健康发展的必要条件和先决条件。这是儒家传统对个人的认识。个人还不只是身，是身、心、灵、神，有身体的问题、有心灵的问题、有精神的问题，有各个不同的侧面，这是第一点。

第二就是儒家所讲的社群。社群是一个同心圆发展出来的，从家庭到族群、到社会、到国家、到宇宙，它是一个逐渐展开出来的观点。个人和社群应该进行健康的互动，健康的互动就是个人的尊严和社会的发展、社会的和平稳定中间有良性的互动，才能够真

屈原

正发展个人和社会所应该具有的共同价值，所以个人和社会的健康互动是儒家思想的核心价值。

第三是自然问题。儒家认为，人类和自然应该保持一个持久的和谐。有人说，儒家的传统是比较注重勤劳，它认为资源是不能浪费的，资源是很难获得的。我们人类要懂得感恩报德，不仅对父母要感恩报德，对自然也要感恩报德。所以王艮就说过，假如是化生，如果人是转化而来的，那么天地为父母；假如是形生，我们是因父母而付与生命，那么父母为天地。不管是天地为父母、父母为天地，我们对父母对天地都应该感恩报德。自然资源的产生是不容易的，所以如何与自然保持长期持久的和谐，是另外一个基本理念。

第四就是人心和天道怎么样能够相辅相成。天是超越的，在某一方面，它又是内在的，西方基督教有所谓"超越的上帝"之说。但是，《中庸》里面讲"天命之为性"，人的性是从天而来的，天和人之间有感应关系，人在这个角度上不只是一个创造物，不仅是被天所创造的，人本身也是创造者，如果人的创造和天的创造配合，便体现了中国老传

统所谓的"天生人成"，由天来生，但是由人来完成，这是一个共同事业，所以人也是创造者，当然人的创造和天地万物生化的创造有大小的不同，但在实质上可以有一定的作用。因此人如果不能够发挥创造精神而变成破坏者，他的天职，他的最基本的做人的原则就被违背了。所以人和天之间的关系就是超越和内在如何能够配合的关系。

这样说儒家所代表的是一个涵盖性比较大的人文主义，而不是一个和宗教抗衡，和自然有矛盾冲突的人文主义。还可以进一步地说，启蒙所代表的西方人文主义绝对是批判宗教，控制自然，儒家所代表的人文主义要和自然保持和谐，要和人道相辅相成，它触及的范围比较宽广，这是它的一个基本的价值取向。在这个基本的价值取向里面还有一个很值得注意的问题，假如我们设想儒家在人文世界中间体现的是一个同心圆的关系，同心圆就是个人独立的发展如果只是限制在个人主义的个人，不是大公无私的个人，那么个人一定要从他所存在的条件向外扩展。有的时候如果我们说这个人是自私自利的，从儒家的立场上看，一个自私自利的人还是有价值的，他不是无价值的，这个人就是格局很小，自私自利的人在很多方面比损人利己要好，当然损人利己要比又损己又损人要好，它有一个非常清楚的等级观念。一个自私自利的人，如果不成为社会或家族的负担，本身即是价值，但是这个价值很小，需要向外扩展。所以个人主义在儒家讲起来是局限性很大的一种思维，小人和君子之间的分别就是格局小和大的问题。从个人到家族，家庭事实上是使得个人能够充分发展的一个非常重要的助缘，但是如果在家族内部才能够发挥个人的价值和力量，不能够走向家族之外，就成为家族主义的牺牲者。家族主义的牺牲者事实上是不符合儒家伦理价值的基本尺度的，因为必须推，要推己及人，如果不推就等于水不流，就是不流之水或者无根之木，一定会枯萎，一定会腐化。所以家族可以推到社群、推到国家，但是如果国家只助长了狭隘的民族主义、狭隘的国家主义，在儒家看起来价值还是不够的，还要往外推，推到全体人类。但是儒家基本上不是人类中心主义（Anthropocentrism），启蒙是人类中心主义，儒家不是人类中心主义，再往外推，天地万物是一体的，天地万物要把自然物都包括在内，各种不同的生物，植物及动物，一直到宇宙大化。表面上看起来其中有矛盾冲突，但是同时存在内外公私相互调节的机制。一方面就是根源性，根源性的基础是强烈的根源意识，我在哪里，我从何而来，我是什么人？另外它也是一个向外开拓的公，公的观念在儒家传统一定比私的观念高明，为什么呢？因为公就是向外开拓。因此可以说我是私，我的家庭就是公，如果我能够把我自己的私利逐渐扩展到家庭，对家里其他的人也有好处，那我就是从私到公；但是家庭是私，整个族群才叫公；族群是私，整个族群所在的社群、社会才叫公；面对国家的利益，社会是私，国家才是公；但是面对国际社群的利益，国家的利益是私，国际社群的利益才是公；国际社群所代表的是人类的利益，面对更宽广的生命世界，植物、动物的生命世界，人类的世界是私，生命世界才是公。一步一步向外推的话，有非常强烈的根源性，你的家族，你自己的性别、年龄、出生地、整个发展的早期的过程，都不是自己选择的，根源性强，才能对自己负责任。儒家的传统就是要在特殊的限定的基础上面，把限制你的力量全部转化成成全你的力量。我之所以成为我，并不是因为我的性别、族群、年龄各方面限制了我，是因为我把表面上这些限制我的力量转化成成全我的力量。一个民族、一个国家、一个社会都可以从这些方面思考，强烈的认同感、根源性，同时又是开放的，从根源逐渐向外推，能够和更宽广的天地结合起来。因为这个原因儒家才提出"和而不同"。什么叫"和而不同"呢？是差异性，是使得这个社会各种不同的资源能够开发的重要组成，如果没有差异，就没有办法真正地开发。男女的差异、社会各方面的分工的差异，都是社会能够发展的条件。所以"和而不同"的意思就是，只是同，从法家的立场来看，那就变成一颗螺丝钉，变成一个复杂社会组织中间的工具，这和儒家充分展现一个人的全面发展有很大的矛盾，从这个角度上可以讲"和而不同"。然后可以说殊途而同归，在不同的路径上可以得到同样的水平和同样的价值。这些观念表面上看起来大家耳熟能详，并不是什么了不起的大的观念，但如果摆在现代文明地图的格局下面来看，它有非常重要的信息。

回到刚才福山和亨廷顿所讲的，美国文明代表的是人类文明发展的一个不可逾越的趋势，代表着市场经济、民主政治、市民社会和个人的尊严。但在美国社会，比如现在美国的知识精英或者政治精英，很难跳出美国利益而了解到美国之外还有更高的利益，并不是他们不能理解，而是整个政治结构使他们很难做出这样的陈述。一般的美国的政治人物，比如说地方的政治人物，基本上也就是为了他当地的地方利益而工作。联合国的利益在很多地方比美国整体利益要更重要，但是从其社会结构和价值取向上，他不能接受联合国能够代表美国来行使更高的利益，"天下为公"这种观念从他的价值取向上很难接受。美国政府认为，我既然走出这条路，而这条路应该是全世界大家都学习的路，我就应该把这条路强加于人，不是"己所不欲勿施于人"，而是"己所欲施于人"，这个观念是基督教的观念，和儒家所代表的恕道，"己所不欲勿施于人"，有很大的区别。把一个国家、社会所体现出来的价值强加于人，这个和新教伦理的基本精神动向是有密切关系的，可以说自以为是的霸权思想，这种傲慢虽然以军事、经济和政治为基础，但是后面的价值理念起到了导引的作用，使得它在社会上才能得到比较宽泛的认同，这是它能够走向单边主义的主要原因，最少是背景方面的主要根源。很明显，这条路使得美国现在碰到了非常大的困境，也就是一个经济上最富的国家，在全球各地没有得到必然的尊重和必然的心悦诚服的接受。美国社会中很多知识分子也有这个自觉，他们用的词叫Soft Power，就是我们的软性的力量不够，软性的力量不是军事、不是经济，也不是政治，而是通过交往所发展出来的一种价值取向，就是我的价值逐渐被人家所接受，而且心悦诚服地接受，那么我的力量就会扩张。这种力量的扩张和政治、军事、经济的控制有很大的不同，英国的《经济学报》最近出了一个评论，以爱和恨为题。"9·11"以后，欧洲国家对美国是非常同情的，但是经过两三年以后，同情的越来越少，为什么呢？就是单边主义所导致的，而这个单边主义后面有一个基本的信念，它不是殊途同归的信念，而是这条路是对的，你就非要向这条路走不可的信念。和平共存这种理念和求同存异、和大同就是不同，这些理念有很大的矛盾冲突。

我参加联合国2001年的文明对话小组以后，在那里面讨论了很多普世伦理的问题，就是哪一些价值、哪一些伦理可以为世界各方面的人都接受。有一位神学家，叫作孔汉思（Hans Kung），在普世伦理研究方面花了很多工夫，十几年来为这个工作做出了很好的成绩。他在会议中就非常明确地提出儒家的两个基本原则应该是普世伦理的基础，这是他提出来的，作为一个神学家提出来的，而不是我提出来的，所以我觉得在讨论的时候就更方便了。第一个原则就是刚刚提到的"己所不欲勿施于人"，这是恕道原则。为什么要有一个恕道原则？我们现在看基督教和伊斯兰教的冲突，双方都认为真理在自己一方，因此对话的可能性极小。假如我认为最好的是福音，我有权利、有义务要把福音传给他人，假如这个人不接受我的福音，不是因为我的福音有问题，而是因为这个接受者有问题，他可能是原罪太深了，不能了解我把福音传给他的意愿，所以我有理由、有责任要做这个工作。我曾到巴黎去讲学，在Notre-Dame附近的一个大教堂后面看到了一个非洲地图，分成三种颜色，黑的、蓝的、黄的。说明什么呢？就是非洲现在有三分之一的人信仰非洲土著宗教，三分之一的人信仰伊斯兰教，另有三分之一的人是基督徒。这就告诉基督徒，如果到非洲，传教的任务非常艰巨。要想办法传教使得大部分的非洲人变成基督徒，这是一个使命。但是这个使命是建构在"己所欲施于人"的基础上的，不是"己所不欲勿施于人"。你如果要进行和平的对话，你就要有基本的恕道，这是第一点。但这个恕道是一个消极原则，就是我可以完全不理你，我跟你不发生任何关系，这个在人类文明的互动之中是很不健康的。第二个原则就是仁道。仁道原则就是"己欲立而立人，己欲达而达人"，就是康德所谓的把人当人看。这两个基本原则应该成为普世伦理能够发展的不可或缺的基础。如果这个基础能够建构，那各种不同的价值都可以互相补充。我刚刚提到西方从启蒙以后所代表的几个基本的价值，比如自由、理性、法制、人权和个人的尊严，现在中国的学术界，不管是属于新左翼、属于自由主义、属于传统的文化、属于马克思主义者，都接受这些价值可以是普世的价值，特别是民主这个观念。可是除了这些价值以外，有没有另外一套价值，不是完全从西方所发展出来的，但也可以成为普世价值？面对自由，有公益的价值，怎么样在这个社会能够平均分配，和自由之间可能引起的张力。面对理性，还有同情，到底在人的道德发展中间，同情比理性重要呢，还是理性比同情重要？当然都重要，但是中间可能有比重的不同。法和礼的观念，礼现在英文我们要翻译成civility的意思不是文明礼貌而已，而是一种不通过法律的行为来消解人与人之间的冲突，大家礼尚往来。社会如果没有这种机制，那么所有的机制都要通过法律，包括家庭的冲突、学校里面的各种矛盾等，这个社会的和谐就会受到非常大的冲击。除了权利的观念，比如人权的观念以外，是不是应该有一个责任的观念？除了个人尊严的观念，是不是还应该有一个社会参与或者社会稳定和安定的观念？这些观念，关于同情、关于公益、关于礼让，还有责任，乃至群体的团队精神，是不是能够配合？这是一个非常有趣的大问题。

儒家传统的人文主义曾被启蒙的人文主义所消解，但启蒙的人文主义在21世纪碰到的困难是：生态环保、社会解体、文明之间的差异，还有女性主义，儒家人文精神的复兴可否作为一种新的人文思潮，在中国之外也可以发挥积极的作用，这是值得我们考虑的一大课题。在这个问题的后面，面对世界文化，有没有一个东亚的视角，叫作儒教文明，或者日本人讲的儒教文明圈，儒家的文明世界有没有从东亚的角度对全球的文明提出它的观点？我认为现在在国际社群中，中美关系事实上是最重要的双边关系，以前很多学者认为是美日关系，那是从经济上讲。现在很明显，从国际社群的重组，从经济、政治、社会各方面来看，长远来看，中美关系是最重要的双边关系。但这个关系本身是非常不对称的，就是美国对中国掉以轻心，根本没有把中国当作一个主要的国家。不仅是美国政府，美国社会的知识分子和民间，对中国有兴趣，那毫无疑问，这跟以前差别很大，但是并没有把中国当作一个重要的对话对象。而中国对美国，事实上从五四以后，有一段时间有很大的变化，中华人民共和国成立以后有一段变化，但是长期以来对美国非常重视，学英文的人那么多，对美国的电影、电视、美国文化各方面出现的东西都很重视。很明显，美国的单边主义和中国的"和而不同"的价值观有非常大的矛盾冲突。一般的理解是说，美国的经济和中国在鸦片战争以前的势力一样，就是世界三分之一的经济是美国的经济，那么从完全经济的指标来看，中国的经济力量要落后得多，所以这个中间真正的文明对话是非常困难的。我们有意愿要对话，美国社会也许没有这个意愿对话，这是不平衡的基本理由。

美国文化界现在正在讨论一个有趣的问题，就是中华民族的再生，特别是1979年改革开放以后，经济腾飞带来的文化信息是什么？对于我们来说，2008年的奥运已定义为绿色、科技和人文奥运，到底人文奥运的意思是什么，是什么样的一个信息？为什么提这样的一个问题呢？这是从前面所讲的从冷战的思维一直延续下来的。第一个是"中国威胁论"，任何一个主要的民族和国家，如果它要重新在很短的时间兴起或者发展，国际社群的重组是不可避免的，而任何一个秩序的重组都会带来很多的不稳定性。第一次和第二次世界大战都和德国的兴起有密切关联，法国和英国对德国的兴起忧心忡忡，造成了很多的问题。但是不是一个伟大的民族的兴起一定会在国际社会造成矛盾冲突，甚至战争？我想不一定，举个简单的例子，就是二战以后美国的兴起。美国的兴起其实是形成了一个新的秩序，它很快就和资本主义、社会主义发生了分歧，造成了很严重的矛盾冲突，整体来说，美国的兴起并没有造成第三次世界大战。现在来往前看，美国成为一个所谓super power，超级大国，但是这个超级大国所掌握的文化资源或者精神资源实际上非常薄弱，只是在军事和政治方面的控制，和在文化上受到大家的尊重和爱护有很大的区别。我是1976年入了美国籍的美籍华人，我有时也代表美国参加联合国的一些讨论会，我觉得美国可能现在被人感觉到不和它打交道不行，因为它的力量大，但是是不是心甘情愿地要和他打交道呢？一个有权又有钱的国家在世界上健康的影响力，特别是文化——软性的影响力那么薄弱，使人家觉得以前的时候它只是和拉美和伊斯兰国家有分歧，"9·11"事件以后和德国、法国乃至比利时这些长期的盟友都有了那么大的分歧，那么单向化基本上变成孤立了，是这样一个情况。这个中间也有很多很重要的理由。在美国的政界，内向到了什么样的程度呢？比如说在好几百个参议员当中，可能有50%以上都没有护照，没有申请过护照，也就是说没有任何出国的意愿。像布什总统，他在做总统以前只来过中国，那是因为和老布什旅游，唯一的国外经验是墨西哥，他懂西班牙文，所以他政治上的全球视野非常狭隘。另外，还值得注意的是，150年来，东亚的知识分子以了解西方，或者现在说了解美国成为作知识分子的必要条件，如果对西方一无所知，就很难在东亚，在日本、在中国、在韩国，成为知识分子，所以向西方学习成为东亚知识分子的主要原则，而美国对美国以外的社会了解得非常片面。所以有人开玩笑说，假如你是讲数种语言的，你就是多语或者双语，假如你讲一种语言，那你必然是美国人，讲一种语言就可以到世界各地。这样说来，欧洲的知识分子，德国、法国、荷兰的知识分子，几乎没有不通英文的，但美国的知识分子能够懂荷兰文的极少，能熟用德文、法文的也不多。所以这样看来，从知己知彼的角度上，美国现在碰到了非常大的困难，人家对它的了解和它对人家的了解存在很大的差距。"9·11"事件是美国进行深入自发反思的难得的机会。什么机会呢？就是开始从单边主义转向对话，尽量去了解伊斯兰社会。因为美国碰到的问题不是国防的问题，而是人的安全问题，美国是一个开放社会，又是一个移民社会，人的安全就来自于对各种不同的文明的理解，为了安全起见，如果不懂阿拉伯语言、不懂阿拉伯社会的内在机制，如何能了解外来的威胁是什么？

敦煌壁画及雕塑

因此，我想，如果21世纪是一个多元文化的世纪，而不是一个由一种文化来控制的世纪，到底哪一种思潮，哪一种构想，对国际社群的重组，从长远、安定、发展的角度来看最有利？需要什么样的声音、什么样的信息，一个民族的发展能够使得这个全球社群的重组得到一个比较稳健的安排？文明对话变成必要，并不是说文明对话很容易，而是非常困难，有人认为根本不可能。因为各种不同的矛盾冲突，从"9·11"事件以后，文明对话非常困难，也正因为冲突矛盾特别严峻，对话成为必要。20世纪是人类文明史上最血淋淋的世纪，因为战争死亡的人数有史以来是最多的。21世纪能不能够脱离这样一种困境？启蒙所代表的西方的强势的文明，就是亨廷顿或者福山他们所代表的那种价值，是不是有足够的资源，为各种不同的人类社群取得相安，取得一种殊途同归的安全感？

文明对话的必要如果从中国现阶段的发展势头来看，中华民族再生所带来的文化信息能不能在世界上引起更大的关注，有两个大考验，一个考验是如何对待宗教的问题，这是非常复杂的大问题，第二个就是如何对待民族认同的问题，也就是各种不同的民族，56个民族的认同问题，这是很大的考验。因为21世纪，轴心文明的宗教一定会都得到发展，儒、道、释、伊斯兰教、基督教，在中国一定会得到发展。怎么样导向这些宗教传统，把它们变成健康的、对人的心灵和社会安定都做出积极贡献的，而不是成为社会稳定的负面因素，这需要很高的智慧。在人类文明发展史中，宗教的多元多样是主流。在西方宗教因素最突出的社会是美国，比意大利、德国、法国受到的宗教影响更大。所谓文化认同的问题，就是能不能在强势文明发展的进程中对一些弱势民族的文化认同，就是说如果是殊途同归，如果是和而不同，那么对不同的、异己的文明，应该采取怎么样的态度，这是一大课题。

最后我想提一点，因为以上原因，儒家代表的全面的、有机整合的，把个人、社群、自然和天道合在一起的人文思潮有一个发展的新契机。这个新契机，在西方文明来看，可以说是一种新的人文思潮。但是是不是儒家的人文精神在成为东亚文明资源中还在发挥作用、还是有潜力的资源，这是能不能在国际社群发展的先决条件。如果儒家的人文思潮，即使在西方少数的学术界或者国际论坛上有一定的说服力，但是它在东亚社会没有发展的前景和发展的潜力，碰到了很大的困难，那么前景如何？

从儒家本身的发展脉络来看，开始它从曲阜的地方文化，变成中原的主流文化，我们认为这是儒家第一期的发展，就是从公元前6世纪到公元2世纪，到汉代，这是第一期的发展，从一个少数知识精英所了解的做人的道理，逐渐成为中华民族主要的思潮。第二期的发展是指11世纪的宋明理学，逐渐从中国发展到韩国、日本、越南，所以有些学者说儒学不仅是中国的，也是日本、朝鲜和越南的，是东亚文明的体现。经过100多年，被打入冷宫了，被消解了。现在它如果还有发展的契机，它不可能只是中国或者东亚的，它一定会变成世界的，当然不可能是一枝独秀，而是复杂的文明对话中的一个趋向。如何把这个可能性变成现实，面临的困难重重，特别是面对西方文明冲击和美国单边主义。这就要求我们寻找到中国文化中的一种放诸四海皆为准，各种不同的文明都能够接受的信息。如果说有这个信息，应该怎么样传达也很重要。一般地讲，从上到下的一种指令性的传达，在文化传播的过程中间不会起任何好的作用，多半是负面的作用。

文明的信息、民族再生的信息一定要靠我说的公共知识分子来传播。所谓公共知识分子不是精英主义的提法，是一个很平实的说法。也就是说，在社会上有一批关心政治、参与社会活动而且注重文化的人，知识人，这些人可以在各种不同的领域里面发挥作用。公共知识分子的特色是什么呢？他不只是一个专业的学者或技术官僚，他有更宽广的事业，对这个世界上的重大问题、社会问题不一定熟悉，但关心、愿意理解。这一批人横向地互动，能够发挥出新的力量。四年以前，美国的克林顿总统组织了一个总统委员会，讨论人文学将来在美国发展的前景，我向委员会提了一个简单的意见，是关于公共知识分子问题的，引起了一些反应，所以我后来根据口头报告写出了一篇关于人文学与公共知识分子的论文。在跟他们讨论的过程中间我发现，西方，包括希腊的传统、希伯来的传统、罗马的传统，能为现代意义上的公共知识分子提供的精神资源很薄弱。怎么叫资源很薄弱呢？因为希腊的哲学家不是现代意义上的公共知识分子，他们是有智慧但是极少数的精英分子；希伯来的先知听过上帝的声音，但是他要把这个声音通过他的诠释传播给大众；基督教的僧侣阶级、犹太教的长老都不是我们现在讲的公共知识分子，都不是这种类型。西方的知识分子，是从19世纪俄国出现的知识阶层（интеллектуальный）出来的，但是俄国的知识阶层有个特色，它的特色是一定是反对政府的，不反对政府，不反对体制，不游离出政治的主流就不是知识分子，所以知识分子就代表抗议。但是俄国的模式不适合于美国、英国、法国和德国。所以中国的传统，儒家传统里面士这个阶层和今天的公共知识分子（Public Intellectual）最有亲和性。有些学者对儒学进行非常严厉的批评，但是他也不能不承认，孔子在春秋时代所代表的精神，就是一批没有权，没有政治势力，没有钱，在商业上也没有很多的资源，但有极大的影响力的公共知识分子。他们没钱，又没权，但他们有很大的影响力，靠什么？靠他们的文化理念，靠他们的教育理念，靠他们在社会上潜移默化的影响，经过好几代，从曲阜的地方文化，逐渐成为中原文化的主流，不靠权力，也不是靠金钱。如果用现在的话讲，他用的是soft power，软性的力量，影响力的作用。这个观念开始在西方受到关注。

比如说，1995年世界高峰会议在哥本哈根召开，会上讨论了很多重要的议题，比如贫穷、社会解体、失业率都提到日程上来考虑，美国媒体报道的非常少，因为美国媒体当时正在关注他们的世纪的大审判，O.J.Simpson杀人的大审判，注意力都在那个方面。因为它的媒体私有化了，就是被商业大潮所垄断了。可见，媒体应该自觉，应该有Public Press，应该有一种公共媒体的出现，也不只是为了商业大潮，不只是为了庸俗的需求而做出回应。以此类推，学术界的人，假如只是专家学者，对更宽广的文化思想问题没有兴趣，那么他也不是Public Intellectual。在政府中，从事具体工作的人员，对更宽广的视域，他没有发言的意愿，也没有发言的条件，这也不能算Public Intellectual。如果是非常有势力、有权的企业家，但对公共领域的事情不闻不问，他也不属于Public Intellectual。在职业社团里面，律师公会、医疗公会就为了律师公会和医疗公会的利益而发展，而对更宽广的世界问题没有兴趣，也不算Public Intellectual。那么一个大学生，甚至一个中学生，假如他对这些公共事物有兴趣，他不仅是求学、做他的工作，他要参与更宽广的世界，他就有可能成为公共知识分子。这不是一个精英主义的提法或者一种可以成为极为普遍的现象。假如中华民族的再生有深刻的文化信息要传递，不仅要传递给自己，而是针对中美关系，传递给美国，传递给全世界。这种信息要靠Public Intellectual的通力合作，才能形成共识，才能传递信息。中华民族再生的信息能否传递和在文明对话的格局下，儒家传统的人文精神能不能够充分发挥、能不能有创新的契机有很紧密的关系。

刘家和

先秦儒家的"中庸"思想

——在西方文化背景下对中国古代历史文化的思考

刘家和，1928年12月生，江苏南京人。北京师范大学历史学院教授。1952至1979年间，主要从事世界古代史教学、研究工作；研究重点主要在古代希腊史、印度史方面。1980年至今，转以中国古代史为主兼治世界史，同时从事中外古史比较研究工作。曾先后主编两本世界上古史（均由国家教委定为高校文科教材，并获得国家教委高校文科教材一等奖）和一本世界古代文明史研究导论（教育部推荐研究生用参考教材）。另著有《古代中国和世界》《史学、经学与思想》及论文数十篇。曾参与的集体著作、译作尚有多种。兼职有中国世界古代史研究会名誉理事长，北京师范大学中国古代史研究中心学术委员会主任，美国《世界史杂志》编委等。

今天讲的这个题目看起来很传统，不过任何一个传统之所以能够成为传统，就是因为它是有生命力的。所以今天我就是从这个意义上讲一讲中国的"中庸"之道。

引言

理论意义：先秦儒家之中庸思想本有本体论、认识论、伦理学等多方面之内涵，颇值得分析，但本讲只就伦理学层面来谈。

实践意义：中庸实为实现社会和谐之重要途径之一。

本讲所引据之基本材料：《礼记·中庸》（以前12章为主）、《论语》《孟子》《荀子》。酌情参阅古希腊柏拉图的《理想国》，亚里士多德的《政治学》《尼各马科伦理学》等有关著作的部分内容。

一、"中庸"释义

（一）"中庸"是什么

子曰："中庸之为德也，其至矣乎！民鲜久矣。"这句话是说中庸是非常难得的思想。然后孔子又解释说："不得中行而与之，必也狂狷乎！狂者进取，狷者有所不为。""中庸"是"狂"与"狷"两极之间的状态。子贡问："师与商也孰贤？""师"与"商"哪个更好？子曰："师也过，商也不及。"孔子说，"师"过了，"商"还不够。子贡又说："然则师愈与？"过不好吗？子曰："过犹不及。"那么，孔子为什么说"过犹不及"？因为过度和不及的结果是一样的。所以"中庸"就是过度和不及的中间，两极之间的一种平衡状态。接着孔子说："君子中庸，小人反中庸。君子之中庸也，君子而时中。""小人之反中庸也，小人而无忌惮也。""小人"是反对"中庸"的，"时中"

《中庸》书影

就是要随时根据时间地点条件的变化而保持"中庸"。"中庸"不是一条直线的中点。如果是这样的话，那就太简单了，人人都会。孔子就不会说"中庸之为德也，其至矣乎，民鲜久矣"。"中庸"要"时中"，达到动态中的平衡。

"故君子尊德性而道问学，致广大而尽精微，极高明而道中庸。"一定要有很高的道德修养。"致广大而尽精微"，"广大""精微"又是两极，只有广大了以后才能精微。年轻的时候，我们对很多问题考虑不全面，但是当我们积累了一定的经验以后，不仅能够处理好问题，还能够提出问题。"极高明而道中庸"，"极"是动词，使高明到了极点，怎么才能使高明到极点呢？"道中庸"这个"道"是"导"，导致。要想达到最高文化境界，一定要通过"中庸"之道。

（二）"中庸"不是什么

"不偏之谓中，不易之谓庸，中者天下之正道，庸者天下之定理也。"这是朱熹注引程氏的话。这句话怎么理解呢？正道常道其中还有变化没有。"中庸"的常态是不变的，可是它的"常"不是抽象的常，它是动态的常，"中庸"是动态中的平衡，就像骑自行车一样，是兼于变中之常和常中之变。

"中庸"不是折中主义。过去我们批"中庸"之道的时候，把"中庸"主义等同于折中主义。我们过去把折中主义理解成为"乡愿"。"乡愿"最通俗的说法就是好好先生。孔子说"乡愿，德之贼也"，"乡愿"是有害的，人应该明辨是非。"中庸"是矛盾统一中的动态平衡。古代希腊也有"中道"，西方讲的"中道"是由亚里士多德明确提出的，实际上同我们的中庸是不同的。

二、经与权

"常之谓经，变之谓权。""经"是什么？经就是道之常。"常"就是不变。"权者何？权者反于经，然后有善者也。""权"看起来同"经"不同，"经"是重心的中点，权是什么？是动态的平衡。

子曰："可与共学，未可与适道。"什么意思？我们大家都当过学生。大家可能有很多的不同，但是没有关系，仍然可以坐在一块听课。"未可与适道"，却不一定能够成为志同道合的人。"可与适道，未可与立"，可以成为志同道合的人，但是不可以有共同的地位。"可与立，未可与权"，可以在同一个职位上相处得很好，但是在真正最关键的时候，未必就能一致。《论语》说出了人生非常深刻的道理。常态中间的合作很好处理，但在动态中间想达到平衡就没有那么容易了。权是非常难做到的。淳于髡（kūn）说："男女授受不亲，礼与？"在男女授受不亲的情况下，嫂子掉在水里，要不要伸一把手，拉一把呢？孟子知道淳于髡是故意抬杠，所以回答得很不客气："嫂溺不援，是豺狼也。男女授受不亲，礼也；嫂溺，援之以手者，权也。"

关键的时候是要行权的，孟子在这段讲得更清楚："杨子取为我，拔一毛而利天下不为也；墨子兼爱，摩顶放踵利天下为之。"杨子是极端的自我主义，墨子是无我主义。孟子是什么？"执中无权犹执一也，所恶执一者，为其贼道也，举一而废百也"。如果只有最符合标准的事情才办的话，那能办的只有一件事，因为每件事都是在动态中发生的。所以这些都告诉我们"权"是非用不可的。没有权是不行的，可是权的执行太难了。"权"跟秤砣的关系非常大，秤砣衡量重量，我们就叫作权衡。秤砣这个"权"要在秤杆上移动而找到一种平衡。秤砣在古代引申为"重"，有重量，为"力"，为"势"，为"变"。

三、义与利

（一）儒家义利之辨

孔子曰："君子喻于义，小人喻于利。"这句话讲得对不对？到今天说还是对。如果是一个君子，他会做合乎道义的事。如果是小人，只有有利益的事，他才会打起精神去做。孔子实际上把这个问题看得非常透彻。可这句话被误解成"正其义不谋其利，明其道不计其功"，只要义不要利，只要道不要功。这样理解义与利就错了。孔子没有说不要利。"富与贵，是人之所欲也。不以其道得之，不处也。贫与贱，是人之所恶也。不以其道得之，不去也。"

（二）义、利之间辩证关系

现在怎么解释"利"呢？"利者，义之和"。和就是和谐。最大的"利"是达到最合理的和谐。这是全国人民最大的利。"利"的含义接近西文的权利，英文的权利"Right"是从德文的"Recht"来的，它的意思比英文多，有法律、权利的意思。

马克思主义经典著作中将"right"翻译成资产阶级法权，这样翻译对不对呢？好像中国没有法权之说，是不是应该翻译成资产阶级权利？我觉得法权实际上是一个新造的词，中国原来没有这个词。如果从英文看这个字应该翻译为权利。可是从德文、从法文、从俄文看都既有法律又有权利的意思。这说明一个什么问题呢？在西方人的传统观念里，权利是根据法律而得到的，是法律赋予人以利益。

"利"还有第二个解释，通常指财货、财富与利益等物质利益。相当于英文"Benifit""Profit""Interest"。这里"利"是中性词，因为你得到这些东西的时候可以是合法的，也可以是不合法的。

"利"还有第三个意思，指贪取或者牟利。这个词大概同英文"gain"。下面我梳理一下先秦儒家的"义利观"与西方的"权利观"的比较分析。

"权"这个字本身是忖度、衡量的意思，是经过权衡以后所应该得到的利益。"义"是什么呢？是"just"，它来自拉丁文的"jus"，是法律的意思，西方人有个特点，它的权利跟法是相通、相应的。有人把权利理解成因权而牟利，这是对权利的误解。我们今天要的是什么？权利的正解。需要坚决克服的是权利的误解，也就是因权而牟利。因权而牟利就会"上下交征利"。美国现在的经济危机，造成了全球性的影响，这就是因权而牟利的结果。

四、和与同

孔子曰："君子和而不同，小人同而不和。"其实在孔子以前，中国人就已经有这个观念了。在《左传》和《国语》里，都有一些类似的记载。大家觉得什么人是同你和的人？什么人是同你不和的人呢？如果不加理性地思考，都会认为和你的意见一致是同你和，和你意见不一致是和你不和。这里面关键的一个字是"和"。齐侯认为他的宠臣和他最和。晏子却说："没这个事，你说什么他就是什么，你说这个球是白的，他绝不说是黑的。那能叫作'和'吗？"晏子说真正的和是要有不同的意见，但经过沟通达到了正确的结果。可见，中庸之中，不是抽象之中，没有两极，就没有中庸。

做菜、做饭也是一样。水加多了，就成了一锅稀汤，都是干的，也吃不了。如果人家对你提出不同意见，那么你把中间的缺点去

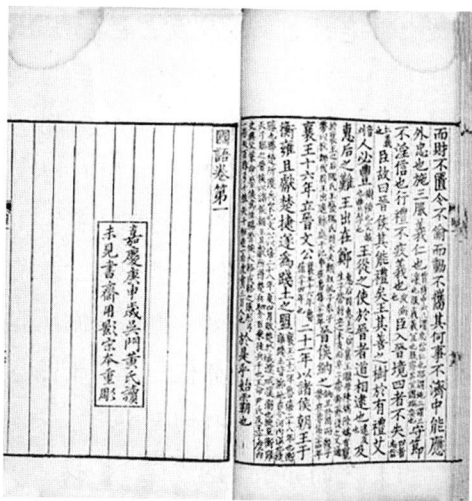

《国语》书影

掉，就可以使得你的优点更好地发挥出来。这就要求我们在真正的矛盾中间取得最佳状态，在分歧之间求得最佳状态，这就是中庸。

五、仁与礼

"仁"是什么？"仁"是爱，是博爱。博爱是普遍的爱，在英文是"Fraternity"。"Fraternity"是什么？是兄弟之爱。"frater"是"brother"的拉丁文写法。儒家也有这方面的记录。子夏说过"四海之内皆兄弟也"，但是这与西方的博爱是有异同的。孔子讲"仁"是最核心的思想，但是却从不给"仁"下定义，他根据每个学生的情况，进行不同的教育，也就是"因材施教"。"仁者，己欲立而立人，己欲达而达人。"你想要自己能站住，要让别人也能站住。但这还不够，更重要的一条是"己所不欲，勿施于人"。我们不愿意别人强迫我们做什么，我们也不要强迫别人去做什么。

"仁"跟"礼"是什么关系呢？《中庸》讲"仁者人也，亲亲为大；义者宜也，尊贤为大；亲亲之杀，尊贤之等，礼所生也"。儒家讲"仁"是爱，而这个爱是有层次的爱。要爱自己、爱自己的父母和子女。"老吾老，以及人之老。幼吾幼，以及人之幼。"然后再把爱一层一层推广出去，由爱家人推到爱中国人，由爱中国人推到爱全世界人民。

儒家的"仁"为什么提倡有层次的爱呢？孔子讲"克己复礼为仁"。也就是说"仁"要按照"礼"的路数推广爱，而"礼"是有亲疏之别的。关于爱的等级，孟子说"君子之于物也，爱之而弗仁"。我们对物品、对动物也有爱，但是我们不能把它们当作人来爱，实行的不是人道主义，"爱之而弗仁"。"于民也，仁之而弗亲。"对于老百姓，我们要"仁"，但是我们无亲。

"仁之而弗亲"的"仁"，我觉得就是恰如其分地把人当成人看。我们既不把人当成神看，也不把人当成畜生看。仁、义、道、德的仁爱应该是人类之爱、同类之爱。

"仁者以其所爱及其所不爱，不仁者以其所不爱及其所爱。"仁者是因为爱自己的父母，所以也爱别人的父母；不仁者是把自己的父母也看成路人。"仁"是爱，但不是自私之爱，也不是"兼爱"。"兼爱"要我们把别人的父母当作自己的父母，把别人的子女当自己的子女，这是不可能做到的。所以孟子批评"兼爱"是"杨氏为我，是无君也。墨氏兼爱，是无父也。无父无君，是禽兽也"。

六、结语：中西的伦理观结构之异同及其"中庸"的重点依据之异同

"君子道者三，我无能焉。仁者不忧，知者不惑，勇者不惧。"孔子认为君子要有这三项品德，但是认为自己一样都不行。子贡说"夫子自道也"。他认为孔子这三德都有。那么仁、知（智）、勇三德之间是什么关系呢？

"择不处仁，焉得知？"这句话的意思是如果不仁就不能智。"令尹子文三仕为令尹"，子文做了三次令尹，没有什么喜色，三次罢相也没有什么不高兴；他所做的事一定给继任者交代得清清楚楚。子张就问孔子子文怎么样？孔子说"忠矣"。这人很忠。子张又问，这个人是不是仁呢？孔子说"未知，焉得仁"。他不明白大是大非，只是忠心而已，算不上仁。

"崔子弑齐君"之后，陈文子逃跑到别的地方，到了那里一看"犹吾大夫崔子也，违之"。这里的执政者还是像我们国家的一样，又走了。子张就问孔子说，陈文子怎么样？孔子说"清矣"。这人很洁身自好。是"仁"吗？不是。为什么？"未知，焉得仁"，他都不能够分辨出这些人的是非，怎么能是仁？所以说仁、知（智）、勇的关系是"仁者必有勇，勇者不必有仁"。孔子之君子三道以仁为先。孟子讲仁、义、礼、知四端。孟子的四端也是以"仁"为核心。

苏格拉底说："正义和其他一切美德都是智慧……既然正义和其他一切美好的事都是智慧，很显然正义和其他一切美德都是智慧了。"苏格拉底认为是智即是美德，并在西方开创了这个传统。苏格拉底认为凡是好的事，人们一定会去做，谁愿意做不好的事呢？

柏拉图在《理想国》卷四中论公民四德为智慧、勇敢、节制和正义。柏拉图认为一个国家的国王应该是一个哲学王，也就是中国所说的"内圣外王"。社会正义的含意就是要透过教育，让哲学王有智的美德、军人有勇的美德、平民有节制欲望（节）的美德，这样可以造就一个理想国，借此达到社会正义。柏拉图把老师苏格拉底的三德变成了四德，但是他仍然坚持着他的老师的基本观点，就是"以智为先"，以智慧为首德，认为由智慧才能够判定是否公正、是否正义、是否合法。

亚里士多德所讲的四德中将"智慧"改成了"明智""审慎"，希腊文是"phronesis"，那么英文是"prudence"。可见柏拉图也好，苏格拉底也好，认为人只要知道哪些是好事就会主动去做。如果人知道什么是好事的话就不做坏事了，那么社会上还会出现知法犯法的事吗？

亚里士多德比他的老师更高明一点，他提出要审慎，这是人类学的领域，根据社会风俗和社会实践来衡量，所以他的这个智慧不是一种抽象的理性、不是一种纯粹的理性，而是一种实践的理性。但是亚里士多德也没有能够完全摆脱智的传统。

古代中西方皆以中庸或中道为诸德赖以调节之关键，此乃其同。中国孔、孟论诸德，以仁为先；仁有感情，故与礼相须。希腊三哲论诸德，以智为先；智无感情，故与法相倚。

柏拉图

亚里士多德说："法律是完全没有感情的。"

中国的传统提倡"仁"，讲究人情味；而法律却恰恰不讲人情味。我们该怎么办？如何取舍？恐怕只有自己反复思考，做出选择了。谢谢诸位！

问：中国古代的"中庸"之道和辩证法的关系是怎样的？也就是与西方哲学中的辩证法相比，我们中国古代的先哲所提出的"中庸"思想，为人类思想文化保护提供了什么新的、不同的、独特的内容？"中庸"之道这样一个充满辩证法的思想是怎样被曲解为一种没有原则的"折中主义"的？

亚里士多德

刘家和：辩证法是西方思想的精华。不仅赫拉克里特的思想里有辩证法，柏拉图的思想中也体现了辩证法。柏拉图的辩证法是很深刻的，在《巴门尼德篇》等著作中都有所体现。

中国古代的"中庸"思想中虽然也包含了辩证法的内容，但是它是不能够同近代的辩证法相比的。不仅无法同德国古典哲学的黑格尔相比，更不能同马克思主义唯物辩证法相比。所以我今天是试图用马克思主义的辩证法来分析、理解中国古代的"中庸"思想。

柏拉图论证辩证法，是用严密的逻辑形式来推导的，这是他强调"智"的首要性的特点。

中国人谈"中庸"时，是以体验为先，缺乏逻辑的论证。几十年来，我学中国史、学外国史，学中国哲学、学外国哲学，我感觉逻辑论证这一点，我们好像不如别人。

但是我们还要看到一种倾向，就是西方哲学中的逻辑论证到了极点的时候，也开始提倡体验了，甚至认为体验比经验还要胜一筹，所以这一点正中我们中国人的下怀。

所以纯粹理性逻辑的推导是我们的一个弱项，我们要学习。我觉得我们不能够再走前人的路，既不能不加批判地说中国传统好，也不能完全抛弃自己的文化，而完全嫁接在西方的文化体系上。

所以我今天不是拼命地宣扬中国好，事实上我是让诸位自己思考，以"仁"为首还是以"智"为首，或者更注重"礼"还是更注重法？或者收双方之长而扬弃双方之短？

问：对于同一句话，不同的人在不同的时间可能会有不同的解释。比如说"君子和而不同，小人同而不和"，它的一般理解就是追寻君子之道，大家可能来自五湖四海，有着不同的文化，但是我们在一起可以和睦相处。反过来，小人之道是大家在一起，表面看客客气气，但实际上背后是不和的。您认为同一句话在不同的历史时期是否可以有不同的解释？

刘家和：我觉得是可以的。在解释的过程中，存在着两种可能。一种是结合现实条件，内容更加丰富了，让老百姓更好理解，这是好的。但是解释这个过程，也会发生一种情况，叫"蔓衍"，也就是由一种意思衍生出另外一种意思。因为每一个人在重复别人的话时，都是基于他自己的经历来诠释。所以很多的学者都强调返本。返本实际上是一个反省的过程，看看现在的理解是不是走得过远，都找不到家了。可见每解释一次，都要经过一个主体的理解、解释和分析，经过多次后，不变之中就要变了。

颜炳罡
中国儒学的现代转化

颜炳罡，山东临沂人，1960年生。1983年毕业于山东大学哲学系。现为山东大学儒学高等研究院副院长，教授、博士生导师。主要社会兼职有国际儒学联合会理事、国际儒学联合会学术委员会委员、中国孔子基金会学术委员会委员、中国哲学史学会理事、山东孔子学会副会长等。

长期致力于中国哲学，尤其是儒家哲学的教学与研究工作。著有《当代新儒学引论》《整合与重铸——牟宗三哲学思想研究》《墨学与新文化建设》《牟宗三学术思想评传》《慧命相续——熊十力》《心归何处——儒家与基督教在近代中国》《生命的底色》《儒家文化与当代社会》（合著）、《孔墨哲学之比较研究》（合著）等著作十余部；在《哲学研究》《孔子研究》《文史哲》等杂志发表论文百余篇。

中国近代以来，有两种思潮对中国社会的影响非常大，一是马克思主义的中国化思潮，一是中国儒学的现代转化思潮。前者在革命时期，形成了毛泽东思想；到建设时期，经过30多年的改革开放，形成了中国特色社会主义理论。我以为，在未来21世纪的中国，马克思主义还会进一步地中国化，不断地向前发展，中国儒学也会继续向现代转化，这一转化过程可能永远不会结束。

我们期待着这两股思潮能够合流，即中国儒学的现代转化能够与马克思主义的中国化有机融合，同时我们也期待着这种有机融合是中国文化大舞台上的有机融合，是在各自保持自己独立性的基础上的有机统合。今天，我要重点向大家介绍的是中国儒学的现代转化。

一、何谓中国儒学

中国儒学是什么？我认为，可从五个方面加以理解：

（一）儒学是人文化成之道

人文化成指的是从"化成"角度讲的人文主义，这就是儒学不是自然主义，也不是科学主义，就是人文主义。化成指教养，人文化成就是指将人变得有教养的人的主义，这主义就是儒学。

现今，我们常用"儒商""儒将""儒官"，甚至"儒工""儒农"等来形容一个人，那么，"儒"代表什么呢？"儒"代表的是一种教养，使一个不懂礼仪规范的人变成一个知书达礼、有修养的文化人，这就是"儒"。

（二）儒学是躬身修己之学

这句话是梁漱溟说的。梁漱溟，国外号称20世纪所谓的最后一位大儒。1985年1月，他在北京大学举办的中国书院和中国文化讲习班上说：儒学是躬身修己之学也。"躬身"的意思就是亲自去做，所以，儒学不是

梁漱溟

讲出来的知识系统，而是身体力行的学问。

《大学》有句话，"有诸己而后求诸人，无诸己而后非诸人"，指的就是自己有这种优点，才能要求别人有；自己没有这种缺点，才有资格批评别人。孔子说的"政者，正也"亦是这个道理。作为为政者，首先端正了自己才能要求别人；自身不正，难以要求别人正，躬身修己正是从这个意义上说的。

（三）儒学是生活的智慧学

从人与人之间关系的角度讲，儒学是生活的智慧学。要理解"生活的智慧"，首先就要弄懂什么是生活。生活，简单地讲就是既然生了就需要活着。既然活着，人就应该过人所应过的生活，而不能像神一样，更不能与禽兽一般。那么，什么是人的生活呢？要想回答这个问题，就要知道什么是人。

人之所以为人者，是与动物相比较而言的。人与动物不同之处在儒家看来就在于"人伦"二字。动物虽有雄雌但没有男女之分，有父子却没有父子之亲，人却有父子之亲、兄弟之爱、朋友之情。"人伦"就是人与人之间相处的最根本的原则。儒家认为，人伦最基本的有五种即五

伦，所谓"父子有亲，君臣有义，夫妇有别，长幼有序，朋友有信"。

在西方文化中，没有将人伦关系划分的如此细致。在英文世界里，所有的兄弟，无论哥哥还是弟弟，只用brother表示；姐姐或妹妹也只是sister。他们在伦常关系的处理上，无论父子、兄妹，还是夫妻、朋友等，所有人与人之间的关系，只用一个词love即可表达。而中国却不同，儿女对父母，用"孝"；父母对儿女，叫"慈"；哥哥对弟弟，用"友"；弟弟对哥哥，用"悌"，如此等等，从而将伦常关系分得清晰而各不相同。所以说，儒家的学问就是教我们如何处理好现实生活中的人际关系的一种智慧之学。

（四）儒学是内圣外王之道

修身的目的是为了生活，为了处理好"人伦"关系。但是，仅仅处理一般的人际关系还不够，还要处理生命个体与社会之间的关系。因为人不仅生活在家庭、人际关系中，还生活在国家、社会中。人和国家、社会的关系，用儒家的话讲就是内圣外王之道。

内圣是修己，即在生活中、在各种人伦关系中提升自己的修养。然而，仅仅修己是不够的，还要外王。孔子曾曰："鸟兽不可与同群，吾非斯人之徒与而谁与！天下有道，丘不与易也。"儒家是积极入世，所以一定要以实现仁道于天下为自己的使命。如果只作为一个和尚，野居古寺，青灯黄卷，了此残生，作为佛教徒是可以的；但作为儒家人物，那样是不够的。张横渠的"四句教"很好地表达了儒家的使命意识："为天地立心，为生民立命，为往圣继绝学，为万世开太平。"可以说，儒家知识分子的使命不为一世开太平，也不是为一时而方略，而是为万世开太平。这就是其内圣外王之道。

（五）儒学是天人性命之学

说到儒家的哲学处或者最高明处，无疑就是其天人性命之学。

一般地说，西方文化处理人与自然的关系，叫作"天人相分"；

而中国文化则称之为"天人合一"。中国人认为生命来自于天地，天为父，地为母，整个宇宙就是一个大家庭。在家庭中，孝敬父母是必需的，所以人必须孝敬天地，孝敬天地就是敬畏天地、顺应天地，最终效法天地。人不仅要做祖宗的孝子贤孙，要做民族的孝子贤孙，更要做天地的孝子贤孙。

何谓天地的孝子贤孙呢？悖逆天道，违背天理，驳舛人伦，这样的人只能是天地的忤逆之子；只有秉持天德、地德、效法天道的人，才可称为天地的孝子贤孙。如何效法天道呢？取自《易传》的清华大学的校训"自强不息，厚德载物"即是效法天地之道。"自强不息"讲的就是效法天道，天道即天德。"夫大人者，与天地合其德"，所以君子要像天那样自强不息，像大地那样厚德载物，这样的人才是天地的孝子贤孙。

以上五点，就是从本质上所理解的儒学。那么，从内容上讲，儒学又可从四个方面来概括，即道、学、政、行。"道"是儒家超越层面的知识系统，"政"是社会的管理系统，"行"是社会的规范系统，即礼仪规范。可以说，儒学是一套学问系统。用一句话来概括：儒学就是人学，"人"亦即"仁"，人学亦即仁学。

儒学是人学，是为所有称之为人的人而设计的学问。从人禽之辨的角度

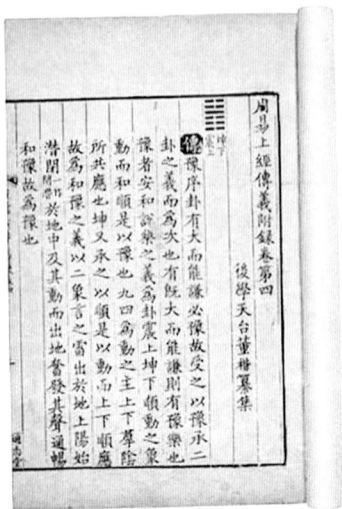

《易传》书影

说，儒学是人何以为人，人怎样才能成为人，人怎样做人的学问。从与一神教相比较的角度说，儒学不是出世的或者超世的神学，而是入世的学问；从其解决问题的角度看，儒学所要解决的问题不是天国的问题，不是来世的问题，而是现世的入世问题。

儒家与基督教、伊斯兰教不同。基督教，教内人是教友，教外人

是不是没有说；伊斯兰教，天下穆斯林是兄弟，穆斯林以外如何，也没有说。而儒家则是普天之下、四海之内皆兄弟也。但这句话也有前提，即与"人敬而无失，恭而有礼。四海之内，皆兄弟也"。"敬而无失"指对人乃至做事认真、严肃、庄重而没有差错；"恭而有礼"是指无论何时、无论何地都要谦恭而有礼貌。只要一个人能够如此，那么普天之下皆视你为兄弟了。在儒家，天下一家，天下为公，无论非洲人、美国人，还是日本人、韩国人，只要是有教养、懂人伦，懂得了人与人之间、国与国之间、民族与民族之间的相处之道，即"四海之内皆兄弟"。因此，现在就有了日本儒学、韩国儒学、新加坡儒学、越南儒学，甚至美国的波士顿儒学等。可以说，从这个意义上讲，儒学是常道，是普遍的学问；虽产生于2500年前，却不被2500年的历史所限；虽产生于中国，却不为中国所限。这就是儒学的普遍意义，也是儒学为何能够实现现代转化的一个最重要的根据。

二、儒学是开放的、不断转化而走向完善的理论系统

儒学一方面是常道，有其普遍性的一面；一方面又是变道，因时代的变化不断地展现出不同的理论形态。它从来不是僵化、封闭的，而是一个不断与时俱进、开放的理论系统。

孔子顺尧舜禹汤文武周公的文化大流而来，他"以文自任"，以"斯文在兹"而自期，述往圣，开来学，主要表现在：

1. 他打破学在官府即贵族垄断文化的局面，使文化向全社会开放，造就了士阶层的崛起。

孔子之前，只有贵族子弟才能够接受文化教育。但孔子开创了私人办学机构，实行"有教无类"的教育方针，社会上的穷苦之人、乡野之人，皆有机会接受文化教育。接受文化教育就有可能参与到国家行政决策与管理中去。孔子的这一做法使得政权管理向全社会开放。

2. 实现道统与政统的分离。

尧舜禹汤文武周公是古之圣王，既是君，又是师。君是政统的象征，师是道统的标志，君师合一即政统与道统的合一。这是在孔子之前。

孔子以后，道统与政统开始分离。政统的代表是帝王，道统的象征是孔子。自公元前195年，汉高祖刘邦以太牢之礼对孔子行三跪九叩之礼开始，直到晚清，所有帝王对孔子都有礼敬。这正是孔子墓碑下边的"大成至圣先师文宣王"中的"王"字缺少一横的原因。皇帝就是天子，可拜天地、父母、老师，但唯独不能够拜王。历代帝王拜孔子不是因为他是"文宣王"，而是因为他是至圣先师。

政统与道统分离了，这就使得统治者与被统治者有了一个评判是非的共同标准，即"道"。那么，若统治者不按"道"治国，就是不顺天应人，百姓们就有权力推翻这个政权；若按"道"治国，就会得到百姓们的拥护。唐太宗李世民曾在《贞观政要》中说：惟尧舜之道，周孔之教，对于治理天下国家，如鸟之有翼，如鱼之依水，失之必死，不可暂无耳。意思就是，尧舜之道，周孔之教，对统治者而言，就像鸟离不开双翼，鱼儿离不开水一样，得之则生，失之则死。

（一）儒学的第一次转化

孔子之后，诸子蜂起，儒、墨、道、法、名、阴阳等等百家齐鸣，儒家学者孟子、荀子沿孔子的路向继续拓展，使儒学成为"世之显学"。西汉汉武帝采董仲舒之策，"抑黜百家，推明孔氏"，以儒为本，撮墨、法、阴阳之要，整合先秦诸子，实现了儒学的一次根本性转化，为"大一统"的汉帝国确立了国家意识形态。

由此，儒家学说完成了由民间文化向庙堂文化的转变，成为统治中国社会长达两千多年的官方意识形态。就理论言，儒学经历了由先秦时期之"子学"回归"经学"的第一次转变。

（二）儒学的第二次转化

东汉末年至三国两晋，印度佛学进入中原大地，土生土长的道教借助佛教形式与道家思想的内涵，异军突起，使得中国文化开始了儒、释、道三家相摩相荡的时代。儒家依然是官方哲学，但在理论创造上却逊色于不断中国化的佛教和代表本土宗教的道教。

经过魏晋南北朝隋唐数百年之发展，佛教终于为中国文化所吸收。北宋儒学大师们以儒学为主，融儒、释、道为一炉，在不背离儒家本质的前提下，开出了儒学的新形态，即宋明理学。牟宗三先生认为，宋明理学就是儒学第二期之发展，即其第二次的转化。

（三）儒学的现代转化旨在应对西方文化的挑战，实现中国文化的新发展

明末清初，以欧美为代表的西方文化传入中国。那么，如何回应西方文化的挑战？儒家文化能否像消化印度佛学一样，再度融合西方文化，开出儒学的新形态？这一问题对近代以来的儒家学者而言，是一个严峻考验。百余年来，不少儒家学者艰难探索着以儒家文化为主体，通过消化、融合西学，开出儒学新形态的各种方式和路径，由此开始了中国儒学的现代转化路程，而中国儒学现代转化的意义也在于此。

众所周知，如果一个国家或民族在科学、政治、经济等方面受到了冲击、影响或者是伤害，那么这些冲击、影响经过一个民族不懈的努力，化解起来相对比较容易。但是，如果一个国家或民族的价值观、是非观、善恶观，即精神信仰受到了挑战，这才是对一个民族真正的伤害和挑战。因为精神信仰是一个国家或民族的文化根本之所在。

三、中国儒学现代转化的求索历程

自明中晚期，西学通过耶稣会士传入中国起，我们的先民就已经开始为如何消化西学而努力了。然而，西学真正大规模进入中国，且对儒学构成直接威胁却是在1840年之后。

（一）中国儒学现代转化溯源

1. 龚自珍和魏源

中国现代儒学转化的萌蘖可远溯于龚自珍（1792—1841）和魏源（1794—1857）。他们均是以《春秋公羊》"三世说"为根据，以传统的变易哲学为其哲学基础，开始不自觉地探索中国儒学现代转化的方式。

《春秋公羊》"三世说"，出自东汉末年的何休。《春秋》乃孔子所著，记载了从鲁隐公到鲁哀公鲁国十二位国君，计240多年的历史。后人将这段历史以孔子为坐标分为三个层面：孔子亲身经历的、孔子没有亲身经历但孔子所见到的人亲身经历的、孔子所见到的人也没有经历到而是传闻下来的，即"所见世""所闻世""所传闻世"。"所见"即孔子的亲身经历；"所闻"即给孔子讲的那个人的亲身经历；"所传闻"即前人传说，更早的前人所亲身经历过的。

龚自珍

本来"所见世、所闻世、所传闻世"只是对《春秋》所载240多年历史的一种描述，但后人却给这"三世"作了价值评判："所传闻世"是"据乱世"；"所闻世"是"升平世"；"所见世"则是"太平世"。由是今文经学家认为社会就由乱世、衰世、治世的三世循环构成，并认为这是一个历史发展的规律。

龚自珍曾说：天下万物之数括于

魏源

三，一而立，再而反，三而如初。即：天下所有的事物可概括为三个最基本的规律，从一开始的形成，进一步发展就走向了反面，再到第三阶段时，事物又回到了原始的状态，即回到"一"。这与马克思唯物辩证法的"否定之否定"规律有点相似。

龚自珍就是以这种"三世说"为根据，指出：清王朝已进入可叹、可怜、可悲的"衰世"。他认为这与康熙乾隆以来屡兴"文字狱"，用编纂《四库全书》的方式限制人们的思想有着莫大的关联。龚自珍有句诗"避席畏闻文字狱"，说的就是，大家吃饭时，一谈及"文字狱"，便噤若寒蝉，赶紧离席。由于思想的禁锢，导致了整个国家和社会万马齐喑的局面，其结果就是人才的匮乏，左无才相，右无才史，甚至陇无才民，巷无才偷，薮泽无才盗。

一个国家连一个有才能的小偷都没了，这个国家还有何创造力、生气可言？龚自珍说，清王朝已进入可叹、可怜、可悲的"衰世"。他认为这种衰世表面浮华的背后，隐藏着的深刻的社会危机，"将萎之花，惨于槁木"。因此，龚自珍提出：国家必须要改革，只有更法、改革，才能挽救这种危机。

虽然龚自珍强烈要求"更法"，以挽回清王朝继续滑向乱世的局面。然而不足的是，他只是要求改革，至于如何改革，却没有提出建设性的意见。

与龚自珍一样，魏源亦强烈要求改革，甚至认为：变古愈尽，便民愈甚，并断言：小更革则小效，大更革则大效。相较于龚自珍，魏源的视野更加开阔。

魏源是放眼看世界的第一代中国人。他提出了一个非常著名的口号："师夷之长技以制夷。"他指出：过去介绍西方世界的图书皆是中土人谈西洋，所以他要写一部西洋人谈西洋的书，叫《海国图志》。"师夷之长技"，所师者不仅仅是西洋的坚船、利炮，还有火轮车、龙尾车、自转磨、千里眼、量天尺等等。他认为我们应当大规模地向西方学习，甚至"凡有益于民用者，皆可于此造之"。意思是，但凡对老百姓有利的，我们皆可学来，自己制造。可以说，"中国制造"这一观念可溯源至此。

龚自珍、魏源两位儒家人物，可谓新思想萌芽的始祖，他们起而呼吁变法，提出向西方学习，也是儒家经世致用思想的逻辑引申。

2. 曾、洪之争

龚自珍去世10年后，他所预言的"赠来者以劲改革"的"山中之民"出现了，这就是席卷大半个中国、持续长达14年、造成数千万的生灵涂炭、给国家和民族带来了巨大伤害的"太平天国运动"。太平天国运动试图在政治上以武力推翻清朝政府，在文化上力图用西方的基督教彻底取代儒家文化，在文化上实现"西化"即基督教化。

洪秀全，太平天国的创建者及思想导师，他们将大家熟知的《三字经》"人之初，性本善。性相近，习相远"，改成了"皇上帝，造天地，造山海，万物备，六日间，尽造成，人宰物，得光荣"。这完全变成了基督教的内容，所以说，洪秀全当国定会在中国实行彻底的基督化政策，全国人民都会变成基督教徒。因此，曾国藩才会有这样的惊呼：太平天国"举中国数千年来礼义人伦，诗书典则，一旦扫地荡尽。此岂独我大清之变，乃开辟以来名教之奇变"。

曾国藩认为，"粤匪窃外夷之绪，崇天主之教……士不能诵孔子之经，而别有所谓耶稣之说、《新约》之书"。"粤匪"，指的就是洪秀全。他认为太平天国运动从根本上说，不是政治冲击，而是一次文化的冲击，他与洪秀全既是政治战争，也

曾国藩

是精神战争。洪秀全大军所到之处，书院、寺院、道观扫荡无余，古书、字画等等被统统烧掉。冯友兰先生曾就洪秀全和曾国藩之争说过：这不仅仅是一场革命与反革命，起义与镇压者之争，更是一场文化之争。洪秀全力图变中国为基督之国，曾国藩则捍卫中国为儒家之国，所以说，曾洪之争，既是军事之争，也是儒家与耶稣教、基督教的一场精神的较量。

在这场儒家文化与西方基督教文化的斗争中，儒家暂时占了上风，取得了胜利，宣告了洪氏基督化中国设计方案的破产。儒家现代转化的进程未被斩断。

3. 洋务运动

太平天国农民运动虽然失败了，但民族危机日益深重，各国列强乘中国衰弱之际，对中国虎视眈眈。中国正遭遇着"三千年未有之强敌"，中国社会正经历着"三千年未有之变局"。李鸿章在《筹议海防折》中说：

今则东南海疆万余里，各国通商传教，来往自如，麇集京师及各省腹地，阳托和好之名，阴怀吞噬之计，一国生事，数国构煽，实为数千年未有之变局！"意思是：西方列强不仅要求通商，还要求中国开放基督教，得以使其从沿海到内地，大举进入中国。表面上是为了跟你和好，而骨子里却包藏着吞并你的野心。用冯友兰先生的话，通商旨在经济上剥削中国，让中国永远贫穷，传教在文化上侵略中国，让中国人永远愚昧。一个列强制造祸端，其他列强乘机煽风点火，这在中国是几千年都没有经历过的变化！

轮船电报之速，瞬息千里；军器机事之精，工力百倍。炮弹所到，无坚不摧；水陆关隘，不足限制，又实为数千年来未有之强敌！

今天所面对的敌人，不是匈奴、突厥，但却要比匈奴、突厥强悍百万倍。由此，以儒家为信仰的封疆大吏、朝廷重臣，为了应对这样的变局，由南到北兴起了一场以"富国强兵"为目的的洋务运动，其思想基础就是"中学为体，西学为用"。

要把中学和西学有机地融合起来，就要新、旧兼学。四书五经、中国史事、政书为旧学，西政、西艺、西史为新学。两江总督张之洞说：以旧学为体，新学为用，不可偏废。"旧学"即"中学""内学"，治身心；"新学"即"西学""外学"，应世事，二者为"体用"关系。这一主张，直至今日仍有参考价值。

1894年7月，中日甲午战争爆发，北洋水师全军覆没，宣告了洋务运动"变末不变本、学器不学道、引用以固体的改革方式的失败"。但是，"中体西用"作为第一个处理中西文化关系的范式却保留了下来。尽管受到严复、康有为等维新派的严厉批判，但它影响深远，时至今日，虽然人们对"体""用"的解释会有所不同，却依然没有完全摆脱"中体西用"的影响。

（二）中国儒学现代转化的初步尝试

中国社会结构的整体转型要求中国社会的统治意识即儒家学说也要

孔庙

随之转换。康有为、谭嗣同等人的孔教改革运动从而走上了历史舞台。

康有为、谭嗣同等人的孔教改革运动，可以说是中国儒学现代转化的初步尝试，谭嗣同更是称康有为是"孔教之马丁·路德"。

康有为、谭嗣同等人之所以要改革孔教，一是因为中国社会的转型（由君主专制之国转化为君主立宪制的民主国家）相应需要国家理论的转型，二是因为儒学的发展日益

谭嗣同

式微，需要将儒学由"士教"转化为大众之教。过去祭孔，不是所有人都能够参加的，50%的女性不能参与，没有文化的人不能参与；只有考取了举人、进士等有功名的人，才可祭孔。所以说，过去的孔教即儒学，是一种士教，而非大众之教。三是为了回应基督教的文化入侵，捍卫儒家的精神领土。

康有为等人何以要兴孔教呢？"六经为有用之书，孔子为经世之学，鲜有负荷宣扬，于是外夷邪教，得起煽惑吾民。直省之间，拜堂棋布，而吾每县仅有孔子一庙，岂不痛哉！""六经"（《诗》《书》《礼》《乐》《易》《春秋》）为有用之书，孔子为经世之学，但却很少有人去宣扬，而基督教则到处煽惑吾民，基督教堂星罗棋布、到处都是，我们一个县却只有一个孔子庙，这不令人感到哀痛吗？这是康有为的感叹。

西方基督教到处都是，谭嗣同感叹"孔教何尝不可偏治地球哉！"中国之教即孔教为何没有传到世界各地呢？"然教则是，而所以行其

教者则非也。无论何等教，无不严事其教主，俾定于一尊，而笼络万有……道德所以一，风俗所以同。中国则不然。府厅州县，虽立孔子庙，惟官中学中人，乃得祀之……农夫野老，徘徊观望于门墙之外，既不睹礼乐之声容，复不识何所为而祭之，而己独不得一与其盛，其心岂不曰：孔子庙，一势利场而已矣。如此，又安望其教行之哉！"谭嗣同认孔子的教理是好的，但传教的方法出了问题，孔教的定位出了问题，孔子庙，成为与大众生活隔绝的"一势利场"。

如何将儒家文化发扬光大，如何使孔教通行于天下？康有为等人做了大胆的探索。1895年《马关条约》签订，举国震动，康有为在北京成立了强学会，强学会在一定意义上就相当于孔教会，但强学会遭到后党御史杨崇伊的弹劾而遭到封杀。对此，谭嗣同愤慨指出："传耶稣之教则保护之，传孔子之教则封禁之，自虐其人以供外人鱼肉，中国人士何其驯也！"此语掷地有声，至今读来荡气回肠，发人深思！

1898年6月11日，光绪帝下诏书"明定国是"，主张变法维新。6月19日，康有为奏光绪帝《请尊孔圣为国教立教部教会以孔子纪年而废淫祀折》，系统地表达了他的孔教主张，可称得上近代中国孔教运动中的第一个系统的纲领性文件。其内容主要如下：

1. 尊孔教为国教，立孔子为教主。

2. 在中央设立教部，中央以下设立教会。

3. 罢弃淫祀，主张民间立孔庙祀孔。

4. 以孔子纪年。

显然，康有为力图通过对西方基督教形式上的模仿，完成孔教的宗教化改革，完成儒学向新形态的过渡，但是这场孔教改良运动失败了。由于孔教改良是维新运动的一个环节，随着维新运动的失败，孔教运动当然也就失去成功的政治基础。辛亥革命之后，康有为的孔教运动与旧派人物，尤其是与袁世凯、张勋复辟活动相呼应，引起了激进知识分子的强烈不满。人们由痛恨袁世凯、张勋等复辟而憎恶康有为的孔教会，由厌恶孔教会而累及整个儒家文化系统。

康有为孔教改革的失败，固然有着非常复杂的社会原因，但就孔教运动自身而言，有两点值得注意：

第一，对西方基督教做了形式主义的外在模仿，这种形式主义的模仿导致孔教运动腹背受敌，一方面它引起理性的、没有宗教情感的儒家知识分子的激烈反抗；另一方面，由于定孔教为国教又引起宗教人士尤其是基督教、佛教、道教人士的深深忧虑。

第二，借助外在的政治力量推行孔教，而忽略了儒学自身内在力量的挖掘，是导致其失败的另一原因。政治势力对儒学的现代化转化是一把"双刃剑"，有利有弊，一不小心就可能砍伤了自身。

（三）中国现代儒学的奠基时期

康有为孔教运动的失败意味着制度化儒学努力的破产，怎样才能使儒家复活？什么才是儒家永恒的精神？是许多儒家学者思考的问题。在反孔的滔天声浪中，梁漱溟先生挺身而出："孔子之真若非我出头倡导，可有哪个出头？"

1917年，24岁的梁漱溟应北京大学校长蔡元培之约前来任教。1917年正是新文化运动的高潮，北大是新文化运动的中心。梁漱溟一到北大，就明确告诉校长蔡元培和文科长陈独秀："我此来除替释迦孔子去发挥外更不做旁的事。"这就明确告诉蔡元培、陈独秀我和你们不一样，我来不是反孔的，我来就是要弘扬孔学的。

梁漱溟有感于西学有人提倡，佛学有人提倡，只要谈及孔子就羞涩不能出口。他怀抱着为儒家打抱不平的心态来为孔子出头，这一出头，却不同凡响，揭开了中国儒学现代转化的新篇章。

1. 梁氏扭转康氏儒学转化之路：直面孔子的内在精神

梁漱溟认定康有为的孔教改革之路必然失败。他指出康有为是冒孔子之名，将孔子精神丧失殆尽的罪人。他说：晚世所谓今文家者如康长素之流，其思想乃全在于此《大同书》。康有为根本不曾得到孔学要领，满腹贪羡私情，见解与墨子、西洋同其浅薄。数十年来冒孔子之名，将孔子精神丧失干净！

梁漱溟抛开儒家文化的一切外在牵累，包括制度的、礼俗的、官方化等牵累，直透孔学的内在精神——仁，通过对孔子仁的创造性诠释，进而转活儒家哲学，复兴儒学。

2. 以意欲为坐标，重新校正中西文化的意义方位

长期以来，人们形成了一种观念：中学为旧学，西学为新学，"新"代表有前途，"旧"则无前途，故以新学为是、旧学为非。人们将中西之争转化为新旧之争，再把新旧之争转化为是非之争，这一理论的根据就是线性进化论。线性进化论认为社会的发展像线条一样，今胜于古，明胜于今。那么，中国的今天是西方的昨天，西方的昨天是我们的今天，所以西方的今天是我们的未来，因此我们要全力向西方奔去，这就是线性进化论。

然而，梁漱溟以意欲为中心，彻底颠覆了这一思维模式。他引进一种观念——意欲（英文"Will"，就是意志、意欲、欲望的意思）。他说：西方化是以意欲向前要求为其根本精神的；中国文化是以意欲自为、调和、持中为其根本精神的；印度文化则是以意欲反身向后要求为其根本精神的。

意欲的不同态度决定了人类文化的不同路向。西方人意欲向前要求，所以对自然持征服、奋斗的态度，产生西方灿烂的物质文明和锐利迈往的科学方法。中国人由于意欲调和、持中，所以对自然抱融洽为乐态度，它是"安分知足，寡欲摄生，绝没能提倡物持享受的"，所以轮船、火车、飞机、大炮在中国是不会出现的，科学精神与民主精神是不会出现的，因为中国文化与西方文化不是同一方向的快慢问题，而是根本方向的不同。印度文化既不像西方人要求幸福，也不像中国安遇知足，而是努力解脱这生活，所以它代表了人类文化的第三方向。中国文化与印度文化都是第一条路向没有走完就转向第二、第三路向，所以它们是人类文化的早熟。这就是梁漱溟非常有名的文化早熟说。

3. 世界文化的未来即中国文化的复兴

梁先生在比较了中西印三大文化系统之后，对世界文化的现状和未来作了预测。他认为，现在西方文化的路向已经走到了尽头，其征服自然的态度所产生的物质文明和科学方法已经走向了反面，不仅不能给人类带来幸福，而且还会给人类带来灾难。

西洋人已经由过去物质上的不满足转为精神上的不安宁。这就迫使西洋人由第一条路向转向第二条路向，即儒家文化的路向。由此他大胆预言：现在是西洋文化的时代，下去便是中国文化复兴成为世界文化的时代。

4. 梁氏儒学复兴说的意义

梁漱溟文化哲学的意义在于，重新校正了中国近代以来线性进化论的意义方位，对五四反传统思潮给予釜底抽薪式的回击！五四诸公认为，中国文化是旧的，西方文化是新的，中国文化代表了人类文化的过去，西方文化代表了人类文化的未来。

梁漱溟明确告诉世人：西方文化是低层次的，中国文化是高层次的，西方文化得势于人类的过去与现在，而融合了西方文化的中国文化则代表人类不久的将来。梁漱溟扭转中国儒学由外在的政治入手转活儒学的方式，从中国儒学的内在精神入手，去撬动儒家义理向现代转化的大门。无论后人如何评价梁先生的理论，但对于当时日益走向颓萎文化的保守主义者而言，这一理论的出现无疑是一针强心剂！

继梁而起，先是张君劢的倡导新宋学，主张取资本主义与社会主义之长，建立混合经济模态，强调德与法相辅而行。众所周知，无论是严正地立法，还是严格地执法，都需要有德行的人去做。中国有句话：法可以治不孝，但不能使人孝；法可以治贪，但不能使人廉。要想使官廉，使人孝，仅仅有法是不够的，还需要德。所以孔子说："道之以政，齐之以刑，民免而无耻；道之以德，齐之以礼，有耻且格。"以道德教化来引导社会风尚，用礼仪规范来要求百姓，这样，老百姓才能有高尚的道德觉悟，才能有道德意识，才能有耻且格。熊十力以大易为宗，重建儒家道德的形上学，转活陆王心学；而冯友兰则顺程朱理学的义理方向，融合西方实证主义哲学的逻辑分析方法，再度复活程朱理学；另外，马一浮、钱穆、贺麟等学者在中国儒学现代转化中亦各有建树。通过众多儒家学者们的努力，20世纪30到40年代中期中国儒学展现出了新的生机与活力。

（四）港台新儒学

20世纪50年代，当中国大陆全面进行马克思主义教育的时候，留在大陆的新儒家代表梁漱溟、熊十力、冯友兰、贺麟等等已不能展开正常的自我理论的创造，而张君劢、钱穆、唐君毅、牟宗三、徐复观等来到台湾、香港，以新亚书院和人文友会为阵地，从事着中国儒学的现代转化工作。

1958年元旦，唐君毅、牟宗三、徐复观、张君劢四人联名发表《为中国文化敬告世界人士宣言》，标志着海外新儒学的真正形成，同时意味着中国儒学的现代转化进入新的时期。

之所以发表此宣言，是因为有一部分人认为中华文化已是花果飘零；在西方汉学家的眼中，中国文化已成为古董，是一死物，这一观点是当代新儒家所不愿承认的。他们认为中国文化并没有死亡，而只是病了。病人和死人是不一样的，病人必须积极救治，而死人则无救治之价值。于是他们发表宣言，以敬告世界人士，中国文化不仅没有死，而且中国文化的智慧也是西方应该学习的，应对中国文化抱着同情和敬意的态度来了解和研究。

在海外新儒家群体中，唐君毅、牟宗三、徐复观、方东美等的理论各具特色，但理论形态最为完整、系统、深刻且影响最大者首推牟宗三。这里以牟宗三为例，对港台新儒家作一简单的说明。

牟宗三的理论有三点很值得人们留意：

1. 本内圣之学如何解决新外王

本内圣之学以解决新外王就是本着中国人的价值观念，解决中国社会的现代化问题。如何将中国社会的现代化与儒家的道德精神价值有机地沟通起来，在现代化中不丧失自我文化主体性或保有自身的核心价值这就是新儒家思考的问题。牟宗三认为，当代新儒家最基本的一个任务是：如何由内圣之学解决新外王的问题。内圣就是道德理性之实践，即道德实践；外王是指治国、平天下之德业；新外王，就是民主与科学。本内圣之学以解决新外王，就是由中国文化之道德理性解决民主与科学的问题。

为什么要由内圣以解决新外王呢？怎样才能由内圣开出新外王呢？由第一个问题，牟宗三全面探讨了中国文化之所以未出现民主与科学之故。由第二个问题，他探讨了中国文化实现民主与科学的方式、方法与道路。

他认为，中国的学问是生命的学问，与西方文化源头之一的古希腊文化首先把握自然不同，中国文化首先把握生命。由如何调护生命、安顿生命，开出心灵世界和价值世界，开出"内圣外王"之学。"内圣外王"之学就是仁学，中国的文化系统就是仁的文化系统。

就根本精神处说，中国文化是"综和尽理之精神"下的文化系统，西方文化是"分解尽理之精神"下的文化系统。中国文化重综和，西方文化重分析；就这两种文化的根本精神所展现的方式而言，中国文化是"理性之运用表现"，西方文化是"理性之架构表现"；中国文化强调理性的运用和作用，西方文化则强调逻辑架构。

就中西方文化的政治理路所展现的方式而言，中国文化的政治理路为"理性之内容表现"，西方文化的政治理路是"理性之外延表现"。此处西方依然是强调形式，中国强调内容。

就中西文化的长、断所依据的原则而言，中国文化是"以理生气"，所以

牟宗三

中国文化悠久、长远，西方文化"以气尽理"，因此周期性断灭。

简单地说，在中国传统社会中，中国文化是有道统而无学统，有治道而无政道。中国有自己的一套尧舜禹汤文武周公相传的道之传统、价值观念、道德理性，但始终没有开出独立的科学之统，没有把知识作为一门独立的学问进行研究和看待，这就是"有道统而无学统"。

中国政治上有治道，在管理国家的方法上是民主的，因而在中国有"内容的民主"，没有"外延的民主"和"形式的民主"。中国过去的治道是宰相握治权，皇帝握政权，由于宰相握治权，故而皇帝长期不上朝，国家机器照常运转，所以说中国的治道是民主的。"朝为田舍郎，暮登天子堂，将相本无种，男儿当自强"。早晨起来还在田间干活，到了晚间就可以登上天子之堂，做天子的老师了，甚至于成为宰相，所以中国社会的治权在于士人、知识分子。而中国的政权则在皇帝手中，所以中国治道民主，而政道则不然。政权的交替始终找不出一个合理的办法。古时，政权转移只有两种方式：一是宫廷内乱，父子、兄弟间的残杀；一是马上得天下，用武力推翻别人，别人再用武力推翻你。因此，一个政权夺得来，也可夺得去，这样政权就没有定准，于是乎，中国是"有治道而无政道"。

2. 儒学第三期发展

中国儒学已经经历了两期之发展。第一期是由孔子经孟子、荀子到董仲舒；第二期是宋明理学；现在儒学则转为第三期之发展。

儒学第三期之发展关键在于儒学能否融摄西方的民主与科学，重建中国文化，开出儒学新形态。他把这一新形态概括为儒家式人文主义的彻底透出。这就是儒学第三期之发展，儒家式人文主义的彻底透出，即"三统并建"说。

道统之肯定，此即肯定道德宗教之价值，护住孔孟所开辟之人生宇宙之本源。韩愈有篇名曰《原道》的文章，明确提出了道统之说。什么叫道统之肯定呢？就是肯定中国人的价值观、是非观，肯定中国人规定的"人之所以为人之处"。"人之所以为人之处"指的就是"人伦"，而"人伦"最后的根据就是"仁义礼智"，"仁义礼智"的浓缩就是

"仁义"，"仁"代表仁爱之心、恻隐心、同情心，"义"代表社会的公平与正义。故儒家强调：门外之治和门内之治不同，处理门内之治是"恩掩义"，在家庭问题的处理上，感情重于正义、公平；而门外之治是"义断恩"，处理社会问题则公平、正义高于感情的存在，甚至要断情感，因此，义指向社会问题的处理，仁指向家庭问题的处理。肯定仁义就是"道统之肯定"。

学统之开出，中国文化有道统而无学统，此即转出"知性主体"以融纳希腊传统，开出学术之独立性。一句话就是让中国走向科学，建立起中国的学术独立性。

政统之继续，此即由认识政体之发展而肯定民主政治为必然。一句话，就是完成民主建国。

这就是牟宗三先生全部的理论浓缩。简单讲，就是道统加科学，加民主。当然三统不是并列的，道统是道德宗教，学统的核心是科学，政统就是民主政治。道统肯定，学统开出，政统继续，是儒家人文主义的完成，也是中西文化的自然融和，亦是儒学第三期发展的骨架与纲维。

四、中国儒学现代转化的几点启示

儒学是顺应中国文化的大流、主流而来，儒学的创始人孔子在历史上不是诸子之一子，而是尧舜禹汤文武周公序列中的人物。孔子"以文自任"，"斯文在兹"，并没有想着开一个学派、创立一家学说，而是要继承华夏文明，使其能够继往开来，所以儒家文化历史上是，现在是，将来还会是不断走向开放、不断走向完善的思想学说。只要有中华民族在，甚至只要有华人在，儒家学说就会有人延续，就不会消亡。百余年来，中国儒学不断转化的事实就说明了这一点。

（一）儒学在中国有着顽强、坚韧的生命力

儒学植根于中国数千年的历史文化传统，广被数万万民众，有着

超强的生命力。经过"五四"打倒孔家店，"文革"时期的全民性批孔运动，儒学并没有被风吹雨打去，验证着儒学的坚韧和刚强。经过梁漱溟、熊十力、张君劢、冯友兰、牟宗三、唐君毅、徐复观等大儒的努力，儒家学说不仅没有死亡，反而大师辈出，创造了一个又一个新的儒学思想系统，成为近代影响不是最大，创造力却是最强的文化学派或者思想学派。

（二）中国儒学的现代转化总是与中国社会的变革、当代世界的发展紧密地相联系在一起

中国儒学的影响力虽不可与马克思主义在中国大陆的影响力相提并论，但其思想义理的逻辑创造力绝不逊色于马克思主义的理论创造。中国现代儒学之所以有如此创造力，在于它的每一步发展总是与中国社会的变革、当代世界的发展紧密地联系在一起。

中国社会的变革对儒学而言，既是挑战又是机遇。一方面，传统社会的断裂造成传统思想丧失了制度的凭借；另一方面，任何社会的变革都迫使儒家学者必须做出回应，而对社会变革的回应又促进了儒学新生。两千年封建政体的解体，儒学作为官方意识形态的地位丧失了，却促进了与政治体制脱钩的学院派儒学的形成，清理钻营之徒对儒学的玷污。

（三）西方文化是中国儒学现代转化的有力助因

西方文化的到来对中国儒学而言，利大于弊。没有西学的到来就没有儒学的新生，也没有新形态儒学的形成。中国儒学的转化就是以儒学为主体，融合西方文化，不断完善自己的结果。

儒学的现代转化如何走向深入呢？下一步儒学的现代转化会是怎样？

我们认识到，中国儒学的现代转化并没有完成，到牟宗三也没有完成，可能永远也不会完成。它永远处在不断新生、不断完善的过程之中。面对新的世界格局和中国作为世界大国的崛起，中国儒学的未来转

化，我认为有这么几个方面应该考虑。

1. 在全球化中，定位儒学的未来发展。百余年儒学的发展与转化一直与民族命运、国家富强联系在一起，关心的是民族生死存亡问题，是中国如何现代化的问题。而未来的儒学发展应转向与全球发展、与人类共同体的命运相联系。儒家的理论自孔子起就不是只为中国人设计的，而是为全人类设计的，为一切可以称为"人"的人而设计的。所以儒家"天下为公""四海之内皆兄弟""道并行而不相悖，万物并遇而不相害"等这些观念，可以为全球化时代的人类共存与发展提供新的理论支撑。我认为，在全球伦理的实践和理论设计当中，儒家是不会缺场，也不能缺场的。

2. 关切当代社会的新发展，回应当代社会的新问题，实现儒学与当代社会的双向互动，不断为儒学的发展寻找新的动力，促进儒家理论与现代化的双向受益。

3. 积极参与世界多元文化对话、互动，在与世界各种文化、文明的对话中成就自身的文化价值，发出中国的声音，同时汲取异质文化的因素，促进儒学现代形态的完善。

问：颜教授一开始就提出了非常鲜明的论点：中国近代以来有两种思潮产生了相当巨大的影响，一是中国化的马克思主义，一是正在实现现代转化的中国儒学。在21世纪，随着马克思主义中国化不断地推进，中国儒学现代转化不断地发展，这两种重要的思潮必将合流。那么请问马克思主义的精髓和孔子学说的精神之间有哪些主要的相近和相通之处？

颜炳罡：首先，我认为马克思主义强调斗争，儒家强调和谐，这一点是不同的。但抛开斗争外，其他部分有相通之处。

一、追求的目标相通。儒家追求天下为公的大同理想，马克思主义追求社会主义，这一点上，我认为二者是相通的。

二、以民为本与以人为本。儒家追求以民为本，民者，人也。其实民就是人，人也就是民。马克思主义强调人的全面发展、人的自由实现，概括起来就是"以人为本"。"以民为本"和"以人为本"这两个观念是相通的。

三、全球性视野。马克思主义和儒家都具有全球性或者世界性的视野。马克思主义认为只有解放全人类才能够解放自己，全世界无产者应该联合起来，它不是某一国的，强调国际性。儒家文化也是全球性、世界性的，它认为所谓的"天之所覆，地之所载，日月所照，霜露所坠，凡有血气者莫不尊亲，故曰配天"。儒学把整个宇宙作为一个整体来进行思考，我觉得在这点上，马克思主义和儒家是相通的。

问：目前，世界各地有着很多的孔子学院，但是，我发现，现在的孔子学院完全变成了学习汉语的学校，而不是在推广儒家文化。对于这个现象，颜教授有何看法？

颜炳罡：对于今天的孔子学院，我不做太多的评价，因为了解的情况不是很多。但对于孔子学院只是冒孔子之名来推行汉语教学的现象，我以为，一切事物都要慢慢来。只有懂得了汉语言，才能够接触汉文化；不懂得汉语言，是永远无法升入中国文化的庙堂的，也无法进入中国文化的高大之境。

我认为，现在我们有很多汉学培训计划，国家教育部也相应推出了一些，但这需要一个过程。在中国的今天，如何使儒学能够在民众当中被了解、认识，重新体现儒家的优良传统？今天这样的场合，就是最好的验证。

孔子有句话："君子之德风也；小人之德草也；草上之风，必偃。"影响一个社会，从哪里开始最好呢？我以为从领导干部开始最好。领导干部学好了，老百姓自然就学好了。如果领导干部学不好，只让老百姓去学，那么老百姓会认为被忽悠了。他不相信，反其道而行之，就糟糕了。所以说，干部们是老百姓学习的榜样，辐射力量非常大。因此希望我们的干部能够体味出儒家的一些东西，那么儒家则会风行草偃，这样，就带动了全民行君子之德风。

牟钟鉴
孔子儒学与重铸君子人格

牟钟鉴，1939年生于山东烟台，北京大学哲学系中国哲学史专业研究生毕业。1966—1987年在中国社会科学院世界宗教研究所工作。1987年底至今，为中央民族大学哲学与宗教学学院教授、博士生导师。

社会兼职：中国宗教学会副会长、国家社会科学基金项目学科评审组专家、国际儒学联合会理事、山东泗水尼山圣源书院院长等。

主要学术工作：早年研究重点为儒学、道家与道教、儒佛道三教关系；近期研究重点为中国宗教史、民族与宗教、社会主义与宗教。

1994年获北京市优秀教师称号。2000年获全国优秀教师称号。2006年获第二届北京市高等学校教学名师奖。所著《中国宗教通史》获2003年教育部第三届中国高校人文社会科学研究优秀成果奖宗教学一等奖。《全真七子与齐鲁文化》获2006年北京市第九届哲学社会科学优秀成果奖二等奖。合著的《中国宗教与中国文化》（共四册）获第五届吴玉章人文社会科学一等奖。

2014年，习近平总书记在孔子诞辰国际学术研讨会上的讲话中提到"孔子创立的儒家学说以及在此基础上发展起来的儒家思想，对中华文明产生了深刻影响，是中国传统文化的重要组成部分"。不仅提升了中华传统文化的价值，还特别强调了中华传统文化积淀着中华民族的深层的精神追求，是我们这个民族自强不息、奋力前进的思想资源和智慧。

儒学作为中国传统思想文化的主流和基础，不仅对中国发展产生了深刻影响，而且对人类文明进步做出了重大贡献。其所蕴含的丰富哲学思想、人文精神、教化作用、道德理念等，或为人们认识和改造世界提供有益启迪，或为道德建设、铸就君子人格提供有益启发。其所强调的"仁爱中和"的文化精神不仅为我们治国理政提供有益启示，更为当今世界多元文明共存发展提供了一种可资借鉴的范式。

一、孔子儒学的核心价值与精华

长期以来，由于反传统的文化激进主义连续不断地猛烈冲击，传统美德被丑化、丢弃，孔子儒学离我们渐行渐远。经过几代学者的共同努力，如今，以儒家文化为主导的中华文化多元体系开始逐渐复苏，如何理解孔子儒学及其核心价值，成为一个非常关键的问题。

（一）仁爱忠恕之道

中华文明的价值追求首推仁爱，孔子儒学将它作为最高信仰。仁爱从爱亲做起，由近及远，亲亲而仁民，仁民而爱物，视天下犹一家，视万物为一体，尊重生命，关爱他人，这是儒家文明的核心价值。

孔子儒学的仁爱观与西方基督教爱人如己、法国18世纪的博爱观既有相通之处，亦有区别之异，主要是：儒家的仁爱来自人性，是我们每一个人本性里与生俱来的爱人的要素，而非西方学说中所弘扬的上帝赋予的。因为儒家认为人的存在是双重的，他既是一个群体的存在、社会的存在，也是一个个体的存在；而西方则更强调其个体性，宣称人生来就是自私的，因为每一个个体都有他自己的诉求、自己的价值、自己的利益。这种观点虽然有一定的道理，但是它忽略了一点，即每一个人都是一个群体的存在，从小离不开家庭、离不开父母，大一点离不开学校、离不开老师和同学，毕业以后参加工作，离不开他的同事、朋友，还有社会各界的支持。所以人生来就有关心他人的本能，同时也关心自己，关键的问题在于他需要通过自觉的教育来调整两者的关系，不把个人的利益膨胀到损害他人的利益，以致最终损害到自己。所以说，孔子儒学的仁爱是来自人性，而非上帝赋予。而西方的爱人如己是上帝给的，因为每一个人生来都有原罪，只有皈依上帝才能将这些良好的品质才能够体现出来，其为两者区别之一。

另外，从西方的历史可以看到，它的爱是有民族性和国家界限的。也许它内部相对比较团结，但是对于其他的民族和国家，它不是平等的。有时候它会表现得不安，甚至去杀戮、去奴役。而中国儒家的爱是不设民族和阶层门槛的，是社会共同体正常生活的内在需要，所以儒家的心怀是很宽广的，而且它有一个很简单的逻辑，正如孟子所说"爱人者，人恒爱之"，墨子所说"兼相爱则交相利"，反之兼相恶则交相害。此为两者区别之二。

第三，中华仁爱观体现为忠恕之道。孔子给他弟子讲学的时候曾说"吾道一以贯之"，但他并没有解释能一以贯之的这个"道"是什么？后来有人便问其得意门生——曾子，曾子答道"夫子之道，忠恕而已矣"。此后，孔子就其忠恕之道做了这样的诠释，即忠道的"己欲立而立人，己欲达而达人"，就是关心人、帮助人；恕道的"己所不欲，勿施于人"，也就是体谅人、尊重人。

从表面上来看忠道似乎更重要，因为它很积极，鼓励我们去帮助人、关心人，而恕道则貌似有点消极，其实不然。从汉字的字形

孔子像

来看，"忠"为"中""心"，即把别人的事情放在心里；"恕"为"如""心"，要求我们设身处地为他人着想。可见恕道比忠道更难，因此儒家更重恕道。子贡曾问其师孔子："有一言而可以终身行之者乎？"子曰："其恕乎！"孔子认为"恕"是可以终身奉行的道理，其精髓在于将心比心、推己及人，不赞成强迫的爱、单向的爱，而主张互尊的爱。相比之下，基督教原教旨主义强调"基督以外无拯救"，民众必须信仰、皈依基督，才能得到拯救，否则的话将永远不能解脱。在这样一个思想指导之下就会形成"己所欲，施于人"的状态，即我的价值观最好，为了爱你，你必须接受我，不接受我就打到让你接受。所以在西方的近、现代史上，侵略、殖民常常是出于国家或民族利益的考虑，但有时也不乏是为了推行他们的价值观而进行的文化扩张。因为唯有接受基督，才能进入现代化、成为文明人，不接受就是野蛮民族、落后民族，从而不可避免地引起宗教迫害和文明冲突。中世纪宗教战争打了200年，死伤无数。一个重要的理由就是因为信仰问题，你不信仰上帝就是异端，我就有权力杀戮你，可见缺乏恕道的信仰多么可怕。

恕道之重要，体现在其赋予的这种具有平等观的爱，可以避免基督教原教旨主义主张的"基督以外无拯救"而引起的迫害异端和文明的冲突，这是当今国际社会最缺乏的理念，也是打造人类命运共同体最需要的理念。

（二）中和兼容之道

仁爱情怀体现在族际、社群、文明的关系上，便是中和兼容之道。"中"是不偏不倚、无过不及，中道温和，稳步改良，既不保守，也不偏激。"和"是尊重差异，包容多样，即"和而不同"，承认社群生活、民族文化、精神文明的多彩性、平等性、兼容性，不能唯我独尊、强人从己。"同而不和"是小人之道，必然引起不同则斗，互相伤害，冤冤相报，灾难频生。

中华文明共同体绵延数千年而不离散，究其原因主要有二。一是有大一统的强大凝聚力，即在政治统一的前提下，强调以孔子儒学为核心的文化观，注重儒释道及各学派的协调发展；二是有海纳百川的宽阔气度，有协调多元文化的智慧。自古儒学就提倡"天下一致而百虑，同归而殊途"，"万物并育而不相害，道并行而不相悖"，以中庸为至德，反对极化思维和行为。它不把自己看成绝对真理，从而具有了超越自我的能力，形成开放包容、兼收并蓄、多元通和的深厚传统。与之相比，西方的基督教在中世纪欧洲曾一统天下，但恰恰是因为缺乏多元通和和包容，在第一次民族运动过后分裂成几十个独立的国家。而中国不仅有儒佛道三教的合流与会通，还有后来的伊斯兰教、基督教等，中国现在的五大宗教中有四个是外来的，只有一个道教是土生土长，可见中国人对文化的包容性之强。多种外来宗教在爱国守法、劝善止恶的前提下进入中国并与本土宗教、民族民间信仰和平共存，又相会通，促进了中华民族多元一体格局的巩固。

中和之道使中华民族养成持中、稳健、温和的民族性格，极端主义不易滋长。但中和兼容有文明底线的坚守，以正义为准则，以美善为方向，不向邪恶让步，故强调"和而不流""刚健中正"，有浩然正气。

（三）为政以德之道

孔子儒学并不注重设计具体的政治经济制度运行模式，所以我不赞成有人把孔子儒学政治化，它不是很关心这个问题。政治体制怎么改革、如何运行，是每一个时代的人的任务，而非孔子儒学的关注重心，其重点关注的是政治经济伦理，即社会政治应遵守基本的政治伦理，社会经济也应遵守基本的经济伦理。我把它概括成这样几点：

1.为政以德，足食、足兵、民信之矣，民为邦本，民生为重。为政以德主要就体现你重视民生，以民为本，民本主义。

2.导之以德、齐之以礼，明德慎罚，近者悦、远者来。以德为主，以刑为辅，不赞成单纯用法律、惩罚来治理国家。贾谊《过秦论》指出，秦始皇统一六国以后，仁义不施，单纯用一种严酷的法治来治理国家，最终导致二世而亡。自汉代开始吸取此教训，主张以德治为主，以法治为辅，德法相结合，成为中国历代君王治国理政的一个传统。

3.政者正也，其身正不令而行，其身不正虽令不从。即我们今天所提的反腐倡廉，官德就是一个榜样，是社会的榜样和表率，为官者必须自身要正。

4.用人时应用贤纳谏，远小人，方能廉洁奉公，政通人和。

5.协和万邦，讲信修睦，礼尚往来，化干戈为玉帛。即中国所主张的和平外交，寻求和平发展之路。

6.有文事者必有武备，居安思危，义兵必胜，智勇双全。儒家非常重视武备，国防强盛，才能随时准备抗击侵略者。

7.在经济伦理方面，讲究见利思义，取之有道，富民均平，重农扶商，开源节流。有人说儒家只讲义不讲利，那只是一部分儒者走偏了。孔子一开始就讲"富与贵，是人之所欲也，不以其道得之，不处也"。讲"利"并非不正当，个人追求利，商人追求利，国家也追求利，求利本身没有问题，但是应取之有道，要合乎义，以义导利。中国自古便有"儒商"一说，作为商人，他追求利润是无可非议的，我们每个人都有个人利益，但是儒商不会因此损人利己，危害公共利益，因为他信奉的是见利思义，取之有道。

8.天下为公，四海一家，从小康到大同。"小康"一词出自《礼记·礼运》，在中国有着悠久的历史，是炎黄子孙对美好生活的长期憧憬。现代意义上的小康，是由邓小平同志首次提出来的，后来经过中国几代领导集体的共同努力和不断改进，现已进入全面建成小康社会的决定性阶段。而我们所追求的目标，正是习总书记讲的"求大同"，即天下一家，建成人类文明共同体，这也是中国人一直以来的理想追求。

9.赞天地之化育，仁者与天地万物为一体。中国人对生态的观念根深蒂固，虽然我们在发展经济时出了很多问题，但我们依然提倡天人一体，不仅关爱人类，而且关爱天地万物。

唐代的贞观之治就是一个很好的例子。我认为唐太宗是中国历史排名第一的皇帝。吴兢的《贞观政要》中曾记载，唐太宗以隋亡为鉴，均田薄赋，繁荣商业，改善民生，用贤纳谏，修身崇俭，建立学校，实行科举，同尊华夷，巩固边防，开通西域，协和东亚，遂成就盛世，可见其文治武功。唐太宗将儒家的治国之道落实到政治生活层面，奠定了大唐盛世的基础，对我们今天的治国理政仍是非常有借鉴意义的。

（四）君子成长之道

虽然孔子在汉代被奉为神，唐代亦封为文宣王，但究其在历史上的定位既不是神也不是王，而是万世师表，是中华民族的精神导师。孔子儒学最重视立德树人，有丰富而系统的教育思想，培育了一代又一代仁人志士和有德君子，成为国家的栋梁，推动中国走向文明的礼仪之邦。其教育思想大致可见于以下几类：

1.教育对象："有教无类"，不分阶层、一视同仁。

2.为师之道："学而不厌，诲人不倦"。

3.教学方式："不愤不启，不悱不发"，举一反三，"教学相长"，切磋琢磨。

4.学习内容："子以四教：文、行、忠、信"，德、智、行兼顾。孔子认为一个完美的人格应该是"仁智勇：仁者不忧，知者不惑，勇者不惧"，一个完美的人格首先得有德行，否则你挺立不起来；再者要有智慧，当一个报国志士；第三还需要有勇气，当你遇到困难的时候敢于应对。

5.学习态度："学而时习之不亦说乎"，"三人行必有我师焉"，"知之为知之，不知为不知，是知也"，"知行合一"。

6.学习方式："学而不思则罔，思而不学则殆"，"博学而笃志，切问而近思"。

7.学习目的："古之学者为己，今之学者为人"，有人可能会误解成"为了个人利益而学"。其实不然，古汉语和我们今天的意思不完全一样，其意应为"学习的目的是为了成全自我"。"为人"则指"我展示给别人看"，孔子借以此言批评当时很多人学习的目的是为了提高自己的身价，而非古代所推崇的成全自我。另外，孔子讲"修己以安百姓"，《大学》里亦有"修身齐家治国平天下"，"君子学以致其道"。

我们长期以来吸收了西方的教育思想，特别是自民国以来尤为重视西方教育思想的引进，其进步意义在于大兴学堂，使教育普及，但废弃孔子的教育思想也为我们带来了一系列的问题。在很长一段时间里，我们的大学教育就是一个职业教育，忽略了学生人格的培养。很多高校，甚至是名校培养出来的学生拿到学位后就出国留学，进而移民，完全没有中国心，没有道德魂。在这一点上，民族大学的一些做法还是值得借鉴的。民大一直秉承着"美美与共，知行合一"的校训，重视学生的德育培养，造就了一批学业有成、回报社会的有志青年。我到西北、西南去的时候，一些民族地区的人都说民族大学最好，愿意把子女送到民族大学去，因为民大的毕业生在民族地区各级领导、各个领域都发挥骨干

朱熹题"学而不厌"

作用。所以儒家的教育思想还是应该得以传承，但也要做一些创造性的发展。

孔子儒学的教育是大教育概念，不光是指学校、私塾的教育，而是整个社会的教育，它涵盖社会道德建设，落实为成就君子人格，因为"人能弘道，非道弘人"。不仅如此，孔子儒学的教育还是一项终身教育，"仕而优则学，学而优则仕"。一直以来，君子文化都没有过时，古有戊戌变法中慷慨就义的"戊戌六君子"，近有争取抗日而入狱的"爱国七君子"。"君子"一词虽然在"五四"以后被一些人恶意糟蹋，玷污形象，但是君子文化并没有随之灭亡。在中国人的心目中，君子仍然是受到尊崇和敬仰的。

二、重铸君子人格造就道德群英

孔子儒学确立了中华民族核心价值观和基本道德准则，这就是以人为本的"五常"（仁义礼智信）、"八德"（孝悌忠信礼义廉耻）。在全面推进建成小康社会和融入全球化事业的今天，它仍然是中华民族的精神纽带和道德基石，当然要有所损益和创新。

（一）"五常""八德"的认定与落实

习总书记在山东讲话中特别强调儒家的思想是一个道德文化，它提供了中华民族最基本的道德规范，而这恰恰是我们当下最为关注的问题，我们必须分清其精华与糟粕。

1.摆脱"三纲"，重释"五常"与"八德"。

"五常"：仁义礼智信。仁者有爱心，义者有原则，礼者有规矩，智者有见地，信者有真诚，这是中华传统永恒的美德。

"八德"：孝悌忠信礼义廉耻。孝悌为仁之本，忠信为品之高，礼义为行之则，廉耻为德之魂，已成为中国世代相传的基本道德规范。

"五常"以仁为首，"八德"以忠孝为本。曾子曰"为人谋而不忠乎"，并非后世帝王所狭隘化的单纯忠君，随着社会的发展其内涵也得到不断地延伸。原北京市副市长吴晗在北大演讲时就曾提到，我们的传统文化应该继承，比如"忠"字，过去是忠于皇帝，现在则应忠于祖国、忠于人民、忠于社会主义事业。

"三纲"：君为臣纲，父为子纲，夫为妻纲。"三纲"作为汉代为适应宗法等级社会而提出的道德标准，虽具有一定的历史作用，但它却与孔子的"君使臣以礼，臣事君以忠"，

孔子讲学场景

以及孟子的民贵君轻和因推行虐政导致失去民心而变成独夫民贼，终将被人民推翻的理念相左。它捆绑了"五常""八德"，使其仁爱、平等、文明、和谐的内涵不能充分发挥。在当下民主、和平的社会它早已过时，因此我们要解开绑带、丢掉包袱、去其糟粕，发弘美德、增强自觉、移风易俗，理直气壮地讲"五常""八德"。后世虽有对其进行多番重释，但究其本性，其推崇的精神都是相通的。其中最负盛名的便是由孙中山、蔡元培所提出的"忠孝仁爱信义和平"的新"八德"，至今在台湾仍得以奉行，并以此命名了台北的四条主干道。

2.把中华美德化为君子群体人格，在政界、教界、学界、商界、社区造就大批有德君子。

由于长期批孔反儒，"五常""八德"一度成为游魂，不接地气。但作为文化基因，它在多数中国人的骨髓、血液里仍然有根系。

现在的任务是将"魂"与"根"对接，首先将"五常""八德"转化为一批精英的道德坚守，这就是重铸君子人格，造就道德群体，以先知先觉觉后知后觉，道德建设才能逐步落实。

孔子儒学把人品分为五等：圣贤、君子、众人、小人、罪人，以圣贤为最高目标，以有德君子为现实典范，以众人为教化对象，以缺德小人为负面参照，以罪人为堕落分子。

对于社会而言，要形成良好风气，道德教化必须有层次的差别，标准太高不接地气，标准太低不能引导。古人懂得这个道理，所以设计做人标准是有差序的。顶层是圣人或圣贤，人伦之至，万世师表，社会公认的是至圣孔子、亚圣孟子，还有若干大贤；圣贤是做人最高目标，虽不能至，然心向往之。中上层是有德君子，严于律己，关心他者，受人尊敬，一般人须要努力才可以成为君子，放松自己又会滑落下来。中下层是普通好人或称众人，保有爱心，不突破做人底线，同时不事修身，难免有些不良习性。下层是缺德小人，处处计较眼前私利，时常自觉不自觉损害到他人和公共利益，但不至于严重违法，主要在道德舆论上受到责备。最底层是罪人，既无德又犯法，如偷窃、抢掠、欺诈、杀人、绑架、作乱，必须绳之以法、齐之以刑。如以圣贤要求多数人，失之太高，与生活距离太远，不起作用，或出现伪善；如以好人作为道德标准，失之过低，激励作用不足。因此，确立君子人格范式，把中华美德凝结在其文化生命之中，作为上通天道、下接地气的道德引导标准，才是建立道德自律和舆论监督的有效方式。

古贤之所以大声呼唤有德君子，盖在于君子寄托着中华道德理想又是可以切实效法的榜样。从今天移风易俗的道德建设而言，宣传"感动中国人物""最美人物"，发挥道德导向作用，是必要的。同时，还要借鉴古人道德教化的智慧，运用祖祖辈辈熟悉的话语，大力弘扬君子文化，倡导做新时代的有德君子，激活人们身上沉睡已久的传统美德基因，使多数好人见贤思齐，不断走近君子境界，使社会上小人逐步减少，也从而压缩犯罪的空间，我以为这是一种行之有效的社会教化方式，是社会文明发展的内在需要。

孔子儒家的君子论是丰富多彩的，涉及人格养成的方方面面，背后皆有历史人物和事迹作为支撑。若加以归纳，可以构成君子之道的庞大体系，含有层次、纲目的序列。为了显现君子的主要品质，孔子特意将君子与小人对举，用小人的缺德衬托君子的有德。其中最能表现二者差异的有两句话："君子喻于义，小人喻于利"；"君子和而不同，小人同而不和"。"喻"，明晓也。君子从内心里懂得"义"（正义和公益）的重要，以之作为立身行事的准则。小人则

孔子讲学

处处以"利"（个人私利）作为考量和行事动机，唯有"利"能入其耳、著其心、见其行动。君子小人之区别关键在义利之权衡上，不是口头表白，而是行为宣示。我们可以这样说：君子非义不为，小人唯利是图。在小人看来，君子的道德坚守是愚笨；在君子看来小人的逐利作为是鄙俗，二者几乎没有共同语言，所乐不同故也。由此而引出在处理"自己"与"他人"的关系上，君子能够推己及人、互相尊重，这就是和而不同；小人则要结党营私、唯我是从，必然同而不和。君子以文会友、以友辅仁，和乐与恒持是其常态；小人以利树宗、以派谋私，勾心斗角在所难免。我们可以把"义利之辨""和同之辨"作为对照君子小人的纲要，纲举则目张，君子之道便能完整显现了。

今日我们要大力弘扬君子文化，倡导做新时代的君子，激活人们身上沉睡已久的道德因子，扩大君子群体，减少小人数量，压缩犯罪空间，这是行之有效的教化途径。而造就君子人格要重点用力于五大群体：政界官员、教育人员、专家学者、工商人士、社区乡贤。一旦这五大领域的君子群体基本形成，中国的道德建设才有希望，才有可能得以落实，否则将会一直停留在概念上和理论上。

（二）孔子儒学的君子论丰富多彩，可概括为"君子六有"

君子之德如何表述，并非易事。太简略不足以展示君子文化的丰富内涵，太繁复又会遮蔽君子文化的核心要素。同时，既要认真领略孔子儒学的本旨精义，又要结合现实加以诠释创新。因此，这是一项研究探索的工作。

今天我们应当有新的君子论，以适应当代中国全面建设小康社会的需要。根据孔子儒家的论述，结合社会现实和个人生活体验，我把君子道德人格概括为"六有"：有仁义，立人之基；有涵养，美人之性；有操守，挺人之脊；有容量，扩人之胸；有坦诚，存人之真；有担当，尽人之责。我认为"六有"能够展现君子的主要品格，内涵相对完整，表述简洁明快，可作为一家之言参与君子文化的研讨。尝试为之。

1.有仁义，立人之基

孔子说："君子学道则爱人"，"君子义以为上"。孟子说："君子以仁存心"，"仁，人之安宅也；义，人之正路也"。因此君子要"居仁由义"。用现代话语来说，就是君子要心地善良、行为端正，这是做人的基础。有爱心，与人为善，成人之美，心不能变冷变黑，这是文明人的灵魂。行为正义，合乎公共规则，绝不损人利己。

人既是个体，又从小在群体（家庭、学校、社会）中长大，除了关爱自我，也必然关爱父母、亲友，再把爱心逐步扩大，推己及人，关爱社会大众，关爱天下万物，这应当是顺理成章的过程。因此，恻隐之心人皆有之，爱人者人恒爱之，并在这种互相关爱中感受幸福；反过来，害人者人恒害之，人在相互损害争斗中感受的是痛苦。人的社会经验能够使互爱成为人的生活需要。仁爱的必然要求是尊重生命、护养生命，不能容忍一切漠视生命、残害生命的行为。那么，为什么爱心会丢失呢?人性是善恶混杂的，善与恶会此消彼长：一是个人利益膨胀，遮蔽了善性；二是被社会利益集团所绑架，身不由己；三是被各种极端主义所洗脑，丧失了普爱之心。丢失了爱心，非但做不成君子，也做不成好人，甚至比小人更差，成为罪人。由于种种原因，人与人之间发生对立和仇恨，仁德君子应当以爱的力量尽力去化解，绝不能去延续和加深冤仇。义是仁心在行为上的表现，即维护代表人类文明的社会正义和公共生活准则，行事端庄，合乎公法和道德，不走歪门邪道。一是不以利害义，二是不因私而损公，三是见义勇为、坚守正道。

有仁义的人等于居住在广厦之中，行走在光明大道上，快乐而有尊严。偏偏一些小人舍安居而就洞穴，弃正路而穿荆棘，自毁做人的根基，为大众所鄙夷，不仅损人而又害己，人格无以树立，前程暗淡，实不足取，却往往难以理喻，大都是由于贪欲太盛，缺少道德理性的自觉造成的。

2.有涵养，美人之性

人有向善之心而无必善之理。人性中有动物性，不经过后天教育和修养不能自发成为文明人，不经过刻苦努力不能达到高尚的程度。中国一向重视道德教化和修身，形成一套涵养人性、修成君子的理论方法。

首先，孔子确立君子人格三要素"仁、智、勇"："君子道者三，我无能焉：仁者不忧，知者不惑，勇者不惧"（《论语·宪问》），三者以仁为体，智、勇为用，《礼记·中庸》称之为"三达德"，缺其一，人格不能独立，至今亦然。《中庸》还提出"好学近乎知，力行近乎仁，知耻近乎勇"，指明修习三达德的着力点，即求智在于好学，体仁在于力行，增勇在于知耻。

其次，孔子论述修身的重要和修习君子的目的。《礼记·大学》强调"君子有诸己而后求诸人"，因此"自天子以至于庶人，壹是皆以修身为本"，其逻辑是"身修而后家齐，家齐而后国治，国治而后天下平"。有修养的君子，应当是"文质彬彬，然后君子"（《论语·雍也》），"君子义以为质，礼以行之，孙（逊）以出之，信以成之，君子哉"（《论语·卫灵公》）。总之，君子应当知书达理、文明礼貌、儒雅方正，有温、良、恭、俭、让的风度。

第三，《中庸》指出修身途径："君子尊德性而道问学"，磨炼品德与切磋学问同时并举。其中经典训练是必需的人生功课。中华经典（包括"四书五经"《老子》《庄子》、几部佛典、《史记》、唐诗宋词等）积淀着中华文化的基因，内有哲学、有道德、有历史、有文学，是涵养君子人格的人文学苑。当然，也要尽量兼读一些人类各种文明的经典名著。善于吸收前人的美德和智慧，是人生成长的坦途。

儒家总结出许多道德修养方法，如："择善而固执"（《中庸》），"见贤思齐，见不贤而内自省"（《论语·里仁》），"过则勿惮改"（《论语·学而》），"下学而上达"（《论语·卫灵公》）等。儒家用在涵养品性上的功夫甚深甚细，因为功夫是深是浅不仅决定一个人素养的高下，还直接影响其做事的质量，先要成己，才能成物，这叫"合内外之道"（《中庸》）。而且人性的自我完善，时刻不能放松，不进则退，懈怠放纵就会蜕化变质，这样的教训实在太多了。

传统君子修身养性的功夫，在今天都是适用的，只是具体内容上应当有所调整和补充。但人们与"修养"之事久违了，似乎生存竞争激烈的今天，拼的是能力，没有时间去修养，所以才出现小人增多、犯罪率上升的势头，大家都在承受这种不良状态造成的恶果。爱因斯坦写有《每天的提醒》："我每天上百次地提醒自己，我的精神生活和物质生活都是依靠别人（包括活着的人和死去的人）的劳动，我必须以同样的分量来报偿我领受了的和至今还领受着的东西，我强烈地向往着俭朴的生活，并且常常为发觉自己占有了同胞过多劳动而难以忍受。"这是一位君子式的大科学家的肺腑之言，他每时每刻都在自我提醒，不要忘记惜福和感恩，他的品格和修养自觉性比他的相对论更值得我们普通人学习。

3.有操守，挺人之脊

人要有尊严，必须挺直腰板，正气凛然，既不盛气凌人，也不低三下四。《易传》提出"刚健中正"四字，就代表着中华民族不屈不挠、不骄不躁的性格。为此，一要坚守正道，矢志不移，故孔子说"三军可夺帅也，匹夫不可夺志也"（《论语·子罕》），《易传》说"天行健，君子以自强不息"，自强才能先进，不息才能成功。二要谋道不谋食，忧道不忧贫，故人无欲则刚，视节操为大，无私利求人。三要经受威权、富贵、贫贱的考验，做到孟子说的"富贵不能淫，贫贱不能移，威武不能屈，此之谓大丈夫"（《孟子·滕文公下》），为此要"善养吾浩然之气"，使其"至大至刚""配义与道"（《孟子·公孙丑上》），勇往直前而无懦怯之心。有操守并非事事刻板，而是在大是大非面前不能含糊，在邪恶势力面前正气凛然。如曾子所云"临大节而不可夺也"（《论语·泰伯》）。志士仁人为了抗击邪恶势力，维护国家和民族的尊严，可以"杀身成仁"（《论语·卫灵公》）、"舍生取义"（《孟子·告子上》），不怕强权，不受腐蚀，不与假恶丑同流合污，始终不变其节。如河北易县有狼牙山五壮士跳崖殉国，抗日战争中这样的先烈千千万万，才赢来"千秋耻，终已雪；见仇寇，如烟灭"。

相反，"五四"新文化运动中颇有名气的作家周作人，却因贪图享受，留居日伪治下的北京，受聘担任伪职，卖国求荣，丧失民族气节，堕落成为不齿于中国人的汉奸，永远被钉在历史耻辱柱上。

在今日，生活在功利主义泛滥、权钱交易流行、旧习颓风积重难返的现实之中，君子人格强健者，依然可以从容面对各种胁迫利诱而泰然自若；色厉内荏、意志薄弱者随时会被糖衣炮弹所击倒。一些有权有势的人，经不住小人的包围、亲友的怂恿，一步一步陷于贪腐的深渊，葬送了前程。拜金主义在小人面前是肆意妄为的魔鬼，而在真君子面前如同随风飘来的恶臭，掩鼻而挥之。孔子说："不义而富且贵，于我如浮云。"（《论语·述而》）这就是有操守者的坦然心怀。君子人格的坚强，不在离俗独行，而在入世犹清，如莲花"出淤泥而不染"，如莲藕虽有孔而内里不沾尘埃。《中庸》说："君子和而不流，强哉矫！中立而不倚，强哉矫！"君子生活在世俗之中却不随波逐流，更不同流合污，始终不变其节，这才是真正的坚强。当然，君子有喜怒哀乐，有欲望有畏惧，也会经常出差错，平时与众人无异，只是在关节点上有坚守，绝不越过正义这条线。如荀子所说："君子易知而难狎，易惧而难胁，畏患而不避义死，欲利而不为所非，交亲而不比，言辩而不辞。荡荡乎！其有以殊于世也。"（《荀子·不苟》）

4.有容量，扩人之胸

君子与小人的一个重要差别是君子心胸开阔、眼界远大，小人心胸狭窄、眼界短近。孔子说"君子和而不同，小人同而不和"（《论语·子路》），孟子说"登东山而小鲁，登泰山而小天下"（《孟子·尽心上》），这是千古名言。人们都生活在同一个时空之中，但每个人所感受的世界，大小却相差悬殊；对每个人而言，心量、视野有多大，世界就有多大。君子的心总是包纳多样、尊重他者、思虑长远，小人的心总是器量狭小、只顾自己、贪图眼前。

君子要有容量，主要是三条：一是从文明上说，要尊重多彩的文明，善于吸收人类一切文明成果；二是从观念上说，要尊重不同见解，包容不同爱好，平等兼和；三是从社群上说，要忠厚待人，扬人之美，解人之难。《易传》说："地势坤，君子以厚德载物"，"天下一致而百虑，同归而殊途"。《中庸》说："万物并育而不相害，道并行而不相悖。"先秦经典早就展示出中华"和而不同"的深厚传统，所以中华民族才有多元一体格局，中华文化才有儒、道、佛三教合流以及四教、五教合流的多元通和模式，没有宗教战争和宗教裁判所。当代社会学家费孝通先生提出文化自觉十六字真言："各美其美，美人之美，美美与共，天下大同。"它乃是中华"和"文明的当代创新，正在推动中西文化融合、实现民族文化复兴之梦，并成为世界文明交流互鉴的伟大智慧。

从世界范围看，只有心胸宽阔的君子式政治家才能实行天下为公，引导人类走向和平。君子的容量来源于仁爱忠恕之道，忠道要求"己欲立而立人，己欲达而达人"（《论语·雍也》），恕道要求"己所不欲，勿施于人"（《论语·卫灵公》）。孔子更看重恕道，认为"恕"乃是"一言而可以终身行之者"（同上）。为什么?因为其精义在于"推己及人"，也就是将心比心。朱熹说："尽己之谓忠，推己之谓恕。"他引程子曰："以己及物，仁也；推己及物，恕也。"儒家认为，人类相爱之道是从自己开始的，只要懂得自己需要爱并能推及他者也同样需要爱，便会产生互爱。你尊重、帮助别人，别人也会尊重、帮助你，因此爱己与爱人是一回事。不仅损人利己会危害他人，就是强迫的单向的爱，即"己所欲，施于人"，也会使爱变成怨和恨，例如把自己的信仰、理念、爱好、意志强加于人，就会损害他人之自信、自尊、自由、自爱，照样损害他人，因此需要尊重、体谅的恕道。只有互尊互信的爱才符合忠恕之道，才是真爱。世界上的许多纷争与冲突，不仅仅缘于仇恨，也由于唯我独尊，以为真理都在自己手里，便强人从己，一意孤行。看来，"尊重他者"乃是人类迫切需要学习的一门历久不衰的功课，君子应当带头。

君子有容量必须与有操守相制约，并非提倡做四面讨好、八面玲珑、无是无非的好好先生，那正是孔子孟子批评的"乡愿"，谓其为"德之贼"。中庸之道乃是行仁的最佳状态，表现为拒绝极端，坚守中和，以大局为重。君子的容量在日常生活里应展现为兼听与厚德：能虚心听取批评乃至尖锐的批评，真正做到有则改之，无则加勉；能坦然面对别人的不理解和误解，"人不知而不愠，不亦君子乎"（《论语·学而》）；能不计较个人的得失，多关心别人的困苦，"君子周急不继富"（《论语·雍也》）。

清代"扬州八怪"之一郑板桥所书"难得糊涂"的字幅广为流行，不识者以为是在宣扬明哲保身，而其真意是要人在涉及个人小家利益上糊涂一些，多替下层穷苦民众着想。例如他把家中前代家奴契券烧掉，不留痕迹；购置新墓地中有一无主孤坟，要家人保护好，与家坟一并祭祀；认为农夫以勤苦养天下之人，是天下第一等人，应多加体恤。这样一位"直摅血性为文章"的人，在与舍弟书中指出"试看世间会打算的，何曾打算得别人一点，直是算尽自家耳"，所以要"去浇存厚"，忠厚待人，不要机关算尽，要把聪明才智多用来帮助有困难的人们。

在观念见解上，君子能够平等商讨，平心争鸣，虚心纳言，有学派之异而无宗派之争；在人际关系上，君子能忠厚待人，扬人之美，解人之难，能向人学习，而不嫉贤妒能，更不落井下石。

5.有坦诚，存人之真

儿童天真纯朴，不会说谎作假。及至成人，有的人虽多识却不失赤子之心而为君子，有的人则丧失童心、学会虚伪而为小人。李贽提出"童心说"，倡导有真心做真人，反对假人假事假言假文。儒家看到人性易被不良习俗所异化，因而十分重视君子自觉保持真性的修养功夫。存人之真性在"坦诚"二字。孔子说："君子坦荡荡，小人长戚戚"（《论语·述而》），"人而无信，不知其可也"（《论语·为政》）。孟子说："诚者，天之道也；思诚者，人之道也。"（《孟子·离娄上》）《礼记·乐记》说："著诚去伪。"坦诚是君子人格的灵魂，虚伪是道德的大敌，伪君子不如真小人。

做君子要求：一要心胸坦荡、光明磊落，不遮遮掩掩、表里不一；二要真诚直率、开诚布公，有话照说，不逢场作戏；三要信实可靠、一诺千金，不有言无行、巧言令色；四要专精执着、百折不回，不三心二意、有始无终。要坦诚就必须励志而无私，才能直道而行，无须欺瞒。这样的君子有自信自尊，也会得到社会的尊重和信任，"为人不做亏心事，夜半敲门心不惊"，所以心安理得、心广体胖。当然，坦诚不是鲁莽，它须有涵养相润，故君子言行合于礼度，讲究方式与分寸，有经有权，追求动机与效果的统一。

坦诚君子是真人，却不是完人，优点缺点与性格特征都显露在外，与之交往不必揣度琢磨，不必防范戒备；君子观点鲜明，不说假话，有益于百家争鸣，共同探讨真理；君子办事务实认真，重诺可靠，受到信任；君子敬业固执，至诚不息，孜孜不倦，可致千里。小人则不然，没有真诚的信仰，以"有用"为真理，遇事先替自己打算，重个人轻规则，见利忘义，损害公德，患得患失，心里藏着一些不可告人的勾当，又要文过饰非、博取虚誉，只好假话连篇、见风使舵、两面三刀、包装自己、戴着面具生活，又生怕被别人识破，必然焦虑不宁，如果犯有罪过更是提心吊胆，不得安生。孔子说"小人比而不周"（《论语·为政》），小人交友往往是势利之交，"以利交易者，利尽则疏；以势交通者，势去则反"，"唯君子超然势利之外以求同志之劝"。小人交友总想从中得利，故不免冷热无常、貌合神离，所以小人不能享受真友情，得不到人们信任，必然孤独无助。"君子之交淡若水"（《庄子·山木》），并非淡于情义，而是淡于财势，并非淡于心通，而是淡于应酬，这种友情如水之清纯，如水之潺湲，可以终身受用。当代社会生活的市场化、竞争化使得人性中的德与智、德与欲之间失衡，人性受到扭曲，经济人、孤独人、两面人、野性人增多，道德人、和乐人、性情人、文明人减少。但从长远看应当是"齐一变至于鲁，鲁一变至于道"（《论语·雍也》），"君子之德风、小人之德草，草上之风必偃"（《论语·颜渊》），我们应当有这个信心。

6.有担当，尽人之责

君子立志远大，勇于承担重任，有强烈的社会责任心和历史使命感，不愿意碌碌无为，也不屑于在个人小圈子里打转，而要在社会事业中实现人生的价值。孔子说："修己以安人""修己以安百姓"（《论语·宪问》）、"博施于民而能济众"（《论语·雍也》）。《大学》将士君子成长之路归序为修身、齐家、治国、平天下，正是体现了孔子宏大的人生理想。宋儒张载提出"为天地立志，为生民立道，为去圣继绝学，为万世开太平"的"横渠四句"，扩大了士君子肩负的责任，不仅要有修己以安百姓的社会责任，还要有使天地万物正常发育流行的生态责任，还要有传承民族优秀思想的文化责任，还要有建设和谐世界的全球责任。

今日我们生活在一个中华民族复兴的伟大时代，能够发挥自己的德才为实现中国梦而做贡献是很幸运的，应当挺身而出，担当起一份应有的职责。担当有大有小，都需要一种勇猛无畏、愈挫愈奋的精神，因为每个行业和岗位都会面临开拓创新、不进则退的挑战。曾子说："士不可以不弘毅，任重而道远。仁以为己任，不亦重乎？死而后已，不亦远乎？"士君子必须具备"弘毅"的品格，才能"仁以为己任"，才能"死而后已"。（《论语·泰伯》）

中国是五千年泱泱文明大国，经历了百余年的衰落与困苦，几代志士仁人以自强、坚韧、奋斗的精神，在救亡与启蒙双重奏中带领民众实现了独立解放与和平崛起之途。如今又面临着其他国家未有的多重挑战的叠加：既要超越传统进入现代，又要超越现代开拓后现代；既要丢弃传统之陈腐、接受西方第一次启蒙运动"解放自我"的理性洗礼，又要创新传统之精华、参与全球性第二次启蒙运动"关心他者"的德性转型。在国内，改革进入深水区，任务艰巨；在国际，环境复杂多变，和平发展与重大危机并存。当此之时，各项事业均需有眼光远大、意志坚强、勇于担纲的士君子出来做开路先锋，带领大家一起前行。

汤用彤先生家训："事不避难，义不逃责"，遇有难事勇于承担，追究责任决不推卸，这就是君子精神。我们常见一些小人，总是把困难推向别人，把方便留给自己；把功劳划归自己，把错误抛给别人。君子不仅要有"舍我其谁"的必胜信心和周密运筹的设计，还要有"有过自责"、知错必纠的大家气度和善于反思的智慧。

冯友兰先生在抗日战争艰苦岁月里是西南联合大学领导群体的中坚人物，该校培育了大批爱国志士和杰出人才，如《西南联大纪念碑》所言："内树学术自由之规模，外来民主堡垒之称

号。"在此期间，他带头上书教育部，抵制统一教材统一考试的规定，又代表25位教授写信给教育部，表示不领取特别办公费，这很需要一种无私无畏的气概。他撰写的《西南联大纪念碑》文，充满正义情操、爱国热忱，总使读者心潮澎湃、豪气盈身。他于1948年从美国返回中国，目的是践行其"阐旧邦以辅新命"的历史责任。中华人民共和国成立以后他不断遭到批判，却并不气馁，坚持独立思考与写作，发表了《树立一个对立面》和《论抽象继承》《思想的普遍性形式》等文章，为中华文化固守一块阵地。"文革"中他备受摧残，也一度迷路失言。改革开放以后，他敢于解剖自己，在《三松堂自序》中引用《易传》"修辞立其诚"的话，自责"不是立其诚，而是立其伪"，表现出高度自我省察的能力。他在85岁到95岁的人生最后十年写出200万字的论著，给后人留下一部完整的多卷本《中国哲学史新编》，乃是"不依傍别人"和世所公认的具有时代精神的巨著。冯友兰先生不是圣贤，而是有血有肉有成就也有过错但精魂恒在的士君子，他一生经历曲折，却始终保持着一

孔子诞辰纪念活动

位哲学家有坦诚有担当的人文情怀和毅勇品格。

现在社会的发展步伐呈加速度趋势，社会的复杂程度也呈倍增样态。实践证明，社会不缺少专业才智之士，最缺少德才兼备、仁勇双全的君子，没有他们，社会难以克服危机，文明不能和谐发展。我们要突破"君子不器"（《论语·为政》）的局限，扩大君子发挥作用的范围，而曰："君子能器。"

君子不限于栋梁之材，随着社会分工愈益细密，时代呼唤各行各业都有大批君子出来担当重任。我们需要士君子、乡君子、政君子、军君子、商君子、医君子、工君子、农君子、文君子、师君子、艺君子、匠君子、青君子等等，他们用君子之德发挥众智、众勇、众行的合力，推动社会各领域各阶层各行业树新风、创新业、建新功。梅香缘自苦寒，君子成于艰辛，凡是有困难有奋斗有生气的地方，就有君子。

从本质上讲，做君子是合乎人性发育并受到社会欢迎的自然之道，做小人是扭曲人性发育并受到社会责备的退化之途。因此，做君子安心，做小人纠结；做君子快乐，做小人烦恼。提倡君子之德深得人心。

全国和各地不断涌现出成千上万的道德模范，在助人为乐、见义勇为、诚实守信、敬业奉献、孝老爱亲等方面做出了令人感动的事迹，其善事义举又都是他们自觉的人生追求，足以证明君子人格扎根之深之广。山东、浙江、安徽等省正在开展弘扬君子文化的活动，君子之风渐盛。这给了我们信心：只要政府重视、精英先行、大众参与，君子之良风便会渐盛，小人之浊习便会渐衰，礼仪之邦必能再现于中华大地。

牟钟鉴

和谐社会　以道相通

——老子的智慧

个国家、民族的文化尽管是多元的，但都有一个底色，中国文化的底色是儒道互补、孔老互补，在此基础上，吸收了佛教、基督教、伊斯兰教等外来文化。我觉得，中国人很幸运，有一个孔子，有一个老子，他们是非常伟大的思想巨匠，为中华民族的核心价值和精神方向奠定了基础。《老子》五千言，语言非常精炼，内涵极为丰富，从中可阐发出无穷无尽的思想，给后来的文化带来巨大的影响。

一、老子其人其书及老子研究热

（一）老子其人其书。老子是春秋末期人，但后来有争议，引发了老子是不是老莱子，是不是太史儋等各种讨论，我们还是以司马迁在《史记》里主要的论述为根据。据司马迁《史记·老子列传》记载："老子者，楚苦县厉乡曲仁里人也，姓李氏。名耳，字聃，周守藏室之史也"。守藏史一职，相当于现在的国家图书馆馆长兼档案馆馆长，掌管所有图书文献资料。老子和孔子是同时代的人，孔子曾问礼于老子，由此推断老子年长孔子约二、三十岁。后来，老子见周衰，西出函谷关，隐于秦野，即战国时期的秦国。老子过关时，关尹见是老子，就很高兴地请他留言，老子"乃著书上下篇"，上篇为德经，下篇为道经。

关于函谷关的"关尹"，有人称他为"关令尹喜"。据刘汝霖说，"令尹"乃楚官名，周秦没有，且先秦诸子

老子

书有称"关尹"或"关尹子"的，没有"关尹令"或"关令尹喜"的称谓。所以，应称为"关尹"，关尹子是道家人物，《汉书·艺文志》有"关尹子九篇"，就是他写的书。

关于《老子》的作者，近现代以来一直有争论，有人认为《老子》一书是历代学者不断积累而成的，出于众人之手，理由是《老子》中的一些字和词不是同一个时期的；还有人认为《老子》成书于战国末期、秦朝初期甚至秦汉之际，这些观点都是站不住的。五千言的《老子》，逻辑前后一贯，是以"道"作为核心理念层层展开的，水平很高，很有个性，是一座高峰，不可能是由多人写作的。加上帛书《老子》和楚简《老子》的出土，证实了《老子》早出。所以，经过几十年的研究，疑老说渐被否定，学界还是认同司马迁的说法。

严格说，《道德经》应称作《德道经》，之所以称《道德经》的原因是，汉代以前的著述往往将总纲和序言等重要的文字放在著述之后，如司马迁《史记》中《太史公自序》即放在最后。汉以后改变了这一习惯，著述以先为重，《老子》一书道篇提前、德篇挪后也是在这种变化中完成的，故后人称为《道德经》，也称为《老子》。

《老子》问世以来，在流传中出现各种不同的版本。1993年出土的郭店楚墓竹简《老子》残本，只有二千余字，是最早的版本。1973年，长沙马王堆汉墓出土的帛书《老子》甲本和乙本，抄写年代可能在秦汉之际，为研究老子提供了更加丰富的资料。东汉时期，河上公整理的《老子章句》，开始将《老子》分为八十一章，在道教中广泛流行。魏晋时期玄学家、哲学家王弼的《老子注》，在学者中流行，这是两大系统，后世《老子》注本多依此两大系统或依傍其一，而生出诸多差别。唐代傅奕《老子古本篇》在王弼本基础上又加以整理，对后世影响很大。

（二）老子研究不断升温。最近几十年，特别是改革开放以来，老子热不断升温，表明全社会都非常关注中国传统文化。一是随着马王堆帛书《老子》和郭店楚简《老子》出土，又掀起了研究老子的热潮。

二是为适应社会需要，《老子》今译今注与各种解读作品不断问世，方便了读者。三是汇集历代老子研究文献，推动学术深入发展。据清代学者魏源《老子本义》说："解老自韩非下千百家"，流传到现在的仅有三、四百种。目前，有关《老子》集成方面的书只有台湾学者严灵峰编的《无求备斋老子集成》。华中师范大学熊铁基教授正在编《新编老子集成》，收集古今《老子》注释300余种，该书出版后，将为大家研究《老子》提供丰富的资料。四是老子和道教的研究机构陆续出现，相关的国内外学术会议频繁举行，研究老子已成为全社会关心的学问。

（三）老子走向世界。《道德经》在世界上版本之多，流传之广仅次于《圣经》，早已为西方学界所关注，已成为国际性的学问。据了解，德国学者家中都有《论语》、《周易》、《老子》。近现代一些科学家，如美国物理学家卡普拉，英国著名科学家李约瑟，日本物理学家汤川秀树，美籍华裔物理学家李政道都试图借用老子"道"的概念，重新构建科学理论模式。现代宇宙学家霍金，在科学研究的基础上做出

老子故里

了"宇宙起源于无"的结论，与老子"天下万物生于有，有生于无"（四十章）的观点相同。此外，2007年，中华宗教文化交流协会在西安和香港两地举办了"国际道德经论坛"，主题是："和谐世界以道相通"，世界几十个国家的学者参会，进一步扩大了《道德经》的影响。

总之，人类文明的转型需要人类应对所面临的挑战，需要老子的智慧，是时代来呼唤我们要重视老子，而这个研究现在已成为世界性的。

二、老子在中国历史上的地位和贡献

（一）儒道互补。孔子是道德大师，创立了儒家，学孔子、读孔子，会提升我们的道德人格。老子是智慧大师，创立了道家，学老子、读《老子》，会增加我们的智慧。儒道互补表现在三个方面：一是一阳一阴。阴阳不仅是一种哲学理念，而且广泛运用于人生、社会、自然各个方面，表示宇宙有两种对立的力量，完全符合马克思主义的对立统一规律，与辩证法是相一致的。但是，阳和阴是中国特有的，有一种说法就是儒家是男性的哲学，老子是女性的哲学。儒家强调阳刚，老子强调阴柔。《吕氏春秋·不二》篇提到，孔子贵仁，用一个仁字来代表孔子思想，老聃贵柔，用一个柔字来代表老子的思想，阴阳形成互补。二是一显一隐。儒家

河南省老君山老子像

是显露的，儒家讲参与、讲责任、讲社会使命感，讲治国平天下，讲以天下为己任。有了儒家的精神以后，要为国家、为民族、为社会去做事情，仁民爱物。所以，儒家的学者都是仁人志士，国家栋梁，如果这个国家治理得好，大家赞扬的是儒家不是老子，如果这个国家治理得不好，出了问题，大家批判的也是儒家。道家是隐的，道家讲道法自然，讲逍遥，主张要从容地生活，做事情要有回旋的余地，可进可退，所以，道家起到一种调节的作用。范文澜先生在《中国通史》中认为，儒家是一个显流，看得清楚，道家是一个隐流，是潜移默化的，但是不能小看，它的影响是巨大的，但是它不显露，一显一隐形成互补。三是一实一虚。中国理论抽象思维最发达的是老子和道家，黑格尔说："中国哲学中另有一个特异的宗派……是以思辨作为它的特性。这派的主要概念是'道'，这就是理性。这派哲学及与哲学密切联系的生活方式的发挥者是老子。"应该承认，在理论思维的水平上，道家比儒家要高，因此，儒家的学者不得不向道家学习。新儒家即宋明理学家，就吸收了佛教、老子道家以后，才有了形而上的哲学理论。当然，道家也有缺点，就是有的时候和社会现实拉开一个距离，参与意识不强。后来，道家也改变了，吸收了儒家的现实主义，参与社会的忧患意识增加了，一虚一实形成互补。四是儒家重视人文化成，道家重视返本归真。儒家讲人文化成，要积累、要学习、要教化，宗旨就是教人。老子讲要返朴归真，要回到纯朴的状态，不要失掉自我，不要失掉原来的面貌。这两个都需要，人不能因为要保持一颗童心，文明就不发展，但是，文明要不断地回归，要不断地反思，儒道形成互补，人性就会比较健康地发展。五是儒家重视群体关怀，道家重视个体自由。与儒家重视群体不同，道家重视个体，个体的健康、个体的精神自由。一个好的社会，一个理想的社会，应该是群体和个体的有机统一。马克思说，共产主义社会是一个"自由人的联合体"，即一个共产主义社会、一个理想主义社会，每个人的个性都能够得到充分的施展，然后形成一个互补，使整个社会得到合理化和充分的发展。

（二）老子提炼出"道"作为宇宙的根源和终极真理，建立起以"道"为最高理念的中国哲学体系，这是他的一个重大的贡献，由此而形成宇宙发生论、宇宙本体论、道家认识论和价值论、道家修身论和方法论，为诸子百家提供了共同的理论基础。

第一，形成宇宙发生论。民间传说有混沌生天地的说法，老子的发生论是把先民的朴素观念上升为理论。老子说："道生一，一生二，二生三，三生万物。"（四十二章）这是描述宇宙发生的最典型的文句。

第二，形成宇宙本体论。老子认为，宇宙万物最深层的本质是道，这就形成了宇宙本体论。作为本体论的道有三大特性：创生性、普通性、有序性。道的创生性是自然发生的，表现为宇宙的生生不息，永不枯竭，如老子说："虚而不屈，动而愈出。"（五章）；普通性是指大道可以与宇宙一切事物相贯通，从而使宇宙成为一个整体；有序性是指事物最一般的本质和最根本的规则。

第三，形成道家的认识论和价值论。老子说："为学日益，为道日损"（四十八章），"为学日益"是指平时的学习要不断地增加，积累知识；"为道日损"是指用"减"的方法，去追求最高的真理，即排除感性经验、理性思维，直接去体验大道。老子强调人的抽象思维、直觉思维的重要性，这就形成了认识论。爱因斯坦说，重大发现都不是靠逻辑推论，是靠直觉，最后经过实验来证实。直觉思维是老子提倡的，这是很重要的。老子说"上善若水"（八章），是指做人、做事情要像水一样，善利万物而不争，这就形成一种价值观。

第四，形成道家修身论。道家的修身方式是形神兼修，老子的修身论为"见素抱朴"（十九章），"自胜者强"（三十三章）。"见素抱朴"是指人要拥有和显朴素的天性，回归纯朴的性情。"自胜者强"是说最难的不是战胜对手、战胜困难，而是战胜自我，并具有很强的自控能力。一个运动员参加比赛时，如不能够从容地战胜自我，老想着输了怎么办，结果，越紧张越发挥不出水平来。所以，最强的人是能够战胜自己的私心、各种过度的欲望和情感，也就是老子提出来的修身论。

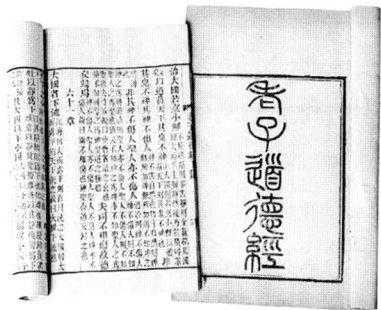

《老子道德经》书影

第五，形成道家方法论。老子的辩证法是以柔为特点的辩证法，是中国三大辩证法之一。其余两大辩证法为《周易》的辩证法和华严宗的圆融辩证法，前者讲刚柔相济，后者主张把一切的界限都要打破。那么，老子的辩证法与马克思主义辩证法精神是一致的，但是它有中国的特点。

毛泽东主席在文章中曾引用老子的两句话，一句是"祸兮，福之所倚；福兮，祸之所伏，"（五十八章），是说福祸相互包含。当人遇到了灾祸、灾难，看起来是坏事，但是老子说，里边包含着向好事转化的因素，人因而得到磨炼，可以从中吸取经验和教训，将坏事变成好事。当人得到福的时候，往往被喜悦冲昏头脑，甚至胡作妄为，招致相应的报复。另一句是"民不畏死，奈何以死惧之？"（七十四章），是说一个政权不去解决老百姓的问题，等到老百姓不怕死的时候，用死刑来控制老百姓已经无济于事，这是多么深刻的治国经验，是一种哲学的思考，可见中国共产党也深受老子的影响。

所以，老子是中国哲学的鼻祖，老子的哲学为诸子百家提供了共同的理论基础。

（三）老子是道教的导师，道教是老子的功臣。产生于汉代末年的道教，是一个多神教，最高的神就是三清神、下面有四隅，而且不断地增加。尽管老子的一些思想和道教不同，如老子说："死而不亡者寿"（三十三章），老子认为人的生老病死是自然的，但其精神是不死的，这与道教主张长生不死是不同的。但是，道教紧紧抓住老子不放，将老子奉为三清神之一，将《道德经》作为道教的第一经典。这是因为老子为道教提供了一种健康的精神方向。如有一时期，道教只讲符箓、讲炼丹，很多人由此不得长生，反致速死。金元之际，由王重阳等创立的全真道，开始注重精神解脱，慢慢又回归到老子，所以说，老子是道教的导师，当它迷失方向的时候，它必须到老子那去寻找一个健康的方向。同时，道教把只是在知识分子中流行的老庄思想，通过宗教的形式，普及到了老百姓，使老百姓了解了尊道贵德、道法自然、清静无为等思想，扩大了老子的影响，所以说道教是老子的功臣。

（四）老子开创了中国美学和策略学。《老子》五千言可称为哲理诗，具有美的旋律。老子的"有无相生"（二章）思想，形成中国艺术虚实并用，以实衬虚的创作方法，成为中国艺术创作的原则；在老子贵自然尚朴素的思想影响下，追求天真淡雅成为中国审美的最高境界。李白诗句："清水出芙蓉，天然去雕饰"深得老子之心，可见，最真朴的东西才是最美的，过度的装饰反倒不美了。中国的国画有两个特点，一是不把画面填满，给欣赏者留下广阔的想象空间。二是强调神似，不强调形似，体现一个艺术家的灵感、体验，并把它透射到画里边，让欣赏者进一步去创作。美学家王朝闻说，好的作品肯

道德经

定是未完成的，那么不仅是创作者，读者可以通过阅读去补充，去继续创造这个作品。如《红楼梦》作者曹雪芹只写了80回，后边的40回是高鄂续的，但是《红楼梦》是读不完的，后面的所有……，都给读者留下想象的空间，这是中国的美学。

老子奠定了中国策略学的理论基础。洞察事物辩证运动，掌握矛盾转化规律，学会贵柔守雌，这是策略学的智慧，它可以使人在复杂多变的社会生活中游刃有余，从容应对。以《庄子》的成语"庖丁解牛"为例，庖丁在解剖牛的时候，总是顺着牛的关节、空隙，不去碰牛的骨头，自然游刃有余，非常顺畅。同理，用来比喻人生，有的人总是争强好胜，常碰得头破血流；有的人却在复杂多变的社会，很从容的生活和工作，这是因为他运用智慧，做到事半功倍。上世纪80年代末，党和国家面临严峻国际形势，邓小平同志提出，我们不牵头，要"韬光养晦"，这也是老子的思想。老子反对战争，但不反对正义的战争。老子说："不敢为主，而为客"（六十九章），主张不主动去侵略别国，不得已进行的战争只能是防御战、抵抗战。即使是正义的战争，也不要过度宣扬，不要因此而逞强。美国攻打伊拉克，军事上胜利了，实际上是陷到泥潭里去了，因为人心向背。所以，不是气势汹汹就好，要学会用一种柔性的东西化解一些矛盾，我们学点老子，可以增加策略的水平，有助于我们更加灵活地去处理一些问题。

（五）老子的贵生之论和养生之道，成为历代养生健身之道的指导思想。中国儒、释、道三家中，儒家讲道德生命，佛教讲无我，只有道教最重视人的生理的生命。老子总结出了营魄抱一、专气致柔、致虚守静、以啬治身等养生的方法，重视养生、贵生，强调既要养好生理的生命，还有养好精神的生命。道教后来讲"性命双修"，性功就是心理的训练，命功就是生理的训练。现在很多大学生得抑郁症，主要是承受力很差，没有受过挫折教育，所以，遇到问题就有跳楼的、离家出走的，还有精神失常的，这个比例很大。我认为可以把老子、孔子作为一个高级的心理学，使其在调节人的心理方面起巨大的作用。

现在，谈谈老子和庄子的关系。我认为老子在庄子之前，庄子对老子的思想有继承之处，也有不同之处。

庄子对老子的继承有三点：一是把"道"看成宇宙和生命的源泉。庄子讲"道"讲得更清楚，更明白。《庄子》共三十三篇，最精华的为《庄子》内七篇，包括《逍遥游》、《齐物论》、《养生主》、《大宗师》等，可以读一读。二是庄子讲相反相成，讲事物的相对性，真理的相对性。庄子的相对论，我觉得有更多的真理的成分。真理都是相对的，任何人都不能宣布自己是绝对真理，绝对真理是在无数的相对真理之中，是无数相对真理的总和。三是庄子对"礼"的批判更厉害。因为当时的礼越来越僵化了，老子说："失礼者，忠信之薄，而乱之首。"（三十八章）庄子说："礼者，道之华而乱之首也。"在这三点上，老庄是继承的。

庄子与老子不同有三点：一是老子的"道"更多讲的是宇宙万物的本质，客观的真理。庄子的"道"更多的是讲人的精神的境界。现代学者、哲学家牟宗三说，庄子是"境界形态的形而上学"。著名哲学家冯友兰先生说，人生有四个境界：第一为自然境界，日出而作，日落而息，每天吃饭睡觉，娶妻生子，没有远大理想，这是最低的；第二为功利境界，是为自己的，追求自己的名利；第三为道德境界，是为社会，为大众的，追求社会的利；第四为天地境界，不仅为社会，为大众，还为宇宙设想。那么，庄子有生态伦理这样的理念，关心整个宇宙健康的发展。二是庄子追求逍遥，逍遥就是自由，这是庄子提出来的，老子没有明确提出来。庄子的自由和西方的自由有什么区别，我认为，西方的自由是行为的自由，就是人的言论、出版、结社、信仰、宗教等等的自由，而庄子的自由是心灵的自由。行为的自由靠社会来规范，心灵的自由靠自己去争取。三是庄子比老子更加激烈地批判现实，庄子说"窃钩者诛，窃国者为诸侯"（胠箧），即后来说的成者王，败者寇，庄子认为，把国家偷到手就名正言顺，而偷一个衣钩就是小偷，就惩罚，这不合理，这是庄子的批判。庄子说："圣人不死，大盗不止"（胠箧）。

他认为，讲仁义道德就说明社会上不仁义不道德的现象很多，这些批判都非常尖锐。

三、老子的智慧在今天的意义

（一）尊道贵德，法天则水。尊道就是追求真理，效法天地，生养万物，一体皆爱。老子说的"道法自然"，是效法自然，这个"自然"不仅仅指自然界，也包括人自然而然的本性，就是要遵守天地万物的本性和发展的趋势，即今天所说的水到渠成，合乎潮流，顺乎民心。不要自作聪明，逆着事物的规律，逆着潮流去做。贵德就是将大道落实为人生。法天是指效法天的包容，天厚德载物，所有的东西都在天的下面，所以道家讲有容乃大。则水是指要效法水德，老子认为水最能体现道的品格，与大道接近或相通。老子说："上善若水。水善利万物而不争，处众人之所恶，故几于道。"（八章）水德又称玄德，有三个特点：一曰利人，人类离开水不行，将来有一天人类如果灭亡的话，就是没有水或者没有干净的水，所以，水善利万物。二曰不争，水是处下的，水往低处流，有时甚至甘愿处在污垢的地方。三曰不占，老子说："生而不有，为而不恃，长而不宰，是谓玄德。"（十章）水使万物生长成熟，但不占有、不主宰、不干预。原台湾大学哲学系教授陈鼓应先生说，人最重要的，是要去掉一种占有欲，否则这世界不得安宁，也不会安宁。所以，我们要学习水德，这是很高的精神境界。

看起来，得道者在实际利益上不富有，甚至在俗人眼里是吃亏的愚人，老子却认为得道者是真正的富有者，他说："圣人不积，既以为人己愈有，既以与人己愈多。"（八十一章）就是说，圣人不积蓄

老子传说

财富，尽量给予别人。给予越多，为社会做的贡献越多，则精神上越富有，自我价值增加了，最终成就了大我。而损人利己的结果是损己而不是利己，损人者不免害己。

（二）贵柔守雌，学习女性的智慧。《老子》是女性哲学，是母爱哲学，老子推崇的是阴柔之性，而阴柔正是女性最显著的特征。台湾学者吴怡说："《老子》彻头彻尾都是女人哲学。"这是有道理的。孔子思想的源头是《周礼》，老子思想的源头可以推断为母系氏族社会。从挖出考古出土的墓中我们可以看到，母系社会的墓葬都是平等的，进入父系社会以后，男性压倒了女性，就开始出现不平等了，墓葬中男人尸骨在中间，两边是屈膝陪葬的女人，女性成为男性的附庸。直到现在，社会生活和习惯上一直存在重男轻女的现象，生男孩就摆酒席庆贺，生女孩就有些失望甚至生气，这是一个极大的错误。生活表明，仅有男性的智慧是不够的，需要吸收女性的品格。

女性和男性不仅是性别的区别，最大的区别在于女性同时是母亲。女性以特有的方式养育儿女，使人类得以正常地繁衍和发展。老子说："我有三宝，持而宝之，一曰慈，二曰俭，三曰不敢为天下先。"（六十七）这一说法的来源之一就是老子考察了女性的美德后加以概括，是女性智慧德性的升华。"慈"起源于母亲爱护子女，推而广之，则应慈爱天下。母亲对子女的爱既深厚又细微，为了子女可以毫不犹豫地牺牲自己。"俭"是因为母亲要操持家务，不能不节约，就养成精打细算、量入为出的习惯。当然，老子把"俭"的含义扩大了，就是不过度地使用和浪费资源，用现在的话说就是资源节约型，环境友好型。所以，不论国家多么富有，经济多么发达，也要"俭"。否则，一味破坏环境，浪费资源，社会不会可持续发展，甚至还会导致自我毁灭。"不敢为天下先"，女性谦逊居后，好像没有什么贡献。实际上，女性就是一个家庭的后勤部长，默默奉献，她们的贡献是一般的社会家庭服务所不能取代的。所以，老子的三宝，应该说概括了女性的智慧。

女性还具有柔顺、柔和的特点。老子说："天下莫柔弱于水，而攻坚强者莫之能胜"（七十八章），"兵强则灭，木强则折"（七十六章），"柔弱胜刚强"（三十六章）。生命要有弹性，有韧性，要经得起各种各样的打击、挫折。一块玻璃，一锤就打破了，如果打在棉花上、弹簧上，就不会有什么危险。女性的柔不是弱，而是有韧性、有弹性、有耐心，愈挫愈奋，这也是孙中山所提倡的，这样的生命才真正是顽强的。男性的特质是刚毅，若能再学一点女性智慧，多一些母爱心怀，善于以柔和的方式处理复杂的矛盾，便会收到刚柔相济之效。

　　（三）返璞归真，以儿童为师。这一点也是被我们所忽略的，现代人有教育和保护儿童的意识，却没有向儿童学习的意识。儿童是未成年人，需要家长的保护。如很多小孩上学、上幼儿园，都是父母或爷爷奶奶接送。但是，我们却不注意以儿童为师。老子不然，他认为儿童具有人类真朴、纯和的本性，而成人却伴随着知识和经验的丰富丧失了本真，变得圆滑世故，所以老子说："智慧出，有大伪。"（十八章），是说智慧与伪善同生。人开始没有伪，后来，有了智慧有了伪，有了大智慧有大伪。老子说："含德之厚，比于赤子"，"常德不离，复归于婴儿"，"专气致柔，能如婴儿乎？"。《老子》五千言里除了女性贵柔守雌之外，第二多的词汇就是和婴儿、儿童有关。老子为什么颂扬儿童，一是积精累气，提高生命内在活力。儿童虽然幼小，他的内在的活力却很大。二是儿童没有沾染世俗各种各样的不良的风气，所以我们应该向儿童学习，以儿童为师。人类在很多情况下丧失了本真，比如一些边远地区到北京上大学的学生，刚来的时候很质朴，过了一两年，慢慢地改变了，一方面增加了知识，学会了时尚；另一方面也有的人丧失了本真，学会了说谎，学会了一些小聪明。小孩子也是这样，小的时候不会说谎，慢慢随着年龄增加了，知识增加了，经验增加了，就学得心眼多了。老子看到这一点，所以老子特别重视返朴归真。这里说的返老还童，并不是说在生理成为儿童，而是可以多保持一点青春的状态，保持一点儿童的天真。一个人可以做到既有丰富的知识和经验，同时又比较纯朴。明代思想家李贽就提出"童心说"，他提倡一种童心，我们要永远保持到老。马克思说："一个成人不能再变成儿童，否则就变得稚气了。但是，儿童的天真不使他感到愉快吗？他自己不该努力在一个更高的阶梯上把自己的真实再现出来吗？"（《政治经济学批判》导言）。老子和马克思都批判人性的异化，追求人性的回归，所以都主张学习儿童的纯真质朴，这对于提高我们的精神境界也是很重要的。

（四）反者道之动，按辩证法做事情。"反"是大道运行的规律，有多种含义：一是相反相成。看起来是完全对立的事物，实际上是相得相依的。如"有无相生，难易相成"（二章）。二是物极必反。一物之中包含着否定性的因素，当其发展到极点时，否定性成分变为主导，该物便转化为自身的反面。如"甚爱必大费，多藏必厚亡"（四十四章），这样的例子太多了，越贪婪的人最后损失的更大。三是由反入正。事物总是向着自己相反的方向转化，为了达到正确的目标，就必须从反面入手，走迂回的路。如"将欲废之，必固兴之；将欲取之，必固与之"（三十六章）。这句话争议颇多，有人认为是阴谋诡计，是权术，其实老子讲的是事物运动的客观辩证法。农民经营土地，得先投入，后收获；企业家兴办企业，要先投资，后有利润。同理，很多事情都是按步骤进行，不可能一步到位。如三峡工程建设过程中，为在长江干流上修筑大坝，先得做导流明渠，目的是保证大坝顺利施工，以便将来取消明渠。任何事情，若想成功，必须善于运用辩证法，促使事物向好的方面转化。虽然世界上，正式承认自己是辩证唯物主义者的人不多，但是，在实际办事的过程里，只要追求成功，必然是自发的唯物主义和辩证法者。世界金融危机爆发后，一些企业家要克服金融危机，需要做精细的计算，需要按客观规律办事，差一点都不行。所以，是否是唯物主义者和辩证法者的区别在于，前者是自觉的，后者是自发的，没有形成自觉的世界观。老子提供了一种智慧，好人也可以用，坏人也可以用，但是，好人可以用得更好，坏人用起来会有局限性。四是正言若反。事物的本质与它的现象是矛盾的，所以要用否定性的术语来表述肯定性的内涵。如"大直若屈，大巧若拙，大辩若讷"（四十五章），与后来的大智若愚同义。所以，一个有智慧的人，并不一定很张扬，而经常是默默无闻的，这符合道家的思想。五是防正转反。是指通过主观努力防止事物朝着不利于人的方向转化，即防止正面的事物转向反面。所以老子说："圣人去甚，去奢，去泰"（二十九章），就是要去掉过分的东西。还应全面理解老子的"知足不辱，知止不殆"（四十四章），做到既要知足又要不知足。人的欲望是无止境的，因此，在生活享受上要知足常乐，适度而止；在事业、工作上永不知足，勇于进取。六是返本归初。事物的运动，最终都要回到当初的出发点。老子说："大曰逝，逝曰远，远曰反。"（二十五章），是指宇宙的发展距离原始状态越来越远，最后总还要返回到本初状态，很多事情都是这样，我们每天出去工作，晚上要回到家里。人老了思乡之情更切，要叶落归根，也是返本归初。列宁指出："发展似乎是在重复以往的阶段，但它是以另一种方式重复，是在更高的基础上重复。"（《列宁全集》第26卷第57页）列宁讲的螺旋形上升，是指在更高的基础上，向原初状态回归。这样的例子太多了，如我国在"大跃进"运动的高潮中，一度实行公社化运动。改革开放后，实行联产承包，又回到原点，当然也付出了很多的代价。

　　矛盾相互依存和转化是普遍的永远的。有了老子的智慧，看问题能洞察正反两面，顺利时不骄傲，困难时不灰心，驾驭事态即使不能得心应手，也容易变被动为主动。

　　（五）知和曰常，致力稳定。2007年召开的"国际道德经论坛"之所以强调"和谐世界以道相通"，因为老子特别强调"和"，他认为和谐是自然、社会的常道常态。老子说："罪莫大于可欲，祸莫大于不知足，咎莫大于欲得。"（四十六章），老子真正找到人类各种灾祸的病根，就是贪心不足。这次世界金融危机的产生，源于资本的贪婪未能有效地加以控制。金融家贪心不足，搞了很多衍生的产品，造成了一系列的问题，所以要对金融家、金融资本实行更严厉的监管。那么，老子提出"和"的理念和方法。一是慈和。慈是爱心，要于天下，这是达到和谐的人性基石。老子说："圣人常无心，以百姓心为心。"（四十九章），"圣人常善救人，而无弃人；常善救物，而无弃物。"（二十七章）有爱心才有和谐。二是均和。老子说："天之道，损有余而补不足。人之道则不然，损不足以奉有余。"（七十七章）贫富不均往往造成社会的不稳定，我们国家现在也面临这个问题，贫富过于悬殊，贫富之间的差异甚至超过了很多西方国家，这是个很严重的问题。所以老子讲均和，均和并不是说搞平均主义，而是说将贫富的差异保持在适度的位置上，不能过度。三是柔和。老子说："柔弱胜刚强"（七十八章），"以其不争，故天下莫能与之争。"（六十六章）主张做人要谦和居后，善利万物而不争，善于化解矛盾，用柔性的方法来达到和谐。四是详和。老子反对战争和动乱，老子说："大军过后，必有凶年"（三十章），"夫兵者，不祥之器"（三十一章）。老子强调，即使是正义的战争，也不要过度颂扬，适可而止，"以丧礼处之"，这个思想还是很重要的。五是慎和。就是要及早"图难于其易，为大于其细"（六十三章），"为之于未有，治之于未乱"，而且要"慎终如始，则无败事"（六十四章）。就是说千里之行始于足下，眼前小的矛盾，如果不及时化解解决，会变成大问题。因

老子铜像

此，要及时发现矛盾、化解矛盾、处理问题，这对我们今天多么重要。中华人民共和国成立60年以来，取得的成就令人振奋。同时，温家宝总理指出，我们有很多的问题，我们要保持清醒的头脑，要看到我们存在的隐患，不能够过分自我感觉良好。孟子说："生于忧患，而死于安乐也"。每天喊危机未必有危机，每天只讲好不讲不好，就可能出问题。六是朴和。朴和就是人们都能从对立、贪恶中摆脱出来，返朴归真。老子说："见素抱朴，少私寡欲"（十九章），"其政闷闷，其民淳淳"（五十八章），社会风气纯朴，道德厚重，官民一体，政通人和，这样的社会，礼法不需要特别提倡，自然就和谐有序。今天来看，这也是一个乌托邦，不是那么容易实现的，但是，我们要向这个目标去努力。

（六）重生贵养。一是以人为本，不为物累。老子说："名与身孰亲？身与货孰多？"（四十四章）就是说，名利和人的生命哪一个更重要？身体与财富哪一个更重要？其实很简单，就是要以人为本，所有的外在的东西都是为人服务的。但是，人为财死，鸟为食亡，现在虽然离奴隶社会很远了，很多人却又成了奴隶了，如房奴、卡奴、车奴、股奴、钱奴。我们要让这些东西为我服务，而不是成为它的工具，为它所拖累，所以，老子强调不为物累是很有道理的。魏晋玄学家王弼说："应物而勿累于物"。应物就是对应，人去做事情但是不受它的拖累，这符合老子的思想。二是以啬养生，老子说："去甚，去奢，去泰。"（二十九章）啬不是小气，而是不浪费自己的生命。现在出现的很多健康的问题，不是外界的瘟疫或者天灾造成的，而是由于自己的生活不健康而致损的，比如说饮酒过度就损害身体，要学会积精累气，过健康质朴的生活。三是培植生命的质朴性，丰富生命的内涵，使之深沉厚重。老子说："大丈夫处其厚，不居其薄；处其实，不居其华。"（三十八章）有的人生命很浅薄，有的人生命很深厚，这都在自己的修为了。四是提高洞察真理的智慧，不为表面现象所迷惑。人要有智慧，提高透视力和灵活性，能够看到一些事情的真和假，从而不被现象和假象所迷惑。五是扩展生命的价值，把生命用于社会事业，老子说："既以为人己愈有，既以予人己愈多。"（八十一章）"上善若水。水善利万物而不争。"（八章）"自胜者强"（三十三章）。这些思想对我们扩展生命价值很有启发。

四、如何读《老子》

（一）熟读和准确利用《老子》文本，阅读好的译注本。如陈鼓应先生的《老子今注今译》。陈鼓应先生对老、庄的研究颇有功底，我们可以参考他的著述，当然也可以广为参考。现在，我们由于受年龄的限制，书背不下来了，但是我们可以熟读，知道需要的字句在哪，这对于将来很有用处。

（二）读历史上有代表性的注解《老子》的著作。历史上有代表性著作，一是河上公《老子章句》，是从道教的角度解释的。二是王弼的《老子注》，这是学者的解释。三是道教协会的会长任法融的《老子释疑》，是从纯粹道教的角度作解释，也可以作为参考。

（三）参考当代学者解读《老子》的作品。一是高亨的《老子正诂》。二是朱谦之的《老子校释》。三是南怀瑾的《老子他说》。四是徐梵澄的《老子臆解》，徐梵澄在印度几十年，后来在中国社会科学院宗教研究所工作，他是一个道家人物，不愿意张扬，但是对西方文化很有很深的理解，对中国的古典文化也有很深的功底。五是王蒙先生的《老子的帮助》，王蒙先生是文学家，并且已经提到哲学这样一个高度。

（四）孔老并立，儒道互补。中国的儒、释、道三家和西方现代的亚伯拉罕体系的一神教不同。亚伯拉罕一神教，犹太教，基督教，伊斯兰教同出一根，但渐行渐远。而中国的儒、释、道三家，却渐行渐近，你中有我，我中有你。因此，读老子要与孔子作比较，需要读儒家的经典《论语》《孟子》《周易》《礼记》等，有助于更好地了解儒家的思想。佛教吸收了很多道家的思想，而道家也吸收佛教的思想，所以还应读些中国佛教哲学，有益于更好地理解老子。此外，庄子发展了老子的思想，所以还须读《庄子》。

老子是读不完的，可以伴随你一生，给你很多的教育。我就讲到这里，谢谢各位。

问：您对老子思想的分析和解释使我们很受启发，我印象最深的是您对《道德经》的辩证法所做的深入浅出的阐述。我在读有关老子的著作时，常常看到有的学者批评《道德经》，一是批评老子将社会的矛盾绝对化了；二是批评老子不讲事物转化的条件；三是批评老子只讲和谐统一，不讲对立斗争。请教牟先生，对于这些批评到底应当怎么看，谢谢。

牟钟鉴：我们对《老子》不是迷信的，老子不是神，所以，我们不能把他的每一句话都视为绝对真理，那正好和老子相反了，但是有一点，就是我们以前的思维模式本身比较简单，对老子深刻的智慧不理解，往往还居高临下，而不是本着虚心向老子学习这样一个态度。比如，我们曾经讨论过老子是唯心的还是唯物的，以及老子的"道"是物质性的还是精神性等方面的问题，我觉得这是个假问题，伪问题。所以，我赞成冯友兰先生讲的，我们研究古代的人物，先要涵泳，要先顺着思想家的逻辑想一遍，再来作评论。有人说老子只讲和谐，不讲矛盾，只讲不争，不讲争，如果我们深入理解的话，就会了解老子总是面对各种矛盾，他教给你一种去化解矛盾的智慧。老子说不争，包含着"天下莫能与之争"，不是不争，而是争的层次不一样。比如学校评职称的时候就有两种态度，有的老师拼命的争，为此采取各种不正当的手段，甚至是去打击别人，损害别人，这是老子反对的争；还有的老师是不断提高自己的教学水平，科研水平，很受学生欢迎，给学校作的贡献也非常多，取得的成绩没有人能否定，自然就评上了，这也是一种争，而这种争更有利于社会，更有利于个人，所以，老子讲"天下莫能与之争"，就是要引导人朝着这个方向去发展，不是说没有是非，一团和气。再如，老子说："既以为人己愈有，既以予人己愈多。"反映了老子的价值观，对于伪善的东西作明确的批判，如果我们理解的层次不够，就容易把老子曲解了。

至于说老子不讲事物转化条件，这是因为我们接受了马克思主义辩证法，特别是毛泽东主席讲到矛盾转化要有条件。《老子》里没有提到条件这两个字，但面包含着这个因素，就是人的努力，人的智慧，人的理性，是不是能够保持一个度，所以，老子辩证法里面再三强调这个度。老子说："物极必反"即任何事情走过头以后，必然转换成自身的反面，这是无条件的。但是，老子也讲条件，即防正转反。所有的福，所有的好事，都包含着坏事的因素，不是说所有的好事都能变成坏事，好事只要采取措施，叫它继续保持在那个状态，不让它过度的话，就是好事。老子讲祸福相依，这是具有普遍性的。有时候，人必须要犯错误，要有教训，才能够真正的清醒。相当多的人，从失败中吸取的智慧，要比从成功中吸取多得多，深刻得多。老子说："圣人不病，以其病病。夫唯病病，是以不病。"就是把病看作病，不断的去找毛病才不病。所以，福本身就包含着要不断的去克服灾祸的因素。

当然，老子也有一些片面性的思想，如他提倡"小国寡民"。一方面，他用复古的这样一种理念，来表达他对现实的不满；另一方面，我们从一个更高的角度看，也有可吸取的地方，如把一个个社区建设得"甘其食，美其服，安其居，乐其俗"，这里面也有其合理的成分。所以，我们要更深层的去解读老子，而不要表面上去简单地批判。

我们先要尽可能的去找古人比前人贡献的东西，然后，对他所处的历史时代的局限性有清醒地认识，我们之所以推崇这个人，是因为他有真理，能够启发我们的思想，能解决问题，而不是说他是神。所以，我们要有敬意而不是迷信，要看到他的局限性，同时要把他的思想和今天结合起来，在某些领域去发挥，这是我简单作一个回答，谢谢。